从小读《史记》，长大成大器 ①

（全5册）

王金鑫　编著

江苏凤凰文艺出版社
JIANGSU PHOENIX LITERATURE AND ART PUBLISHING

图书在版编目（CIP）数据

从小读《史记》，长大成大器：全5册 / 王金鑫编著. -- 南京：江苏凤凰文艺出版社，2022.6
ISBN 978-7-5594-6764-5

Ⅰ. ①从… Ⅱ. ①王… Ⅲ. ①中国历史 - 古代史 - 纪传体②《史记》- 青少年读物 Ⅳ. ① K204.2-49

中国版本图书馆 CIP 数据核字 (2022) 第 062386 号

从小读《史记》，长大成大器：全5册

王金鑫　编著

责任编辑	丁小卉
特约编辑	陆诗怡　王小月　罗梦茜　顾晨芸　黄巧婷　陈欣慧
装帧设计	王　晓　周　末
责任印制	刘　巍
出版发行	江苏凤凰文艺出版社 南京市中央路165号，邮编：210009
网　　址	http://www.jswenyi.com
印　　刷	天津盛辉印刷有限公司
开　　本	880毫米 ×1230毫米　1/32
印　　张	21.75
字　　数	390千字
版　　次	2022年6月第1版
印　　次	2022年6月第1次印刷
标准书号	ISBN 978-7-5594-6764-5
定　　价	128.00元

读客®文化

燧人氏
钻木取火

生啦！

大禹
大禹三过家门而不入

周文王

姜太公
姜太公钓鱼

周幽王
褒姒
烽火戏诸侯

商鞅
南门

将木头从南门扛到北门，赏十金！
商鞅立木为信

秦二世

赵高
赵高指鹿为马

作者自序

十几年前，我还在北大读研究生的时候，导师曾经跟我说：“你拿过‘金话筒奖’（中国广播电视主持界最高荣誉），还拿过中国新闻奖。你擅（shàn）长说，还擅长写。中国有那么多优秀的文化，可我们的孩子真正能读懂、读透的不多，是不是发挥一下你的特长，为孩子做点啥？”那时在北大的校园里，我满脑子想的都是司马迁的《史记》。

司马迁就是那位身残志坚、写出不朽名篇《史记》的西汉史学大家！虽然他老人家没能活到今天，但他的《史记》流传了两千多年，被鲁迅誉为“史家之绝唱，无韵之离骚（sāo）”。

司马迁为何钟情历史？因为他的遗传基因太强大！

司马迁的老爸史谈也是史官，在司马迁年幼时，就经常跟司马迁说，自己要写一部记载中国几千年历史的书，天天嘀咕，天天念叨，这深深地影响了司马迁。司马迁在很小的时候就非常喜欢读书，但是他跟别的孩子不一样，他不看文学，不看兵法，就喜欢读历史书。司马迁的老爸一看，自己的儿子有史学方面的兴趣和天分，意识到自己应该往这方面对儿子进行培养。

司马迁长大一些后，他老爸让他别老在家闷着，没事就出去溜达溜达，看看外面发生了哪些稀奇古怪的事情，又或者有什么史学上的陈年旧事，都搜集回来。那时候没有电脑，也没有手机，只能自己去听别人讲。这些活动很对司马迁的胃口，他对外面的世界也越发好奇起来。在得到老爸的允许之后，司马迁开始了环游中国的旅程。用今天的话讲，他就是一枚标准的“驴友”。

司马迁几乎把全国跑了个遍，整个中原基本上都留下了他的足迹。要知道当时的交通可没现在这么发达，高铁、飞机、汽车，什么都没有，甚至连马路都没有。如果想去外地，时间多则几个月，少则十几天，想要周游全国是很难实现的，但是司马迁做到了。

后来为了继承家业，司马迁回到了京城长安，从老爸手中接下了太史令的官职。司马迁的老爸在弥留之际，拉着司马迁的手说：“我们的祖先是周朝的太史，远在上古虞（yú）舜（shùn）夏禹（yǔ）时就取得过显赫（hè）的功名，主管天文工作。虽然后来没（mò）落了，但这项事业不能断送在我这里。我死后，你一定要继任太史，不要忘记我要编写的论著！一定要达成我的心愿，把这本书完成。”司马迁答应父亲，一定会完成这本书的编写。但是，你永远无法预知，明天和意外哪个会先来！

公元前99年，正当司马迁全身心地投入《史记》撰写时，遇上了飞来横（hèng）祸，也就是李陵事件。当时有一员大将叫李陵，是“飞将军”李广的孙子。他特别能打仗，在一次战斗中因为想立军功，没按照汉武帝的指示去做。虽然仗打得很漂亮，士兵们一个打十个，把敌人打得落花流水，赢得了战争。但最后因为叛徒的出卖，寡（guǎ）不敌众，被敌人俘（fú）虏（lǔ）了。

汉武帝本来就对李陵这种让干的活儿不干，自己想一出是一出的行为不满意。一看他被抓了，就问满朝文武应该怎么处置他。这些大臣久经官场，知道汉武帝对李陵不满，所以一部分人沉默，一部分人说李陵是个坏蛋，应该把他处死。但司马迁为人正直，他替李陵说了几句公道话，结果惹得汉武帝大发雷霆（tíng）。

此时摆在司马迁面前的路有三条：第一，死刑，砍脑袋；第二，花钱免死；第三，宫刑，就是变成太监。对于司马迁来说，他绝不能死。他还记得老爸临死前的遗愿，让他完成写史书的任务，他不能违背。可他作为一个小小的史官，哪能借到那么多钱？而且他得罪了皇帝，借给他钱，那不是跟皇帝对着干吗？

没办法，为了完成老爸的遗愿，他只能选择第三条路，也是最憋（biē）屈的一种刑罚——宫刑。这直接导致他的人生发生了巨大改变。首先他的身份变得很另类，他不是太监，但又像太监，是男人中的另类；同时他也是读书人和文化人眼中的另类。

其次是终身受辱，宫刑的结果不仅是身体的残缺，更是心灵的残缺。司马迁曾说，他受宫刑以后，不敢出门见人，也不知道自己该去哪里。他一想到自己的处境，汗就能把衣服打湿。不过也正因为这些别样的、另类的、痛苦的经历，使司马迁对待历史人物的观点和看法发生了巨大的改变。司马迁记录历史人物，在这之前多为单纯地记录，在这之后则逐渐地转向了深刻地分析。

司马迁受到的耻辱，让他从社会的最底层重新开始认识人、认识社会，认识那位至高无上的皇帝。可以说他结合自己的人生经历，花费了毕生心血才写成这本独特的名著——《史记》。

《史记》被公认为中国史书的典范，记载了从上古传说中的黄帝时期，到汉武帝太初四年，约三千多年的历史，是“二十四史”之首。毛主席写文章时曾经引用过司马迁的话：“人固有一死，或重于泰山，或轻于鸿毛。”

司马迁写《史记》可没少费脑细胞，在他之前已有以时间为顺序的“编年体”史书，还有以国家为单位的“国别体”史书。司马迁标新立异，开创了新的体裁形式，是“纪传（zhuàn）体”，以人物为中心展开对历史的记述，把历史中的人物生动地展现在我们面前。那么读《史记》我们能学到什么呢？

《史记》全书共一百三十篇，大约五十二万字。其中不仅有清晰的中华民族的记忆，也有非常厚重的思想沉淀，还有深刻典型的人物。其中蕴（yùn）含的人文品格，尤其对于中小学生来说，有增强文化储备、提高文言文阅读能力和写作能力等作用。

本书将重点提高孩子的六大能力。

第一，增加孩子的语文和历史知识储备。《史记》凝聚着我国古文最齐全的词汇和最标准的文法，读它可以学到实词、虚词、判断句、被动句、省略句、宾语前置、定语后置等重要的语文知识点。当然，它也会扩大我们的历史知识面。

第二，让孩子养成古文的语感，做到听得懂、会翻译。很多学生嫌文言文阅读起来特别费劲，但是如果读《史记》就不会有这样的情况。为什么？因为《史记》中的很多故事是家喻户晓的，读起来很有语感，让人觉得很亲切，可以消除陌生感。大家对故事有一定的了解，就能够形成一种良性的反应，能轻松读懂文章的意思。这是我们选择《史记》作为学习古文的突破口的一个很重要的原因。

第三，提高孩子们的写作水平。一说到写作文，很多孩子就头疼。《史记》几乎每篇都在写人，写那个时代，但是每篇又都不一样，都很独到。比如《秦始皇本纪》和《高祖本纪》的写作风格就完全不一样，这有什么好处呢？这为不同喜好的孩子们提供了写作参考的文本，可以让大家在写作文的时候，不再陷入写作语言平淡无味的无奈和尴（gān）尬（gà）局面。

第四，增强孩子们对中华传统文化的积淀。《史记》是一部纪传体通史，三千多年的历史都浓缩在司马迁的笔尖上，司马迁用讲故事的方式，深入浅出地展现出先人所处时代的自然情况、社会伦理、政治制度和经济生活。所以读《史记》等于推开了一扇观看远古的窗子，架起了一座通向过去的桥。

当几千年的历史在我们心里沉淀，我们的言谈举止就会获得一种厚重、从容和潇洒的底蕴。通过这本书，可以轻松学习历史知识，日积月累提升文化底蕴。

第五，增强孩子们的理性和逻辑思维。《史记》是一部充满悬疑感的故事集，里面的故事波澜（lán）起伏，哪怕你知道谜底，导致最终结果的原因也值得深思。比如荆（jīng）轲（kē）刺秦失败了，我们可以思考一下他为什么会失败？刘邦去参加鸿门宴了，我们可以想一想如果他不参加会怎么样？还可以思考如果项羽不自杀，过江回到了江东，历史会改写吗？其实，孩子们的每一次思考都是对思维的锻炼，每一次追问都是对理性的启迪，在这思考和追问当中，我们的心智就会从平庸变得卓越。

第六，丰富孩子们的人生阅历，开阔他们的视野。《史记》是一部精彩纷呈的历史人物合传，也是一部为人处世教科书，我们活在这个世界上，需要一些准则，也需要一些方法。

当历史的硝（xiāo）烟退去，剩下的就是关于生活的意义和道理。《项羽本纪》告诉我们，做人不能贪慕虚荣；《高祖本纪》告诉我们，在利益面前，大家别奢（shē）望真正的情谊；《廉（lián）颇蔺（lìn）相如列传》则让我们懂得了，宽容是人生最大的格局。现在很多孩子的读书压力很大，作业多，还要刷题，很难去读万卷书、行万里路。所以读一读《史记》，可以多少填补一下欠缺的人生阅历。

图书即将出版，我耳边一直萦（yíng）绕着这样的声音：少年读《史记》，长大成大器。

我们书中见！

王金鑫

2021年12月于沈阳

目　录

五帝本纪：我们为什么被称为“炎黄子孙”？

一、房屋和火是怎么来的？

你知道远古时期的自然界是什么样子吗？它就像一片原始森林。很多人觉得原始森林就是公园，但是这里说的原始森林可不一样，里面连路都没有，野草丛生，还有很多猛兽，比如毒蛇、老虎，都特别吓人。那个时期，人们的生活条件极其恶劣。随着几位神一般的英雄人物的出现，人们才逐渐从愚昧（mèi）走向文明，生活条件也慢慢改善。

据史书记载，远古时期的中国有三皇五帝。三皇是三位像皇帝一样牛的人，在历朝历代有不同的版本，这里列举我们最熟知的三位，他们分别是燧（suì）人氏、伏羲（xī）和神农氏。

此外还有一位人物虽然不在三皇之列，但是他干的事太重要了，所以也一并放了进来。他的名字叫有巢氏，为什么说他是中国历史上一位如同神一般存在的牛人呢？因为“巢”有房屋的意思，有巢氏可以说是中国历史上第一位房地产“大老板”。

有巢氏出现以前，人们没有房屋可以居住，只能睡在树杈上或者山洞里，而且生活条件非常简陋。当人们晚上睡觉的时候，没准儿会有毒蛇出现在被窝里，这是一件多么恐怖的事情。试想在那样的环境下，谁还能睡一个安稳觉？

就在这个时候，有巢氏出现了，他想了一个特别好的主意，用木头来建造房屋。如果放到今天，这些木头房屋就像一栋栋原生态风格的小别墅（shù）一般。可能有人会想：不就是建造小木屋吗？根本不是一件很难的事，我们现代人都能做。请不要忘记，这是发生在几千年前的事情。那个年代没有斧头、锯子、钉子这样的工具，有巢氏当时为了建造房子可是费了大把力气。

房屋的出现是人类历史上一次伟大的革命，从此人类和动物有了一个巨大的区别，那就是人类有了房屋，而动物依然是“以天为盖地为庐”。所以在建造房屋的事情上，我们必须承认，有巢氏的确是一位很厉害的人。

但是有了房屋，人类就安全了吗？不是的，人类的生活环境依然危机四伏。地球有一半的地区是处在黑夜中的，到了晚上，人类行动起来就很不方便，只能在房屋里面待着。而很多动物在夜晚的行动能力远远超过我们人类，要是有一头大象突然出现，那瞬间就能将熟睡的人类碾（niǎn）压。

就在人类急需光明的时候，燧人氏出现了，他保存了火种。

说起燧人氏的成就，不得不用一个“牛”字来形容。那时候还没有姓氏，后人为了纪念他，给他取名为“燧人氏”。

在远古时期，火是很容易见到的，比如闪电劈开树木的一瞬间，就会有火，但是人类无法保存火种。那么燧人氏是从哪里找到灵感的呢？

据说有一天，燧人氏见到一只啄木鸟正在啄一棵树，不久之后，这棵树上面出现了火花，钻木取火的灵感就来源于这里。于是燧人氏开始不停地打磨石头，然后拿各种木头做试验。在他不断地努力尝试下，终于在很多天后，有一根木头被点燃了。人类从此掌握了保存火种的方法。

成功保存火种，对我们中华文明来说是非常重要的。虽然那时没有日历，我们不知道这伟大的时刻具体发生在哪一天，但是我们应该时刻记住，是燧人氏给我们带来了火种。

燧人氏让光明不再只属于白天，让人类不再惧怕黑暗。另外，火的到来也给人类带来两大变革。第一个变革是，人类可以用火将食物做熟，不用再像动物一样吃生的东西，人类的身体也变得更加健康。第二个变革是，人类可以从石头、泥土中冶（yě）炼出金属，用金属制作工具。随着金属冶炼的成功，人类从石器时代过渡到青铜器时代，并且从此成为地球生物的主宰者。

燧人氏的成就，怎一个“牛”字了得！

二、伏羲和神农的故事

三皇之列的另外两位牛人，一位是伏羲，一位是神农。这两位又因为什么事情名垂青史呢?

首先我们来说伏羲，据说伏羲不光会做饭，还会用兽皮缝制衣服，人类有了衣服之后才有了羞耻心。伏羲还教会人们饲养牲口，今天的人们能吃上美味的牛肉、猪肉，最初的经验是从伏羲时期积攒（zǎn）下来的。

远古时期的人口越来越多，又不能经常去打猎，而且打猎的工具也不齐全，所以食物短缺成了大问题。虽说可以采摘野菜，但到了冬天就没办法了。于是伏羲便带领本部落的人去捉动物，将捉来的动物进行人工圈（juàn）养。

伏羲还是一位大发明家，他发明了结网捕鱼。我们现在用渔网捕鱼是一件很简单的事情，但放在过去却是一个了不起的发明。伏羲在思想方面也是一个特别前卫的人，他善于思考，尤其是思考人和宇宙的关系，可以说那个时候的他已经具备了哲学家的思维。

伏羲氏族在兴旺一段时间之后，开始没落。后来出现的神农氏，也就是炎帝，逐渐取代了伏羲氏的地位。

伏羲教会人们如何圈养动物，神农氏则给当时的人们带去了种植业的革命。同时神农氏还教会大家使用种地的工具，这种工具叫耒（lěi）耜（sì）。神农氏不仅是一流的植物专家，推广种植业让大家有粮食吃，还是中医药的祖师。

说起中药的广泛应用，我们必须要感谢神农氏。其实自然界中的很多植物都具有解毒治病的功效，虽然在神农氏之前，可能人们已经知道了这件事，但还没有系统地进行研究。神农氏算得上是第一位专心研究草药的人，“神农尝百草”说的就是这件事。中国的医药学其实是从神农氏开始的。

神农氏为了试验草药的药性，经常拿自己当小白鼠，把各种各样的草药都尝了一遍，这导致他经常中毒，据说他曾在一天之内中毒七十多次。

功夫不负有心人，终于在一次尝试中，神农意外发现一种草药可以解毒，就是后来我们很多人爱喝的一种饮品——茶。但由于神农经常试吃各种草药，经常中毒，茶也救不了他的命，传说他最后就是死于中毒。

作者的话

上面讲到的有巢氏、燧人氏、伏羲和神农氏的故事，多是传说，可信度较低，因为他们生活的年代距离我们太久远了，没办法考证。他们可能指的不是某一个人，而是一个族群，也就是很多人做的很多事，都被归到了同一个人身上。司马迁写《史记》非常严谨，所以他没有记载三皇和有巢氏的事迹。我将这些故事放进书中，希望有助于读者开拓视野，拓宽知识面。

三、我是轩（xuān）辕（yuán），我也是黄帝

黄帝在中国历史上非常重要，他是司马迁在《史记》中记载的第一个人物，也是五帝之首。五帝指的是黄帝、颛（zhuān）顼（xū）、帝喾（kù）、唐尧（yáo）和虞舜。黄帝名叫轩辕，“黄帝”是大家对他的尊称。轩辕是一个有雄心壮志的部落首领，据说他出生七十多天就会说话，是一个非常聪明的人。轩辕长大后踏实肯干、明事理，而且见识广博。他善于向有本事的人请教学习。据说有一次，他去请教一位智者，说：“如果我想把天下人变成一家人，应该怎么做？”这位智者说：“你必须拥有矿石。”

听完这话，轩辕一下子蒙了，心想要矿石做什么呀？后来他想到可以把矿提炼出来做成武器，于是他就想把矿山封起来，遇到私自采矿的人马上处以死刑。这说明轩辕当时就意识到了矿藏和武器的重要性，这让几千年以后的我们感到非常惊讶。

轩辕刚准备把自己部落周围的矿山给封起来，矿山居然被一个人夺走了，这个人就是大名鼎鼎的蚩（chī）尤（yóu）。

据史书记载，蚩尤是一位奇才，他非常勇猛，而且有着非凡的军事才能，但是性格非常暴躁。他曾经是轩辕手下的一员武将，也曾帮助轩辕打天下，并且立下了不少战功。慢慢地，蚩尤的野心越来越膨（péng）胀（zhàng），他也感觉到了金属兵器的重要性。史书上有过这样的记载：伏羲氏用木头做兵器，神农氏用石头做兵器，而蚩尤是较早开始使用金属兵器的人。

武器的变革在中国远古时期经历了几个阶段。第一个阶段，人们用木头做武器，因为树枝是比较容易弄到的。第二个阶段，人们用石头做武器，会把一些破碎的石头磨成各种各样的形状。第三个阶段，人们用金属做兵器，这是人类文明进步的一个重大标志。

当时整个社会上有三个强大的部落，一个是炎帝的神农部落，一个是黄帝的轩辕部落，还有一个就是蚩尤的部落。神农部落和轩辕部落分布在当时中国的北方，而蚩尤的部落在南方。

从当时的部落分布图来看，蚩尤的力量是比较强大的。但是他有一个致命弱点，就是太相信自己的武力。他不断地四处扩张，其间得罪了很多人，而且他的政治眼光和远见远远落后于武力值，这也将导致他最终的失败。

后来神农部落开始走下坡路，尽管炎帝也想统领天下诸侯，但神农部落已经无法阻止轩辕部落的崛起，两个部落之间的冲突已无法避免。

四、“炎黄联军”大战蚩尤

我们中国人都被称为“炎黄子孙”，炎帝和黄帝是咱们华夏民族的两位老祖宗。但有趣的是，在四千多年前，他们曾陷入了一场你死我活的战争中。炎帝想对黄帝动手，因为他不能让黄帝再继续强大下去，他也想统治各路诸侯。

炎帝部落有着十几代人的积累，实力非常强大，不可轻易进攻。于是黄帝兴修德政，种植粮食，训练军队。最终在阪（bǎn）泉郊外与炎帝进行了大决战。在与炎帝的军队多次交手以后，黄帝逐渐掌握了战场的主动权，并征服了炎帝部落。

就在这时，南方那位可怕的蚩尤来了。蚩尤征服了南方很多部落，称得上是南方的霸（bà）主。此时的黄帝部落刚和炎帝部落交战，战斗力大减。这对蚩尤来说是一次绝佳的机会，他可以趁机把炎、黄部落逐一击破，称霸北方。此时的黄帝没有必胜的把握，只好联合炎帝部落，再征集四方诸侯的军队，一起应战蚩尤。之前蚩尤在南方节节胜利，引起了很多部落的惊慌恐惧。这些部落首领心里很清楚，倘若由残酷的蚩尤来统治他们，他们的悲惨命运是可想而知的，所以他们纷纷加入炎黄大军，共同抵抗残暴的蚩尤部落。

在战术层面上，不管是武器装备还是勇猛程度，黄帝都远远敌不过蚩尤，但在战略层面上，黄帝成了一个巨人，因为他联合了全天下所有的部落。这场战争还没开打，局势就发生了根本性的转变——从南方一路打过来的蚩尤部落陷入了各个部落的包围中。黄帝的联合部队在涿（zhuō）鹿山的野外和蚩尤大军展开了激烈的战斗。

关于这场中华历史上非常重要的一战，史书中没有详细的记载，但是有一些传说流传下来。相传蚩尤的军队擅长在雾气中作战，因为他会呼风唤雨，可以将战场弄得雨雾缭（liáo）绕。但黄帝并不害怕，因为他们使用了一种神秘的武器，叫战车，今天我们把它解读为指南车。我们知道指南针是中国的四大发明之一，是指示方向的。所以指南车不仅能打仗，还能保证军队在雨雾缭绕的天气中不迷失方向。战车是黄帝取得胜利最重要的筹（chóu）码之一，哪怕蚩尤会呼风唤雨，也没有用。黄帝最终打败蚩尤，将他抓住并杀死了他。

随着蚩尤的战败，黄帝和炎帝部落合二为一，这就是历史上赫赫有名的涿鹿之战。虽然这个故事是神话和历史的结合，真实性有待考证，但也足以表明黄帝部落的强大。

五、黄帝名字的由来

中国历史上第一波内战以轩辕的胜利而告终，各部落推举他为首领，尊称他为黄帝。为什么是“黄”呢？当时的中国人，从神奇的自然界中总结出一种神秘的学说——五行说。五行指的是木、火、土、金、水。古人认为世界就是由这五种基本元素构成，并且按照五行的理论，土从火生，轩辕取代了神农部落的炎帝，就是土取代了火。黄帝统治期间，出现了象征土的祥瑞，而土地是黄色的，因此大家将轩辕尊称为黄帝。

尽管炎帝最后被黄帝打败，但是炎黄已经成为华夏民族共同的祖先。所以他俩没有胜败之分，可以说他俩都是胜利者。那真正的失败者是蚩尤吗？有人说他被打败了，但他虽然战败身亡，影响力却还在。有意思的是，据说后来黄帝为了征服南方的部落，还准备了一张蚩尤的画像，各部落一看到画像就纷纷交出武器。蚩尤也因此在民间被当作三头六臂的战神。

炎帝、黄帝和蚩尤是远古时期的三位英雄豪杰，其中影响最大的是黄帝。因为从他开始，中国渐渐有了国家的雏（chú）形。

要管理整个国家，就要对各个部落采取严厉的控制手段。黄帝也是一个狠角色，凡是不服从他管理的人，他就派兵攻打，并且平定叛乱之后绝不停留，马上收兵离开。但打完了要怎么管呢？很多部落的都城建立在偏远的地方，山高皇帝远，要怎么做才能有效地控制他们呢？当时的黄帝想出了三招。

第一招是巡视。那个时候通信条件很差，没有手机，也没有视频电话，最保险的方法是亲自驾着马车、坐着战车去巡视。黄帝巡视四方，往东到了海边，登上了泰山；往西到了空桐；往南到了江边；往北赶走了荤（xūn）粥（yù）部落。第二招是召集各个部落的首领开大会。黄帝把部落首领召集起来，称他们为诸侯。开会的传统就是从黄帝开始的。第三招是设立两大机构，它们分别叫左大监和右大监，主要监察各个部落是否存在造反的迹象。这些举措在当时都是十分先进的，历史上对黄帝的评价一直很高，我们来看看孔子是怎么说的。

孔子的学生宰我曾经问孔子："为什么黄帝能活三百年，这不可能吧？"孔子回答说："不是黄帝这个人活了三百年，而是他活着的时候统治了国家一百年，死后他的精神又延续了一百年，他那一套管理人的手段又实施了一百年，所以才有三百年。"我们可以从中看出，孔子对黄帝的评价是极高的。

六、黄帝时代有哪些发明创造?

黄帝时代有很多重要的发明创造，其中最有名的便是造字。据说创造汉字的人是黄帝时代的仓颉（jié），他是一名史官。为什么他会想到造字呢?

其实在黄帝之前，中国已经有结绳记事。什么叫结绳记事?就是谁家打到一头驴，便给谁家拿根绳子系一个疙（gē）瘩（da）。但如果你打到一头牛，也系一个疙瘩，那系来系去就蒙了，大家搞不清楚哪个疙瘩代表哪种东西了。而且黄帝的命令也不知道要怎么去颁（bān）布，怎么往下传达，怎么记录。所以文字的发明非常重要，也非常有价值。

据说仓颉造字是受到鸟儿的启发。他观察到小鸟在落地时，它的爪子会在地上乱扒，留下一些痕迹，于是有了造字的灵感。那时的文字是不规则的图形，像鸟的爪子划过的痕迹一样歪歪扭扭，我们今天称为“鸟迹书”，是中国汉字的雏形。我们今天用的汉字，是方方正正的方块字，是经过几千年的发展、演变才逐渐形成的。

中国文字的生命力很顽（wán）强，流传了几千年，我们现在还在用。每个字都是我们的老祖宗费了心思设计出来的，所以当我们写汉字的时候，是不是要保有敬畏之心?

除了造字，黄帝时期还有一个很厉害的发明，就是干支纪年法。天干指的是什么?就是甲、乙、丙、丁、戊（wù）、己、庚（gēng）、辛、壬（rén）、癸（guǐ）。什么是地支?就是子、丑、寅（yín）、卯（mǎo）、辰、巳（sì）、午、未、申、酉（yǒu）、戌（xū）、亥（hài），地支和我们的十二生肖相对应。古人把天干和地支依次对应搭配起来，搭配完正好是“六十年”一个循环，称为“甲子”，来循环记录年、月、日，记录时间。这种纪年方法是中国古代纪年的主流，也是我们中国一项伟大的发明。

第三项要跟大家介绍的重大发明，是养蚕取丝，就是把蚕丝取出来做丝绸，这项技术在后来不断地被改进。丝织业一直是中国古代技术的杰出代表，到汉武帝时期，丝绸技术已经非常成熟，中国的丝绸也通过丝绸之路运到了罗马帝国。当时的欧洲诗人曾说，丝绸这东西肯定是从树上长出来的。当他说出这番话的时候，距离黄帝时代已经过去两千年，这足以说明黄帝时代的发明创造，是多么先进，多么令人震撼！

除了造字、天干地支纪年法和养蚕取丝之外，黄帝时代还有很多发明。那时的人们看到天上的星星、月亮和太阳，非常好奇，不知道它们到底是怎么出现的。黄帝领导大家发明了各种观测工具，对它们进行观测，天文领域也有了很大的发展。同时，黄帝让大臣们顺应四季运行的规律指导人民耕种，此外还用青铜铸造了很多大鼎和车子。这些在当时绝对都是顶级的发明。

自古以来黄帝一直被认为是中华民族的老祖宗，因为黄帝时期有了一个全国性的行政管理机构，民族国家的概念也初步形成，所以黄帝是让我们中华文明告别愚昧、迎来文明的一个关键人物。据说他是在一次外出巡视的时候去世的，这也说明他是一个非常勤勉的人。

这就是黄帝，他开启了一个伟大的文明时代。他去世后，他的继承者们又是如何将他的伟大事业发扬光大的呢？

七、黄帝身边卧虎藏龙的子孙们

根据《史记》记载，黄帝死后，他的孙子高阳继承了帝位，也就是历史上赫赫有名的颛顼帝。他做了哪些事呢？史书中记载不多，但是有一件事大家都很熟，就是他与共工的战争。

根据《山海经》记载，共工是炎帝的后人，颛顼是黄帝的后人，虽然我们现在被称为炎黄子孙，但是当时的共工是要受颛顼管理的，他很不服气："凭什么我得听你颛顼的？我也想夺回祖先失去的地盘，我也想当天子。"于是他发动了叛乱。但是颛顼并没有给他机会，将他打败了。共工战败后，怒撞不周山而死。

由于这件事年代太久远，后人编织了一个特别荒诞离奇的故事——不周山是顶着天的柱子，是被共工给撞断的。从这一点可以看出，共工不是一个"人"，他也像蚩尤一样是一个魔界的人物，一头就能把不周山撞断。这下大事不好了，大地倾斜了，西北高，东南低。我们中国的地势恰恰是西高东低，难道真是共工给撞出来的？

当然这肯定是一个传说，但至少可以看出颛顼在位时，天下确实不太平。在不太平时期管理天下，是一个特别难干的活儿。

颛顼和他爷爷一样，是一位非常勤勉的君主。他延续爷爷黄帝巡视天下的传统，走到了很远的地方，还走到了甘肃、东海一带，大约走了今天的半个中国。这是相当不容易的，大家要知道，当时没有飞机，没有火车，也没有汽车，只有马车。

颛顼死后，他儿子并没有继承他的王位，继承者是他的侄子高辛，也就是我们要说的帝喾。这就很奇怪了，一般帝位都是由儿子继任，颛顼为什么没有给自己的儿子？可以理解为当时这种继任传统还没有形成，还是谁本事大谁来干活儿的选人方式。

帝喾上任以后，做的事也比较多，让整个远古时期的黄帝家族在平稳中度过。帝喾有四个儿子，分别是四个妻子生的，究竟由谁来继承王位呢？在古代，但凡遇到想不明白的事儿，就得去找占卜师。那时的占卜是在乌龟的龟壳上凿（záo）出孔，然后再烤，最后根据裂纹的纹路来判断吉凶、决定大事走向。

结果占卜师说：帝喾的四个儿子都有做帝王的容貌，有的自己将成为帝王，有的子孙后代会成为帝王。这个预言最后成了现实，帝喾去世后，他的位置给了挚（zhì），九年后，放勋（xūn）接替挚成为帝王。放勋是谁？就是我们熟知的尧。而帝喾的另外两个儿子弃与契（xiè）分别成为商王朝和周王朝开创者的祖先。

从尧开始，史料变得丰富起来，这和文字的普及、传播有着极其密切的关系。关于尧和舜的故事，我们下一章继续阅读。

知识加油站

1. 中国远古时期，传说中的三皇指的是谁？
燧人氏、伏羲氏和神农氏。

2. 传说中是谁发明了钻木取火？
燧人氏。

3. “炎黄”指的是谁？
炎帝和黄帝，我们都是炎黄子孙。

4. 我们熟知的“五帝”，指的是哪五个人？
黄帝、颛顼、帝喾、唐尧（尧）、虞舜（舜）。

5. 黄帝和蚩尤进行了一场生死较量，我们称之为什么战争？
涿鹿之战。

6. “五行”指的是什么？
木、火、土、金、水。

7. 传说造字是黄帝时代哪位人物的贡献？
仓颉。

8. 黄帝时代有哪些发明创造？
造字、干支纪年法、养蚕取丝、天文观测仪器等。

夏本纪：王位应该传给谁？

夏朝（约前2070—前1600）是中国史书中记载的第一个世袭制朝代，也是第一个奴隶制王朝，由禹建立，它是十多个部落联盟组成的国家，主体部族或民族被称为夏人。根据《史记》记载，禹传位于儿子启，改变了原始部落的禅（shàn）让制，开创了中国近四千年世袭王位之先河。夏朝共传十四位君主，延续约470年，最终为商朝所灭。

一、尧在思考，谁来接我的班？

黄帝的子孙们的确卧虎藏龙，转眼已经到了尧的时代。尧当上帝王之后，任命羲氏与和氏观察天象，根据日月星辰的运行规律完善历法，谨慎地指导民众顺应时令进行耕种。

现在我们所用的春分、夏至、秋分、冬至以及对应的天上的星象，都是在尧那个时期确定下来的。同时尧时期还确定了一年的长度，他们通过观测得出一年是三百六十六天，也就是地球绕太阳一周的时间。今天我们知道一年是三百六十五又四分之一天，在几千年前，尧观测的结果和现在只差了四分之三天，这简直是一个伟大的科学发现。

尧那个时期虽然没有出现太大的政治动荡，但有一件自然界的事情让尧非常苦恼，那就是洪水泛滥。试想一下人们在那样的环境下要怎么生活？家园全被冲垮了。尧想了想做出了决定，必须赶紧治水。这时有人向他推荐了一个人——鲧（gǔn）。鲧是谁？他就是后来通过治水赢得天下美名的大禹的父亲。

鲧治水的方法和大禹不一样，他采用的是土堵水。只要洪水来了，就用土修建一个堤（dī）坝。所谓水来土掩，理论上好像可行，但这只能用来对付一般的洪水，要是遇到了百年不遇的特大洪灾，能轻而易举地将人工堤坝摧毁。鲧最后治水失败，九年过去，洪水仍然泛滥不止。但是我们转念一想，如果没有老爸鲧治水的失败经验，可能就不会有后来儿子大禹治水的成功？

除了治理水患之外，尧还有一件重要的事情要思考——以后谁来接我的班？史书中记载，尧把天子的位置禅让给了舜。事实真的如此吗？

据史书记载，当时尧问大臣谁可以接他的班，放齐说："我觉得丹朱可以做您的接班人，他是一个特别开明的人。"尧马上否定了他的建议："不行，丹朱是我儿子，我很了解他。他特别喜欢说大话，又喜欢跟人争吵，脾气很不好，不适合做君王。”欢兜（dōu）接着说共工人不错，又有号召力，可以接班。尧又摇了摇头说：“共工也不行，他巧言令色，阳奉阴违，满脑子都是坏点子。”

尧和大家讨论了很久都没有找出合适的人选，于是把范围扩大到了远近大臣和隐士中。正当尧犹豫不决的时候，有大臣说：“我来推荐一个人，他的名字叫舜，他是一个非常穷苦但品行非常好的人，可以让他接您的班。”

尧听到舜的名字，眼睛马上就亮了。虽然他从来没见过舜，也不知道他长什么样，但却早就听过他的名字，简直可以说是如雷贯耳。尧很好奇：为什么一个地位平平的老百姓，却能够扬名天下呢？

二、“禅让制”惊艳亮相

据《史记》记载，舜的六世祖，也就是他爷爷的爷爷的爷爷，是颛顼帝。但是传到舜那一代，他已经不是贵族，而是平民了。舜的老爸双目失明，娶了一个妻子，生下了舜。但是不久，他的妻子死了，他就又续娶了一个妻子，这个妻子又给他生了一个儿子，叫象。舜非常勤劳，曾经种过田、捕过鱼、做过陶器，也做过小贩（fàn）。

在民间有这么一个故事广为流传，舜的继母对他很不好，他的弟弟象和他的残疾老父亲，也合谋想把舜害死。为什么非要害死舜呢？因为他们希望把家里的所有田产都给象。

据说有一天，舜在家里做活儿的时候，他的老爸、继母和弟弟跑到他跟前说：“我们家的粮仓漏了一个窟（kū）窿（lóng），你赶紧去修一下。”结果等舜爬上粮仓的屋顶，他们三个人居然在下面放起了火，想把舜烧死，所幸舜最后逃了出来。

还有一次，舜的老爸对他说：“我眼睛不好，家里没水了，你去挖一口井。”舜刚下到井底，上面的三个人居然往里面填土，一点点地把这口井给填上了，还好舜在旁边挖了一个通道逃了出来。

尽管他们三番五次想要害舜，但是舜对他的老爸、弟弟和继母还是非常好。从此以后，舜的名声就传了出来，这真是一个感天动地的孝子。

尧听了舜以德报怨、孝顺父母的故事，非常感动，想让他来做自己的接班人。但要想管理好国家，光孝顺还不够，还得有能力。于是尧做了两件事，来考察舜是否有当君王的能力。首先，尧把自己的两个女儿嫁给了舜，来观察他的品行。然后他又让舜在朝中任职，管理百官，接待宾客，看他的处事能力。三年过去，舜非常完美地经受住了考验，他的两个妻子相处和睦，朝中工作也处理得井井有条。于是尧把王位让给了他。

尧把王位禅让给舜的历史在《史记》中被大书特书，也成为被后世称道的经典。不过司马迁并没有在《史记》中明确记载“禅让”一词，这个词是后人根据尧让位的行为总结出来的。什么是“禅让”呢？就是君主主动把王位让给一个非亲非故的人，而不是传给他自己的儿子。

舜二十岁因孝顺天下闻名，三十岁开始当官处理政事，五十岁开始代理天子事务，六十一岁正式接过帝位。在位三十九年，最后在巡视途中，在苍梧的郊外逝世。葬在长江南岸的苍梧山，又名九嶷（yí）山，在今湖南永州宁远县境内。这就是零陵。

舜传位给大禹也是禅让，他是怎么考察大禹的能力的呢？在尧舜时代，水患一直是困扰他们的大问题，毕竟中国有着世界十大河流中的两条，一条是黄河，一条是长江。所以，如何治理水患是检验统治者水平最好的试金石。

大禹的父亲鲧用土堵水，但是没有钢筋水泥，怎么堵得住？最终因为治水失败被杀掉，由他的儿子大禹继续治水。大禹换了一种思路，他用了疏导的方法，最后大获成功，不仅开通了山脉，疏通了河流，还加强了对诸侯的管理，可以说是一举多得，大禹也顺利通过考验，接过了舜的帝位。

大禹治水大获成功，但成功的背后，不知付出了多少艰辛和努力。有一个和大禹相关的典故叫“三过家门而不入”，大家一定很熟悉。

大禹第一次经过家门的时候，他的妻子正因为生孩子而痛苦呻（shēn）吟（yín），他在门外站了一会儿，就听见了婴儿的啼哭声。他的助手说：“你赶紧进去看看老婆和孩子。”但是他担心回家会耽误治水，就没有进去。

大禹第二次经过家门的时候，他儿子在妻子怀里向他招手。

但是那一刻正是治水工程紧张的时候，所以他只是在门口朝妻儿挥了挥手，又走了。

大禹第三次经过家门的时候，他儿子已经十岁了，从屋里跑出来拽（zhuài）着他就往里去，他深情地摸着儿子的头说：“水患还没有治好，我没有时间回家。”于是大禹又匆忙离开了。这种甘于奉献的精神赢得了人心，也流传了几千年。

三、夏朝是怎么来的？

讲完大禹的故事，接下来就到夏朝了。夏朝的诞生在中国历史上很重要，因为在这之前，从来没有出现过一个完整的国家概念，甚至连一个大国的名字都没有。

其实大禹提出过大国名字的理念，他把中国叫作中邦，“邦”和“国”的意思是相近的。但是在《史记》中，司马迁把“中邦”改成了“中国”。因为古人讲究避讳（huì），汉朝的开国皇帝叫刘邦，要避开“邦”字。虽然“中国”一词最早出现在西周时期，但实际上大禹已经有了一个国家的概念。

大禹在继承帝位后不久，就开始考虑接班人的事情，他本来要把地位让给皋（gāo）陶，皋陶是大禹手下的一位重臣，掌管刑法，但皋陶还没继位就去世了。大禹最后把帝位让给了伯益。伯益也是大禹手下的一位重臣，本领很大，威望也很高。大禹把君王的位置让给伯益，是禅让制度的延续，也说明大禹高风亮节。

但是夏朝真正的君王并不是伯益，而是禹的儿子启，历史上称为夏启。为什么启能当君王，而伯益不干了？孟子曾经有过一段解释，他说：“因为大禹死了以后，他的儿子启要服丧三年。三年之后伯益就辞职不干了，他把自己的位置让给了启。”孟子还说，“因为伯益没什么本事，所以把君王的位置让了出来。”

实际上，伯益在尧做帝王的时候就已做了官，他经历了舜和禹两代君王，本领还是很大的，威望也很高。启能从伯益手里得到君王的位置，其实不是伯益让的，是启打出来的。

根据《尚书》记载，夏启在和伯益打仗之前，对自己手下的全体将士发表了演说。演说从上到下传递出的一个信息就是灭绝。什么叫灭绝？就是把敌人灭了，斩尽杀绝。这是夏启对伯益的态度，可以体现出他是一个非常凶残的人。杀了伯益之后，夏启的政权才算是稳定了。夏朝政权的建立对我们今天的生活和中华文明的发展产生了深远的影响。

大禹是在“夏”这个地方受封的。“夏”既是国家的名称，也是民族的名称。“夏”后来演变成我们大家耳熟能详的“华夏”一词，成为中华的代名词。我们都是华夏子孙，同属华夏民族。华即是夏，夏即是华。二字同义。《春秋左传正义》曰：“中国有礼仪之大，故称夏；有服章之美，谓之华。”

夏启虽然很残暴，但夏朝对我们后世文明的影响非常深远。夏朝很重视生活中的器物文明，他们在使用马车、衣服和生活器皿（mǐn）上非常讲究档次。

四、夏朝的叛国者——后羿（yì）

夏启继承帝位后，夏朝的发展能一帆风顺吗？其实夏启做君王没多久就去世了，他的长子太康继承了王位。太康跟夏启相比差了很多，他是一个昏君，根本没有尽到一个君王的责任。他不干正事，不理朝政，天天想着吃喝玩乐，还喜欢打猎。于是，国家大权落到了后羿的手中。

一说到后羿，大家可能会马上想到两个典故，“后羿射日”和“嫦（cháng）娥（é）奔月”。

咱们先温习一下这两个故事。后羿射日是说在尧所处的时期，天上出现了十个太阳，把大地烤坏了。后羿是一个射箭高手，他把天上多余的九个太阳给射掉了，老百姓过上了安稳的日子，因此大家印象中的后羿是一个神箭手，一个大好人。

在故事嫦娥奔月中，后羿从王母娘娘那里得到了一粒不死且可以飞升成仙的神药，嫦娥偷偷把药吃了，结果她吃完飞到月亮上去，成了仙人。嫦娥与后羿见不到面，每天以泪洗面，王母娘娘很感动，说：“那好，你们每年可以有一天时间在月亮里的桂花树下相见。”这一天被称为中秋节，又叫团圆节，就是嫦娥和后羿团圆的日子。

这两个故事真的很美好，但也只是传说。这里面的后羿和《史记》中记载的后羿不是同一个人。《史记》中的后羿是有穷国的君主，不仅把持着夏朝的大权，还在太康做君王的时候干了很多坏事，最后被寒浞（zhuó）所杀。

后羿和寒浞一共把持朝政约四十年，王位经历好几次传承，到了少康手里。少康登基后就想，我们老夏族的家产，怎么能叫外人给掳（lǔ）去，我要把它拿回来。于是就有了历史上赫赫有名的“少康中兴”。中兴是重新振奋，让夏朝重新强大起来。在中兴的过程中，年轻的少康跟把持朝政的老臣们开始了一番较量。

他们在较量的时候，很多诸侯王是处于观望态度的。按理说他们应该帮助夏朝的君王，但他们却表示谁赢了帮谁。好在少康很有谋略，最终获得胜利，赢得了诸侯国的支持。看到少康让夏朝重新振兴，很多人会想到春秋战国时期越王勾践卧薪（xīn）尝胆的故事。尽管少康跟勾践两个人性格挺像，但是从难易程度来讲，少康可比勾践难多了，他面对的形势远比勾践复杂。很多人都知道越王勾践的故事，但了解少康中兴故事的人却比较少，这段历史本身被记载得也不多。

“少康中兴”可以说是中国历史上最为艰难的翻盘战斗之一，但也只是让夏朝短暂地繁荣了一下，夏朝的中央政府对于各个诸侯的控制力已经大不如前。君王有事，诸侯都不积极帮忙，此时的夏朝已经开始走向末路。

五、干尽坏事的夏桀（jié）

夏朝的最后一位君主叫夏桀，他很有本领但又无恶不作，带领着夏朝一步步走向末路。夏桀和商朝的最后一个君王商纣（zhòu）

王，是历史上公认的暴君，他们坏到极点，都是亡国之君。

夏桀做君王时，夏朝对其他诸侯的统治力已经变得非常微弱。虽然夏桀是天子，但已经没什么权力了，只是挂个空名。据说有一次夏桀召开诸侯大会，有好多诸侯都没来，来的那些诸侯也没过多久就跑了。夏朝的统治已经危在旦夕。

夏桀到底做了什么事情成了一代暴君呢？在不同的史书里有不同的记载，总结一下，基本上是大兴土木、建造宫殿，骄奢淫逸、不思进取，重用小人、排挤贤臣。《竹书纪年》记载他“筑倾宫、饰瑶台、作琼室、立玉门”，意思就是他把好好的宫殿推倒，花重金装饰瑶台。还建了很多美丽的房子，用珍贵的玉器制做大门。这是他铺张浪费、沉迷玩乐的一个表现。

其实夏桀有振兴夏朝的机会，因为曾经有人给他推荐了有才能的伊（yī）尹（yǐn），但他完全不听伊尹的劝告，丝毫不关心国家的发展和百姓的生活。伊尹只好离去，后来成为商朝的开国功臣，名流千古。

一个朝代不得民心，就会被新的朝代所取代，夏朝就被商朝取代了。其实夏桀失败还有一个很重要的原因，就是他的对手实在是太强大了，那个人就是商朝的商汤。商汤本领非常大，他的出现的确让夏王朝遇到了巨大的危机，他具体做了哪些事情呢？让我们接着往下读。

知识加油站

1.《史记》记载，尧是如何把王位传给舜的？

通过禅让制。

2. 我们都是华夏民族的一员，“华夏”是什么意思？

华即是夏，夏即是华。二字同义。《春秋左传正义》曰：“中国有礼仪之大，故称夏；有服章之美，谓之华。”

3. 有关后羿有两个非常美丽的传说，分别是什么？

一个是后羿射日，另一个是嫦娥奔月。

4. 夏朝的最后一位君主是谁？

夏桀。

成语收藏夹

和大禹相关，形容热心工作、因公忘私的成语是什么？

三过其门而不入。

知识拓展区

什么是成语？

成语是人们长期以来习用的简洁精辟的定型词组或短句，一般是四个字，也有三个字、五个字，甚至七个字以上的。

殷（yīn）本纪：强大的商朝是怎么灭亡的？

商（约前1600—前1046）是中国历史上的第二个朝代，也是中国历史上第一个有直接的同时期的文字记载的王朝，由商汤建立，延续了554年。

商朝的国都频繁迁移，一直到盘庚迁到殷地后才稳定下来。商朝处于奴隶制鼎盛时期，奴隶主贵族是统治阶级，拥有庞大的官僚（liáo）统治机构和军队。

司马迁重点描写了成汤、盘庚、武丁和商纣王等人的故事，对其他历史一带而过，既表现了司马迁优秀的讲故事能力和他本人对商朝历史的态度，也让读者能迅速抓住商朝历史中的重点人物和事件。让我们跟随司马迁一起走进商朝的历史。

一、商朝闪亮登场

商朝是一个神奇的朝代，为什么叫商朝？我们用“商”字可以组词为商品、商业或者商人，而商朝的老祖先就是做买卖起家的。据说他们多次迁移自己部落的位置，就是为了方便做生意，所以说他们的全面兴盛靠的并不是打仗，而是做买卖。

不过天下有钱人那么多，到底谁才能做君王呢？当时商部落有一个很牛的人物，叫成汤，我们现在多称他为商汤。他是夏朝的一个方伯，管理一方诸侯。商汤很有野心，也很有自己的想法。在一次机缘巧合下，他认识了伊尹。伊尹名叫阿衡，当时地位很低，是一个仆人，但是他从小就特别努力地学习，因此非常有学问。也有人说他是一位很有才能但不肯做官的隐士。

商汤觉得伊尹很有才能，名声也不错，刚好自己发展事业需要左膀右臂，伊尹就靠着自己的聪明才智，成了商汤手下重要的谋士。当时商汤所在的部落只有一个小封地，仅方圆七十多里，规模有限，是夏桀说灭就能灭的。

为了消除夏桀对商部落的敌视心理，商部落派商汤和伊尹去朝见夏桀，不仅成功地消除了夏桀的敌视，夏桀还让商汤带领部队帮他去打其他不听话的部落。这活儿可不好干，只要是打仗就得流血，就会有人牺牲。不过商汤暗自算了一笔账，如果帮夏桀打仗，就表明商部落是完全忠诚于夏朝王室的，打完仗以后，还能再扩充自己的地盘，对于自身建设当然是一件好事。

关于商汤还有一个故事，叫“网开一面”。据说有一次商汤出门溜达的时候，看到一个捕鸟的人，在前后左右四面都张开大大的网，并且祷告说希望四面八方的鸟都能被他的网抓住。商汤觉得这个人太绝情了，于是对他说："你不要四面都拉网，撤去三面，只留下一面。鸟兽们愿意往左逃就往左逃，愿意往右逃就往右逃，如果是刚好自投罗网的，那就抓住它。""网开一面"的故事体现了商汤的仁爱之心，就连禽（qín）兽的命他都会去顾及，更何况是人呢？后来演变成一个成语，比喻做人宽大仁厚，做事会给人留条出路。

就在这个时候，夏桀暴虐无道、不思进取，还有诸侯发动了叛乱。商汤的仁德传到各诸侯国中，获得了大家的一致好评。商汤不仅有地盘，还有一个仁德的好名声，另外军事实力也不错。于是他正式决定要推翻夏朝。他率领各诸侯，在伊尹的帮助下去讨伐夏桀，最终决战也以商汤的胜利宣告结束。

当然从来没有简简单单的成功，每一次成功的背后都有很多人的付出。商汤打败夏桀后，天下诸侯都来朝见，并且说："我们拥立您做新的天子。"但是商汤一开始坚决不干，推辞了好多次，最后才勉强接受。至此，一个新的王朝——商朝正式诞生。

二、盘庚迁都，首都说换就换

商汤以武力推翻夏桀，成为商朝的天子。但是在他之后的十几任继任者中，却没有特别有本事的君王。他们不断地迁都，变换自己的大本营。传到成汤的嫡（dí）长孙太甲帝时，伊尹仍在忠心辅佐。但太甲帝在任期间，违背了商汤的法度，伊尹将他流放了三年，自己代行政务。三年后，太甲帝悔过自新，重新向善。伊尹又将他接回来，把政权还给了他。他也没有辜（gū）负伊尹的苦心，将国家治理得很好，诸侯都来朝拜。这也证明了伊尹的能力，他对商朝做出了非常大的贡献。

随着帝位的更迭（dié），商朝的国力逐渐衰弱，直到第十九任天子盘庚登基，才实现了商朝的复兴。

盘庚是商朝非常重要的一位君王，他的主要贡献有两个，第一个是迁都，他把商朝的都城迁到了殷，殷商的名称也由此而来。同时，这也是商朝最后一次迁都。第二个贡献，是他实现了商朝的振兴，留下了很多历史文献。

其实在盘庚之前，商朝的君王也没少折腾，迁了四次都城。迁都可不是搬家，平常我们搬个家都会很劳累，更何况是给一个都城换地方？老百姓都苦不堪言。那为什么到了盘庚这儿，迁都就变成了一件好事呢？这要从盘庚迁都的原因说起。

盘庚迁都的第一个原因是黄河泛滥，老百姓受灾严重，所以必须要迁都城，不然都城就要被黄河淹没了。第二个原因是当时商朝西部一些少数民族的势力非常强大，对商朝的都城安全构成了威胁，所以必须迁到东边去找一个更安全的地方。这两点是盘庚决定迁都的重要原因，但是朝廷内部的大臣和皇亲国戚坚决不同意。于是盘庚把这些人找来，跟他们说："我知道你们不愿意迁都，一迁都肯定会有损失。不过我已经做了决定，谁也不要煽（shān）风点火。谁要是假借老百姓的旗号阻止迁都，我就收拾谁。与此同时，你们还要把我迁都的原因广泛地传达给大家，要对百姓做好引导工作。”

盘庚到底要把都城迁到哪里去呢？其实就是现在河南安阳市的小屯村。虽然现在看它是个小村子，但是在当时很适合做都城。原因有两点：第一，离河比较远，没有水灾的威胁；第二，离西部强势的少数民族比较远，百姓居住很安全。

中国历史上有很多都城，殷商的都城遗迹被称为殷墟（xū），它是中国乃至全世界最重要的考古发现之一。在此之前，很多人都怀疑商朝的存在。殷墟的发现揭开了商朝历史神秘的面纱，商代大规模的宗庙遗迹以及大家非常熟悉的甲骨文都被发掘出来。甲骨片上面已知有四千多个文字，现在已破译的有二千二百多个。商朝的青铜器也相当了得，殷墟就曾出土了世界上最大的青铜器——后母戊鼎，重八百多千克，气势宏大，工艺高超，纹饰也非常漂亮。

当全世界很多人还穿着兽皮的时候，中国已经制造出这么精美的青铜器，说明中国在殷商时期已步入高度文明的阶段。由此可见，让商朝重新振兴的盘庚果真是一位极其有本领的君主。不过历史总是滚滚向前，虽然盘庚很牛，让商朝振兴了，但是架不住他的子孙昏庸暴虐，让我们一起看看都有谁。

三、“酒池肉林”的商纣王

盘庚之后还有一位比较有名的君主，叫武丁。武丁当时参与了一场战争，这场战争发生在商朝的边关地带。那时经常有一些少数民族对商朝地界发起进攻，因此他参与了反击战。这场战争不仅把敌人打败了，更重要的是捍卫了殷商文明。但是从武丁以后，商朝的天子就一代不如一代了。

其中名声最差的一位，也是商朝的最后一位君王，就是商纣王。商纣王名帝辛，天下人管他叫“纣”，“纣”是非常残忍的意思，成语“助纣为虐”，就是帮助坏人做坏事的意思。作为亡国之君，被历史唾（tuò）骂是正常的，通过商纣王的种种事迹，可以知道他的确是一位坏到家的君王。这跟他的治国理念有很大的关系，他认为要想统治好一个国家，就必须让子民听话，信服君王。不过他让百姓服从靠的可不是仁政，而是拳头。

商纣王其实非常聪明，他小时候就能言善辩，行动迅速，而且力大无穷，能徒手与猛兽格斗。他凭借着自己的才能经常在大臣面前夸耀自己，因此非常自负，他认为天下所有人都比不上他自己。他整天沉迷享乐，不问政事。

商纣王还设置了一大堆酷刑来恐吓大家，比如“炮（páo）烙（luò）”，就是把铜柱抹上油，在下面放炭火烧，再让犯人在烧红的柱子上走。商纣王还对受刑的人说：“你要是走得过去，我就可以赦（shè）免你的罪行。你要是不小心掉进炭火里，那就活该被烧死。”铜柱非常滑，犯人根本走不稳，一下子就掉进去了。哪怕真的走过去，脚也会被滚烫的铜柱烫废。

《史记》中还记载，商纣王昏庸无道，听信妇人言，这个妇人就是妲（dá）己。商纣王非常喜欢她，给她盖了一间豪华的房子，连门都是玉做的，里面更是堆满了黄金。此外，商纣王还沉迷享乐，不思进取。他不仅下令捕捉大量鸟兽来建造宫廷动物园，还把美酒都倒在池子里，把肉成片成片地悬挂起来，在酒池里游泳，在肉林里嬉戏玩耍。成语“酒池肉林”就是由此而来，形容沉迷酒肉，极度奢侈（chǐ），现在也被用来形容酒肉极多。

九侯的女儿进宫后，因为不喜欢商纣王的做派惹怒了他被杀，九侯也被处死。鄂（è）侯因此与商纣王争辩，最后也丢了性命。当然其他大臣对商纣王的做法也非常不满，但是他们没有直接提出来。因为大家看到商纣王如此残忍，提意见也不会被采纳，还不如选择明哲保身。此时，有一位西伯遭了殃（yāng），只是因为他叹了一口气。

西伯是商纣王手下的一个诸侯，他就是我们熟悉的姬（jī）昌。他对商纣王残忍的行为轻轻叹了一口气，结果被有心人得知，向商纣王举报。商纣王一听到消息，就把他给抓了起来。那么他究竟能不能躲过这一劫（jié）呢？我们继续往下读。

四、商纣王的昏招

姬昌这一关就被关了整整七年，这七年他连气都不敢大声出，他的臣子搜集了美女和奇珍异宝献给商纣王，商纣王很满意，就把他给放了出来。这告诉我们，做任何事情都得先学会忍耐，等待机会。姬昌不是一般人，他被放出来后就给商纣王进献了洛水西边的一块土地，请求废除炮烙之刑。商纣王非常高兴，应允了他的请求，还赐给他斧头和弓箭，让他可以讨伐其他诸侯，不久后他就成了西部地区的诸侯之长，也就是西伯。

当时大部分人都不敢跟商纣王提意见，但是有一个人敢，这个人就是商纣王的叔父比干。比干看姬昌很不顺眼，这人被关在监狱（yù）里没有任何不平，还帮商纣王打仗，他感觉这小子好像很有野心，绝对不会安于做一个诸侯。比干经常给商纣王提意见，他难道不怕死吗？怕，但他更怕商朝断送在商纣王手上。他知道自己年纪大了，如果再不把自己的想法说出来，商朝就岌（jí）岌可危了。毕竟是自己的长辈，商纣王对比干提出的意见左耳朵进右耳朵出，既不理会他，也没有处置他。

但是比干天天给商纣王提意见，翻来覆去地讲，商纣王也听烦了。终于有一天，商纣王憋不住了："我听说圣人的心有七个孔，叔父您天天自诩（xǔ，夸耀）圣人，那您的心是不是也有七个孔呢？"比干没有办法，只好拿出刀把自己的心剖（pōu）了出来。商纣王拿着他的心脏，仔细地端详，并未发现什么特别之处，不是什么圣人的心。

商纣王就是想杀掉比干，根本就不是想看他的心有几孔。现在比干已死，商纣王心想终于没有人在我耳边喋（dié）喋不休了。但与此同时，改朝换代的时刻也终于来了，商纣王自毁长城，只剩下挨打的份儿了。

五、“姜太公钓鱼”钓的是什么鱼？

商纣王如此昏庸，商朝必定会被新的王朝取代，这个新的王朝就是周朝。周朝历史悠久，能人众多，我们先从谋士姜子牙讲起。姜子牙，也有人叫他姜太公，早期生活比较平淡，做的工作也比较低下，他杀过猪，宰过牛，做过服务员。直到晚年时期，才做了一件很有名的事，叫“姜太公钓鱼，愿者上钩”。

当时姜太公已经七八十岁了，年纪很大。他是用计谋把后来的周文王姬昌给征服的，他究竟用了什么计谋呢？人家钓鱼用弯钩，他偏要用直钩，直钩就像针一样，能钓到鱼吗？那得是多傻的一条鱼，要不然怎么能叫愿者上钩。姜老爷子是一个挺怪的人，不过他也是一个有大智慧的人。

那时候人们出门都爱拿龟壳、兽骨占卜一下，有人跟姬昌说：“今天出门打猎，您将收获一个智者。”姬昌就想会遇到谁呢？他在路上遇到了一位拿着直钩钓鱼的老人，发现他很不寻常，就跟他聊了聊。这位老人就是姜子牙。姜子牙活了好几十年，结合他曾经的工作经历，讲出点真知灼（zhuó）见给姬昌听并不算难事。姜子牙一下子就把姬昌给征服了，姬昌邀请他为自己的伐纣大业出谋划策。

当时姬昌是替商纣王去征战的，这下子既有了兵权，又有了智者出谋划策。在姜太公的帮助下，姬昌接连获得胜利，得到了很多封地，势力范围逐渐扩大。

这时有大臣劝谏（jiàn）商纣王："西伯侯姬昌有反心，要小心他。"但是商纣王却说："我生来就是帝王，这就是天命，上天给我的，谁也拿不走。"看来商纣王不光霸道，还是一个很愚昧、很天真的人。

姬昌其实做过不少违背礼制的事情，比如他修了很多城池，并且让自己的儿子姬发去管理，这在当时是违背礼制的。另外他还修建了观测台来观测星象，要知道当时只有天子可以观测天上的星星，一个诸侯是没有资格这样做的。但奇怪的是，商纣王对此没有采取任何行动，这只能说明他太自负、太自以为是了。于是，姬昌的影响力越来越大，已威胁到商纣王的统治，很多诸侯背叛商纣王归顺姬昌，周朝取代商朝只是时间问题。

周文王姬昌的故事到这里差不多就结束了，给大家来个小结。周文王是中国历史上一个非常重要的人物，他有很多文化上的新发现。比如他在被商纣王关进监狱的时候，推演出了《周易》。孔子在年老的时候特别喜欢读《周易》，并且做到了"韦编三绝"。意思是他读《周易》，把竹简的皮绳读断了多次，后用来形容一个人读书勤奋刻苦。这足以说明这本书对孔子的影响。《周易》对中华文化的影响也很深远，号称"群经之首"。

六、牧野之战，商朝灭亡

没过多久，姬昌去世，他的儿子姬发继承了王位。姬发是一个什么样的人？姬昌被商纣王拘禁七年的时候，是谁帮他管理自己的封地呢？自然是他的儿子姬发。

姬发年轻的时候就非常有本事，而且像他爸一样尊老。在继承王位以后，尊称姜太公为太师，这跟商纣王完全不同。当时已有三分之二的诸侯向周朝政权归拢，所以姬发实际上已经有跟商纣王全面对抗的能力，但是他并没有发动战争。因为如果这时候发兵，那叫以下犯上，叫谋反。而且，商纣王本质上还是一个有本事的人。一旦他意识到危机，励精图治，那姬发还是打不过他。所以在这几年里，姬发不断地进行军事演练，始终没有行动。与此同时，商纣王更加昏庸无道，他的亲哥哥微子启多次劝谏也没有用，最后和商朝的太师、少师一起逃走了。

姬发接任诸侯王位第十一年之后，封自己为周武王。这一年，伐纣时机已到。周武王召集诸侯联军举行了一个誓师大会，列举了商纣王的种种恶行。他说商纣王对天不敬，给人民带来了灾难，上天派自己去讨伐。商纣王之前说，是天让他做天子。姬发说他正是奉天命与罪恶的商纣王决一死战。他们在周武王十二年进行了战争。当时商纣王大约有七十万士兵，而周武王准备了四千多辆战车。四千多辆战车是什么概念？春秋时期的晋国和楚国是春秋五霸中非常强大的两个国家，可这两个国家所拥有的战车加起来也不过四千辆。尽管姬发还没有成为天子，但是当时周朝的势力已经非常强大了。

战争打响，双方在“牧野”这个地方开始了决战，后世称为“牧野之战”。古代打仗跟现在不一样，非常讲究规则。在打仗之前，周武王就对自己的士兵进行了一番教诲，说“我们虽然兵力较弱，但是要讲究规则和纪律。”仗还没打，周武王的军队已经在军事思想上获得了胜利。

商纣王在战斗时，把正规军排在后面，让非正规军冲在前面。他是想等杂牌军打得差不多了，再让正规军上，一举歼（jiān）灭周武王。但是刚开战的时候，这些杂牌军就高喊：“我们为什么要为商纣王拼命？我们应该加入对方的战队。”于是士兵们纷纷掉转兵器的方向，加入周武王的军队，攻打商纣王。因此也出现了一个著名的成语，叫“反戈（gē）相向”，意思是在战斗中，我方士兵掉转兵器，加入敌方作战，反过来攻打我们。戈是古代的一种兵器。

士兵纷纷倒戈，商纣王的军队可就乱了套。商纣王战败，逃回了殷都朝（zhāo）歌。他在自己储藏钱财的鹿台，将很多玉石珠宝覆盖在身上，引火自焚（fén）了，他的两名爱妾也跟着上吊自杀。一个时代就此结束。

从网开一面的商汤王，到残暴凶狠的商纣王，商代一共经历了三十一位天子，历时五百五十四年，是中国历史上延续时间最长的王朝之一。

知识加油站

1. 商朝的开创者是谁?
商汤(成汤)。

2. 辅佐商汤的能人是谁?
伊尹。

3. 商朝的最后一任君王是谁?
商纣王。

4. 商纣王发明了一种残酷的刑罚,叫什么?
炮烙。

5. 我们为什么称商朝为殷商?
因为盘庚把都城迁到了殷,这也是商朝最后一次迁都。

6. 姜太公钓鱼讲的是哪两个人之间的故事?
姜子牙和周文王姬昌。

7. 周朝取代殷商的著名战役是什么?
牧野之战。

成语收藏夹

1. 把捕鸟的网撤去三面，只留一面。比喻宽大仁厚，给人留条出路，是什么成语？

网开一面。

2. 形容帮助坏人做坏事，和商纣王有关的成语是什么？

助纣为虐。

3. 成语“酒池肉林”是什么意思？

把美酒倒在池子里，把肉成片地悬挂起来，形容沉迷酒肉、极度奢侈，也被用来形容酒肉极多。

4. 姜太公钓鱼的下一句是什么？

愿者上钩，比喻心甘情愿地上当。

5. 与牧野之战有关，比喻士兵掉转枪头加入对方阵营，是什么成语？

反戈相向。

6. 和孔子读《周易》有关，形容一个人读书勤奋，是什么成语？

韦编三绝。

周本纪：诸侯分封由此开始

周朝（前1046—前256）是中国历史上的第三个朝代，也是中国历史上存在时间最长的朝代，由周武王姬发创立，我们现在称它为西周。

周武王时期实施分封制、宗法制和井田制，以维系社会秩序，历经犬戎（róng）之祸后，西周灭亡。随后，周平王东迁洛邑（yì），建立东周，最后被秦国灭亡。西周是奴隶社会的强盛时期，东周则是封建社会的开端。周朝一共存续790年。

一、周朝，崭新的开始

商纣王已死，商朝灭亡，伟大的周朝诞生了。姬发把商纣王拉下马，从老百姓的角度来讲是为民除害，从时代的更替来讲，这也是一个必然，因为旧的朝代总是会被新的朝代所取代。在商纣王死后的第二天，姬发正式称王，顺理成章地成为周王朝第一任天子，历史上称他为周武王。姬发把父亲姬昌尊称为周文王，并尊姜太公为太师、周公旦为辅相。以周文王为榜样，发展周朝的事业。在《诗经》里有一些关于周朝的文字，如“周虽旧邦，其命维新”，意思是说周朝虽然是一个老的诸侯国，但是他的使命却是崭新的。现在周武王的革命成功了，接下来就要做很多创新的事情，为此，他听取了很多大臣的意见。

他首先问姜太公：“这么多战俘要怎么处理？”姜太公说：“我们跟商朝和商纣王不共戴天，他身边的人咱们得全部杀掉。”当时很多大臣都赞同姜太公的说法，但周武王听完后，摇了摇头说：“不可以。”这正是周武王高明的地方。周公旦则建议周武王不要杀这些战俘，让他们回家，只要他们有仁义、有道德，就应该让他们继续过原来的生活。周武王同意了。历史上改朝换代是经常发生的事情，但保持一颗宽仁之心，是一个新的王朝赢得民心、平稳顺利地进行统治的基础。

接下来新的问题出现了。这些战俘可以放回去，但还有很多之前商朝的贵族，该怎么处置呢？周武王又展现了他的宽宏大量，他让这些贵族继续留在当时商朝的首都朝歌，并且继续保持贵族的身份。这些贵族因此对周武王感恩戴德。除了善待战俘和贵族之外，周武王对老百姓的利益也非常关切。他从商纣王的宫廷里挖出了大量的金银财宝，他认为这些搜刮（guā）来的财宝，应该还给老百姓，老百姓也对周武王十分感激。

在几千年前，周武王能做出这些伟大的决策，足以证明他具有一种战略家的胸怀。可能有人会想，历史上称他为周武王，那他是不是特别喜欢征战？那就大错特错了。战胜商纣王以后，周武王坚信战争的目的是和平，他说：“我们现在要停止战争，让百姓安居乐业。”周武王下令整顿军队，整顿好就将军队解散了，并昭告天下不再用兵。

周武王带领西周走向繁荣，为它后世的发展奠（diàn）定了非常好的基础，周朝也成为中国古代延续时间最长的王朝。

西周之后的东周分为春秋和战国两个时期，也出现了儒家、道家、法家等各种流派百家争鸣的局面，周朝绝对是中华文明史上一个特别值得大书特书的时期。让我们一起看看周王朝有哪些新的国家管理方法和决策。

二、周公吐哺（bǔ），天下归心

周武王已经统一天下，他接下来要管理国家，就要任命自己信任的人。当时有一种制度叫分封制，就是把自己最信任的人分封到不同的领地，让他们代替自己去管理这些地方。比如大家非常熟悉的姜子牙老先生就被分封到了营丘（今山东一带），国号为齐，靠海生活，非常富裕。周武王还把自己最亲的几个兄弟分封到不同的地方，让他们帮自己管理国家。周公旦是周武王的弟弟，是周文王姬昌的第四个儿子。周武王也给他分封了土地，在曲阜（fù），国号为鲁。但是他没有去，而是留在了周武王的身边，帮助哥哥管理国家。

这时发生了意外，周武王在五十四岁的突然去世，在去世之前，他没有留下谁是王位继任者的诏令。当时流传着一种说法，弟弟也可以接班当皇帝，但得按顺序排。大家推举周公旦接任君主之位，周公旦说："如果要弟弟接班，肯定不是我，我不是周武王最大的弟弟，我坚决支持我哥的儿子来做君王。"这个决定做出来以后，他的那些兄弟们都不愿意了，因为他们本来有继承王位的资格，但如果是周武王的儿子继承，那他们就没机会了。当时周武王的儿子只有十三岁，叫姬诵（sòng），也就是后来大名鼎鼎的周成王。一个十三岁的毛头小子要怎么管理国家呢？

在周公旦的大力支持下，周成王顺利当上天子。周公旦在朝廷中执掌大权，辅佐周成王。这让周公旦的兄弟们勃然大怒：当时把你分封到诸侯地，你不去，坚持要留在朝廷，原来是有这样的野心。他们为了争夺权力，引发了一系列的战争。

不过周公旦在政治和军事上非常有谋略，他成功平定了叛乱，所以在历史学家眼中，周公旦有很高的治国水平。周公旦摄政七年后，周成王二十岁，已经具备了管理国家的能力，他就把军权和国家管理权还给了周成王。为了完成周武王的遗愿，周成王派周公旦去洛邑勘（kān）测，最终将象征天下的九鼎安放在那里。

周公旦非常喜欢"礼"。"礼"是中国政治和哲学中一个非常重要的概念，在《论语》中，孔子也多次谈到"礼"。有两个成语跟周公旦有密切的关系，第一个叫"握发吐哺"，意思是说周公旦在辅政的时候，经常会有人来拜见他，跟他谈国家大事。如果他吃饭的时候有人来找他谈事，他干脆把饭吐出来，跟那人谈；如果他洗头洗澡的时候有人来了，他就用手握着湿漉漉的头发跟人谈，这就叫“握发吐哺”，形容人工作很认真，礼贤下士。也称为“吐哺握发”“周公吐哺”。

还有一个词叫“鞠（jū）躬尽瘁（cuì）”，意思是勤勤恳恳、尽心竭力、奉献一切。我们常用它来形容诸葛亮，其实它最早是用来形容周公旦的。周公旦没有争着做天子，他成了人们歌颂（sòng）的一个楷（kǎi）模，这也是他的成功之处。

三、周朝的盛世——成康之治

一个国家、一个民族的兴亡是有规律可循的，每一个朝代都有兴盛，有衰败。汉朝有文景之治，唐朝有贞观之治，离我们比较近的清朝有康乾（qián）盛世。周朝也有一个比较开明的时期，叫成康之治，指的是周成王和周康王两任君王统治周朝的时代。

周成王长大成人后，顺利地从周公旦手中接过了天子之位。此前周朝进行分封，周武王的兄弟们占领着不同的地盘，帮着管理周朝的天下。后来出现了一些强大的诸侯国，比如卫国、晋国，他们的祖先都是周武王的兄弟。这些诸侯国能够帮助周朝管理天下，就是因为有血脉的关系，不过传到后面血缘关系越来越弱，彼此之间的感情也淡薄了。好在周成王虽然本事不算大，却是一个守得住江山的君王。他特别勤劳，很多诸侯都愿意帮他管理天下。因此，社会非常稳定，百姓日子也过得很太平。但是周成王寿命不长，仅在位二十二年就去世了，享年三十五岁。

周成王去世之前对子孙说："我的病情非常严重，将不久于人世，我们一定要记住周文王和周武王的训导，不能放纵（zòng）自己。"他去世以后，太子姬钊（zhāo）接任王位，就是周康王。周康王继位之后的创新之举不多，但是他跟他老爸一样，也是一个勤劳能干、能守江山的君主。他约束自己，倡导节俭，并且虚心纳谏。

周康王统治时期，周朝曾做过一件大事。历代君王最怕的就是边关有祸事，当时的边关也很不太平。在养精蓄锐多年之后，周朝终于开始征战，并且成功地平定了边关的动乱。

对于老百姓来说，和平最重要，一旦征战，不论是赢还是输，倒霉的其实都是老百姓。而周康王一举平定了周边的叛乱，让周朝在这段时间安稳发展，百姓安居乐业，曾经四十年都没有使用过刑罚。

四、周幽王"烽火戏诸侯"，最后戏弄了自己

经过成康之治，周朝的发展有起有伏，有时好一点，有时差一点。后来出现了一位君主，叫周厉王。他特别敢于征战，意志很坚强，但是他性情太残暴了。他采用高压政策，谁不服从就处决谁，老百姓怨声载道，纷纷在街上议论这些事。周厉王知道

后，下令说谁再敢说他的坏话，直接杀掉。于是所有老百姓在大街上都不敢开口说话，只敢用眼神交流，因为万一有一个字不符合规定，就要被杀头。这个故事引申出一个成语叫“道路以目”，意思是大家走在路上都不敢说话，只能用眼神交流。

周厉王对此十分满意，对大臣召（shào）公说：“这下没有人议论我了。”召公说：“防民之口，甚于防川。”意思是堵住人们的嘴，要比堵住水流难多了。如果河水蓄积太多，一旦决堤，就会一发不可收拾，堵住百姓的嘴不让他们说话，也是一样的道理。但周厉王不听，依然残暴无道。百姓从此不敢说话，周朝的统治也每况愈下。到了周厉王的孙子周幽王即位时，周朝已经快走向末路了。

周幽王是中国历史上典型的昏君之一，他喜欢征战，以捍卫自己周朝天子的地位。但是那时的周朝已经是一个烂摊子，而且周幽王的打仗水平实在太差了，总是输。面对少数民族的入侵、诸侯之间的战争，周幽王打得真是一塌糊涂。周幽王打仗打不明白，就把自己的权力交给大臣，自己吃喝玩乐去了。

这时候出现了历史上赫赫有名的美女——褒（bāo）姒（sì）。褒姒美得沉鱼落雁、闭月羞花，但是她不爱笑，也从来不笑，面对周幽王都不笑。于是周幽王就想：怎样能让褒姒笑？

那时候经常有一些少数民族入侵。一旦入侵，朝廷就会派人把长城上的烽火点着，长烟升起，各诸侯看到烟，知道是周朝天子遭到敌人攻击的信号，就会赶来护驾。不过这次点火，只是周幽王为了把褒姒给逗笑。各诸侯闻讯赶来，发现根本没有敌人，非常狼狈。褒姒看到他们的样子，果然哈哈大笑。后来周幽王又点燃了几次烽火，诸侯们发现被周幽王给忽悠了，渐渐地就不来了。这简直是一出糊涂的闹剧。

周幽王为了让褒姒的儿子当上太子，废掉了申后和太子，申侯一怒之下联合犬戎攻打周幽王。面对强敌，周幽王点起烽火，向诸侯求救。各诸侯以为这又是在逗他们玩，结果都不来了。周幽王无奈之下只能逃跑，最终死在骊（lí）山［今陕西临潼（tóng）县］脚下。他的军队被犬戎击败，王后褒姒也被抓走。因为这场战争发生在骊山脚下，所以被称为“骊山之战”。

在此之前，周朝天子是天下的老大，但是经过这场战争，周朝元气大伤，地位也直线下降。这怨谁？只能怨君王胡闹。

知识延伸：2012年，清华大学整理了一批战国时期的竹简，简称《清华简》。根据竹简内容基本可以确定，周幽王“烽火戏诸侯”事件是虚构出来的。

五、从西周到东周，周朝没落的开始

周幽王烽火戏诸侯，导致周王室的精锐部队被犬戎消灭，这意味着周朝王室地位的衰落。周幽王死后，各诸侯国拥立周朝前太子宜臼（jiù）继位，就是周平王。他是一位倒霉的君主，他想让周朝再次强大，但无奈手里没兵。本来周朝控制天下诸侯就是因为军力强大，现在没了精锐部队，怎么还能管住这些诸侯呢？

西周后期，天下混乱，都城西安已经不安全，敌人在旁边虎视眈（dān）眈，怎么办？只能迁都。于是周平王把都城从西安迁到了洛阳。因为周朝的首都从西边迁到了东边，所以东迁洛阳是周朝从西周过渡到东周的一个标志。在迁都过程中，郑国出了很大的力气，帮了不少忙，于是郑国有了挟天子以令诸侯的权力。

后来周朝和郑国的关系逐渐恶化，一直到周桓（huán）王统治时期，周朝决定攻打郑国。因为郑国天天对周朝吆（yāo）三喝（hè）四，总觉得帮周朝迁都就可以有非常大的权力，周桓王对此非常不满。而且当时很多诸侯国也愿意为周朝效力，想借所谓正统的旗帜（zhì）来打压一下跟自己平级的诸侯国——郑国。但是在这场王室跟诸侯的大对决中，却是诸侯国郑国赢了。因为周王朝的精锐部队没有了，根本没办法跟郑国抗衡。

周朝被打败以后，郑国居然派人去慰问周桓王，当时郑国国君郑庄公表现得可谓有礼有节。其实在那段时间，不光是郑国变得很强大，还有几个国家也在陆陆续续地壮大自己，比如齐国、晋国、楚国、吴国和越国，也诞生了著名的“春秋五霸”——齐桓公、宋襄（xiāng）公、晋文公、秦穆公和楚庄王。我们称这段混乱的时期为春秋时期，这时周朝的实力已经明显衰弱。

六、春秋与战国是怎么划分的？

周朝因为迁都分为西周和东周，而东周又分为两个时期，一个是春秋，一个是战国。界定春秋和战国的标志是什么？这跟晋国有关。晋国在春秋之前，其实已经成为一个大国。但是到了春秋后期，晋国被六卿（qīng），也就是魏、赵、韩、智、范、中行六个世袭卿族，把持国政。六卿虽然有自己的封地，但他们经常斗争，争权夺利。最终晋国被赵、魏、韩一分为三。

当他们把最后的结果告诉周朝天子周定王："我们已经把晋国分为赵、魏、韩三个国家，你看着办吧。"周定王居然同意了，并且把这三家封为诸侯。这标志着春秋时期结束，正式进入战国时期。历史上很多人对此嗤（chī）之以鼻，认为他们违背了礼制，周天子应该制止。但是周定王的处境是，他答应也得答应，不答应也得答应，因为他的实力实在是太弱了，他只能在洛阳待着。虽然没什么权力，但毕竟还是一个王，人家诸侯国给他汇报就很不错了，他还有什么能力去反对呢?

三家分晋之后，韩、赵、魏、秦等诸侯王不满足于被分封为诸侯，纷纷自己称王。周天子更是沦落为一个微不足道的小角色，周朝能够继续存在，纯粹（cuì）是大家给他面子而已，要想把它灭了实在是太简单。另外当时人们比较尊重礼教，谁发兵攻打周定王，就是谋反，所以大家一致决定保留周天子的王位。

公元前256年，强大的秦国灭掉了早已名存实亡的东周。至此，中国历史上存在时间最长的王朝——周朝被终结，它一共存在了790年，分西周和东周两个阶段。

知识加油站

1. 周朝的第一任天子是谁?

周武王姬发。

2. 历史典故“烽火戏诸侯”，讲的是谁和谁的故事?

周幽王和褒姒。

3. 周平王东迁标志着中国历史进入什么时代?

春秋时代。

4. 春秋五霸分别是谁?

齐桓公、宋襄公、晋文公、秦穆公、楚庄王。

成语收藏夹

1. 跟周公旦相关，吃饭时多次吐出口中食物，洗头时多次把头发握在手里，比喻为了招揽人才操心忙碌，是什么成语?

握发吐哺，也称吐哺握发、周公吐哺。

2. 与周公旦相关，形容做事勤勤恳恳、尽心竭力、奉献一切，是什么成语。

鞠躬尽瘁。

秦本纪：为什么秦能统一六国？

秦国（前770—前221）是春秋战国时期的一个诸侯国。秦襄公因护送周平王东迁有功，获封为诸侯，秦正式成为一方诸侯国。后秦穆公灭西戎十二国，秦孝公实行商鞅（yāng）变法，至秦王嬴（yíng）政攻灭六国，统一诸夏，建立中国历史上第一个中央集权的大一统帝国。

秦国到底是如何从最开始一块特别不起眼儿的小土地，逐渐发展成为统一中国的强大帝国的？

一、秦国的土地，是靠养马换来的

强大的国家绝对不是天生就强大的，秦国之所以最终能够建立伟大的秦朝，背后有一个特别励志的故事。秦国的每一位君王都非常努力，而且最关键的是他们都没有犯重大的政治错误，花了大约五百年，最终才有了秦始皇的一统天下。

秦国的家谱可以一直追溯（sù）到远古时期的颛顼帝，也就是黄帝的孙子。秦国的祖先是颛顼帝的后代孙女女修，女修生下儿子大费。大费就是柏（bǎi）翳（yì），替舜驯养禽兽被赐姓嬴。不过从柏翳往后，秦国就没出什么有才能之人。直到一个叫非子的人出现，但他最大的能力不是治国，而是养马。

当时周朝的势力在少数民族的进攻下，变得非常微弱，他们需要大量战略资源。马在当时可是很重要的战略物资，相当于现在的坦克。而非子很会养马，他为当时的周朝王室提供了很多优良的马匹。周孝王很开心，给了他一小块土地，这也是秦国的初始根据地秦地。周孝王还让非子接管嬴氏的祭祀，号称秦嬴。

不难看出，秦国最开始的时候是非常憋屈的，好不容易才有了一小块封地。后来犬戎叛变，抢占了秦国祖先的土地，还杀了秦嬴的重孙秦仲（zhòng）。秦仲的长子秦庄公，带领自己的兄弟找到当时的周朝天子周宣王，表示要重新夺回失去的土地。周宣王是一个开明的君主，他答应借给秦庄公七千名勇士，让他把土地夺回来。战争打得非常快，犬戎的部队很快就被秦庄公打跑了，周宣王把秦国祖先的土地重新赐给了秦庄公。但秦庄公可不仅仅是要块小土地这么简单，有人说他是一个永不停止的战斗机器，总想扩张自己的领土。

秦庄公在位四十四年，天天都在琢磨打仗的事。秦庄公去世以后，秦襄公继承了他的事业。秦襄公是春秋时期秦国被正式列为诸侯国的第一任国君。当时处于周平王时期，周朝的国都已经破败不堪，急需迁都。大部分诸侯国都不愿伸出援手，这时候小小的秦国出现了，秦襄公把周平王一直护送到新的首都洛阳。周平王非常感动，将他封为诸侯，还表示要分封给秦国一些土地。但当时周朝的力量非常微弱，哪里有土地可分封？周平王相当于给了秦襄公一个承诺："犬戎控制的土地都是我们周朝的，如果你能夺回来，那这些土地就全部分封给你。"这是一个多么好的机会！

从那时开始，秦国的历代国君为了把房本里的房子变成现实，开始拼命地努力。通过几十年的奋斗，他们铸造了一支强大的军队。在大家不知道的情况下，秦国默默地发展起来。直到一位伟大君王的出现，其他诸侯才知道秦国已经如此强大。这位秦国的国君就是秦穆公。

二、秦国变大国的奥秘

在秦穆公即位之前，秦国的历史相当简单，没有真正成为一个有影响力的诸侯强国。秦穆公知道秦国需要人才。这时有一个人出现了，他叫百里奚（xī）。

百里奚以前是虞国的大夫，虞国是一个小国家。当时晋国很强大，他们要向虞国借他们国土上的一条大道，去攻打虞国旁边的虢（guó）国。百里奚说："不能打，也不能借道。因为一旦晋国把虢国灭了，那回过头也可以灭虞国，只有我们两个国家同时存在，晋国才不能得逞（chěng）。”但虞国国君很愚蠢，居然同意借道。结果晋国把虢国灭了之后，回来就把虞国灭了。百里奚成了阶下囚。后来他跑到了楚国边境，又被楚国当作秦国来的间谍（dié）给抓了起来。秦穆公知道百里奚是能人，于是拿五张黑羊皮去换。在楚国人看来，五张黑羊皮换一个七十来岁的老头儿，的确是一桩很划算的买卖，于是就放了百里奚。

百里奚一到秦国，秦穆公马上用最高规格的待客之道迎接他。百里奚跟秦穆公谈治国理念，连谈了三天三夜。秦穆公非常开心，要把国家政事交给百里奚处理，但百里奚说：“我的才能比不上蹇（jiǎn）叔，只是他做事非常低调，深居简出，每次我遇到危险，他给我提的意见总能帮助我化险为夷，所以我知道他有才能，您可以让蹇叔做谋士。”秦穆公马上派人带着礼物去请蹇叔，任命他为上大夫。自此，蹇叔和百里奚两个人成了秦穆公的左膀右臂。由此看来，一个人想成大事，身边也得有能人。

四年后，晋国公子夷吾逃到外面落了难，秦穆公派百里奚护送他回国。夷吾许诺说如果自己顺利当上晋国国君，就割让几座城池给秦国，并和秦穆公约定谁也不打谁。但是夷吾当上晋国国君（晋惠公）后，却背信弃义了，他并没有割让城池给秦国，这让秦穆公非常生气。

又过了三年，晋国发生饥荒，晋惠公向秦国借粮，秦穆公犹豫不决。百里奚建议说：“夷吾得罪了您，又不是晋国百姓的错。天灾流行，这是各国都难免会发生的事情，救灾恤（xù）邻是符合道义的，多做善事国家也会有福。”救灾恤邻的意思就是解救百姓的灾难，解除周围邻国的祸患，大家互相帮助。秦穆公听了百里奚的建议给晋国运了大批粮食。但是两年后，秦国闹饥荒，晋惠公却不愿意帮秦国，而且还趁机派兵攻打秦国。这下秦晋两国彻底闹掰（bāi），打了起来。

晋国是老牌诸侯国，实力很强，而秦国只是一个新兴的小诸侯国，根本打不过晋国。就在秦穆公危在旦夕时，三百多个像野人一样的人赶来参战，救了秦穆公。秦穆公很奇怪地问他们："你们是什么人？"这些人说："几年前您的一匹马丢了，被我们煮了吃了，按理说我们应该被杀掉，但是您没杀我们，您说人命比马命贵，还赐给我们酒喝。我们一直想报答您，现在听说您遇到危机，我们就来了。"经过这三百多人的帮助，秦穆公转败为胜，活捉了晋惠公。

直到这时，天下诸侯才意识到秦国原来如此强大。秦国分明已跻（jī）身强国之列，开始真正进入历史上的黄金时代。

三、"秦晋之好"，其乐融融

本来秦穆公是要杀掉晋惠公的，但周天子说晋君与他同姓，请秦穆公手下留情。秦穆公的夫人是晋惠公的姐姐，她也为此事烦恼。在众人的劝说下，秦穆公放了晋惠公。之后秦国还和晋国缔（dì）结了友好盟约。晋国把太子送到秦国当人质，也就是后来的晋怀公，秦穆公把同宗的女儿嫁给了他。但是晋怀公跟他老爸一样，都是背信弃义的主儿，一看老爸重病，就赶紧偷跑回晋国抢夺国君之位，连媳妇儿都不要了。

秦穆公对此非常生气，就从楚国迎来晋国的另一位公子重耳。重耳也是晋国王位的有力竞争者，已在外漂泊十多年。秦穆公想帮助他夺回王位，把原来晋怀公的妻子嫁给了他。重耳本来推辞不肯接受，后来他一想，如果我跟秦国国君的女儿结婚，就有一个很强的靠山，就有机会夺回晋国国君的位置了，于是他接受了秦穆公的安排。晋国的重耳和秦穆公的女儿结婚，被称为“秦晋之好”，用来形容双方结下了亲，关系很好。

秦穆公在重耳跟自己的女儿结婚之后，派大军护送重耳重返晋国。秦穆公为什么对晋国的政事这么感兴趣？其实他只是想为秦国寻找一条通往东方的道路。因为当时中国的政治中心在中原，而秦国在西边。虽然秦国在当时是军事强国，但是政治影响力很弱，他必须让自己的势力扩张出去。秦国要向东扩，而晋国同样也需要向东扩，两国算是不谋而合。但计划总是没有变化快。重耳当上了晋国的国君，是为晋文公，带领晋国快速发展。老丈人秦穆公的扩张受到了他的限制，两人之间的关系出现了微妙的变化。

后来周襄王的弟弟叛乱，周襄王躲到了郑国，秦国和晋国一起护送周襄王回朝，并共同出兵包围了郑国，郑国可谓岌岌可危。于是派使者对秦穆公说：“你不能跟晋国一起来打我们，因为秦国在晋国的西面，郑国在晋国的东面，晋国是在秦国和郑国中间的。你和晋国灭了郑国，晋国就会把郑国吞了，你不会得到任何好处。晋国强大之后，还会成为秦国的对手”秦穆公一听，觉得郑国使者说的很有道理，就撤兵了。晋国一看秦国撤兵，心想：“我们不是联合攻打郑国吗？你们秦国怎么还没打就跑了？这唱的是哪出戏？这不是逗我们玩儿吗？”晋国也只好撤兵，秦晋两国之间的关系逐渐破裂。两年后，晋文公去世。

当然有人说这是郑国的反间计，但晋文公和秦穆公两个人的战略想法本就不一样，他们的友好时代已经一去不复返。既然都是霸主，未来肯定都想自己独霸天下，一场战争在所难免。

四、秦穆公意气用事，坚决出兵郑国

秦晋两国是为了利益成为朋友的，它们的友谊最后肯定也会因为利益争夺分崩离析。秦国的野心绝对不是做一个小诸侯国，而是要一统天下。想要一统天下，它就需要进军中原，而郑国是必经之地，所以秦国对郑国的侵袭从来没有停过。

郑国有一个人来向秦国通风报信，说他掌管郑国城门，如果秦军来偷袭，他可以里应外合，开门迎接。秦穆公有点拿不定主意，就问百里奚和蹇叔。他们二人坚决反对。蹇叔说，秦国离郑国远，派这么多军队去一定会暴露，一定会遭人埋伏，不能去。但是秦穆公没理会这两个老头儿的意见，虽说他是一位明君，但也有昏头的时候。他组建了一支远征军，主将叫孟明视，两位副将是西乞术和白乙丙。其中孟明视是百里奚的儿子，而西乞术是蹇叔的儿子。在为军队践行的路上，蹇叔和他的老搭档百里奚一起哭着为两个孩子送别，秦穆公对他俩的行为很生气。

秦国远征军行进到滑城时，遇到了一位郑国的商人，他害怕自己被杀，就将要贩卖的十二头牛献给秦国远征军，说道："听说你们要去攻打郑国，郑国国君已经做好了迎战准备，还派我送来牛犒（kào）劳你们。"秦国的三位将军商量说："既然郑国已经知道了我们的计划，必定会磨好兵器、喂好马，等我们去，那我们就很难偷袭成功了。"于是他们灭掉滑城，准备返回秦国。

但他们正准备撤退时，中了晋军的埋伏。因为滑城是晋国的边境城池，此时晋文公刚去世不久，太子晋襄公觉得秦国趁火打劫，欺人太甚，非常生气，就派兵伏击他们。当时晋国想一举消灭秦国远征军的主力，于是把战争地点选在了崤（xiáo）山，双方打了一场，晋国获得了全面胜利，因为他们占据了天时、地利，还有人和的优势。秦军大败，没有一个人逃脱。

晋军抓住了秦国的几员大将——孟明视、西乞术和白乙丙，要怎么处理他们呢？晋文公的夫人，也就是秦穆公的女儿，很聪明，遗传了她老爸优良的基因。她跟晋襄公说，咱们和秦国原来关系很好，为什么现在不好了？就是因为孟明视、西乞术和白乙丙三人从中挑拨离间，让我们两国关系恶化。你把这三个人放了，秦穆公看到他们打了败仗，一定对他们恨之入骨，想亲自动手。我们借秦王的手杀他们，就不会影响我们两国之间的关系。

晋襄公稀里糊涂就同意了，他把这三员大将给放了，并且没有告诉他的大将军。大将军听说以后非常生气："你怎么能听信妇人言！”晋襄公这才恍（huǎng）然大悟，知道自己被忽悠了，但是再想抓这几个人回来已经来不及了。

孟明视、西乞术和白乙丙这三员大将回到秦国之后，秦穆公亲自到郊外迎接。秦穆公说：“我不能怪你们，是我没有听你们老爹的忠言，害得你们全军覆没，还让你们受辱，责任都在我。你们一定要好好干，一雪前耻！”于是让这三个人官复原职，给了更多优待。成就一番大事，首先得有宽大的胸怀，秦穆公这人度量就很大。

第二年，秦穆公再派孟明视等人领兵攻打晋国，结果又被晋国打败了。经过这一战，秦穆公知道晋国仍然是无可争议的霸主，通过操控晋国东进中原的美梦彻底被打碎了。于是秦穆公决定，先养精蓄锐。两年后，孟明视等人再次攻打晋国，终于取得了胜利。

人到晚年，总会干一些糊涂事，善始却很难善终。这位伟大的秦穆公，就曾干了一件特别匪（fěi）夷所思的事情，他死后用了177个人陪葬，还包括三位良臣，变成了一个彻头彻尾的老糊涂。

五、秦国在等待时机

秦穆公死后，秦国的影响力一落千丈。秦国又经历了多个君王，庆幸的是这些君王都没有犯多大的错误。公元前506年，吴国军队在伍子胥（xū）、孙武等人的指挥下攻打楚国，吴军很快攻占了楚国的都城郢（yǐng），也就是今湖北江陵一带，楚国危在旦夕。这件事情对秦国产生了深远的影响，为什么这么说呢？

有一个叫申包胥的人，想办法从楚国逃了出来，他想找秦国帮忙救助楚国。虽然秦国和楚国是战略同盟。但是这两国曾闹过一个矛盾。当年楚平王找秦国的国君说，咱们能不能联姻？秦国费尽九牛二虎之力选出一位美女，本来是要嫁给楚国太子的，但楚平王一看太漂亮了，就据为己有，这让秦国很没面子。

申包胥跑到秦国连续哭了七天七夜，不仅哭，还不吃饭、不睡觉，但好像也不能解决问题，因为秦国对楚国本就不满，他必须从秦国的角度来思考问题。于是他跟当时的秦王说，我们楚国跟你是好朋友，没跟你打过仗，而吴国是蛮夷。如果吴国把楚国灭了，你就要跟一个野蛮人做邻居。你是愿意跟好朋友做邻居，还是愿意跟野蛮人做邻居呢？秦王听了他的话，让他回去休息一下，说自己再考虑考虑。秦王深思熟虑之后，决定帮楚国一把，派大将率领五百多辆战车出征，很快就把吴国打退了。同时也打击了扶持吴国的晋国的士气。

后来又发生了一件非常重大的事件，便是三家分晋，战国时代由此开始，对秦国来说也意味着新的机会已出现。强大的晋国一分为三，力量自然变得很薄弱，这对秦国来说绝对是一件好事，因为分成三个之后，它就能各个击破了。

六、商鞅要变法，秦孝公大力支持

时代在继续向前发展，等到秦孝公做秦国君王时，战国已经有七个很强大的国家，分别是秦国、魏国、韩国、赵国、楚国、燕国和齐国，号称战国七雄。秦国之所以能够排到战国七雄的最前面，得归功于一个人，他的名字叫商鞅。商鞅做了一件大事，叫商鞅变法，让秦国变得非常强大。

商鞅是什么人？商鞅又叫卫鞅，也叫公孙鞅。他出身于卫国的王室家族，在年轻时非常喜欢读书。他学有所成之后去魏国找工作，当时魏国的相国叫公叔座，人很有本事，特别看好商鞅，打算把他推荐给当时魏国的国君魏惠王。但魏惠王不喜欢人才，也没觉得人才很重要，所以公叔座一直没找到机会。

公叔座还没来得及举荐商鞅，就得了重病，魏惠王亲自来探望他。公叔座对魏惠王说："有一个人叫公孙鞅，年纪很轻，本领却很大，能不能让他来管理国家大事？"魏惠王根本没听过这个人，就很奇怪为什么选他？公叔座说："如果你要用他，就让他做宰相。如果你不用他，就把他杀了，别让他去别的国家。"魏惠王对此很疑惑，不知道他是什么意思。

等到魏惠王走了以后，公叔座跟商鞅说你快逃吧，不然会遭殃的。商鞅笑了："您放心，如果他不用我，就代表没听您的话。他既然不听您推荐我的话，又怎么会听您建议杀我的话呢？"

果然魏惠王回到宫中，对身边的人说："这相国真是糊涂，居然要我把国家交给一个小小的公孙鞅去治理，简直太荒唐了。”于是，商鞅没有被魏惠王重用。

不久后，秦孝公广招天下人才的消息被商鞅听到了，于是他赶紧去求见秦孝公。但想见秦国的国君很难，他只能先去拜见秦孝公最得宠的一个大臣，说能不能让我跟秦孝公聊两句，这才有了见面的机会。

结果一见面，你知道商鞅跟秦孝公说了什么吗？说三皇五帝的治国之道。秦孝公能喜欢这种东西吗？他不仅不喜欢，听得打起了瞌睡，还把推荐商鞅的人一顿臭骂。商鞅请求再见一次面，这回不说三皇五帝，说商汤和周文王是怎么治理国家的。这回秦孝公没打瞌睡，但是也没觉得有什么用。通过这两次见面，商鞅摸清了秦孝公的底，因为他知道秦孝公要什么了。第三次见秦孝公，商鞅不说三皇五帝，不说王道，只说霸道，说治国强兵之法。

春秋五霸是怎么称霸的？他们当时提出了一个口号，叫“尊王攘（rǎng）夷”，就是尊重周朝的天子，一起清除给周朝边关造成威胁的蛮夷，其实是借着清除蛮夷，互相攻击，争权夺利。这个方法一下子说到了秦孝公的心坎里，他就问应该怎么做。商鞅说治理国家只需要两个字，就是“变法”。只要我们秦国变得强大，所谓的霸道就能实现了。

商鞅当时只有二十多岁，但是比起年长的秦孝公，他显得特别有勇气，并且他认为自己的方法一定会成功。他说：“疑行无名，疑事无功。”意思是行动犹豫不决的人不会成名，办事犹豫不决的人不会成功。秦孝公非常支持商鞅变法，因为他想成为一个真正的霸主。因此一场轰轰烈烈的变法正式拉开序幕。

七、商鞅：让秦国强大，自己却惨死

商鞅变法怎么进行？首先，商鞅提出了一个重大的改革措施，就是连坐制。以十户人家为一个单位，如果一家犯了错误，另外九家有举报的责任，如果不举报，就要和犯错的人一起受罚。这样可以让所有人动起来，将罪犯一网打尽。但是政策有了，要如何获得老百姓的信任和支持呢？要怎么做才能让大家认识到这个规定是认真的，必须重视起来，而不是闹着玩的呢？

商鞅在都城的南门立了一根约三米长的木头，发告示说谁能把这根木头从南门扛到北门，就赏十金。大家觉得不可能给这么多钱，都不相信。过了一会儿，商鞅下令将赏金变为五十金。大家又开始惊叫："这么多，肯定是假的。"五十金相当于当时老百姓一辈子的收入了。这时有一个人抱着试试看的心态，把这根木头从南门扛到了北门，结果商鞅真赏了他五十金。这个典故就是我们家喻户晓的"立木为信"，也引申出一个成语"立木南门"，告诉我们做事要讲诚信、说一不二。

大家一看商鞅真是说到做到，他说的任何一句话都可以信，纷纷支持变法。当然对于商鞅来说，改革就意味着勇敢，因为肯定会得罪很多人。很多贵族是既得利益者，你要拿走他们的既得利益，这太难了。而商鞅碰到的其中一块硬骨头，就是当朝太子，也就是未来秦国的国君——秦惠王。

当时太子年龄很小，做了一些违反商鞅变法规定的事情，按理说应该受到惩罚，但是臣子可以处罚未来的国君吗？不能。商鞅说："那就处罚太子的老师，因为老师没教明白，才有太子做错事的结果。"太子的老师被处刑，脑门儿上被人用墨水刺了字，一辈子都得留下烙（lào）印。大家吓坏了，没想到商鞅变法是动真格的，都谨慎遵守。所以新法推行得非常快，短短几年，秦国的面貌就焕然一新，老百姓路不拾遗，山里也没有盗贼，为什么？因为盗贼都被人举报完了。

商鞅变法让老百姓丰衣足食，秦国也在军事上强大了起来。秦国跟魏国、韩国打了很多次仗，都大获全胜。商鞅曾领兵攻打魏国，获胜后被封为列侯，号商君。除了上面讲的这些，商鞅还做了一些其他的改革，比如迁都咸阳、完善了行政规划、统一度量衡，等等。后来秦始皇的改革，就有很多借鉴了商鞅变法。

但是人登到顶峰后就得小心，你爬得越高，可能会摔得越惨。商鞅就是如此，在他到达人生顶峰时，支持他变法的秦孝公去世了，商鞅的靠山倒了。商鞅觉得完了，因为他得罪过太子和很多权贵，他们一定会趁机报复，所以商鞅跑到了魏国。结果魏惠王一看，这商鞅是秦国的犯人，秦国太强大，魏国得罪不起，于是把商鞅逐出了魏国。

商鞅无奈之下赶紧组织了一支军队，想跟秦国抗衡一下，不过这只是垂死挣扎。商鞅的这一行为被指控为谋反，他很快就被抓回了秦国，最后被判车裂之刑。车裂之刑是一种特别残忍的刑罚，一代改革家商鞅就这样死去了。

我们应该如何评价商鞅变法？司马迁在《史记》中说：不管商鞅人品怎么样，至少他对秦国有很大贡献，他帮助秦国富国强兵，并且打开了秦国吞并天下诸侯的大门。

八、谋略家张仪——秦国的开拓者

商鞅死了以后，秦国又来了一位神一般的人物，他的名字叫张仪。张仪是战国时期纵横家的代表。什么叫纵横？纵是合纵，横是连横。合纵就是弱小的诸侯国联合在一起，共同对抗强秦，因为秦在西方，其他六国在东方，因此六国土地南北相连，就是一个纵线，所以称“合纵”。连横就是强大的秦国自西向东，分别跟弱小的国家结交，连起来是一条横线，所以称“连横”。

张仪是魏国人，他跟苏秦是同学，他们的老师是一位神秘高人，叫鬼谷子。鬼谷子非常有本事，精通各种各样的学问，还特别善于演讲，也是一位权谋大师。

张仪首先到的是楚国，但因为家里比较穷，被人陷害偷东西。实际上张仪根本没偷东西，他死活不承认，后来就被放了。回到家以后，他妻子看到他那惨样，就说：“你学的那些权谋之术有用吗？我们过普通生活不好吗？干嘛要受这么大的屈辱？”张仪什么也没说，用手指向自己嘴巴里问：“我舌头在不在？”妻子说：“在。”张仪说：“好，有舌头就够了。只要我的三寸之舌还在，我就能游说天下，得到高官厚禄（lù）是迟早的事。”

楚国待不下去了，张仪就去赵国投奔他的老同学苏秦。但是苏秦知道张仪本事比自己高，对他爱搭不理。言外之意，赵国没有张仪的容身之地，让张仪赶紧离开。张仪对此很生气，但也很无奈，只好跑到了秦国。张仪到达秦国后，苏秦的门客告诉他，苏秦知道他非常有才能，把他赶出赵国是为了激发他的斗志，让他未来有更大的作为，张仪听了很感动。

秦国经过商鞅变法，国力已经非常强盛，当时的国君是秦惠王，他任命张仪为客卿。后来秦国跟魏国打了一仗，抢了他们的土地蒲（pú）阳，在今河南东北部。张仪给秦惠王提了两个建议：第一，把刚刚拿下的魏国土地还回去；第二，选一位秦国的公子送到魏国做人质。

秦惠王听完气不打一处来，“我刚刚战胜魏国，居然让我把辛辛苦苦夺来的土地给送回去，还让我把儿子送到那儿做人质，疯了吗？你张仪到底是不是权谋大师？你是坑我的吧？”张仪说：“魏惠王是一个好面子的人，你越不给他面子，他越要死撑。你一给他面子，他就会滴水之恩、涌泉相报。”于是秦惠王把蒲阳还给了魏国。在张仪的游说下，魏国果然给秦国送了上郡和少梁的土地。这桩买卖，值！

张仪不费吹灰之力，没动枪、没动炮，居然弄来这么多的城池。秦惠王一看，马上把他提拔为相国。当时苏秦正在奉行合纵的策略，游说了齐、楚、燕、赵、魏、韩联合起来，共同抗秦，张仪为此提出了连横之术。他建议秦王去跟其他诸侯国，一个一个地结交，跟他们建立友好的合作关系。这就是春秋战国时期一个非常重要的谋略，对秦国后来战胜六国，统一中国起到了非常重要的作用。

很多事情的成败关键在于细节，但是注重细节之前必须得有大谋略，张仪绝对是一个大谋略家。可惜的是，秦惠王死后，继任的秦武王并没有再重用张仪，这也是他的人生悲剧，处处为秦国考虑，最终却被秦国抛弃。张仪老年时回到了魏国当丞相，也算是落叶归根了。

九、秦武王——斗不过鼎的倒霉蛋

公元前311年，秦惠王去世，太子嬴荡即位，也就是秦武王。秦武王力气很大，雄心勃勃，特别喜欢武术和角力，希望制作一些真正对秦国有用的武力装备，还给秦国的好几个大力士封了官。

秦武王在任期间，设立了双丞相制度，给自己选了两个治理国家的得力助手。如果一个人权力过大，就可能会对君主构成威胁，而两个人权力相当就能相互制约。秦武王不想像先王那样，在位时让商鞅、张仪这样厉害的人物权力过重，威胁他的统治。

秦惠王去世以后，原来跟秦国要好的魏国、韩国和楚国纷纷离去，不听秦武王的话了。秦武王很生气，就想教训他们一下，让他们知道秦国的力量有多强。先向谁开刀？秦武王选择了韩国。因为秦武王看中了周王室的一件东西，就是大禹铸造的九鼎，秦国想进入中原地带靠近周王室夺鼎，就必须经过三川，而三川是韩国的一个县，必须拿下。

为什么秦武王想要拿到九鼎呢？大禹当时把中国分为九个州，每个州一个名字，而鼎象征着至高无上的权力，九鼎象征着九州。谁想管理天下，谁就得拥有鼎。鼎最开始由商接管，后来周武王灭商，就到了周的管理之下。秦武王想拿到鼎，就要离周朝近一点，怎么接近呢？把韩国的三川变成秦国的领土，这样就可以随时去朝见周天子了。

不过秦国跟韩国这一仗打得可不顺利，韩国那时也非常强大，秦国打了很久才获胜。秦武王赶紧带人去周朝朝见天子，其实他的真实想法是夺鼎。那时只剩下今天的洛阳一带归周朝管，剩下的土地都四分五裂了。秦武王来朝见，周朝天子当然也知道他的野心，于是安排了很多人防备，但周朝当时实力很弱，安排再多人也没用，如果秦武王想抢鼎，也很容易。

这时发生了一件特别意外的事情，让人哭笑不得。秦武王为了显示自己比别人强大，证明自己是一个勇士、大力士，决定和孟说比赛举鼎。他刚开始抬起大鼎，还是很有力气的，但他正想把鼎举起来绕一周时，因为重心不稳，一条腿受力过大，“咔嚓”一声就折了。随着一声惨叫，秦武王身负重伤倒地，不光骨头折了，还受了致命伤。当时可没有太好的医疗条件，很快秦武王就驾崩了，这就是秦武王斗不过鼎的故事。

十、秦昭王：我有范雎（jū）我骄傲

秦武王驾崩后，谁接了他的班？秦武王没有儿子继承王位，大家只好立他同父异母的弟弟为王，也就是大名鼎鼎的秦昭王。

但秦昭王登上王位时年龄太小，主要有两个人替他主政，一个是他的母后宣太后，另一个是他的舅舅穰（ráng）侯魏冉（rǎn）。因为秦昭王年龄小没有权力，秦国进入了一个比较动荡的时期。这时候历史上出现了一个对秦国非常重要的人物，叫范雎。

范雎是魏国人，有一次随魏国中大夫须贾出使齐国。齐襄王听说他口才很好，派人给他送了黄金和美酒，须贾知道后以为他通齐卖国，非常生气，回国后将此事通报给了魏国宰相魏齐。魏齐大怒，命家臣责打范雎，将他的肋（lèi）骨打断，牙齿也打掉了，还将奄奄一息的他用席子一裹扔到了厕所里。如果范雎此时得不到及时救助，那将必死无疑。于是他决定赌一把，他用微弱的语气跟看门人说："我给你重金，能不能救我？"没想到范雎的这番话起了作用，看门人放掉了范雎。范雎于是想办法逃出魏国，来到了秦国。

既然到了秦国，范雎当然希望能够干一番事业，而要干出一番事业就得面见秦王，但是他在秦国等了一年多都没有得到秦王的召见。于是他写了一封信，找人送到了秦王手里。他在信里说："我听闻圣明的君主不会埋没人才，如今我已经等了很久。希望您能抽出一点时间听我说几句话，如果我的建议没用，我宁愿受刀斧之刑。"其实送这封信就是一场赌博，当然范雎赌成功了。秦昭王决定接见范雎。范雎见秦王时，太监高喊"秦王驾到"，你知道范雎说什么？他说："如今的秦国哪里有秦王，只有太后和穰侯罢了。"

秦昭王听到这句话就蒙了，连忙请他赐教。秦昭王连请了三次，范雎都只是“嗯嗯”应声，秦昭王更是一头雾水。他说道：“难道您不愿赐教了吗？”范雎这才回答：“不敢。我是从其他国家来的臣子，不是你们秦国人，与您非亲非故，我说的事将牵扯到您的亲人，我不怕说完招来杀身之祸，只怕您不会采纳。”秦昭王连忙说：“您的到来是我的荣幸，只要您说的话是为了秦国好，不论牵扯到谁都无罪。”

于是范雎说：“秦国四面都有坚固的要塞，易守难攻，必定能成就霸业，但秦国的大臣却不称职。听说穰侯主张攻打齐国，我们秦国离魏国、韩国很近，越过这两个国家去攻打齐国，不是典型的舍近求远吗？这不是好的战略，应该远交近攻。和距离远的国家成为好朋友，攻打离得近的邻居们，那样得到的每一寸土地就都是秦国的。而且和齐国交朋友还能威慑（shè）楚国和赵国，一举多得。”这番话可以说是一语惊醒梦中人，秦昭王一下就听懂了，他说：“太对了！”于是任命范雎为客卿，而范雎也在秦国政坛上开始崛起，后来做到了宰相的位置。

范雎凭借才能当上宰相。他有勇有谋、恩怨分明，“每饭之德必赏，睚（yá）眦（zì）之怨必报”，最后病死在封地。

秦昭王一共在位五十六年，他是中国历史上在位时间最长的国君之一。他在范雎的辅佐下，沉重打击了其他六国的势力，为秦国统一六国奠定了坚实的基础。

十一、秦始皇的爹是“异人”

秦昭王在位五十六年，长达半个多世纪，他的长子没能熬到继位就与世长辞了。于是秦昭王的第二个儿子安国君继位，安国君就是秦始皇的祖父。安国君生了二十多个儿子，秦始皇的父亲叫异人，后来改名子楚。他在安国君的儿子中不显山不露水，排在中间。他的母亲夏姬不得安国君的宠爱，因此他在各位公子中的地位非常低下，低下到什么程度呢？他直接被派到赵国做人质，当时秦国和赵国之间经常打仗，赵国对他也没有以礼相待。

谁能想到时刻处在危险之中的异人居然能成功当上秦国的国君，还生下秦始皇呢？到底是谁帮助了他？帮他的人叫吕不韦。吕不韦是一个商人，他往来各地做生意，积累了不少家产。当时他正在琢磨怎么样才能挣更多的钱。第一条路是种田，但是这得靠天吃饭，利润太低。第二条路是经商，但是经商的收入好像没有从政大。如果做了高官，那收入可就稳定了。想要在政治上有所作为要找谁呢？吕不韦看中了异人。

在《史记》中有一个成语被记载下来，叫“奇货可居”。就是把市面上稀少的货物囤（tún）积起来，等待时机高价卖出。在吕不韦看来，异人就是奇货，他找到了当时正在赵国邯（hán）郸（dān）做人质、闷闷不乐的异人。他给异人分析了秦国国君的现状，说：“现在你爸爸安国君继位在即，你要想将来成为储君，华阳夫人是个关键人物。因为她是你爸爸最宠爱的女人，但她自己没有孩子，或许她可以决定未来谁做太子，你跟她处好关系，就有做太子的机会。”异人非常赞同吕不韦的说法，但他被困在赵国，身上又没钱，不知道该怎么办。

吕不韦接着跟异人说，“我愿意出钱帮助你，去结识安国君和华阳夫人。”异人也表示：“如果我将来成为国君，愿意把秦国的土地献上，与您共同分享。”于是两个人决定一起行动。

吕不韦亲自出马，找到了突破口。他首先给华阳夫人送重礼，说异人这孩子特有才能，并且认识天下很多人。接下来就是打感情牌，他说：“异人把夫人您看得像天一样重要，常常想念您。”华阳夫人没有孩子，听到有个孩子对自己如此尊敬，非常高兴。吕不韦就这样慢慢地让异人跟华阳夫人的关系越走越近。最后在两人的共同努力下，异人终于成了秦国的太子。

十二、嬴政登基，吕不韦摄政

吕不韦的确是一个狠角色，而异人也绝对不是一般人。有一次异人到吕不韦家喝酒，酒喝多时，有一个叫赵姬的歌女上台跳舞，这舞蹈跳得太好看了，一下子就把异人给迷住了。于是他就跟吕不韦说：“你能不能把这位美女送给我？”吕不韦其实非常喜欢赵姬，但是没办法，毕竟异人奇货可居，而且已经为他花了不少钱。吕不韦只好把赵姬送给了他。

一年之后，异人和赵姬的儿子出生，取名为政，就是大名鼎鼎的秦始皇嬴政。赵姬也被立为夫人。八年过去，也就是公元前

251年，秦昭王病逝，秦始皇的爷爷安国君顺利继位，历史上称为秦孝文王。华阳夫人成为王后，在她的努力下，异人被立为秦国太子，赵姬和嬴政也顺利回到秦国。

又过了一年，秦孝文王也死了，于是秦始皇的老爸异人登基称帝，被称为秦庄襄王。吕不韦被封为丞相。秦庄襄王登基后三年就死了，接下来让谁来登基？那只有嬴政，当时他多大呢？只有十三岁，还是个孩子。国家大权落在了吕不韦手中，他可以说是一人之下、万人之上，连嬴政都恭恭敬敬地尊称他为“仲父”。

那时各国都在招揽人才，礼贤下士。魏国有信陵君，楚国有春申君，赵国有平原君，齐国有孟尝君。吕不韦认为秦国也不能输，于是广招人才，给他们优厚的待遇，门下食客达到三千多。吕不韦领着三千多名门客搜集各种所见所闻编写成书，名字叫《吕氏春秋》，这本书把中国各种流派的思想都进行了整合。吕不韦相信秦国可以统一天下，希望这本书能成为治理秦国的一部宝典。据说这本书写完后，吕不韦让人抄写了一遍，挂在首都咸阳的城门上，并发告示说谁能改动一个字，就赏千金。老百姓蜂拥而至，同时赶来的还有各诸侯国的游士宾客，但是没有一个人能加一个字，也没有一个人能删一个字。

其实这倒不是说这本书有多好，主要还是因为秦国强大，真给改了不就得罪吕不韦了吗？不可否认的是，悬赏千金改字事件确实扩大了《吕氏春秋》的知名度。这个典故也引申出一个成语，叫“一字千金”，增一字或减一字都赏千金，形容文字价值很高，文辞精妙，不可更改。

十三、吕不韦之死：不作死就不会死

嬴政年幼不能理政，吕不韦帮着管理国家，扮演了非常重要的角色。嬴政对他非常尊敬，称他为“仲父”，意思是父亲的弟弟。但是吕不韦没有把持好度，他居然给秦王嬴政的母亲赵姬送来一个帅哥，名字叫嫪（lào）毐（ǎi）。

赵姬已是秦国太后，嫪毐居然跟她生了两个孩子，这可是天大的事情。当时嫪毐特别张狂，自己养了几千个门客，居然跟嬴政对着干。嬴政年龄小，还不能更多地干预这事。等到他二十二岁可以亲自管理国家时，马上命官员严查此事。查清后，嬴政平定了嫪毐的叛乱，将他处以车裂之刑，灭了他的三族，并赐死了他和太后生的两个孩子，还把太后软禁起来。

此事也牵连到了相国吕不韦，嬴政非常生气，要严惩吕不韦。为什么呢？第一，吕不韦居然把嫪毐送给太后，让王室蒙羞。第二，现在轮到嬴政掌管天下，不可能再让吕不韦这么飞扬跋（bá）扈（hù）。于是嬴政免去了吕不韦的相国之职，让他回洛阳养老。但没想到吕不韦回去后，各诸侯国去找他的使者络（luò）绎（yì）不绝，都想请他去帮忙治理国家。

嬴政听到这个消息后更加生气，毕竟吕不韦是很有本事的，如果把他放了，不就成了自己的敌人吗？于是嬴政给吕不韦写了一封绝情信，大意是说“你吕不韦有什么功劳？秦国封你十万户。你和秦王有什么血缘关系？被尊称为‘仲父’。你们全家搬到蜀地去吧”。信的内容被记载在《吕不韦列传》里。蜀地在今天的四川，但在当时那儿可是荒蛮之地。看到这封信后，吕不韦选择了服毒自杀。

很多人奇怪吕不韦为什么要自杀？嬴政也没让他自杀。这是因为吕不韦已经从嬴政的这封绝情信里看出，秦王想把他逼上绝路。另外吕不韦是一个有强烈自尊的人，非得等到明确赐死再死吗？干脆早点死算了。这就是吕不韦，从生到死，他满脑子都透着一种精明。

十四、李斯与韩非：本是同门生，相煎何太急？

吕不韦自杀后，嬴政需要人给他出谋划策。这时李斯出现了。李斯不是秦国人，是楚国人。他非常聪明，曾跟随荀（xún）子学过治理天下的学问。他有自己的一套处世哲学，叫老鼠哲学。

有一次李斯在官府的粮仓看见老鼠在大房子里吃得好、睡得好、玩得好，于是就感慨道：人必须得成就一番事业，就像老鼠一样。如果老鼠住在荒野、田间，就会吃得差、住得差，如果住在官府的粮仓里，就能生活得很好，由此可见，平台的高低对生活的好坏有非常重要的影响。

在悟出老鼠哲学之后，李斯开始寻找自己的人生平台。他先到秦国做了吕不韦的舍人，之后通过不断的努力，他终于接触到了秦王嬴政。他跟秦王说：凡是成大事的人，都必须抓住时机。现在我们秦国非常强大，灭其他六国就像抖掉身上的灰尘一样简单。他同时提出了具体的办法，说灭六国不光要用战争，还得用反间计，让他们君臣之间的关系出现破裂，再各个击破。秦王深表赞同，对李斯非常信任，任命他为长史，并派他带着奇珍异宝去说服各诸侯国跟秦国结盟。他做得很好，又被提拔为客卿。

但是此时秦国发生了一件大事。很多国家都知道秦国有统一天下的野心，就在秦国周围安排了很多间谍，以此来刺探秦国的消息。这件事情被秦王知道了，他打算把在秦国做官的其他国的人全部赶跑，包括从楚国来的李斯。李斯好不容易来到秦国，得到秦王的信任，怎么能这样离开呢？于是他给秦王写了著名的《谏逐客书》。

大意就是说，第一，秦穆公重用楚国的百里奚，秦孝公重用卫国的商鞅，秦惠王重用魏国的张仪。正是由于不同诸侯国优秀人才的协助，秦国才得以强大。第二，秦王要赶走六国来的人才，那怎么不把六国献的珠宝也丢掉？这是重物轻人。第三，如果把别国来的人才都赶跑，让他们去帮助别国打秦国，秦国就有麻烦了。秦王看完文章后马上说："停止逐客，都给我老实留下。"于是，在各路人才的帮助下，秦国开始筹划统一六国。

韩国成为秦国的第一个攻击目标。这时，韩非出现了。韩非是韩国的公子，跟李斯是同学，他们曾一起跟随荀子学习。荀子是著名的儒家学说的传承者，他在人性问题上提出了性恶论，认为孩子一出生的本性是坏的，强调后天学习和环境对人的影响非常重要。韩非跟李斯虽然跟荀子学习儒家思想，但他们开创了新的思想派别，叫法家学派。法家学派提出了富国强兵、依法治国等思想。

韩非有一个弱点，就是口吃，说话不是很利索。但他的文章写得非常好，秦始皇也非常喜欢。从学识和学问上看，韩非比李斯更优秀，但是韩非现在身处韩国，而李斯服务的是秦国，秦强而韩弱，秦国要打韩国怎么办？

据《秦始皇本纪》记载："韩王患之，与韩非谋弱秦。"意思是说韩王非常害怕，就找韩非一起商量对策削弱秦国。谈完之后，韩非就出使秦国了。李斯让秦王赶紧把韩非扣下，坚决不能放他走。因为他太有本事了，你要把他放回去，我们想打韩国就难了。虽然是同学，李斯一点儿也没有心慈手软，直接设计把韩非杀掉了。韩非死后，秦王非常后悔，可见韩非真的很有才。

韩非留下一本书叫《韩非子》，主张改革和法治，他的思想也一直传到了今天。秦始皇统一六国后采取的很多政治措施，都借鉴了韩非的思想。韩非死后，秦国要灭韩国就很容易了，秦国统一中国的序幕也正式拉开。

十五、秦国：一切都准备好了

秦国想一统天下，要准备的事情还有很多，我们从三个方面进行梳理。

首先，从制度来说，秦国采用强大的中央集权制，这是一种非常了不得的制度。为什么这么说呢？在当时的其他诸侯国，国家权力不是由君王把持，而是由贵族把持，只有秦国的权力在君王手中。那时的物质资源相当匮乏，中央集权制能够最大限度地利用有限的资源，进行统一调度，因为大家都听君主的。

另外，秦国经过商鞅变法，建立了比较完善的法律制度。比如我们前面讲到的商鞅，他因为得罪秦国太子被抓。很多人会疑惑他怎么不跑？因为他跑不了。在秦国，想住旅馆得有“身份证”，没有的话店家是不能收留你的。商鞅被自己的变法所害，这也说明秦国的法律非常严格，制度已经得到了法律的保障。

其次，从经济上来说，怎么做才能让国家更有钱？让老百姓的日子过得更好，不受到天灾的影响呢？秦昭王在位期间，曾任命李冰为蜀郡（jùn）的太守。秦昭王对李冰说：“蜀郡这地方总发水患，你去给我治理一下。”李冰父子费尽心思，带着一众人马终于修成了都江堰（yàn）。不仅解决了当地的水患，还可以灌溉农田，在很大程度上解决了秦国的粮食供应问题。当地的经济发展有了保障，就可以支撑秦国大量的经济开销。都江堰现在是一个著名的旅游景点，在当时可是一项非常伟大的水利工程，到现在已经有两千多年的历史，还在继续发挥着水利作用。

除了制度、经济，还有一个就是军队。如果想打仗，军队的武力不强，肯定行不通。从战国中后期开始，秦国的部队就一直维持在一百万人以上，而且都是精兵强将。

现在无论是制度层面、经济层面，还是军事层面，秦国都已经准备充分，其他六国根本无法和它相比。统一天下已经万事俱备，于是秦国举起屠刀开始向六国进发。

十六、秦国统一天下的开端：灭韩、屠赵

秦国的统一大业已经拉开序幕，它首先把目光投向了韩国。韩国非常弱小，又离秦国特别近，韩非被杀以后，就没什么能人了，于是很快被秦国所灭。灭掉韩国以后，下一个要收拾谁？秦王把目光放到了赵国的身上，但是赵国可不是小国，也非常强大。

赵国有很多厉害的人，这里给大家重点说下赵国的第六位君主赵武灵王。他干了一件事，叫“胡服骑射”。什么意思呢？赵武灵王发现胡人穿的衣服很简洁，在马上练习射箭时非常轻盈方便，适合打仗。而当时赵国人穿的衣服是长袍，骑马特别不方便。赵武灵王就积极推行胡服，学习胡人骑马射箭的本领，最终让赵国变得非常强大。

赵国还有两位很牛的人，大家也都很熟悉，语文课本里有。他们一个叫廉颇，另一个叫蔺相如。他们的故事将在第四册跟大家详细说明，这里简单提一下。当时秦国的国君叫秦昭襄王，想用十五座城池换赵国的和氏璧，结果赵国没人敢出使秦国。最后是蔺相如主动请缨（yīng）带着和氏璧去秦国，并且成功将完整的和氏璧带回了赵国。也引申出一个成语“完璧归赵”，比喻把某个物品完整地归还给物品的主人。

后来又发生了渑（miǎn）池会盟事件，蔺相如在赵国名声大振，已经超过武将廉颇，但是这两个人都有大胸怀，后来一起联手使赵国继续强大。不过非常遗憾的是，在赵国后期，赵孝成王中了反间计，把廉颇换下战场，重用了赵括。赵括谈论起兵法来

头头是道，但都是理论上的功夫，没有实战经验。这也衍（yǎn）生出一个成语“纸上谈兵”，比喻空谈理论，不能解决实际问题。

面对身经百战的秦国将领白起，赵括带领的军队简直不堪一击，结果长平之战中赵国惨败，差点灭国，不仅失去了和秦国争夺天下的资格，也没有能力阻止秦国统一六国的脚步了。

十七、燕国：打不过秦国，只好找荆轲了

强大的赵国被灭后，秦国要攻打燕国了，此时的燕王非常害怕。其实少年嬴政和燕太子丹是好朋友，因为燕国的太子丹曾经在赵国做人质，而秦王嬴政也曾在赵国做人质，两个人曾经是非常好的玩伴，也同病相怜。但是十几年过去，嬴政变成了秦国的国君，而燕太子丹还是太子，并且作为人质被送到了秦国。到秦国以后，燕太子丹发现秦王对自己已不像儿时那么友善了，眼神中充满了敌意，甚至有杀意。

燕太子丹干脆走为上策，但是如果人质从秦国逃回自己的国家，就意味着对秦国宣战。也表明燕太子丹和嬴政已不是朋友，而是敌人，不是你死就是我亡的敌人。现在燕国很弱，秦国很强，再加上韩国和赵国刚刚被秦国打败，秦国要想收拾燕国，那可是易如反掌。

在这危急时刻，燕太子丹想出了一个办法。他找到著名的侠客荆轲，请他去刺杀秦王。荆轲答应了，并跟他说：“我需要两

样东西，一是燕国的督亢（kàng）地图，我要假意将这块肥沃的土地献给秦王。二是樊（fán）於（wū）期的人头，他是秦国大将，打了败仗后逃跑到了燕国，秦王一直想要他的脑袋。”有这两份礼物，秦王自然会跟荆轲见面，这样荆轲就有了刺杀秦王的可能。

燕太子丹将这两件礼物准备好，荆轲就上路了，他还带了一个助手，叫秦舞阳。秦舞阳武艺高强，十三岁就杀过人。荆轲其实武艺不高，主要负责跟秦王周旋，好让秦舞阳下手。没想到的是，当秦舞阳和荆轲走到秦国大殿时，秦舞阳被吓得腿直哆（duō）嗦（suō）。在这种情况下，为防事情败露，也为完成刺杀秦王的任务，荆轲只好一个人走上了秦王大殿。

在荆轲打开地图的最后一瞬间，一把匕首显露了出来，荆轲英勇地朝秦王刺去，但最终以失败告终，被秦王杀于大殿之上。荆轲刺秦的故事非常悲壮，我们在第四册会再给大家细细讲解。荆轲刺秦的失败，也加速了燕国的灭亡。

因为燕国是刺秦案的始作俑（yǒng）者，刺秦失败后秦国派大军攻打燕国。燕王非常害怕，他想有什么办法能救燕国呢？思来想去搜没有想到什么好法子，最后只好含泪杀死燕太子丹，把他的脑袋献给了秦王，言外之意，就是问秦王能不能饶燕国一命？秦王因此退兵，让燕国多存在了四年。公元前222年，秦国再次派兵轻松灭掉了燕国。

十八、不堪一击的魏国

灭掉赵国，重创燕国后，秦国又把目光转向了魏国。魏国的都城大梁在今河南开封，地势低洼（wā）。秦国将领一看，这不是天助我也。于是引来河水，淹了三个月，魏国就这样灭亡了。

大家可能会问，魏国如此不堪一击吗？仅仅因为一场大水就亡了？当然不是，还有其他原因。魏国曾有过很多人才，但是都没留住。这是魏国灭亡的一个重要原因。

商鞅就是其中之一，曾经被魏国的相国推荐给魏惠王，结果魏惠王没有重用他。所以商鞅愉快地跑到了秦国，并且在秦国实施了商鞅变法，让秦国变得非常强大。

第二个要说的是范雎，他也是战国中后期的顶尖人才，但是魏国也没有重用他。范雎只好跑到秦国，很快受到秦王的重用。他提出了远交近攻的重要策略，成为秦灭六国的关键一步。

还有一个必须要说的人才是军事家孙膑（bìn）。孙膑是兵家的杰出代表，也是著名军事家孙武的后人，当年和庞涓（juān）一起在魏国学习兵法。后来庞涓被任命为将军，他知道自己的才能比不上孙膑，就把孙膑给残害了，不仅砍断了他的两只脚，还在他脸上刺了字。孙膑逃到齐国，齐国将军田忌非常赏识他，待他为上宾。后来又将他推荐给齐威王，齐威王也很赞赏孙膑，拜他为军师。在孙膑的帮助下，齐国多次取得战争的胜利，也增强了军事实力。

所以说魏国不是没有人才，而是不爱惜人才。失去了改革家商鞅、政治家范雎和军事家孙膑，魏国就没有什么可用之才了。

因此当秦国攻打魏国时，魏国一点还击之力都没有，秦军仅仅引水淹了都城，魏国就被灭了。

十九、强大的楚国倒下了

赵国和魏国灭亡，秦国的屠刀又指向了楚国。相比其他国家，楚国可不一般。在战国时期的诸侯国中，楚国的领土面积非常大，军事力量也非常强，不过秦国也只用了三年时间就把强大的楚国灭掉了。

秦国灭楚时，派出了一员大将王翦（jiǎn），王翦在出发前跟秦王说："请您多给我分一点良田。"秦王就问："你担心什么？等你打了胜仗，要多少良田都不是问题。"王翦回答说："我怕打胜以后您就不答应了，得提前给我的子孙要点田。"秦王听完以后哈哈大笑，十分高兴。

有人说王翦是不是太贪婪（lán）了一点？还没出发就要赏赐。其实不是，王翦太明白秦王的心思了，当时他带了六十万大军去攻打楚国，如果秦王觉得他有贰（èr）心怎么办？所以他故意要了这么多东西，让秦王觉得他是一个贪图物质的小人，就不会猜忌他。虽然王翦是一员武将，但他有很高的政治智慧。

楚国的军队很强大，王翦虽然有六十万大军，也不敢轻举妄动。他到达战场后，一阵排兵布阵，然后就按兵不动了。楚军多次挑战，王翦就是不迎战，拖了好长一段时间。最后王翦问侦查的人，现在楚军每天在忙什么？探子说楚国士兵每天都在扔石头玩，已经疏于防备，认为秦国不会出击。王翦听完觉得时机已到，于是发动大军攻打楚军，一下子就把楚军给打败了。这也启发我们做大事，要学会等待合适的时机。

其实楚国非常强大，但是他们的政令没有得到贯彻，法纪也不够严明，秦国最终成功，就是因为他们一直在坚持走正确的道路、做正确的事情。举个例子，秦国实行商鞅变法后，商鞅被杀，但变法一直在秦国推行。楚国其实也有变法，就是楚悼（dào）王时期实行的吴起变法，也曾帮助楚国成为强国。但是楚悼王死后，变法就停止了。这个例子值得我们去深思。

强大的楚国被灭后，剩下的就只有齐国了。秦国为什么把齐国放到最后呢？因为秦国奉行的是远交近攻的战略，而齐国离秦国非常远，大老远地带兵过去，非常不划算。

当其他几个诸侯国被灭掉之后，齐国的君主田建慌了。这时秦王对他说："咱们也不打了，都是多年的好朋友，只要你对我俯首称臣，我就给你一块封地，让你去过自己的日子。"齐王一听太高兴了，于是举行了一个隆重的仪式，迎接秦王的使者。秦王也兑现了他的诺言，给了齐王一小块封地，在今河南省的一个小县城里。但是等齐王到封地后，秦王断绝了他的一切食物供应，齐王最后被活活饿死在封地。

至此，齐国被灭，秦国已经把战国七雄中的另外六国全部灭掉，统一天下的霸业就此完成。

知识加油站

1. 重耳是历史上有名的晋国国君，人们怎么称呼称他？

晋文公。

2. 战国七雄指的是哪七个国家？

齐、楚、燕、赵、魏、韩、秦。

3. 秦灭六国的顺序是什么？

韩、赵、魏、楚、燕、齐。

4. 谁是秦穆公的左膀右臂？

蹇叔和百里奚。

5. 支持商鞅变法的是秦国哪位国君？

秦孝公。

6. 合纵和连横分别指的是什么？

六国联合抗秦叫合纵，秦国与各诸侯国逐一结交，破坏他们之间的合纵策略，叫连横。

7. 连横的策略是秦国的哪位相国提出的？

张仪。

8. 范雎提出了什么策略，帮助秦国强大起来？

远交近攻，和离得远的诸侯国成为好朋友，对离得近的诸侯国进行讨伐。

9. 秦始皇尊称谁为“仲父”？
吕不韦。

10. 李斯为了留在秦国，曾给秦始皇写过一篇什么奏疏？
《谏逐客书》。

11. 燕国面对秦国的讨伐，采取了什么措施？
荆轲刺秦王。

12. 秦国灭掉楚国是哪位大将带的兵？
王翦。

13. 魏国曾经流失了哪些人才？
商鞅、范雎、孙膑等人。

14. 都江堰是谁的杰作？
李冰父子。

15. 秦国在管理国家方面采用的是什么制度？
中央集权制。

成语收藏夹

1. 成语“秦晋之好”指的是哪两个国家联姻？

秦国和晋国，“秦晋之好”后来泛指两家联姻。

2. 商鞅为了取得百姓的信任，推行变法，在南门立木为信，给百姓奖励五十金，由此引申出一个什么成语？

立木南门，意思是取信于民，言出必行。

3. 成语“奇货可居”是什么意思？

把市面上稀少的货物给囤积起来，等待时机高价卖出。也用来比喻凭借技艺或某种事物以获取功名财利和其他好处。

4. 有一个成语与吕不韦组织门客编写的《吕氏春秋》相关，是哪一个？

一字千金，形容文字价值很高，文辞精妙，不可更改。

秦始皇本纪：为什么我的帝国如此短命？

秦始皇姓嬴名政，出生于赵国邯郸，我们又称他为赵政。公元前247年，他在十三岁时即皇帝位，此时周朝王室早已分崩离析，当时天下分裂成秦、魏、韩、赵、楚、燕、齐七国。他回到秦国以后，开始有了统一天下的想法。他先是平定了嫪毐的叛乱，之后又除掉权臣吕不韦，自此开始独揽大权，重用李斯、王翦等能臣。

秦始皇在位的第二十六年，也就是公元前221年，秦国先后灭掉了韩、赵、魏、楚、燕、齐六国，完成了统一中国的大业，建立起中国历史上第一个统一的中央集权的多民族国家——秦朝。接下来秦始皇就开始合计，完成统一大业后，要怎样管理好这么大的国家了。

一、秦始皇自称始皇帝

秦始皇第一件要合计的事，就是该怎么称呼自己。大臣们建议他在上古时期的“三皇”——天皇、地皇、泰皇中选取最尊贵的“泰皇”来称呼自己。但秦始皇思索再三，没有同意。

秦始皇想自己是何等厉害的君王，仅用“皇”来称呼远不能体现他的威严。不如将“五帝”中的“帝”字也加入其中，组合起来称为“皇帝”，只有这样才能衬托他尊贵无比、至高无上的地位。秦始皇还说皇帝是从我开始的，那我就是始皇帝，这就是我们称他为秦始皇的原因。这段在《秦始皇本纪》中有记载：“朕为‘始皇帝’，后世以计数，二世三世至于万世，传之无穷。”什么意思呢？就是从今以后我自称为始皇帝，我的子孙后代称为二世、三世一直到万世，一直往下传。但其实只传到二世，秦朝就灭亡了。

皇帝这两个字在历史上是了不得的，在秦朝之后的封建王朝里，几乎所有的君王都称自己为皇帝。现在皇帝的称呼解决了，但秦始皇不能没事总自称为皇帝啊。我们一般说自己是我，不过，皇帝如果要用我来称呼自己就太普通了。因此大臣们建议秦始皇自称为“朕（zhèn）”，这个“朕”只有皇帝才可以使用，平民百姓和王公大臣都不行。秦始皇同意了他们的提议。

这下关于秦始皇的称呼就都搞定了，秦始皇自称“朕”，让别人称他为“皇帝”。

二、秦始皇的功绩有多牛？

1. 大胆创新：改分封制为郡县制

当时有大臣提出继续实行分封制，因为过去的历朝历代都是实行分封制，君王把自己的儿子分封到国家的不同地方，让他们帮忙管理，分担责任，为国效力。而且秦刚刚平定各国，不给大家封王，会很难关注他们。

但廷尉李斯坚决反对，他说秦国不能再搞分封制了。这个制度或许刚开始施行没有问题，诸侯王们都会很听皇帝的话。但是一代一代传下去，血缘关系会越来越淡，彼此之间的感情也会变得淡薄。最后大家为了争夺权力，肯定会大打出手，到时候局面就不好控制了。

李斯建议秦始皇废除分封制，采用郡县制。什么叫郡县制？就是将整个帝国划分成不同的郡县，由皇帝亲自找真正有才能的人管理，等到这些地方的老大去世后，他的职位不能像世袭制一样传承给自己的儿子，由谁来接任也由皇帝亲自决定。同时用赋税对各地官员进行管控，这样权力就集中在皇帝手中。秦始皇采纳了他的建议。

郡县制的施行，不仅巩固了中央集权，也非常有利于当地的发展，使得秦国政治安定，经济发展迅速。

2. 天才想法：统一文字、货币、度量衡

确立了郡县制之后，秦始皇又干了好几件大事。首先就是统一全国的文字，这是非常重要的。

在秦国统一六国以前，每个国家都有专属于自己的文字，在这种情况下，文字的使用很混乱，也不利于交流和管理。试想一下，如果秦始皇颁布一道诏令，老百姓却看不懂，那就起不到作用了。那用什么文字来进行统一呢？秦始皇最终选择的是一种叫“小篆（zhuàn）”的文字。

但由于小篆字体比较难学，后来又用另一种文字替代了小篆，叫“隶书”。为什么叫隶书呢？“隶”指“胥吏”，也就是掌管文书的小官吏。根据班固的《汉书》记载，秦朝当时官场上事特别多，逮捕的犯人也很多，用小篆记录很费事，而隶书书写起来比较简单，老百姓能很快掌握使用。因此，隶书很快就取代小篆成为全国通用的文字。

这意味着秦朝全国各地的人，都能用同一种文字来书写，朝廷发布诏书方便了，不同地区的人们通信也方便了。值得庆幸的是，秦始皇没有把各地的口音也进行统一，否则今天的我们可能都得用陕西话交流了。

只有文字的统一还远远不够，还有其他多方面的变革才能让秦始皇管理好大一统的帝国，接下来要做的就是统一货币。

不同国家使用的货币形状各异，有的地方用的是刀币，像刀一样的形状，如果揣兜里很可能把兜割烂。秦国钱币的形状是外圆内方，外面是圆形的，放兜里不会被磨坏；里面是方孔，可以拿绳子串起来，方便携带。所以秦始皇将秦国的钱币推广到了全国各地，在之后的相当长一段时间里，全天下都用的是外圆内方的货币。

文字和货币统一之后，秦始皇还统一了度量衡，也就是尺码标准。当时在不同的国家，同样是一米的长度、一斤的重量，但是东西买到手，它们实际的长度和重量却不一样，因为它们的标准没有统一。为了避免度量衡的混乱使用，秦始皇把一米应该多长，一斤应该多重的标准都做了严格的规范，这为以后秦朝经济的发展扫平了障碍。

统一文字、货币、度量衡在当时是非常天才的做法，直接解决了各地区沟通难、交易难、管理难等普遍存在的问题，也为秦朝发展打下了非常好的基础。

3. 造福后世：修长城

除此以外，秦始皇还在想：江山怎样才能坐得稳？怎么避免打仗？怎么防止边关的匈奴入侵？对此，秦始皇想到了一个特别实用的方法，就是修长城。

如今很多人都以为长城是秦始皇时期开始修筑的，实际上并不是。战国时期，无论是赵国，还是燕国，他们都建有自己的长城，秦国只是把这些不同国家原有的长城连接了起来，成了现在中国的万里长城，否则长城绝对不会修得这么快。

长城因为秦始皇的建造而有了一个响彻后世的名字，叫万里长城。与此相关的一个民间典故是孟姜女哭长城，据说孟姜女结婚那天，她的丈夫被秦始皇的官兵抓去修长城，结果一去不复返，去世以后被埋在了长城里。孟姜女为了寻找自己的丈夫，哭倒了八百里长城，最终在废墟里找到了自己丈夫的尸骨。

当然这只是一个传说，没有人一哭便能把长城哭倒，但从另一个角度也反映出秦始皇在百姓心中的确是一个暴君的形象。

三、焚书坑儒

说完秦始皇的功绩，来说说他身上的争议——“焚书坑儒”事件。公元前213年，也就是秦始皇三十四年，秦始皇在咸阳宫设酒宴庆祝生辰。他身边的大臣，还有七十多个博士都上前给他祝寿，他看着这些人非常开心。当时的博士含义跟我们现在不同，不是指学生，而是一种官职，主要掌管书籍文献。

大家正开心吃喝，齐人淳（chún）于越站了出来，他的身份也是博士。淳于越说：“虽然现在秦朝已经非常强大，但制度是有问题的。之前商朝和周朝都采用分封制，建功立业的臣子、皇帝的孩子都有分封土地，但是我们秦朝现在采用的是郡县制，各地方的官职都由您亲自安排，这样做是不妥当的。这些人都是外人，如果要打仗，谁能给您卖命呢？还是需要您的子孙。”

这个观点提出来以后，遭到了丞相李斯的强烈反对。他列举了很多事例，来说明过去的分封制度已经被证明是失败的，而郡县制是目前最适合秦国的制度。他还说：“从前天下混乱，大家总喜欢引经据典指责国家的制度，现在天下统一，应该把秦国以外的典籍都烧毁。老百姓胆敢私自收藏《诗》《书》和诸子百家著作者格杀勿论。只有这样做才能统一思想，稳定人心。秦始皇非常赞同李斯的观点，同意了他的提议。

这就是历史上著名的秦始皇焚书事件，大量儒家经典被烧毁，对当时的人们和现在的我们来说，都是非常大的损失。

还有一件事叫坑儒。因为秦始皇想要长生不老，所以他派了很多奇人异士去寻找长生不老之药，这些人被称为方士。这些人都知道世界上根本没有长生不老药，可如果找不到药，一定没有好果子吃。在经过一番商议之后，他们决定借找药之名逃跑。

秦始皇得知消息后，把这些人全抓了回来，一共四百六十多人，秦始皇下令把他们全部活埋，之后通告天下说，如果谁以后敢欺骗秦始皇，就会是这样的下场。

皇长子扶苏曾经向秦始皇劝谏道："天下刚平定不久，远方的百姓还未能归附我们，现在陛（bì）下用如此严厉的刑罚处死儒生，我害怕天下将不能安定，请您明察。"秦始皇大发脾气，直接把扶苏外放到北方蒙恬（tián）的长城军团去担任监军。

秦始皇焚书坑儒，很重要的一个原因是他想统一思想，进而巩固大秦帝国的统治。但是最后事与愿违，这也成了秦始皇留在历史上的一大耻辱。

四、秦始皇之死

自认为功绩远超"三皇五帝"的秦始皇，即使一次又一次地被骗，仍然渴望能拥有长生不老药。他生平很讨厌听到"死"这个字，不料还是躲不过"死"的追捕，最终病故在沙丘。

据《秦始皇本纪》记载：秦始皇是"至平原津而病"。这句话的意思是说秦始皇在平原津突发重病。我们现在口语一般都说一个人生了病，得了疾病。但在古代汉语里，"疾"指的是小病，“病”指的是无法救治的大病，所以秦始皇得的是大病。这一病就再也没有醒过来。

秦始皇死的时候是五十岁，很多人可能会疑惑：虽然古代人平均寿命比较短，但是秦始皇养尊处优，按理说不至于死得这么早。到底发生了什么事呢？

如果我们翻阅史书，不难发现秦始皇是一位非常勤奋的皇帝，他每天都要批阅大量的公文奏章。那时没有纸张，他看的公文都是刻在竹简上的。史书记载，他平均每天看一百二十多斤竹简的公文，不看完坚决不休息。如此高强度、超负荷的工作，对他的身体伤害很大。

此外秦始皇还特别爱巡游，他还没任皇帝时就巡游过一次，当皇帝以后又巡游了五次。秦始皇像老虎一样巡视自己的领地，以此告知普罗大众这是他的天下，用来展示他天子的权威。不过非常遗憾，秦始皇在他人生中的第六次巡游中，驾崩于沙丘地界，在今河北邢（xíng）台市。

五、沙丘之变，秦二世登基

秦始皇在沙丘去世以后，赵高和李斯设计害死了公子扶苏，拥立秦二世胡亥继位。历史上称为“沙丘之变”，又称“沙丘之谋”。具体情况如何，我们继续往下读。

秦始皇驾崩后，留下一个天大的谜团：谁来接他的班？据说秦始皇临死前草拟了一封诏书，想让自己的长子扶苏接班，让他回咸阳奔丧，不过诏书写完还没来得及发出去，秦始皇就死了。如果秦始皇在临死前能够看到诏书被快马送出去，或许大秦的江山还可以再延续一段时间。当时诏书存放在中车府令赵高手里。赵高心想：如果我将诏书交给扶苏，他即位后肯定会重用自己的心腹，那怎么保证我日后的荣华富贵呢？如果我拥护一直很信任我的胡亥公子为皇帝，那我以后的日子就会好过很多。

于是他找到胡亥，对他晓之以理、动之以情，胡亥就被说动了，毕竟皇帝的宝座是那么诱人。紧接着他找到当时的宰相李斯，李斯这个人对皇帝非常敬重，他一开始坚决反对，毕竟身为人臣肯定要遵从皇帝的命令。但是，李斯的人生哲学观是老鼠哲学，他认为发展平台对一个人非常重要。赵高对李斯说："扶苏对你不是很信任，如果让他回来继位，还会让你继续做宰相吗？你还会有现在这样好的平台吗？"答案当然是否定的。谈了几次之后，李斯也被赵高说服了。

赵高抓住了每个人所追求的利益点和利害关系，很快就把事情搞定了。接下来他和胡亥、李斯将诏书截下，偷偷改成："胡亥接下帝位，扶苏和蒙恬两人都赐死。"具体内容是说扶苏经常上书给皇帝提意见，这是诽（fěi）谤（bàng）皇帝。作为儿子，扶苏太不孝顺了，所以赐他自裁，也就是自杀。

扶苏接到诏书后真的自杀了，他的这一行为非常迂（yū）腐，也非常愚蠢。因为当时天下还没有人知道秦始皇已驾崩，他看到赵高派人送来的伪造的遗诏，没有丝毫怀疑，就将皇帝之位拱手让给了胡亥。

在胡亥和权臣李斯、赵高等人密谋的过程中，秦始皇已经死了一段时间了，但是他们秘不发丧，导致秦始皇的尸体在车子里都腐烂发臭了，他们只好拿一石（dàn）鲍（bào）鱼放在秦始皇的车队里掩盖气味。当时文武百官以为秦始皇还活着，只是在车子里没出来。在扶苏自杀以后，赵高和李斯觉得快要大功告成了，才昭告天下说秦始皇已经驾崩。

在这样的瞒天过海之计中，中国第一个封建王朝——大秦王朝的第一次君主交接就完成了。胡亥登基后，为秦始皇举办了隆重的丧礼，将他安葬在了骊山。

六、赵高指鹿为马

公元前209年，胡亥二十岁登基，是为秦二世。赵高被任命为郎中令，掌管国家大权。抢来的皇位给胡亥带来了极大的不安全感，为了维护自己的统治，他干了很多糊涂事。

据《史记》记载，秦二世花了大量银钱，把秦始皇的墓修得富丽堂皇，也就是我们今天熟知的秦始皇陵。这可以表示他对老爸秦始皇的尊敬，让天下人都知道他的孝心。另外为了彰显天子威严，秦二世跟秦始皇一样巡游天下，在帝国各处溜达了一圈，在沿途秦始皇刻字记述功德的石碑上留下了自己的文字，以此告诉天下人——我胡亥是名正言顺的秦朝第二任君王。

做完这些事，秦二世还是担心群臣不服从他的管理，担心兄弟夺权。赵高建议他将有罪之人都找出来杀掉，来一个杀鸡儆（jǐng）猴，这样其他人就会畏惧皇帝了。秦二世听从了赵高的建议，开始诛（zhū）杀大臣和皇子，六个皇子全部被杀，好几个忠臣被处死。他还做了另外一件糊涂事，恢复了殉（xùn）葬制度，将修秦始皇陵的所有工人，直接埋在了皇陵里。胡亥如此残忍暴虐的行为让天下人震怒，也让群臣人人自危，惶（huáng）惶不可终日。因为进谏会被当成诽谤，大臣们都不敢进言，老百姓都很恐惧。

为了能掌握更大的权力，赵高跟秦二世说："皇帝陛下还年轻，最好不要直接在大殿上和公卿共商大事，万一哪里出错了，就会让群臣看到您的不足。"胡亥听了这话后就在深宫中待着，很少和公卿会面，大小事要做出决定的时候只跟赵高一个人商量。赵高趁机扩大权势，在朝廷只手遮天。

这时各地爆发了起义，左丞相李斯和右丞相、将军等人劝谏秦二世暂停修建阿房宫，减少守边的徭（yáo）役。但秦二世不听，将他们都抓了起来。后来赵高当上丞相，他想要稳固自己的地位，除掉李斯这个威胁。但李斯毕竟有自己的权势，他也比较忌惮（dàn），所以不敢轻举妄动。此次李斯被抓，秦二世并不想杀他。这时赵高想了一招，让李斯必死无疑。赵高找到秦二世，跟他说应该将李斯处死，为什么呢？第一，赵高说李斯这个人想当王，毕竟当王爷可以有自己的封地，还可以世代相传，而当宰相是没有这些好处的。第二，秦朝在那个时候已经发生过农民起义，赵高说李斯有窝藏起义将领的嫌疑。第三，李斯现在是宰相，权倾朝野，如果不对他下手，那么接下来秦二世的统治就会出现很大问题。这番话每句都感觉是站在秦二世统治国家的大局角度讲的，他也就全盘接受了。于是李斯被陷害致死。

现在整个天下谁说了算？明面上是秦二世胡亥说了算，但实际上是他背后的推手——赵高说了算。

赵高拥有了至高无上的权力，就想要造反，但他担心大臣中还有人对他不是言听计从，于是他想了一个法子测试大家。有一天在秦朝大殿上，赵高让人牵上来一只鹿，毕恭毕敬地跟秦二世说："皇帝陛下，这是我送给您的一匹千里马。"秦二世当场愣住，虽然说他这皇帝当得迷迷糊糊，但鹿和马他还是分得清的。他笑着说："丞相是在开玩笑吗？这分明是一头鹿啊。"说完问身边的人这是鹿还是马，身边的大臣有的说是鹿，有的说是马，有的沉默不语。

《秦始皇本纪》是这么记载的："赵高欲为乱，恐群臣不听，乃先设验，持鹿献于二世，曰：'马也。'二世笑曰：'丞相误邪？谓鹿为马。'问左右，左右或默，或言马以阿（ē）顺赵高。或言鹿者，高因阴中诸言鹿者以法。后群臣皆畏高。"

赵高通过这件事对朝中的大臣摸了底。散朝后，凡是说鹿的大臣都被强加上各种罪名赶出朝廷，有的甚至坐牢杀头，而说马的大臣却个个加官晋爵。从此朝廷百官都惧怕赵高，再也不敢说与他相反的话了，也没人敢说真话了。这就是"指鹿为马"的故事，后用来比喻故意颠倒黑白，混淆（xiáo）是非。可见，赵高在当时已经猖（chāng）狂到何种程度。

七、强大的秦朝一命呜呼了

在胡亥登基的那一年还发生了一件大事——陈胜、吴广起义。发起者是陈胜、吴广，他们不是什么有名的人物，而是两个再平凡不过的农夫。他们起义最开始只率领了几百人，没有武器，也没有旗帜，他们就举起竹竿当作军旗。这就是历史上有名的“揭竿起义”，也称为陈胜、吴广起义。

他们起义之后，秦国之外的其他六国的人也都举起了反抗秦朝暴政的大旗。这个消息赵高是知道的，但是他没有跟秦二世说实话，因为他一旦说了，秦二世肯定要开始管理政务。所以他一直跟秦二世说：“陈胜他们只是小毛贼，成不了气候，您只管继续吃喝玩乐，我自己可以处理好。”但其实他应付不了。

随着时间的推移，刘邦和项羽等人率军向秦国都城咸阳逼近。刘邦派人私下接触赵高，与他密谋。赵高害怕秦二世知道后发怒杀他，就和弟弟商量另立天子。于是他找机会派人逼迫傻乎乎的秦二世自杀了。秦二世当了两年多的皇帝，就走完了自己二十三年短暂的人生。

赵高其实也想当皇帝，但是想来想去还是没干，于是他选了一个人来接胡亥的班，这个人就是子婴（yīng）。子婴在上任以后做的第一件事不是当皇帝，而是称秦王，因为当时秦朝的土地已经大幅缩水，赵高说现在各诸侯国纷纷自立为王，子婴再称帝不合适，应该像之前一样称王。

子婴想重振秦朝，他觉得赵高是让秦国陷入混乱的大罪人，是他谋害了秦二世，还和起义军密谋图秦，于是找机会杀了赵高。不过非常遗憾，此时的子婴已经没有振兴秦朝的机会了。

各地人马纷纷建国，老百姓也热烈响应，天下又回到了像战国时期一样的混乱局面。子婴继承王位才四十六天，刘邦就带兵到了霸上，并派使者招降子婴。子婴也没有再挣扎，直接带着传国玉玺（xǐ）投降了。

又过了一个多月，项羽也带兵来了。项羽是一个狠角色，他们楚国和秦国有世仇，他一心想要报仇雪恨，于是他下令杀了子婴，并且把秦国的土地分为了三大块，分给雍（yōng）王章邯、塞王司马欣和翟（dí）王董翳管理，是为“三秦”。他自己则自封西楚霸王，带兵往家乡去了。

我们学王勃的《送杜少府之任蜀州》，其中“城阙（què）辅三秦”的“三秦”就是由此而来。秦朝走到此时已经算是彻底灭亡，整个大秦王朝的风光也就这么十几年的时间。

八、知识延伸——神秘的秦始皇陵

关于秦朝和秦始皇，未解的谜团还有很多。秦始皇给我们留下的谜团之一，就是他的皇陵。秦始皇陵里面到底有什么？它是由谁修建的？修了多久？

有人根据《史记》的记载算了一下，秦始皇的皇陵在他活着的时候，修了37年。他死后，秦二世胡亥又修了2年。一个陵墓整整修了39年，可想而知会是多么壮观。秦始皇陵不光修的时间长，投入的人力和财力也非常多。在秦始皇去世以后，它进行了紧急的修建，用了七十多万人。

秦始皇陵在今西安市骊山北路，面积为56.25平方千米，陵园的核心区域面积达到了8平方千米。从皇陵外面看大约是55米高，据说当时修好以后，皇陵有115米高，相当于一座山的高度。

根据科学探测，皇陵里面放了很多水银。《史记》记载："以水银为百川江河大海，机相灌输。"意思就是用水银营造出江河湖海的感觉，水银是有毒的，还可以防止盗墓贼盗墓。根据史料记载，皇陵里还建有各种各样的宫殿，陈列着许许多多的奇异珍宝，陵墓外面装有厉害的弓箭装置，如果有人挖墓就会射出利箭。这些描述是否属实就留待考古学家们去发现了。

秦始皇陵是世界上规模最大、结构最奇特、藏品最丰富的帝王陵墓之一，已经被列为世界第八大奇迹的兵马俑，只是秦始皇陵四百多个陪葬坑的其中一个，可见秦始皇陵有多壮观。秦始皇陵充分展现了两千多年前中国古代劳动人民的艺术才能，是中华民族的骄傲和宝贵财富。

1987年12月，秦始皇陵以及兵马俑坑都被联合国教科文组织批准列入《世界遗产名录》，秦始皇陵也成为国家第一批重点文物保护单位。

知识加油站

1. 秦国在哪一年统一天下？哪一年灭亡？

公元前221年统一，公元前207年灭亡，一共存在了15年。

2. 秦始皇管理国家有哪些功绩？

改分封制为郡县制，统一文字、货币、度量衡，修长城。

3. 秦国统一天下后，全国通用什么文字？

小篆。

4. 秦始皇死后，由谁继位？

秦二世胡亥。

5. 1987年12月，和兵马俑一起被联合国教科文组织列入世界文化遗产的是什么遗迹？

秦始皇陵。

成语收藏夹

与赵高有关，比喻故意颠倒黑白，是什么成语？

指鹿为马。

从小读《史记》，长大成大器 ❷

（全5册）

王金鑫 编著

江苏凤凰文艺出版社
JIANGSU PHOENIX LITERATURE AND ART PUBLISHING

项羽
破釜沉舟

刘邦
项伯

项羽
项庄
鸿门宴

刘邦衣锦还乡

刘邦

汉文帝亲尝汤药

汉文帝

张骞
张骞出使西域

目 录

项羽本纪、高祖本纪：刘邦为什么能战胜项羽？

秦朝的下一个王朝是汉朝，秦始皇应该做梦也没有想到，自己希望传至二世、三世乃至万世的大秦王朝，到二世就灭亡了，仅仅存在了十几年的时间。汉高祖刘邦正是加速秦朝灭亡的一个重要人物，接下来我们就一起看看他的故事。

一、从一介布衣到沛（pèi）公

作为汉朝的开国皇帝，刘邦出生时只是一介布衣，但他却很有志向。“布衣”就是普通的、廉价的衣服，用来指代平民百姓。有一次，刘邦看到秦始皇带着大队车马巡游，他被震撼到了，于是说了一句话：“大丈夫就得像这样。”言外之意，就是他也要成为秦始皇那样的人。

刘邦的早年经历平淡无奇，不过司马迁在《史记》中的记载可以说是神乎其神。其一是他与妻子吕雉（zhì）的故事。当时吕雉的父亲在家里大摆酒席，请沛县的乡亲们喝酒，根据宾客所送的礼钱的多少分配座位，出钱不满一千的人只能坐在大堂外。结果刘邦进门就高喊："我给一万！"于是他马上就被安排到了最好的位置。

其实刘邦当时只是泗（sì）水亭亭长，一个特别小的官，哪有一万钱？他只是为了能和吕雉的父亲喝酒才这么说的。不过他能面不改色地当着大家的面说出这番话，让吕雉的父亲非常惊讶。吕雉的父亲觉得他气度不凡，能干大事，喝完酒便把自己的女儿嫁给了刘邦。刘邦不光免费吃了一顿酒席，还找到了媳妇儿。

还有一件事更神。《史记》记载，曾经有一位老人到刘邦家讨水喝，不过刘邦当时没在家，这位老人喝完水后，给吕雉看了一下面相，看完之后对她说："夫人是天下的贵人。"然后老人又看了孩子的面相，说孩子也会富贵。老人刚走，刘邦就回来了，他听说了这事，于是赶紧出门追上了老人，老人对他说："您夫人和孩子都像您，您的面相非常尊贵啊！"等到刘邦成为汉高祖后，竟然就找不到这位老人了。这当然只是一个传说，中国历史上习惯于神化帝王，认为他们是"真龙"，出生便与常人不同，所以在《史记》中，也有很多这样的记载。

刘邦的高祖生涯，始于秦末各地百姓起义时，他带着一帮人去修秦始皇的陵墓（即骊山陵）。在去的路上，很多人跑掉了。刘邦心想，人都跑完了，怎么办呢？大家最后肯定会被杀掉的。

刘邦于是对剩下的人说：“你们都走吧，我也要逃亡了。”这时同行的十几位壮士都表示愿意追随他，刘邦暂时和他们一起隐居在深山中。

当时整个天下都在反秦，各路起义人马不断涌现。沛县县令也想举兵起义，但又担心没有人支持，于是就问他身边的萧何和曹参应该怎么办。二人合计了一下，对县令说：“现在咱们人少，不如把隐居在山里的刘邦给召回来，他手下有几百号人，这样咱们就可以成功地发动百姓抗秦。”萧何与曹参是历史上的重要人物，他们之前就和刘邦关系不错，最后也成为刘邦打天下的左膀右臂。

沛县县令听了他们的建议召回刘邦。但是计划没有变化快，当刘邦带着几百号人来到县城外时，县令转念一想，这不行，到时候刘邦带人进来了，能听我的话吗？他越想越觉得不行，就把大门关上了。还准备诛杀萧何和曹参。

刘邦知道县令反悔了，他思考了一会儿，给县城里的百姓送了一封信，告诉大家在暴秦的统治下，百姓生活很苦，他想要带领大家一起推翻暴秦的统治，让大家过上太平的日子。最后百姓们被刘邦说服，一起把县令杀了，迎接刘邦等人入城。大家一致推举刘邦做新县令，称他为沛公。这是刘邦人生中非常重要的一步，从此他既有人马，又有地盘，可以开始打天下了。

二、刘邦投靠项梁，带兵伐秦

刘邦起义后不久，陈胜和吴广的反秦大旗就倒下了。此时秦国的兵力仍然很强大，很快就把起义部队都镇压了。

刘邦觉得自己势单力薄，需要找个靠山。于是他找到了项梁，这是刘邦做的非常重要的一个决定，对他未来的人生产生了重大影响。提到项梁，很多人可能会问："他跟项羽有什么关系？"项羽是项梁的亲侄子，刘邦投靠项梁，从而结识了项羽，但谁也没想到他们之后会是敌对关系。

项梁和刘邦得知陈胜、吴广起义失败后，一致觉得要立一个更得民心的人。于是项梁决定立原楚怀王的孙子熊心为王，也称他为楚怀王。原楚怀王当年在秦国被扣为人质，最后死在了秦国，楚国人很怀念他。把他孙子立为楚王，可得民心，也利于争夺天下。

现在楚军的领头人是楚怀王熊心，在他下面是项梁，项梁下面才是刘邦和项羽等人。其实楚军的实际权力掌握在项梁手中，但他还没来得及干出一番事业就战死了。这对楚军来说简直是晴天霹（pī）雳（lì），但对楚怀王来说，却是一个让自己真正拥有实权的机会。

秦王一看项梁死了，就没再把楚军当回事，直接派兵攻打赵国了。秦国的大将章邯打仗很厉害，派兵在巨鹿（今河北邢台）包围了赵国的军队，赵军只得向楚怀王求救。楚怀王收到消息后，马上任命宋义为主将、项羽为副将，带兵前去救援赵国。为什么楚怀王要派项羽去救赵，而不派刘邦呢？

因为楚怀王知道，自己的王位是托项梁的福才有的，项羽是项梁的侄子，年轻气盛，如果以后功劳太大，自己的地位就会受到威胁。而刘邦年纪大，作战经验少，对自己没什么威胁。再加上围攻赵国的是秦军主力，此次救援凶多吉少，所以他让项羽去。

与此同时，作为楚军的领头人，天下起义军的代表，楚怀王又必须发兵伐秦。于是楚怀王和各将领约定，谁能先把秦国的国都咸阳打下来，谁就可以称关中王。关中在中国的西北地区，咸阳是关中的一部分。

当时项羽能力很强，心高气盛，他认为自己先救赵国，再杀个回马枪打秦国完全没问题。项羽看刘邦年纪大，也没什么作战经验，所以根本没把刘邦当回事儿，赶紧领命去赵国了。而刘邦此时正带着人马往秦国的国都进发。

三、项羽破釜（fǔ）沉舟，一战成名

刘邦去打秦国国都的时候，项羽正在领兵帮助赵国脱困。项羽是一个打仗的奇才，他一生打过很多场精彩的战役，有巨鹿之战、彭城之战和垓（gāi）下之战。我们重点讲一下历史上著名的以少胜多的战役——巨鹿之战。

当项羽带领着几万人马到达巨鹿，渡过黄河时，他们发现了章邯和王离率领的几十万秦军主力，列兵在黄河两边，看上去乌

泱（yāng）泱的全是人。双方兵力差距太大了，这要怎么打?

这要换做其他人，估计直接被吓得逃跑了，但项羽是一个打仗奇才，他懂得如何把士兵的士气激发出来。他让士兵把煮饭的锅打破，把渡河的船凿沉，只留下三天的粮食，然后走到河边，对士兵大声说道："我们领命来救援赵国，攻打秦国的军队，现在只剩下三天的粮食，没有锅煮饭，也没有船往回跑。要想继续活下来，只有打败秦军，去吃他们的粮食，坐他们的船，大家有没有信心跟我一起冲锋？"

士兵们看到了项羽的决心，也明白了要活下来的唯一可能就是取得战争的胜利，于是个个热烈回应，拼命地向前冲，以一当十。最终项羽的军队以少胜多，用几万人马击败了几十万的秦军，还俘虏了王离，招降了章邯，可以说是战场上的奇迹了。

项羽激励将士的方法就是"破釜沉舟"，通过打破锅、凿破船来表明不顾一切的决心，这极大地激发了士兵的战斗潜力。破釜沉舟也成为一个成语，用来比喻战斗到底的决心。

因为这场战役发生在巨鹿，所以被称为巨鹿之战。这场战役过后，楚军的战斗力之强让天下人惊叹，项羽也由此一战成名，各路起义军纷纷前来投奔。

这边项羽打得风生水起，名声大振，那边刘邦在忙活些什么呢?其实此时的刘邦也没闲着，他正在招兵买马、扩充队伍。

首先刘邦找到了郦（lì）食其，他在见这位长者的时候，正在洗脚。郦食其很生气，说："你这么不尊重我，那你又怎么能战胜强大的秦国呢？"刘邦最大的优点就是善于听取别人的意见，并且能立马改正。他听到这番话后，赶紧整理好衣服请郦食其上座。郦食其也没有辜负刘邦的期待，在灭秦和楚汉战争中献计献策，立了不少功劳。

还有一个能人叫张良，他和刘邦一见如故，决定帮助刘邦完成伐秦大计。张良也是一位重要的谋士，能在运筹帷（wéi）幄（wò）之中，决胜于千里之外。有一次刘邦带兵经过宛城（今安徽潜山），宛城被秦兵占据，固若金汤，刘邦久攻不下，于是想绕过宛城西进，张良劝说道："如果我们继续往前走，宛城的秦兵很可能会从后面攻击，我们就会被秦军前后夹击，这是非常危险的，无论如何也得把宛城打下来。"刘邦听了张良的建议，对宛城发起了进攻，最终成功地将这座城池打下来，解除了自己的后顾之忧。就这样，刘邦的大部队继续往秦国的都城行进。

四、刘邦：智慧与迷糊共存

刘邦和项羽谁先入了秦国都城呢？历史告诉我们是刘邦。因为项羽面对的是秦国的主力部队，虽然打赢了，但是却花了不少时间。而刘邦就不同了，他老早就带人直奔咸阳，同时还有好多能人给他出谋划策，所以他先于项羽成功拿下秦国国都。

在拿下秦国国都之前，赵高来找刘邦商量，他说："我可以把秦二世胡亥杀掉，让你进来，但你要封我为王。"刘邦没有听他的话，直接把咸阳据为己有了。秦二世胡亥在刘邦到来前就被赵高逼着自杀了，由秦三世子婴继位，刘邦进城后并没有杀掉子婴。原因在于他们这次跟秦国打仗，打出的是复仇的旗号。既然秦国已经投降，就没必要滥（làn）杀无辜了。这也说明刘邦具备足够的政治智慧，他知道未来想统治好国家，当下就不能失去民心。

不过刘邦有一点没做好。刘邦以前是平民百姓，没见过这样华丽的宫殿，这样精致的龙床和这样美的珠宝，他一下子就被迷住了，他想在秦始皇的龙床上睡觉。这时张良拦住了他，说：“之所以有那么多人反抗秦国，就是因为秦始皇过着特别奢侈的生活。您如果这就开始在秦宫享受生活，不就成下一个秦始皇了吗？”刘邦被张良点醒，赶紧退了出来。

刘邦入咸阳后，做的最为人们赞赏的事就是“约法三章”，这被记载在《高祖本纪》里，高祖，即汉高祖，指的就是刘邦。刘邦进入咸阳后，与关中父老约法三章：“杀人者死，伤人及盗抵罪”。这句话的意思是，杀人的人一律处死，伤害他人和偷盗的人根据情节严重程度进行惩罚。“约法三章”也由此成为一个成语，比喻订立简单的条款，大家监督执行。

“约法三章”这件事给刘邦加分很多，因为老百姓已经被战争折腾惨了，现在刘邦跟大家约定，谁都不可以犯错误，他的军队并不欺压老百姓，那百姓怎么可能不拥护他呢？于是“秦人大喜，争持牛羊酒食”来慰劳刘邦的军队，“唯恐沛公不为秦王”。

当时还有人跟刘邦说：“当初楚怀王说谁先入咸阳，谁就可以称关中王。秦国土地也属于关中，是风水宝地，你赶紧派人把函（hán）谷关给守住，千万别让项羽进来。”刘邦又听进去了，赶紧派重兵把守函谷关。

项羽这边以少胜多，战胜秦国的大军，调头杀奔秦国的咸阳宫，结果到了函谷关却被拦着不让进，这让他非常生气。项羽本来就对楚怀王的约定耿（gěng）耿于怀，凭什么让他打最难的地界，让刘邦直奔咸阳？双方剑拔弩（nǔ）张，火药味十足。

五、项羽大发雷霆，刘邦危在旦夕

项羽本就因为自己被拦在函谷关外，非常生气，恰恰在这时，刘邦的左司马曹无伤向项羽密报了一个消息，说刘邦自己想当关中王，这让项羽更加愤怒。

项羽手下的谋士范增对他说：“刘邦特别贪财，又喜欢美女，但是他现在既不要钱也不要美女，这说明他此次志向不小，您不要错过机会啊！”言外之意是，刘邦此次志在成为天子，而项羽才是最应该称王的，怎么能让刘邦抢得先机？项羽决定第二天就攻打刘邦。

在《项羽本纪》里有一句话叫“旦日飨（xiǎng）士卒，为击破沛公军”。意思是，明天一早用酒食款待士兵，替我把刘邦和他的军队击败。现在刘邦可以说是危在旦夕，但他此时还不知道项羽准备派人攻打自己。如果按照这个故事发展，项羽很快就会把刘邦给灭了，但为什么最后是刘邦获胜呢？因为此时出现了一个关键性的人物，导致项羽最终没有去攻打刘邦。

这个人就是项羽的叔叔项伯，当时他在军中担任左尹，这是一个很高的官职，相当于宰相。可见项羽很尊敬他，也重用了他。他听到项羽第二天要攻打刘邦的消息后，赶紧跑到刘邦大营找张良。张良曾经救过他的命，项伯并非想给刘邦通风报信，他只是想救张良一命，让他赶紧逃跑。

但张良很讲义气，既然知道了这个消息，那就一定要报告给刘邦。刘邦一听就慌了。张良说："我有一个计谋，可以帮助咱们化险为夷。"他让刘邦请项伯喝酒。项羽第二天就要打过来了，情况如此危急，怎么还有心思喝酒呢？当然这不是一般的喝酒，这是救命的酒席。项伯最后接受了邀请来到了酒席。

酒席上，刘邦说："我入关中，公私财物一点儿也不敢动，这是因为我在给项将军守着呢！之所以派人把守函谷关，是防备强盗出入，应对非常情况。我日夜盼望着项将军来，怎么会有反叛之心呢？这件事还麻烦您帮我转告项将军。"

项伯重情义，也很善良，但他却不能洞察人心。刘邦一说他就信了，于是他连夜赶回鸿门，把这件事禀（bǐng）报给了项羽，称刘邦将金银财宝都留待项羽，并没有称关中王的想法。项羽听完之后居然也相信了。过于自大和轻视对手，是导致项羽失败的重要原因。

六、鸿门宴：刘邦捡回一条命

刘邦已经成功笼络了项伯的心，但是项伯有没有把项羽彻底说服呢？这可不好说。项羽随后便邀请刘邦喝酒，刘邦不敢不去。历史上赫赫有名的鸿门宴就要开始了。

第二天一早，刘邦带了一百多人去鸿门拜见项羽。《项羽本纪》中记载了刘邦对项羽说的话："今者有小人之言，令将军与臣有郤（xì）。"意思是，我们一起攻打秦国，是一个战场的兄弟，共同完成灭秦的重任。没想到攻占秦国后，有人挑拨离间，让我们之间出现了误会。这番话把项羽说动了，项羽相信了刘邦，对他说："这是你的左司马曹无伤说的。"项羽这就犯傻了，直接把自己在刘邦身边的密探给暴露了，如此一来，那曹无伤还能活吗？

此时只有范增是清醒的，他知道项羽中计了。于是在宴席中拿出一块玉玦（jué），暗示项羽要有所决断，应下定决心杀掉刘邦，可是项羽毫无反应。范增又急又气，只能将项羽的堂弟项庄找来，并对他说："大王太心软了，你待会上前请求舞剑助兴，找机会杀掉刘邦。"

于是项庄开始舞剑，有意无意地剑指刘邦。由此衍生出一个成语"项庄舞剑，意在沛公"，比喻说话、行动的真实意图另有所指。没想到项伯看出苗头不对，拔出剑和项庄对舞，还经常张开双臂护着刘邦，因此项庄迟迟不能下手。张良看情况非常危急，赶紧来到军营外的大门，找到刘邦的保镖（biāo）樊哙（kuài），让他进去保护刘邦。

樊哙拎着剑就往里去，项羽看到他，问：“这位壮士是谁？”樊哙说：“我是刘邦的私人保镖。”项羽说：“真是壮士，赶紧给他拿酒肉。”于是便赐给樊哙酒和一只生猪腿。樊哙把猪腿放在盾牌上，用剑切着吃，边吃边喝酒。然后对刘邦说：“沛公跟大王都和楚怀王约定，谁能先攻入咸阳灭掉秦国，谁就是关中王。现在我们先进来了，没动一金一银，土地也给大王留着，就等着大王进入秦关称王，结果大王不但不给沛公赏赐，还要杀有功的人，这种做法和亡秦有什么分别？”

这番话把项羽说得无地自容。刘邦借机出去上厕所，樊哙提议赶紧离开，称此地不宜久留。刘邦认为这不合礼数。樊哙说：“做大事的人不要拘泥于小节，现在保命要紧。”原文是“大行不顾细谨，大礼不辞小让。如今人方为刀俎（zǔ），我为鱼肉，何辞为。”成语“人为刀俎，我为鱼肉”也由此而来，比喻自己的生杀大权掌握在别人手中。于是刘邦让张良留下替自己赔罪，把车留在原处，骑上马由亲信护送，抄小路回了营地。

张良估计刘邦已经到了军营，才拿着提前准备好的一双玉璧和一对玉斗，分别献给项羽和范增，并表明刘邦不胜酒力，已经先回去了。项羽拿着玉璧并没说什么，范增气得拿起剑就把玉斗给劈碎了。《项羽本纪》中记载范增当时说：“竖（shù）子不足与谋。夺项王天下者，必沛公也，吾属今为之虏矣。”意思是说，这小子不足以与其共谋大事。将来夺取项王天下的，一定是刘邦，而我们这些人都将成为他的俘虏。

刘邦回到军营之后，第一件事就是把曹无伤拉出来处死。通过鸿门宴，我们可以清晰地看出刘邦和项羽两人的处事差异，这也预示着两人日后不同的命运。五年后，刘邦将在楚汉相争中逼得项羽走投无路，在乌江自刎（wěn）。

七、刘邦入蜀：再苦再难，从头再来

虽然在鸿门宴上，刘邦侥幸逃脱，但当时天下最厉害的还是项羽，他实力雄厚又很会带兵打仗。不过他的自负也逐渐体现了出来，在鸿门宴之后，项羽觉得自己得有一个响亮的封号，于是自称西楚霸王。

项羽又想到那些跟他一起灭掉秦国的人，应该给他们分封奖赏。在给刘邦分封时，范增分析认为刘邦还是有一定的威胁，让他离楚军越远越好。于是项羽把刘邦封为汉王，让他管理巴蜀地区，也就是今天的四川重庆一带。

现在我们觉得巴蜀很好，但当时四川重庆一带的生活条件非常艰苦。分封结束后，项羽命令刘邦等人赶紧离开秦国都城，到分封地上任。刘邦知道消息后十分绝望。此时张良劝导他说："我们必须得去，因为现在我们的实力还比不过项羽。如果不去，项羽就会认为我们有反心。我们不光要去，还要跟项羽表明我们不回来的决心，好让他放下防备。"去川蜀路途艰险，有的地方甚至没有路，汉军要自己边走边修栈（zhàn）道。他们一行人在走过去后，刘邦命人一把火把栈道给烧了，以此表明不回来的决心。项羽对此很满意。

在刘邦来到川蜀之地时，他身边出现了一位非常重要的人物，在日后为他打下江山做出了贡献，这个人就是韩信。韩信经过萧何的推荐，成为刘邦手下的一名谋士。刘邦刚见到韩信时，没瞧上眼，问他说："你有什么本事？"韩信问他："您是不是想跟项羽一起争天下，想做天下的皇帝？"

刘邦很有野心，当然想当天下的皇帝。韩信认为可以办到，他进一步分析说："项羽只有匹夫之勇，他的战斗力很强，但却不善于思考。另外项羽作为君王，做事残暴，当年进入咸阳，他就杀掉了秦王子婴，纵容士兵抢劫屠杀百姓，还在秦王宫放了一把火。咸阳的百姓都对他恨之入骨，他早就失去了民心。但是您当初约法三章的做法深得民心。而且您先入咸阳，本来可以做关中王，却被项羽抢去了，所以百姓都站在您这边。只要我们发展实力，相信我们最终一定会战胜项羽。"韩信的这番话彻底把刘邦给点醒了，确实也如韩信所说，胜利的天平早已开始向刘邦倾斜。

八、明修栈道，暗度陈仓

刘邦到封地没多久，没有得到项羽分封的田荣起兵造反了，刘邦一看这是个好机会，就让韩信带兵去夺回关中。他们来的时候把修的栈道都给烧掉了，所以现在回去得修复栈道。韩信的这个举动吸引了当时镇守关中的章邯的注意力，但他对刘邦满不在乎，认为蜀中的道路太过艰险，栈道很难修，因此刘邦根本构不成什么威胁，便没管他们。其实这是韩信的障眼法，他在让人修复栈道的同时，自己带兵悄悄翻过秦岭，突袭了陈仓，一举歼灭敌人。接着从陈仓道进入关中，打败章邯军，占领了关中。

这就是著名的“明修栈道，暗度陈仓”的故事，现在也成为一个成语，意思是用明显的行动迷惑对方，使敌人产生错觉，而把自己的真实想法隐藏在后面，出奇制胜。这是韩信的计谋，很有智慧，刘邦也听从了，于是轻松把关中之地收入囊（náng）中。

后来此事被项羽知道了，他打算派兵消灭刘邦，但是据《史记》记载，他没有亲兵征讨刘邦，而是继续攻打田荣。田荣是齐国最早起兵反对暴秦的人，他也是起义的将领，但是他在起义成功后得到的封赏实在太少，于是就自立山头了。为什么要先打他呢？因为田荣所在的地方距离项羽更近，而刘邦离得远。项羽再厉害也只有一个人，他手下能人不多，主要靠他自己，很多事情都需要他亲力亲为，以至于他分身乏术，只能先解决身边的麻烦。

刘邦趁着项羽攻打田荣的时机，继续发展自己的势力。这时候，他听说项羽把楚怀王熊心给杀了。前文有提到，项羽和刘邦都曾是楚怀王熊心的部下，但项羽在成为西楚霸王以后，把楚怀王熊心放逐到了南方，还派人在路上把他杀了。《高祖本纪》记载，刘邦知道后连忙派使者告诉各路诸侯：“天下共立义帝，北面事之。今项羽放杀义帝于江南，大逆无道！”他说项羽犯上作乱，大逆不道，于是抓住机会大做文章，广而告之，让项羽背上了弑（shì）君的罪名。

之后，刘邦率领大军出关，为楚怀王服丧，同时号召天下的诸侯齐心协力讨伐项羽。当他带领军队攻下彭城（今徐州）时，项羽战胜田荣后马上就赶来了。结果项羽用三万人打败刘邦五十六万大军，再一次创造了以少胜多的奇迹。刘邦惨败，落荒而逃。项羽派人追到刘邦的老家沛县，把他家里人抓来做人质，其中就有刘邦的父亲刘太公，还有刘邦的妻子吕雉。

楚军继续追击刘邦，刘邦当时跟他的儿子和女儿在一起——也就是后来的汉惠帝和鲁元公主，他们三人一起坐在马车上。马车装了太多人，走得很慢，刘邦心急如焚，多次把儿子、女儿从马车上踹（chuài）下去，还好赶车的夏侯婴每次都把孩子给抱回了马车，刘邦当时很不悦，甚至对夏侯婴起了杀意，但事后又非常感谢夏侯婴。

刘邦被追杀至此，非常狼狈。他需要更多的人才，张良提建议说："项羽手下有一员大将叫英布，因为在秦国受过黥（qíng）刑（在脸上刺字），又被称为黥布。他很有本领，但是跟项羽有隔阂（hé），我们应该策反他。"没想到他们一策反，英布就叛变了。

俗话说"一个好汉三个帮"，刘邦每次在最危急的时候，总能找到帮手，这些人聚集起来，就形成了一股很强大的力量。而项羽总是单打独斗，疲于奔命，一个人的力量毕竟有限，项羽最后注定要输给刘邦。

九、刘邦打项羽，打不过就跑

刘邦的成功也有一定的运气成分。因为刘邦只是一个泗水亭亭长，没什么太大的本事，自己读书又少。反观项羽从小就跟随项梁学习兵书，力大无比，武艺高强。但是刘邦厉害在手下有一批愿意为他卖命的能人，而他也非常善于用人。

刘邦从彭城逃走之后，一直跑到荥（xíng）阳（今河南郑州西边的一个县级市）才安顿下来，他重新集结兵力，整顿大军。但项羽很快就攻过来了，楚军把荥阳围住，发起猛攻。项羽发现，刘邦能够扛住楚军的轮番进攻，首先是因为城墙比较结实，其次因为粮食多。如果把汉军的粮食供应掐断，应该就离攻下不远了，于是项羽想办法断了刘邦的粮草。

刘邦刚吃了败仗，大军疲惫不堪，现在又缺少粮食，危在旦夕，刘邦却束手无策，城内老百姓也是人心惶惶。此时又有一个重要人物出现了，他的名字叫陈平。

陈平给刘邦献了一计，也就是离间计，陈平让刘邦想办法离间项羽和下属之间的关系，他先到处散布谣言，说项羽手下的钟离昧（mò）觉得自己功劳大，却没有得到该有的奖赏，正愤愤不平。钟离昧是项羽手下的一员大将，很会打仗。项羽听信了谣言，疏远了钟离昧，陈平的计谋得逞了。

但项羽手下最厉害的还是范增，要怎样让他不被项羽信任呢？陈平又心生一计。有一次，刘邦提出讲和，项羽的使者到了刘邦军营中，陈平特意派人准备了一桌丰盛的酒宴，然后出来迎接使者，再三问起亚父范增的情况，还问范增有什么吩咐。使者感到疑惑，说自己是项王派来的。陈平马上装作不高兴的样子，故意说道："原来是项王的使者啊，我还以为是亚父的使者呢！"说着就把丰盛的酒宴撤了下去，换上了粗劣的食物。

使者回去向项羽报告此事，项羽便怀疑范增跟刘邦私下有来往，这让他们之间的关系变得很僵。项羽收回了范增一部分的权力，范增气得直接告老还乡了，结果在路上，气急攻心，后背毒疮（chuāng）发作，没几天就去世了。项羽手下本来就没什么谋士，这下连范增也失去了。

项羽久攻不退，荥阳城内已经没什么粮食可吃了，眼看过不了多久，刘邦就要失败了。这时，刘邦手下的纪信想到了一个办法，他对刘邦说：我们现在肯定打不过项羽，我们不如假装投降。我假扮成你引开项羽，你带着人马从侧门跑吧。"这就是纪信舍身救主的故事。就这样，刘邦手下的人又救了他一命。

刘邦逃出去之后，继续招兵买马跟项羽对抗。但是每次一跟项羽正面作战，他的军队就吓得四散逃命了，因为根本打不过。而另一个战线的韩信却不断带来好消息，节节制胜。此时有人劝韩信自立为王，但韩信是个重情重义的人，刘邦重用了他，他也愿意继续为刘邦做事。

十、刘邦对项羽，斗勇不行我可以斗智

刘邦在前面跑，项羽在后面追，刘邦手下的彭越又带兵在项羽后面不断侵扰他，抢夺他的粮草。项羽心中很焦急，身边可用的能人却越来越少，整个军队的战斗力都在衰减，于是他玩起了狠招，要知道他手里还有刘邦的妻子和父亲呢。

项羽把刘邦的老父亲架到一口大锅上，隔着大军对刘邦喊：“你再不投降，我就把你父亲煮了做汤喝。”刘邦说：“我们都曾是楚怀王的臣子，也是同生共死的兄弟，我的父亲就是你父亲，如果你真要把咱爸给煮了，也请分我一杯汤。”《史记》原文是这样写的：“吾翁即若翁，必欲烹（pēng）而翁，则幸分我一杯羹（gēng）。”

按理说以项羽的脾气，肯定马上就把刘邦父亲给杀了，但是项伯阻止了他。项伯说：“你杀了刘邦的父亲也没什么用。”项羽便没杀刘太公。项羽喊刘邦决一死战，刘邦却不愿跟他斗勇，固守城池，坚决不出战。项羽又派将士挑战刘邦大军，刘邦开始动用自己的大脑，列举了项羽的十宗罪，这里选几条给大家说说。

第一点说项羽违背约定，楚怀王之约是谁先入咸阳谁为关中王，项羽不是先入关的，自说自话就称王了。第二点提到项羽把秦国的皇宫烧了，把秦始皇陵给毁了。现在我们知道秦始皇陵根本没被毁，是刘邦故意把这罪名安在项羽头上的。除此之外，他还说项羽不讲道理，杀降：秦三世子婴都投降了，还把他杀了。最后还说项羽把楚怀王杀掉了，这是弑君，大逆不道。

虽然有夸张的成分，但这几个罪名出来之后，马上得到了天下人热烈的响应。项羽背负了不仁不义、大逆不道的罪名。刘邦确实是斗智的高手。

十一、项羽就这样被刘邦打败

刘邦的妻子吕雉和他的父亲刘太公还在项羽手里，这可是项羽的一张王牌。虽然刘邦表面上不管不顾，但他还是想把他们都救回来。

这时有人出面做说客，对项羽说："您把汉王的父亲和妻子都放了，汉王就会愿意跟您平分天下。"项羽细想，过去了这么久，不管自己怎么挑衅（xìn），刘邦都不应战，彭越还在持续袭扰楚军，而齐国那边韩信又打败了楚军，自己的粮草也快吃完了，情况不太好，不如讲和。于是项羽把刘邦的家人都给放了。

《项羽本纪》记载说："项王乃与汉约，中分天下。割鸿沟以西者为汉，鸿沟而东者为楚。"意思是项羽跟刘邦约定平分天下，鸿沟西面是刘邦的汉地，东面是项羽的楚地。这件事在历史上被称为"鸿沟之约"，鸿沟就是楚汉分界线，象棋上的"楚河汉界"就是从这儿来的。

项羽虽然为人傲慢无比，但他说话算话、信守诺言。既然有了协议，那就相安无事、各自为政。但是刘邦可不这么想，刘邦把自己的妻子和父亲迎回来后，他手下的大臣们，比如张良、陈平这些谋士，都劝他抓紧机会，一鼓作气把项羽灭了。刘邦被他们说动了，马上调动所有人马，追击项羽。

项羽是真没想到，刘邦刚刚签完和平协议，就翻脸不认人，无奈之下只得迎战。我们知道韩信非常能打，但是面对项羽，他也是打了好几个回合都打不过。不过此时的楚军已经弹尽粮绝，疲惫不堪，根本打不起持久战。而且汉军的人数远超楚军，他们有五十万人，而项羽只有十万，项羽大军再能打，也禁（jīn）不起这么多人轮番上阵，士官总会疲惫的。

楚汉决战发生在垓下（今安徽宿州），楚军已经走投无路，迎来了历史上的悲壮故事——四面楚歌。项羽被刘邦的各路人马团团围住，兵少粮尽，夜晚听到汉军在四面唱楚地的歌（楚地是项羽的老家），士兵们思乡，又以为汉军占领了楚地，所以楚歌才会在四面八方响起，楚军纷纷落泪，丧失了斗志。

其实这是一个计谋，汉军故意唱楚歌来迷惑楚军，但项羽此刻内心已完全崩（bēng）溃（kuì），他最后在乌江边自杀了。项羽死后，楚汉争霸也告一段落。

非常有意思的是，据《史记》记载，刘邦居然大哭着来祭拜项羽。有人怀疑这个说法的真实性——刘邦难道不是喜极而泣吗？但历史真相究竟如何，或许我们已经无从知晓了。

十二、刘邦：做皇帝的感觉真不错

公元前202年，项羽在乌江自刎，刘邦在定陶（今山东菏泽）登基称帝，史称汉高祖，意思是大汉王朝的开国皇帝。他的登基仪式非常潦草，完成后刘邦就把满朝文武大臣找来一起喝酒、吃饭。大家都是跟刘邦一起打天下的，所以对礼节上的事情不太注重。大臣们在朝堂上喝醉了就拿着剑对着柱子乱砍，把周围弄得乱七八糟，就像在酒馆里一样。刘邦看着这个情形，心中也在想，这是朝廷，不是酒馆，也不是饭店，怎么能这样随意呢？还是需要注意礼节的。

就在刘邦为此烦恼时，叔孙通出现了。叔孙通是秦二世手下的一名博士，精通儒家经典和君臣礼仪。他向刘邦提议制定一套宫廷礼仪，刘邦同意了，但让他别搞得太麻烦。叔孙通马上招了三十多名儒生，这些人也都精通儒家经典和君臣礼仪。叔孙通让这些儒生去教大臣，大家在家里练了很长时间，等到群臣前来上朝的时候，就正式开始执行。

叔孙通为汉高祖刘邦建立了一套礼仪制度，很好地管理了大臣们，同时让皇权得到了尊重。从此以后，从拜见皇帝一直到酒宴结束，没有人再敢在朝堂之上大声喧哗。刘邦非常满意地说："我今天才真正体会到做皇帝的尊贵！"随后，便任命叔孙通和他的儒生们做官，还赏赐了不少钱财。

我们知道刘邦是在定陶称帝的，但汉朝的首都却是长安，为什么会选长安呢？其实刘邦最开始选的是洛阳。因为洛阳是周朝的国都，有很多现成的宫殿，而且离刘邦的老家很近。同时，群臣也都赞同定都洛阳，但此时，一个小人物——娄（lóu）敬却提出了反对意见，他认为汉朝开朝与周朝有所不同，而且洛阳虽然有现成的宫殿，但是一旦有人入侵就完了，洛阳没有可以守住城池的天险，土地也比较贫瘠。

娄敬建议刘邦选择长安（今西安）定都，这也是过去秦国的都城。秦国的关中之地四面都有山，一旦遇到危险，可以马上组织大军凭借地势反抗。还有一点，当年刘邦入关以后跟长安的百姓约法三章，受到百姓的爱戴，遇到危险大家也会帮他。而且周朝最开始的都城也是在长安一带，后来衰落了才跑到洛阳。

刘邦一向善于听从他人的意见，虽然娄敬身份低微，人微言轻，但说得确实在理，于是刘邦便决定把都城定在长安。至此，刘邦顺利当上皇帝，制定了宫廷礼节，也把都城定了下来，他建立的汉朝历史上称为西汉王朝，一个伟大的时代由此开始。

十三、刘邦封赏有功之臣

现在刘邦已经坐上皇帝之位，感受到了皇帝的威严。那接下来就要论功行赏了，有这么多人帮忙打江山，如何封赏很重要。

《史记》中有这么一段文字，记载了刘邦在朝堂之上对大臣们的评价：“夫运筹策帷帐之中，决胜千里之外，吾不如子房；镇国家，抚百姓，给馈（kuì）饷（xiǎng），不绝粮道，吾不如萧何；连百万之众，战必胜，攻必取，吾不如韩信。此三者，皆人杰也，吾能用之，此吾所以取天下者也。”

这句话的意思是，张良是谋士，擅长运筹帷幄，谋略方面刘邦不如他；搞后勤工作，征用粮草，治理国家，刘邦不如萧何；带兵打仗，上阵冲锋，攻城略地，刘邦不如韩信。这三位都是人才，但刘邦能够任用他们，这是刘邦取得天下的原因。

这段文字非常精彩，包含了大量的典故。比如宋朝李清照的《夏日绝句》里所写到的“生当作人杰”里的“人杰”即来源于此，不过李清照在这里泛指人中豪杰。成语“运筹帷幄”也来源于此，“运筹”是策划、筹划的意思，“帷幄”是军队的帐篷，原意指在营帐中谋划，制订作战方案，现在泛指一个人足智多谋，经常主持大局。此外还有一个成语叫“决胜于千里之外”，形容将帅有雄才大略，能坐镇指挥千里之外的战局，也比喻很有才能，擅长制定策略。

对于刘邦来说，如何论功行赏非常重要。他采用的是郡县制和分封制相结合的方式，给很多有功之臣封了土地，其中分封最多的是萧何，而排在第二的居然是曹参——为什么刘邦这么重视他呢?

曹参作为一名武将，跟着刘邦出生入死，身上留下了无数伤，功勋卓越。刘邦的长子叫刘肥，被封为齐王，刘邦让曹参去做齐国的国相，辅佐刘肥。齐国非常富庶（shù），最开始是由姜子牙建立的。曹参到了齐国之后，不折腾，不收重税，让老百姓能养活自己。曹参还采用了老子和庄子的清静无为思想治理齐国：大家都安安静静的，不出来跟别人争斗，自己过好日子就行。曹参这样其实是在做一个“试验田”，当时天下刚刚平定，百姓们都因连年的战乱疲惫不已，齐国的成功经验证明这样的发展方法确实能让刚刚建立的汉朝休养生息、恢复过来，好为未来大汉江山的强盛兴旺做一个战略性的储备。后来，“无为而治”成为了汉初的基本国策。

由此来看，曹参的功劳也是很大的，而他在刘邦心中的地位也非常高。刘邦的善于用人，在这上面再次得到了充分的体现。

十四、刘邦病重，立下白马盟誓

在刘邦的管理下，汉朝发展得很好，但是新问题也在不断地出现。刘邦在建国的时候曾经分封了七个不姓刘的诸侯王，分别是韩王信、赵王张耳、淮南王黥布、楚王韩信、梁王彭越、燕王臧（zāng）荼（tú）和长沙王吴芮（ruì）。这里的韩王信和韩信是不同的两个人，只是刚好同名同姓而已。没过多久，燕王就反叛了，虽然刘邦很快派兵平定了叛乱，改立卢绾（wǎn）为新的燕王。但之后楚王韩信、梁王彭越又被传谋反，刘邦花了七八年的时间和大量精力去带兵平叛。

公元前195年，刘邦在带兵攻打黥布的时候受了重伤。他躺在病床上，对诸侯王叛乱的问题放心不下。于是他做了一个决定，他下令召集群臣，对他们说：“非刘氏而王者，若无功上所不置而侯者，天下共诛之。”意思是，非皇族的刘氏成员不得封王，没有军功者不得封侯，如果没有功劳，皇上也没有册封却当了侯的人，天下人可以一起去诛灭他。这就是大名鼎鼎的“白马盟誓”，因为刘邦定这个盟约使用了杀白马的仪式，所以有这个名称。

白马盟誓很好地巩固了中央政权，但也有利有弊（bì）。优点是只给帮自己打江山的人和家里人分地，他们肯定会拼命地干，不管是经济上遇到问题还是有紧急情况，他们都能派兵解决。缺点是时间长了，这些人的后代为了自己的利益，难免会发生叛乱，后来的历史证明果然如此。

关于分封，还有一个人没讲，那就是刘邦的父亲刘太公。刘邦直接从平民成为了皇帝，而他父亲还是一个农民。按照礼制，刘太公见到皇帝也得磕（kē）头行礼，但对于父子来说这又说不过去。于是，刘邦给了老父亲一个名分，以更好地行使礼节。刘邦封自己的父亲刘太公为太上皇，既让他受到大家的尊敬，也使得他免于给皇帝行跪拜礼，一举两得。刘太公是历史上第一位生前便有了太上皇封号的人，也是第一个没当过皇帝直接就成为太上皇的人。

十五、尴尬的白登之围

刘邦做事非常稳妥，但也有过几次例外。比如白登之围。我们都知道汉朝的边界生活着匈奴民族，匈奴军跟汉军你来我往，经常有军事摩（mó）擦。毕竟中原物产丰富，而匈奴人游牧为生，生活较为贫乏，于是，匈奴人就一直想抢夺中原物产。

公元前201年韩王信投降匈奴，这下刘邦可坐不住了，他亲自带领大军北伐匈奴。在铜鞮（dī，今山西沁县）跟匈奴打了起来，并且取得了胜利。刘邦见初次交兵便大获全胜，于是想着要一鼓作气，打跑匈奴人，便一路追到了楼烦（今山西宁武）一带。

当时天气寒冷，环境恶劣，刘邦派人去侦察匈奴的家底如何。结果前去的使者回来都说，匈奴那边全是些老弱病残，而且他们的马都跑不动了。但其实是匈奴人把好马都藏起来了，用障眼法想让汉军放松警惕。刘邦又派刘敬（即娄敬，刘邦赐姓刘）去侦察，刘敬回来说："我虽然看到的都是些老弱的士兵和瘦弱的马，但是总觉得这里面有蹊（qī）跷（qiāo），一定是匈奴故意显露自己的短处，实际上埋伏了奇兵。"刘邦认为刘敬胆子太小，胡乱上报，于是就把刘敬给抓了起来。

此时，汉军的大部队还没到，刘邦带着一部分人马深入敌军的腹地，结果却中了匈奴的埋伏。统领匈奴的冒（mò）顿（dú）单（chán）于带着几十万人，一下子把他杀了个措手不及，将他围在了平城的白登山上（今山西大同）。刘邦一看，匈奴的马颜色非常规整，西面是清一色白马，东面是青马，北面是黑马，南面是红马，训练有素，膘（biāo）肥体壮，于是便明白刘敬才是对的。

被围困七天后，刘邦的大军快撑不住了。他的谋士陈平提出了一个建议，去贿（huì）赂（lù）匈奴单于的妻子阏（yān）氏（zhī）。这一天正好有大雾，能见度极低，陈平趁机带着金银珠宝献给了阏氏。在阏氏的帮助下，冒顿单于答应放刘邦一马，让他的大军从一角撤回，刘邦非常狼狈地逃了出来。

刘邦回来后，马上就把刘敬给放了，并亲自向他赔礼道歉："我不听先生的劝告，才有了这次惨败，这是我的错误啊！"接着他将刘敬封为了千户侯。

刘邦这次打匈奴吃了一个大亏，明白了汉朝目前还无法和匈奴发生正面冲突，刘敬建议把汉朝的公主送过去，跟匈奴和亲。这样匈奴人一定会很重视汉朝公主所生的孩子，甚至将其立为下一任的王，到时候两边就都是亲戚了，也不用再打仗了。

刘邦一听觉得很好，赶紧要送自己的女儿去，但是刘邦的女儿是吕后所生的长公主，吕后不同意把女儿送到那么荒凉的地方，大哭大闹，刘邦只好作罢。随后他认养了宗室之外的一个女子，封她为汉朝公主，给匈奴送了过去。与匈奴和亲让汉匈之间有了短暂的和平发展时期，汉朝经济得到了发展，也为后世汉朝的富强奠定了良好的基础。

十六、刘邦衣锦还乡

刘邦在打完黥布回长安的路上路过了自己的家乡沛县，于是置办了酒席，和父老乡亲们一起开怀畅饮。这里是刘邦长大的地方，一起喝酒的都是他的老邻居、发小、父老乡亲，最后要走的时候大家都一再挽留，刘邦也就继续喝，和众人分外亲密。

在酒席中，刘邦喝着喝着就开始唱歌。根据《高祖本纪》的记载，歌词是刘邦自己创作的，歌词如下：“大风起兮（xī）云飞扬，威加海内兮归故乡，安得猛士兮守四方！”意思是，大风使劲地吹，云彩飞扬，我统一了天下，衣锦还乡，要怎样才能得到猛士，为国家镇守四方呢？刘邦唱得慷（kāng）慨（kǎi）激昂，不光自己唱，还教给乡里的小朋友们传唱。这首歌便是著名的《大风歌》。

情到深处，刘邦热泪盈眶。人都讲究落叶归根，刘邦说：“虽然我现在已不在这里生活，但我身在关中，我的心却跟你们在一起，哪怕以后我死了，也要跟你们在一块儿。我将永远免除你们的赋税和徭役，让你们世世代代都安居乐业。”

刘邦当上皇帝，的确是光宗耀祖。这次回乡可以说是衣锦还乡，荣归故里。他在故乡停留的时间非常长，有人算了一下，有小一个月的时间。然而，在这次衣锦还乡之后，刘邦的生命也即将走到尽头。

十七、刘邦驾崩

刘邦东征西战，受了很多伤，伤得也很重。在他生命最后的时刻，他回到宫里让御医看病，这在《高祖本纪》里有记载。刘邦问御医："还能治好吗？"御医回答说能，但其实刘邦的病已经很难治了，不过御医不敢说治不好，万一惹怒了皇帝，是会招来身之祸的。

刘邦其实对自己的病心中有数，他说："我以平民百姓的身份夺得了天下，现在我的生命走到了尽头，这也是天意。"到了最后，他干脆就不治了。他的嫡长子刘盈这时候还小，才十六岁，他需要找到能够辅佐刘盈的人。刘邦认为曹参是可以任用的，陈平可做助手，另外，周勃也不错，可以让他担任太尉。这是刘邦最后的遗言，由此可以看出，刘邦死前依然很有远见。

公元前195年4月，刘邦在长安病逝，享年六十二岁，他一共当了八年皇帝。刘邦死后，吕后担心接班的皇帝年龄还太小，肯定会有很多大将军不服，不愿辅佐他，甚至反叛起军，应该暂时秘不发丧，等把这些将军全杀掉后，再昭告天下刘邦已经驾崩。吕后的想法一说出来，立马有大臣反对。他们认为很多将军正在外面，带着数十万人的军队，如果他们中有人被杀，那其他人肯定会起兵反叛，到时候就完了，因此，应该赶紧把刘邦的死昭告天下。吕后这才意识到事情的严重性，于是昭告了刘邦的死讯，大赦天下，这才避免了一场恐怖的政治风暴。

一代君王刘邦去世了，但是他的江山还在，大汉王朝的辉煌才刚刚开始。最后，让我们简单总结一下他的一生：刘邦（前256—前195），字季，沛县人，因此也被人称为沛公、刘沛公等，汉朝的开国皇帝，中国历史上第一个平民出身的皇帝，死后葬于长陵（今陕西咸阳东部），庙号太祖，谥（shì）号高皇帝。

知识加油站

1. 汉朝的开国皇帝是谁？
汉高祖刘邦。

2. 刘邦的结发妻子是谁？
吕雉，也就是大名鼎鼎的吕后。

3. 谁是历史上第一位平民出身的皇帝？
汉高祖刘邦。

4. 刘邦登基后曾对群臣说自己的才能比不上哪三个人？
张良、萧何、韩信。

5. 汉朝初年的基本国策是什么？
无为而治。

6. 刘邦荣归故里，写了一首诗歌，叫什么？
《大风歌》。

7. 中国历史上著名的以少胜多，且与项羽有关的战役，叫什么？

巨鹿之战。

8. 项羽一生中打过哪些精彩的战役？

巨鹿之战、彭城之战和垓下之战。

9. 项羽宴请刘邦的宴会，我们称为什么？

鸿门宴。后用来比喻不怀好意的宴请。

10. 陈平曾用计离间了项羽和哪几个人的关系？

黥布、钟离眛和范增。

11. 象棋棋盘上的“楚河汉界”是怎么来的？

项羽和刘邦约定平分天下，以鸿沟为分界线，西面是刘邦的汉地，东面是项羽的楚地。

成语收藏夹

1. 把饭锅打破，把渡船凿沉，表示为获得胜利准备牺牲一切、决一死战。这是什么成语？

破釜沉舟。

2. 刘邦攻入咸阳后，和关中父老约定：杀人者处死，伤人者抵罪，盗窃者也要判罪，历史上称为什么？

约法三章。这也是一个成语，比喻订立简单的条款，大家监督执行。

3. 描写项庄舞剑，有意无意地剑指刘邦，比喻说话、行动的真实意图另有所指。这是什么成语？

项庄舞剑，意在沛公。

4. 樊哙说鸿门的刘邦等人是任人宰割的鱼肉，比喻自己的生杀大权掌握在别人手中。这是什么成语？

人为刀俎，我为鱼肉。

5. 韩信明面上让人修复栈道，自己悄悄带兵经过陈仓攻入关中，形容用明显的行动迷惑对方，使敌人产生错觉，而把自己的真实想法隐藏在后面，出奇制胜。这是什么成语？

明修栈道，暗度陈仓。

6. 楚军被围住了，兵少粮尽，夜晚听到汉军唱楚歌，纷纷丧失斗志。这是什么成语？

四面楚歌，后用来比喻陷入危急的局面。

7. 指在后方营帐里决定作战方案，泛指主持大局、考虑决策。这是什么成语？

运筹帷幄。

8. 坐镇指挥千里之外的战局，形容将帅雄才大略、指挥若定，这是什么成语？

决胜于千里之外。

吕太后本纪：不姓刘却能坐镇刘家江山

吕雉（前241—前180），字娥姁（xū），别称吕后、汉高后等，砀（dàng）郡单（shàn）父（fǔ）县（今山东菏泽）人，刘邦的皇后，是中国历史上有记载的第一位皇后和皇太后，也是秦始皇建立皇帝制度之后第一个临朝称制的女性，与武则天并称“吕武”。

吕雉初嫁刘邦时很贤惠，刘邦称帝后，她协助刘邦镇压反叛、打击割据势力，成为重要的决策者。刘邦去世后，她开始独掌大权。她统治期间延续了无为而治的政策，让民众休养生息，吕后还废除挟（jiā）书律，下令鼓励民间藏书、献书，恢复旧典，为后来的“文景之治”打下了很好的基础。公元前180年，吕雉病逝，终年61岁，与刘邦合葬于长陵。

一、吕雉下嫁刘邦

刘邦驾崩后，他的儿子刘盈接班了。说到汉惠帝刘盈，咱们就要讲下他背后实际的掌权者，那就是吕后。吕后的能力相当了得，在女性执掌国家实权上，她和武则天、慈禧两人在中国历史上齐名。她是怎么跟刘邦成为夫妻的？

前面我们讲过，当时吕雉的父亲很有钱，在沛县举行了一个宴会，能拿出一千钱的人就可以到堂上喝酒。刘邦当时身无分文，却高喊一声："我出一万！"这句话把吕雉的父亲吕公给镇住了。首先，当地的官员一年的收入仅几千钱，这顿饭敢拿出一万，了不得。其次，吕公当然也怀疑刘邦是不是没钱，故意说这话骗人，他想知道这背后的原因。

等到酒宴差不多结束的时候，吕公给刘邦使了个眼色，意思是，你先别走，我要跟你再聊一聊。他认为刘邦敢说这样的大话，未来一定有政治前途。即便他现在一文不名，以后也可能飞黄腾达。刘邦长得的确跟别人不一样，鼻梁很高，上额突出，胡子很漂亮，一看就有贵人之相。吕公说："我有个女儿叫吕雉，还没结婚，你现在是不是也没结婚？"

刘邦的确没有结婚，便回答说："没有"。吕公暗自开心，对刘邦说："那我把女儿吕雉嫁给你。"吕雉就这么嫁给了刘邦。

刘邦和吕雉一共生了两个孩子，一个是女儿鲁元公主，另一个就是儿子汉惠帝刘盈。吕雉在跟刘邦结婚初期付出特别多，前文提到刘邦刚开始反秦的时候，在山里隐居，吕雉就给他送饭。

后来吕雉还因为刘邦要打天下，被项羽给抓了，受了牢狱之灾。但正是这些磨难，增强了吕雉的威望，巩固了她的地位，也锻炼了她的脾性，开阔了她的政治视野。

二、吕后设计杀韩信

在刘邦和项羽打仗的时候，吕后曾被项羽抓走了，在楚军这边待了两年多，在“鸿沟之约”后，才被释放回来。这还要感谢韩信，没有他，吕后不可能回来。但吕后是个非常现实的人：哪怕你之前帮过我，但只要你在我未来前进的路上是个阻碍，那我就要除掉你。这和她丈夫刘邦的行事风格如出一辙（zhé）。

刘邦当上皇帝前，对大家承诺事成后将天下分给大家，但他真正上位后，又不想这样做了。按功劳来说，当时可以跟他共分天下的第一个人就是大将军韩信，但是刘邦当上皇帝后做的第一件事，就是把韩信的兵权给夺了，并且把他的爵位降为淮阴侯，我们后面在《淮阴侯列传》里还会再讲到。实际上在这个时候，韩信的地位已经不是很高了，但他还是被刘邦视为眼中钉。

吕后知道刘邦一直想除掉韩信，只是没有找到合适的机会，最后，机会终于来了。刘邦手下有一员大将，叫陈豨（xī），他对刘邦很不满，发动了叛乱，刘邦亲自带兵出去平叛，宫内只有吕后在。就在这个时候，有人举报说韩信是这次叛乱的主谋，吕后听到这个消息很惊慌，便找到了萧何。

虽然萧何是把韩信举荐给刘邦的人，但他现在也说："必须把韩信抓起来。"吕后想召韩信入宫，又怕他不听，于是让萧何去说。萧何找到韩信，说："陛下在前线打仗获胜了，要举办庆功宴，你即使有病在身，也得去参加。"韩信很信任萧何，就跟他一起进宫了。谁知韩信一进宫，便被吕后派人抓住，很快就被杀了。

刘邦在平定叛乱回来后，听说韩信被杀，"且喜且怜之"，也就是既兴奋，又怜悯他，心情非常复杂。

由此可见，吕后这时在朝廷内，已经算是刘邦的左膀右臂了，她知道刘邦要什么，也知道刘邦想干什么，并且能够帮助刘邦把事情办成。此外，她也开始展示出自己凶狠毒辣的手段和优秀的政治才干。不管是谁，只要威胁到自家的江山社稷（jì），就必须要除掉。韩信只是一个开始，接下来她会对谁下手呢？

三、刘盈和刘如意的储君之争

刘邦在除掉对他有威胁的权臣后，就开始考虑接班人的问题了。我们知道刘邦之后的皇帝是汉惠帝刘盈，他是刘邦跟吕后的儿子。但在当时，虽然刘盈是皇长子，也已经被立为太子，但还有一个人可以对储君之位发起挑战，这个人就是刘邦和宠妃戚夫人所生的儿子。

据说在刘邦被封为汉王时，戚夫人就已在他身边了。这时吕后的年纪已经很大了，又因为战争被项羽抓走了两年多的时间，因此，她跟刘邦的感情已经变得很淡。然而，戚夫人年轻貌美，整日伺候刘邦，刘邦很宠爱她，在出征的时候，都让她陪伴左右。她和刘邦所生的儿子叫刘如意，刘邦非常喜欢这个儿子。久而久之，戚夫人就萌生了让刘如意代替刘盈成为未来储君的想法。

其实刘邦也动了换太子的念头，《吕太后本纪》里有这么一番记载："孝惠为人仁弱，高祖以为不类我。"意思是，刘邦认为太子刘盈做人太仁慈软弱了，根本不像自己那样坚强、果断、刚毅，于是就有了换太子的打算。但是这事绝对不是他一个人能决定的，首先得问朝中的大臣们愿不愿意。结果朝中大臣坚决反对，他们认为，作为国家未来的继承人，刘如意年龄太小了。如果把刘如意立为太子，那其他年龄小的皇子是不是也有机会？这将导致各皇子争宠，朝廷大乱。

这时最紧张的人是吕后。吕后没有话语权，因为她连刘邦的面都见不着，她找了刘邦手下的很多大臣，希望他们能给她出出主意，最后是留侯张良给她出了一招，让她找"商山四皓（hào）"，并说服他们拥护刘盈。"商山四皓"是秦朝末年的四位博士，分别为东园公唐秉（bǐng）、夏黄公崔广（又称黄石公）、绮（qǐ）里季吴实、角（lù）里先生周术，他们都很有才能，但因为对秦始皇的暴政不满，一起到商山隐居了起来。

刘邦打天下的时候，就一直想把"商山四皓"给请来，结果他们都不来。但是在一次宴会中，他们却出现在太子的身边。刘邦很奇怪，就问他们："当时你们不来帮我打天下，现在怎么又来了？”四位老人说：“因为您轻视我们读书人，又爱骂人，但是现在太子非常仁慈，又喜欢读书，对天下读书人非常礼貌，所以我们愿意为太子效力。”

刘邦看到这种情况，就决定不改立太子了。因为在他看来，太子的羽翼（yì）已经丰满，天下人都愿意辅佐他，如果现在改立太子就是违背天意。戚夫人虽然貌美体贴，但缺乏政治头脑，所以她和她儿子接下来的人生就很难一帆风顺了。

四、刘盈继位，吕后复仇

韩信死后，刘邦充分认识到了自己妻子的手段，他想，一旦自己去世，谁来保护戚夫人和他们所生的儿子呢？有人向刘邦推荐了周昌。周昌是一个非常正直的人，当年刘邦想要废掉刘盈、让刘如意做太子时，周昌坚决反对，吕后还曾经跪拜周昌表示感谢。刘邦觉得，让吕后这么感激的人，我让他专门给刘如意保驾护航，应该没问题。

刘邦驾崩后，太子刘盈顺利继位，吕后也由皇后升为皇太后。此时的刘盈已年满十六，但是不能成事，主要还是由吕后替他打理政务。权力大了，吕后就要收拾当年得罪她的人了，第一个就是戚夫人。吕后下令把她抓了起来，把她的头发剃（tì）光，还让她穿上囚犯的衣服，背上一个大铁圈。

戚夫人被软禁之后还指望自己的儿子能解救自己。吕后知道后就想杀了刘如意，断了戚夫人的希望，于是她下诏让刘如意进京，此时丞相周昌出来说：“赵王年幼，还有病在身，不能进京。”吕后于是让周昌先进京，然后再让刘如意进京。刘如意进宫后，吕后还是找不到机会下手，因为汉惠帝刘盈，也就是刘如意的哥哥，是个非常善良仁德的人，他把刘如意给保护了起来，让他每天跟自己待在一起。结果有一天，汉惠帝刘盈外出打猎时，刘如意没有一起来。吕后认为这是一个千载难逢的好机会，便趁机毒死了刘如意。刘盈回来后得知此事，非常伤心难过。

毒死刘如意，吕后就开始对戚夫人下手了。她狠狠地折磨了戚夫人，让她求生不得，求死不能。做完这些，吕后居然还让汉惠帝刘盈来看。刘盈看完觉得吕后太残忍了，他大哭一场，每天郁（yù）郁寡欢，七年之后便去世了，享年二十三岁。

五、刘恭登基，吕后称制

吕后的亲儿子孝惠帝刘盈死后，吕后选择了刘盈的嫡长子刘恭来接班。刘恭是刘盈跟其他妃子生的，但因为孝惠帝的皇后没有儿子，吕后就让她假装怀孕，然后把刘恭的生母杀掉，对外宣称刘恭是皇后所生。最终，刘恭登基，成为汉朝的第三任皇帝，也就是所谓的前少（shǎo）帝。“少帝”有两个含义，一是指被废黜（chù）的皇帝，另外也指新登基的皇帝。

刘恭做皇帝的时候，年龄太小，管不了国家大事，吕后就开始称制，也就是代替皇帝行使权力。前少帝逐渐长大，听说自己的亲生母亲不是皇后，是吕后把自己的生母给害了，便说：“我掌权后一定要报仇。”

吕后知道了很生气，她把大臣都拉拢过来讨伐皇帝，说：“现在皇帝精神失常，胡言乱语，需要重新选一个皇帝。”大臣们居然纷纷赞同。吕后先是把前少帝给幽禁起来，之后又把他杀掉了。前少帝刘恭也是历史上第一个被废黜的皇帝。

刘恭死后，吕后让常山王刘义继位，史称后少帝，他比刘恭更年幼，国家大权还是完全掌握在吕后手中。

刘邦当年要改立刘如意为太子，满朝文武集体反对，现在吕后要立谁为皇帝，满朝文武却没有一个人敢反对，可见吕后的政治手腕（wàn）比刘邦还高。虽然天下是刘邦打的，但是现在大家都得听吕后的。

吕后不仅立了两位少帝，还把吕家的人全部提拔升官。当年刘邦曾经立过一个白马盟誓，约定说只有姓刘的贵族可以称王。现在吕后称制，把娘家的人该封王的封王，该封侯的封侯，这明显违反了白马盟誓，但是大臣们都不敢吱（zhī）声。这也说明当时吕后的权力非常大。

即便如此，吕后的心里还是不踏实。为什么？因为刘邦还有一大堆儿子在，万一他们闹事怎么办？

六、被权力冲昏头脑的吕后

吕后为什么害怕刘邦的儿子？因为她怕他们也想当皇帝。刘邦一共有八个儿子，首先是庶长子刘肥。什么叫庶长子？不是正式的妻子生的，但是年纪最大，就叫庶长子。如果是明媒正娶的夫人所生的儿子，最大的就叫嫡长子，刘盈就是嫡长子。还有戚夫人生的刘如意以及后来大名鼎鼎的汉文帝刘恒，此外还有刘恢、刘友、刘长和刘建。刘盈做了皇帝，刘如意小小年纪就被毒杀了，那刘邦的其他儿子有没有野心当皇帝呢？

公元前193年，齐王刘肥来到了长安。孝惠帝刘盈为他举行了一场家宴，在古代兄弟归兄弟，君臣之间的礼节才是最重要的，可孝惠帝认为刘肥是大哥，便让他坐上座，自己坐在旁边的位置上。吕后看到后非常生气，她认为这是违背君臣礼节的，还怀疑刘肥是不是有大不敬的想法。但其实刘肥没有什么政治头脑，也没有什么远见，更没有当皇帝的心思，他居然就坐下了。

吕后马上让人准备了两杯毒酒，可刘肥刚准备给吕后敬酒时，刘盈觉得自己也需要敬，于是把另外一杯毒酒拿在了手里。吕后立马把酒杯打翻了，因为她不能让自己的儿子也喝下毒酒。刘肥吓坏了，赶紧装醉跑回家去了。后来他听人建议，把城阳郡献给了吕后的女儿鲁元公主，还尊鲁元公主为齐国王太后，这才逃过一劫。

吕后从此开始大开杀戒。我们知道刘如意是刘邦最喜欢的儿子，被封为赵王，在他被杀后，吕后派刘邦的第六个儿子刘友继任赵王。刘友的夫人是吕后的娘家人，但刘友并不喜欢自己的妻子，他的妻子非常怨愤，便在吕后面前说：“刘友说：‘太后死后，我一定要把你们姓吕的全都杀掉。’”

于是吕后召刘友进京，派兵把他抓进大牢，把他活活饿死了。杀掉刘友之后，吕后又让刘友的哥哥刘恢做赵王，刘恢的夫人也是吕后的人。刘恢不喜欢她，反而钟情于一个姬妾，于是他的夫人便把这个宠妃给杀了。刘恢知道后郁郁寡欢，最后自杀了。现在这赵王没人当怎么办？于是吕后想到了刘恒。

刘恒在八岁时就被刘邦封为代王，但他的封地非常偏僻，因为刘恒不是很受刘邦的喜爱。刘恒的妈妈叫薄（bó）姬，她跟刘邦也没什么感情。不过，刘恒没有接受吕后的分封，因为刘恒是所有皇子中最有政治头脑的，他知道现在什么最重要。在吕后的手腕和专权下，地位、金钱、封号、土地都不重要，重要的是活着，只要活着就有希望。吕后也没觉得他有多大威胁，就暂时没管他。

这下就还剩刘邦最小的儿子刘建，不过还没等到吕后对他举起屠刀，他自己就病死了。在刘邦的八个皇子中，只剩一个没有惨遭吕后的毒手，那就是七皇子刘长。因为刘长的母亲死得早，刘长是被吕后带大的，吕后对他有一定的感情，她也不担心刘长夺权。

吕后现在已经把刘邦的儿子们清理得差不多了，刘邦估计做梦也没有想到自己的枕（zhěn）边人居然如此残忍决绝。

吕后的确是一个狠人，她的眼里心里都是权力。《吕太后本纪》记载，她在给儿子刘盈发丧的时候，都只是假哭，没有真的掉眼泪。刘盈死得早，吕后身边又没有其他亲生的儿子，她一直担心自己的地位不稳，于是开始重用姓吕的人。他让自己的侄子担任整个长安城的城防军总司令，负责城南和城北的防守，这样，吕后相当于把整个京城的军队都握在了自己的手里。

但吕后还是觉得不安心，她觉得必须让姓吕的人得到更多的封赏，于是就想封她的几个侄子为王。当时做宰相的是王陵，王陵说话比较直，为遵守白马盟誓，坚决不同意封吕姓的人为王。

然而吕后再问陈平的时候，陈平的回答却很巧妙。他说："当时是高祖皇帝的天下，所以把刘氏封为王，现在是太后管理天下，那太后怎么说就怎么封，没什么不合适的，一朝天子一朝臣。"于是吕后开始大肆分封自己的族人。

七、吕后去世，吕氏家族被铲除

刘邦死后，一直由吕后掌权，这一掌就掌了十五年。吕后六十多岁的时候，有一天突然感觉身体不适，之后便发现自己的身体越来越弱。她预感自己将不久于人世，便对吕家人说："我就快死了，皇帝还很年幼，大臣们都不服我们，所以你们必须得把宫廷给我守好，不要给我送葬，千万别被别人控制。"

公元前180年，吕后薨（hōng）逝，享年六十一岁。吕后一死，汉朝的功臣元老就和刘姓诸侯联合起来，开始铲除吕氏王侯的势力，最后将他们消灭得一干二净。

吕后的时代已经过去了，她执掌朝政十几年，但只是临朝称制，并没有当皇帝，跟武则天是不一样的。司马迁在《史记》中对吕后的评价非常积极，认为吕后治理国家，对百姓实行仁政。但老百姓普遍认为她是一个杀人不眨眼的大魔头。为什么会这样？这是因为历史学家评价人侧重于宏观的国家层面，而老百姓更看重个人的人性：不管做过多少好事，只要滥杀无辜，那就不是一个好人。

客观来看，吕后也有颇多建树。在政治上，吕后沿袭了“与民休息”的国策，行的是“无为而治”的方针。什么叫与民休息？就是不折腾老百姓，不修长城，也不打仗，老百姓只要养活自己就行。当时实行的税收政策是“十五税一”，具体而言，就是每挣十五钱，只给国家交一钱的税。这个税收在封建王朝里可以说是非常少了。吕后还提倡勤俭治国，严禁铺张浪费，在我们今天看来，这些国策都是对国家和百姓有好处的。

在经济上，众所周知中国是农业大国，历朝历代基本都实行的是重农的国策，全民发展农业。但吕后在大力发展农业的同时，也非常重视商业。要知道，她的丈夫刘邦可是觉得商人地位很低微，不让商人穿丝绸做的衣服，也不让他们乘坐马车。但是吕后却允许商人穿丝织的衣服，出行乘坐马车，这样一个决策就把商人的积极性给调动了起来。国家的商人活跃起来，经济就会发展得又快又好。因此，吕后在经济层面做的贡献要比她的丈夫刘邦更大。

在对待匈奴的外交上，吕后继续推行刘邦执政时期制定的和亲政策，为维护西汉王朝的安定和稳固打下了非常好的政策基础。

虽然老百姓都说吕后是一个杀人不眨眼的大魔头，但是她在政治、经济和外交上的决策都非常正确，由此才有了后来的“文景之治”。至于世人的评价，也许吕后并不在意，毕竟，对吕后来说，没有什么比把权力紧紧握在手中更加重要。

知识加油站

1. 吕后的原名叫什么？

吕雉。

2. 汉高祖刘邦驾崩后，谁继承了王位？

汉惠帝刘盈。

3. 汉惠帝刘盈一共在位多少年？

七年。

4. “吕后称制”是什么意思？

指的是西汉初期，太后吕雉掌控西汉政治实权的历史事件，由她代替皇帝行使国家权力。

5. 吕后掌权时期，汉朝实行的是什么国家政策？

与民休息，无为而治。

6. 吕后称制期间，对商人实行的是什么国策？

重视商业发展，允许商人穿丝绸做的衣服，允许他们出门乘坐马车。

7. 吕后和武则天并称为什么？

吕武。

8. 谁是秦始皇建立皇帝制度后第一个临朝称制的女性？

吕后。

孝文本纪：汉文帝很仁慈，但他并不软弱

汉文帝刘恒（前203—前157），汉高祖的第四个儿子，出生于长安，母亲是薄姬，他是《二十四孝》中亲尝汤药的主角。

公元前196年，刘恒被封为代王。公元前180年，太尉周勃和丞相陈平迎立代王刘恒入京，是为汉文帝。汉文帝废除肉刑，励精图治，兴修水利，戒奢勤俭，带领汉朝进入一个强盛安定的时期。刘恒登基三个月后，立刘启为皇太子，也就是汉景帝，汉文帝刘恒与汉景帝刘启统治时期合称“文景之治”。在这一时期，社会较为安定，经济发展较快，百姓生活水平也很不错，可以说是中国封建社会出现的第一个盛世。汉文帝死后葬于霸陵（今陕西西安东郊），庙号太宗，谥号孝文皇帝。

一、汉文帝当皇帝，是偶然还是必然？

吕后去世两个月，就发生了宫廷政变。丞相陈平和太尉周勃设计夺走了吕家的兵权，又带领群臣对吕氏余党进行剿（jiǎo）灭，最终成功地将江山从吕氏手中抢了回来。成功剿灭吕氏余党后，这些功臣又都不想自己当皇帝，那就必须选出一个新皇帝。对于这个新皇帝，他们心中有两个标准：第一，必须得姓刘；第二，他的能力不能太强，不然无法控制。因此，他们把人选锁定在刘邦的兄弟、儿子和孙子身上。

刘邦的兄弟中，有一个还活着，那就是刘邦的弟弟刘交。刘交在帮刘邦打天下时很厉害，也深得刘邦喜爱，跟刘邦感情很好，但是现在年纪太大了，做不了皇帝。他也确实在汉文帝刘恒登基那年就去世了。

刘邦的孙子很多，当时最强大的是齐王刘襄，他是刘肥的长子，也是刘邦的长孙。但是大臣们认为，齐王的舅舅驷（sì）钧，是一个凶残暴戾（lì）的人，如果让刘襄做皇帝，那很可能再次发生外戚专权的事情，而且齐王本身也是一个强势的人，所以不能用他。

刘邦的兄弟和孙子里都没有合适人选，候选人就剩下刘邦的两个儿子。一个是刘邦的第四个儿子，也就是代王刘恒，另一个则是刘邦的第七个儿子，也就是淮南王刘长。到底谁更合适呢？

先说淮南王刘长，大臣们是坚决反对他当皇帝的。前文提到，刘长的母亲死后，刘邦把刘长寄养在吕后身边，吕后非常喜爱他，将他当成自己的亲生儿子一样抚养。现如今大臣们设计把吕家的人都杀了，刘长要是当了皇帝，还能饶了这些杀自己家人的人吗？况且刘长年龄太小，还不适合管理天下。于是，皇帝人选便只剩下代王刘恒了。

当年吕后曾经想让刘恒到赵国做赵王，但是刘恒拒绝了。刘恒很聪明，他知道如果去赵国，可能会像他的兄弟一样被杀掉，所以他说："我愿意替代母后，守住代国这个偏远的地方。"大臣们认为，刘恒性格仁慈孝顺，他母亲薄姬的娘家人也都谨慎良善，而且刘恒多年以来没什么大功劳，也不了解朝廷的变化，同时还远离权力中心，必然什么都不懂，容易控制，所以最终决定让刘恒做新一任的君王，此时的刘恒二十三岁。

二、小心驶得万年船，汉文帝登基

一般人如果听说自己能当皇帝，一定很高兴，但是刘恒却没有。他很谨慎，他马上把代地的大臣们召集过来，询问大家的意见。根据《史记》的记载，郎中令张武怀疑其中有诈，但中尉宋昌却不这么认为，他说："方今高帝子独淮南王与大王，大王又长，贤圣仁孝，闻于天下，故大臣因天下之心而欲迎立大王，大王勿疑也。"意思是，刘邦的儿子现在只有淮南王刘长和大王您了，大王又是年长的那个，贤能、圣德、仁慈、孝顺天下闻名，所以天下人都想让您做皇帝，大臣们也得顺应民心。所以您不要怀疑了，赶紧去做皇帝吧。

但刘恒还是多了一个心眼儿，他找算命的算了一卦，算命的说：“您做皇帝，这是吉卦，赶紧去吧。”即使这样刘恒也还没有完全放心，又先派他的舅舅薄昭前往京城拜见，接着又派宋昌骑快马到京城看看到底是怎么回事。

大家都回答说：“事情是真的，吕后去世了，京中大臣们在等着大王当皇帝呢！”刘恒这才决定进京。有人说刘恒胆子太小，但其实正是因为他小心谨慎，才能安安全全地活着，然后在合适的时机当上皇帝。

公元前180年，也就是吕后去世那一年，丞相陈平和太尉周勃迎接刘恒入京。在到达京城前，刘恒还多次辞让，直到大臣们反复说明皇帝之位非他莫属，他这才答应。其实，刘恒这么做就是摆摆姿态，让大家劝一劝，感觉自己是没办法了才必须登基。他这么推让也是为自己树立仁君的形象。

在这之后，刘恒才正式登基称帝，是为汉文帝。他在登基后立马做了两件大事：第一件是任命宋昌为将军，统领京师的南军和北军；第二件是任命张武为郎中令，负责皇宫的警卫。刘恒不仅把掌握兵权、关系皇宫安全的主将全换成了自己人，还发布了大赦天下的诏令，赐给平民爵位和酒肉，让老百姓都跟着开心。

刘恒大赦天下、赐爵赐物当然是为了笼络民心，展示自己仁德的形象，但他把权力牢牢地抓在自己手里，这可把大臣们吓坏了。毕竟之前他们就想选一个软弱的皇帝，没想到刘恒却如此强硬。不过，为什么刘恒会给这些大臣留下一个很软弱的印象？

三、百善孝为先，汉文帝亲尝汤药

刘恒的母亲薄姬，是汉高祖刘邦的嫔（pín）妃。刘邦当年平定天下的时候，灭了很多诸侯国，薄姬是其中一个诸侯王的妃子，最后也成了刘邦的妃子，但刘邦妃嫔众多，所以薄姬根本就没有受到刘邦太多关注。

有一天，刘邦听到几个人在说笑，就问："你们在笑什么？"这时薄姬出现了，她说："昨天晚上我梦见有一条龙盘在我的肚子上。"言外之意是说自己可能会生一个真龙天子。而后来，薄姬果然生下了汉文帝刘恒。公元前196年，刘恒八岁，被立为代王，去到了偏僻的代国，刘恒一直待在代国，这也证明了薄姬地位低下、并不受宠。

刘恒是一位以孝顺闻名天下的皇帝。有一次薄姬得了重病，一病就是三年，卧床不起，这可急坏了刘恒。于是他亲自为母亲煎汤药，并且日夜守护在母亲的床前，每次看到母亲睡了，才趴在母亲床边睡一会儿。同时，刘恒每天必定要亲自尝汤药，看看苦不苦、烫不烫，等到自己觉得差不多了才给母亲喝。

汉文帝孝顺母亲的事情在整个西汉王朝广为流传，人们都称赞他是一个孝子。受此影响，朝臣们才会认为他是一位仁慈的君主，觉得他必然不会对臣子做出凶狠的事情。当然刘恒在做皇帝之后，也的确是一位仁慈的君主。刘恒从不折腾百姓，个性也不残暴，但这并不代表他软弱，也不代表他行事犹豫不决，遇事任人宰割。

关于汉文帝孝顺母亲，还有一件趣事。汉文帝看着柔弱，其实酷爱飙（biāo）车。有一次他去考察霸陵，在回来的路上一抖缰（jiāng）绳就想驾着六匹马拉的车从一个高高的陡坡上冲下去。同行的袁盎拦着不让他走，他笑着问："将军怯邪？""怯"是害怕的意思。袁盎无奈，只好跟他说："您不顾自己的安危，也就算了，要是您有个什么闪失，谁来侍奉太后？"汉文帝一听，只好作罢。由此可见，汉文帝是真孝顺。

四、汉文帝下令诸侯离京上任

汉文帝已经掌权了，接着他要怎么维护自己的统治呢？又会选谁做自己的得力助手呢？他父亲刘邦之前选的是陈平，但陈平此时年纪已经大了，于是，他选了太尉周勃。两年后陈平去世，周勃做了相国。

前文有提到，刘邦曾经对自己的功臣们进行了一次分封，其中，只有姓刘的可以称王，不姓刘的按军功封侯。封侯有一块土地，可以世代享受荣华富贵。但是有一个非常有意思的现象，当时刘邦分封的这些诸侯都没有到自己的封地去生活，而是继续在京城生活。原因很简单，首先，京城生活条件好，肯定比在地方待着舒服多了。其次，在京城住着，离皇帝近，朝廷有什么风吹草动自己能立马知道，甚至还可以用自己的势力影响国家的大政方针。何乐而不为呢？

但是这对新上任的汉文帝来说可不是一件好事。因为诸侯们的势力都在这儿，很难压制，这对维持政治稳定是非常不利的。汉文帝于是下诏，让诸侯们回到自己的封国去。周勃被封为绛（jiàng）侯，汉文帝就想让周勃带头离开京城，这样其他人也就跟着走了。

据《史记》记载，周勃回到封地不久，便有人说他有谋反的嫌疑，汉文帝就把他给抓了起来。在调查的时候，汉文帝的母亲薄太后出面，对汉文帝说："原来他手握重兵，都没有反叛，现在回到小小的封地反而要反叛吗？"周勃于是被释放了。但是这对周勃造成了很大的影响，他本来以为自己功劳很大，很受重视，结果却背上一个逆反的罪名，这对他来说的确是一个奇耻大辱。尽管他很快被放了出来，但他的政治生涯已经宣告结束了。

汉文帝的确是一个高人，当皇帝没几年，就把前朝功臣的权力全给收了回来，其目的当然是培养自己的势力。不过，除了这些老臣，刘恒还有一大堆竞争对手，那就是刘姓的家族亲戚们。汉文帝接下来会怎么应对呢？

五、汉文帝对兄弟：睁一只眼，闭一只眼

汉文帝坐上了皇帝的位置，但有一首歌谣在整个大汉王朝的民间流传，歌谣内容是："一尺布尚可缝，兄弟二人不相容。"意思是，一尺布可以缝制衣服，但是两个兄弟却不能在天下和谐共生。不能跟刘恒共享天下的就是他的兄弟淮南王刘长。刘邦当

年平定了淮南王黥布的叛乱，把三岁的刘长封为淮南王，但是刘长的母亲死得早，他便把刘长寄养在吕后那里。

等到刘恒当了皇帝，刘长更加任性妄为，他的生活起居、出入仪仗都超过自己的身份，甚至仿效天子，还擅自制定法令。按理说做皇帝的哥哥该有所行动了，但汉文帝并没有。刘长脾气愈加骄纵，居然擅自把朝廷中跟自己有矛盾的大臣审食其给杀了。

刘长不光杀大臣，后来竟还带着几十人联合匈奴的一些人马要反对当今的朝廷，这时候汉文帝不能再忍了。有大臣建议他杀掉刘长，但汉文帝不忍心杀自己的亲弟弟，于是他废了刘长的王位，把他放逐到了西南一带。汉文帝对自己的弟弟还是很关心的，让人每天给刘长供肉供酒，还嘱咐说要有人陪伴在刘长的身边。但是刘长在去西南的路上，悲愤交加，绝食而死。这个消息传到京城后，汉文帝非常痛心。

问题出现了，刘长仅仅是被贬官，为什么要绝食呢？原来汉文帝下令给刘长的囚车贴上了封条，沿途的县令一看，要喂刘长吃饭，就得把封条拆开，但谁敢动这封条？于是，没人拆下封条，淮南王刘长就这么活活被饿死在路上。

汉文帝刘恒背上了一个杀死自己亲弟弟的罪名，他便下令把沿途所有接待过自己弟弟的县令全部处死，这样算是缓解了一点自己的愧疚，也算是给自己挽回了一点人心。

现在弟弟死了，应该说在满朝文武当中，没有谁能对汉文帝的统治构成实质上的威胁了，但是朝廷之外的威胁可一直没有断。这些威胁又来自哪里？

六、汉文帝巩固政权：立太子，罚舅舅

《孝文本纪》里面记载说，汉文帝当上皇帝仅仅三个月，就有大臣开始提建议，希望汉文帝早日立太子，这样的话国家就会稳定、和谐。但是汉文帝却说：“我的德行不够，民心也尚未完全归附，如今我无法找到一个更合适的人禅位给他，却先把太子立了，这就更失德了。”

历朝历代能国泰民安，其实最根本的就是早立太子，否则的话大家都得合计：是不是有我的份儿？我要支持君王的哪个儿子？这样朝臣们就会开始站帮选队。但是汉文帝为什么没有在大臣们提出立太子的时候马上就立呢？这是因为汉朝的皇位理论上应该是父子相传的，但汉文帝的皇位却不是从他父亲手里得来的，而是从他的哥哥孝惠帝手里得来的，更准确地说，是从吕后手里得来的。现在汉文帝要把皇位传给儿子，好像不够合理。大臣们坚持请求立太子，又被他驳回了，直到第三次，汉文帝才说：“好吧，我同意了。”于是立了他的长子刘启为太子，也就是后来的汉景帝。

在确定太子后，紧接着汉文帝需要确定有谁能辅佐自己。汉文帝是从偏僻的代国入主朝廷的，他当时带了两个能人，一个是郎中令张武，另一个是中尉宋昌。汉文帝很喜欢张武，多次到张武的军中进行慰问，宋昌对他来说也极其重要。除此之外还有一个人也得到了汉文帝的重用，那就是他的舅舅薄昭，薄昭在汉文帝当皇帝的时候立下了汗马功劳。当初汉文帝不敢回京当皇帝，

就是薄昭见了太尉周勃，了解事情的来龙去脉后告诉汉文帝，汉文帝才放心回京接手皇帝位。

但是薄昭被封侯之后狂妄自大，仗着自己是皇帝的亲舅舅，为所欲为，做了很多坏事。甚至有一次，他还把皇帝派来的使节给杀了。在古代，杀天子使节可是死罪，但汉文帝顾念薄昭功劳大，又是自己唯一的舅舅，不忍心将他赐死，便希望他能够认识到自己的错误，然后自杀谢罪。

薄昭当然不想死，所以完全不听汉文帝的劝告。汉文帝只好派大臣跟他一起喝酒，劝他酒后自杀，薄昭喝得迷迷糊糊了，却还是不肯自杀。后来汉文帝实在没办法，便派群臣穿着丧服到他家去哭，薄昭看到这个阵仗，明白皇帝是来真的了，这才不情愿地自杀了。

汉文帝做事公正，无论是谁，哪怕是亲舅舅，只要犯了错，都要接受处罚。通过选立太子，处罚舅舅，汉文帝的政权又稳固了一些。但要想让国家强大，他还得再选拔一些得力的干将。

七、早逝的贤才贾谊

汉文帝当政后，听说河南郡治理得非常好，便给郡守升了官，这位郡守又向他推荐了一位能人，叫贾谊。汉文帝召见了他，授予他博士的职位。贾谊能说会道，非常受汉文帝喜欢。当时在朝堂上，很多大臣都说不出什么有价值的治国建议，但是贾谊每次都滔滔不绝，一语中的，获得了同僚们的一致好评，汉文帝也很赞赏他。不到一年时间，汉文帝就破格提拔贾谊做太中大夫，掌管朝政的论议工作。

贾谊在中国历史上很有名，因为他写过一篇文章叫《过秦论》，这篇文章从各个方面反思了秦朝灭亡的原因和政治上的过失，充分总结了历史教训，为大汉王朝的制度和管理提供借鉴和参考，文章主旨便是劝谏汉文帝广施仁义。汉文帝非常重视贾谊，想要继续提拔他，让他做公卿，却遭到了周勃、灌婴等重臣的反对。

前文有提到，汉文帝让分封的诸侯都回到自己的封地去，这个政策就是贾谊提出的，叫“令列侯之国”。这个想法提出之后，一下子引起了众怒，加上贾谊本人才华横溢，锋芒毕露，颇为受宠，在朝中树敌众多，其中当然不乏位高权重的大臣。

对此，汉文帝首先是保持沉默，但大臣们的反对太过强烈，汉文帝再厉害，再有本事，也不能把满朝文武都给得罪了，只好把贾谊贬到了长沙，让他担任长沙王太傅。贾谊被贬官，渡过湘水前往长沙时，触景生情，又写下了千古名篇《吊屈原赋》。我们现在去湖南的省会长沙，还能看到贾谊的故居。

贾谊在长沙待了三年，汉文帝仍然对他念念不忘，又召见了他，并且跟他聊到深夜，还让自己的幼子梁怀王刘揖（yī）拜他为老师。但是非常遗憾，几年之后，梁怀王在和贾谊一起进京的路上，骑马意外摔倒，过世了。贾谊对此非常难过，同时还感到深深的自责，第二年就在悲伤中去世了，死的时候只有三十三岁。这不仅是汉文帝的损失，也是西汉王朝的损失。

八、治军严谨的周亚夫

公元前169年，汉朝的大功臣周勃赋闲在家多年后去世。汉文帝给他追加了更多的封号，安抚他的家人，同时昭告世人，要选一个他的儿子接替他的绛侯身份。周勃的儿子周亚夫非常贤能，汉文帝一向喜欢优秀的年轻人，于是，周亚夫被选中了。

当时匈奴又开始入侵汉朝，汉文帝选了三位大将来镇守三个不同的地方，其中便有周亚夫，他被任命为将军，驻军在细柳（今天陕西咸阳西南）。过了一段时间，汉文帝亲自到这三个军营去慰问，他先去了另外两个军营。那两个军营的将军和士兵都亲自出来迎接，用最高规格的礼遇接待汉文帝。

但到了细柳营时却并非如此，先遣（qiǎn）部队到达细柳营的门口，说："我们是皇帝的先遣部队。"结果守卫的士兵们披着铠甲，手持利刃，拉满弓弦，不让他们进去，并说："在军中，我们只听从将军的命令。"过了一会儿，汉文帝的车马来到军营门前，还是无法入营。于是，汉文帝派使者拿着皇帝的符节，代表皇帝下诏，说要入营慰问。这事传到周亚夫那里，周亚夫这才说："把营门打开。"开门之后，守卫的士官又开始传令，说："将军有令，军营之中不得驾驶马车奔驰。"汉文帝听到后便让驾驶马车的人慢慢前进。

到了军营，周亚夫全身穿着盔甲，手持武器，恭恭敬敬地说："陛下，臣身穿盔甲，不能行跪拜之礼，只能以军礼相见。"汉文帝见到这样的场景后，大为震惊，立马从车上站起来，手扶着横杆，派人向周亚夫致敬，说："将军辛苦了，这才是真正的大将军，这才是真正的军营！"

汉文帝知道，驻军是在为打仗做准备，万一敌人冒充皇帝到军营里，全军上下一起迎接，整个军营就完了。只有像周亚夫这样，军令戒备，出入森严，才能守住一个军营的安全，才能卫护天子和天下的安全。

周亚夫因为细柳营治军严谨，一下子名闻天下，由此也成为汉文帝手下非常重要的一名官员。当然，他的幸运也离不开汉文帝的包容。如果皇帝小肚鸡肠，也可能会想，我来了你还敢不让我进，是不要命了吗？所以，我们也可以从这件事看出汉文帝心明如镜，爱惜人才。

汉文帝去世后，周亚夫仍被重用，之后还帮汉景帝平定了"吴楚七国之乱"，他做官一直做到了丞相，但周亚夫的结局却很凄惨，因为被诬（wū）陷，他气得绝食抗议，最后活活饿死了。

九、缇（tí）萦救父，汉文帝废除肉刑

汉文帝时期，有个人叫淳于意，他负责管理齐国的粮仓。公元前176年，有人上书告他贪污，按照汉朝的法律，应该把他送到京城接受肉刑。淳于意即将入京的时候，他的五个女儿都围着父亲哭，淳于意便对这几个孩子说："你们哭哭啼啼的，有什么用？"这时，小女儿缇萦停止了哭泣，说："父亲，我愿意跟您

一起去京城。”于是缇萦便和淳于意一起上京了。

小女儿缇萦不仅陪父亲去了京城，还给皇帝上书，她上书说：“我们来自齐国，我父亲在齐国做官时，人人都说他清正、廉洁，现在他触犯了法律，应当受罚。但父亲被判了肉刑。我心里非常难受，都说人死不能复生，但受了肉刑，肢（zhī）体也无法再接回去，这样即便想让他再改过自新也没机会了。我自愿被官府收为奴婢（bì），以抵挡父亲的罪过。”

汉文帝看到这封信后，说：“夫刑至断支体，刻肌肤，终身不息，何其楚痛而不德也！岂称为民父母之意哉？其除肉刑。”这段话的意思是，这种刑罚，要砍断犯人的肢体，伤害犯人的肌肤，使其终身无法再长出来，这是一件令人多么痛苦的事啊！而且也不符合道德。作为百姓的父母，这样处罚一个人，难道合乎天下父母心吗？还是应该废除肉刑。百姓都被汉文帝的言行感动，这个故事也广为流传，叫“缇萦救父”。

汉文帝这次的刑罚改革含有中国文化特有的孝道思维：在中国，有一个很重要的说法：“身体发肤，受之父母”，意思是，人的身体是父母给的，不能随意毁伤，损害一丝一毫都是对父母的大不敬。由此来看，汉文帝的刑罚改革也是顺应了这一文化，不过长远来看，这次改革力度非常大，废除这一酷刑，是整个中国封建社会的一次巨大进步。

十、冯唐易老，汉文帝宽厚用人

汉文帝提拔人才还有一段美谈，那就是重用冯唐。有一天，汉文帝乘车路过冯唐任职的的官署，他看到冯唐年纪很大，便问他："老人家，您已经这么大岁数了，怎么还当郎官？您家是哪儿的？"郎官就是君主的侍从之官，一般都是由年轻人担任的。冯唐说："我家在代国。"汉文帝刘恒就是从代国来的，所以两人一下子就有了很多可说的话题，便接着聊下去了。

汉文帝说："我在代地时，很多人跟我讲赵国有一个叫李齐的大将军，非常能干，你知道这个人吗？"冯唐说："李齐远远比不上廉颇、李牧。"汉文帝又说："要是我有廉颇和李牧这样的人当将领，一定会重用他们。"但冯唐却回答他说："即使您有他们这样的人才，也不会重用的。"冯唐泼了皇帝一盆冷水。汉文帝听完勃然大怒，转身就走了。

过了一阵子，汉文帝召见冯唐，问他为什么羞辱自己。冯唐这时说："李牧当时在赵国做大将军，守卫边关。当时的赵国国君非常信任李牧，告诉他军中的封爵奖赏，都由他自主决定后再报告给朝廷；边关的收入，也全归他支配，朝廷不加干涉。赵王非常信任李牧。李牧也不负期望，几年时间就发展出一支战车千辆、骑兵万人、士兵十万人的军队，这才能立下赫赫战功，使得赵国兴盛强大。"

冯唐又说："现在您手下有一个叫魏尚的人，是云中郡郡守，他也在守边关，也是拿所有的收入犒赏将士，士兵们都非常愿意跟随他打仗，对他忠心耿耿。但是前两天魏尚上报杀死的匈奴人数的时候，多报了六个人，结果就因为这六个人，您就把他抓了起来，并且严加拷（kǎo）问，还给他降了级。所以我认为，就算给您像廉颇、李牧这样的良将和人才，您也不会用的。不过我这样冒犯您，也确实该当死罪。”

汉文帝听完之后非常高兴，也极为赞同，当天就派冯唐拿着代表皇帝身份的符节赦免了魏尚，让他官复原职，继续担任云中郡郡守，带兵打仗，同时，汉文帝还给冯唐升了官，任命他为车骑都尉，掌管中尉和各郡国的车战之士。

这件事在历朝历代的文人墨客笔下成为一段佳话，进而发展成为著名的典故。比如初唐四杰之一的王勃，就曾在他的名篇《秋日登洪府滕（téng）王阁饯（jiàn）别序》中写道“冯唐易老”，这个成语指人才很容易老去，王勃则借此感慨自己生不逢时。宋朝著名诗人苏轼的词作《江城子》中也有一句话叫“持节云中，何日遣冯唐”——什么时候我也能像那个魏尚一样，等到皇帝派人拿着符节来把我接走重用啊？

十一、一代仁君汉文帝

汉文帝自己的生活非常朴素，他经常穿厚缯（zēng）布制成的衣服，并且严格管理身边的人，不让他们铺张浪费。即使是汉文帝自己最为喜爱的宠妃慎夫人，他都不让她穿拖地的衣服，不让她用绣花的帷帐，为天下人做表率。汉文帝还反对厚葬，他说："我死三天之后，大家就把丧服脱去，穿正常衣服。不能因为我的去世，禁止老百姓做一切喜庆的事情。"他的陵墓都是用瓦砌的，不用金、银、铜做装饰，甚至连穿的丧服都从简。

汉文帝认为，农业最重要，农业是天下的根本，必须重视，而且要减轻农民的负担。前文有提到，刘邦在位时期的税收是"十五税一"，就是每挣十五钱，上缴（jiǎo）给国家一钱，而汉文帝在位时是"三十税一"，就是每挣三十钱，才上缴给国家一钱。这样的低税收极大地缓解了农民的生存压力，调动了他们的生产积极性，于国于民都有着极大的好处。

除了经济，汉文帝还废除了酷刑，改良了严厉的法规，前文已详述了汉文帝是如何废除肉刑的，而他甚至还取消了当时盛行多年的连坐制度。连坐制度就是如果一个人犯罪了，他家里的父母妻儿、兄弟姐妹都得受牵连。当时有人提议取消连坐，因为波及无辜，过于残忍，但是也有很多大臣坚决反对，他们认为一旦取消连坐制度，不法之徒便没有忌惮了，只有连坐制度才会让人心里有顾虑。经过三番五次的讨论，汉文帝最终还是把连坐制度废除了，这也是中国历史上文明的一大进步。

此外，汉文帝还废除了诽谤罪。在这以前，如果随便说皇帝不好，那便是触犯了当时的诽谤罪，将立马被抓起来。汉文帝认为，如果有人说皇帝不好便被抓起来，将无法鼓励人们向皇帝谏言，皇帝无从改善自己的言行疏漏，这将对天下人不利。

汉文帝的这些做法在史书上被大书特书，从而使得他永垂青史。汉文帝不仅是一位仁君，也是一位非常有本事的帝王。只可惜，他在四十六岁的时候就因病去世了。

知识加油站

1. 刘邦的儿子刘恒是历史上哪位有名的皇帝？

汉文帝。

2. 吕后死后，是哪两位大臣带领大家消灭吕氏家族，迎立刘恒登基？

丞相陈平和太尉周勃。

3. 周勃在汉文帝在位期间，被封什么爵位？

绛侯。

4. 在汉文帝时代，有一位青年才俊，二十岁被重用，三十三岁英年早逝。他是谁？

贾谊。

5. 贾谊的哪篇文章是反思秦朝灭亡的过失，总结秦朝灭亡的教训，劝谏汉朝实行仁政的？

《过秦论》。

6. 贾谊在汉文帝在位期间，担任了哪些官职？

博士、太中大夫、长沙王太傅、梁怀王太傅。

7. 周亚夫因为治理哪支军队严谨有方而闻名天下？
细柳军。

8. 周亚夫和周勃是什么关系？
父子关系，周亚夫是周勃的儿子。

9. 汉文帝因为孝顺母亲留下了一个什么历史典故？
亲尝汤药。

10. 汉文帝废除肉刑，仁爱为民，留下了一个什么典故？
缇萦救父。

成语收藏夹

与冯唐和汉文帝有关，形容人才年纪大了才被重用，也用来感叹生不逢时，这是什么成语？

冯唐易老。

孝景本纪：
汉景帝的功绩可不止“文景之治”

汉景帝刘启（前188—前141），生于代国中都（今山西平遥西南地区），是汉文帝刘恒的长子，西汉的第六位皇帝，在位十六年。

刘启在位期间，削（xuē）减诸侯封地，平定“吴楚七国之乱”，巩固中央集权，勤俭治国，发展生产。他统治时期与其父汉文帝统治时期合称“文景之治”，为他儿子刘彻的“汉武盛世”奠定了良好的基础，完成从文帝到武帝的过渡。刘启谥号孝景皇帝，终年四十八岁。

一、汉景帝上位后的第一个考验

汉文帝去世以后，他的儿子刘启正式继位。刘启刚继位的时候，薄姬还活着，被尊为太皇太后。但他在位仅十个月，薄姬就去世了。薄太后在刘启被立为太子的时候，就把一个薄姓的女子安排给了刘启做正妻。刘启继位后，薄姓女子就成了皇后，但是薄皇后却没有儿子。在古代，如果皇后不能生儿子，地位就会受到严重的威胁。薄太后去世以后，刘启很快就把薄皇后废了。这时他的母亲窦（dòu）太后开始有所行动了。

窦太后作为汉文帝的正妻，生了两个儿子，一个是老大刘启，另外一个是小儿子梁孝王刘武。窦太后更喜欢刘武，她还跟刘启说："如果有一天你不行了，就让你弟弟来接任皇帝。"从母亲的角度来说，或许这没什么问题，但如果从君臣的角度来说，这可是大不敬。

有一次梁孝王进京，汉景帝举办了一场家宴。他在宴会上跟大家说："等我死后，会把皇位传给梁孝王。"当时，汉景帝还没有立太子，窦太后听了非常高兴，梁孝王也非常兴奋，但是大臣们都坚决反对。

公元前150年，汉景帝下诏废了太子刘荣，他在接下来四个多月的时间里都没宣布谁来接自己的班。这时，窦太后又出来说："让你弟弟做你未来的接班人吧。"汉景帝其实就是在等窦太后主动说出来，他知道满朝文武会马上反对。

汉景帝是有儿子的，自己的儿子不能接班，反而让弟弟接班，那儿子肯定要跟弟弟对着干。而且弟弟当了皇帝，未来又把皇位传给谁？肯定还是传给自己的儿子，这样的话，大汉王朝就分崩离析了。窦太后虽然特别喜欢自己的小儿子，但也想到了这一点，毕竟儿子、孙子，都是自己的骨肉，无论如何都不能让他们自相残杀。

窦太后于是不再坚持，但是梁孝王并不想就此作罢。他认为自己之所以不能接班，是因为大臣们在旁边说不行，于是他便暗中把反对他的大臣都杀掉了。这件事做得太过分，因为杀朝廷的忠臣是死罪。汉景帝派人追查此事，最后查出是梁孝王做的。

梁孝王于是通过长公主向窦太后认罪，请求宽恕（shù）。之后，梁孝王上书请求朝见，窦太后跟汉景帝求情说："你不能杀掉我的儿子啊！"梁孝王也背着刑具认罪请罚，三人相拥而泣，不过，在此之后，汉文帝便疏远了梁孝王，梁孝王也因为身体不好，没多久就去世了。窦太后干预自己儿子坐皇位的事情告一段落，这也是给刚上任的汉景帝刘启的一个大考验。

二、汉景帝失手杀吴国世子，吴王怀恨在心

汉景帝已正式继位，要做一番大事，但是在这之前得先把自己以前欠的账给捋（lǚ）清了，他欠了谁的账？吴王刘濞（bì）。

汉高祖刘邦有一个二哥叫刘仲，刘濞是刘仲的儿子。刘濞为人凶狠。刘邦在世的时候，曾经把边关的几个城市分封给了

刘濞。刘濞在见刘邦的时候，刘邦问他：“我看你的相貌比较凶恶，将来可能会反我的后世子孙，你会不会造反？”刘濞马上说：“我不敢。”然而到了汉景帝时期，刘濞却真给汉朝造成了巨大的麻烦。

汉景帝刘启还是太子的时候，吴王刘濞的儿子刘贤进京拜会皇帝，汉文帝就让刘启接待他，刘启和刘贤年纪相仿，两人一起吃饭、下棋、喝酒，玩得很开心，但玩着玩着两个年轻人发生了争执，两人互不相让。在争执中，刘启拿棋盘砸向了刘贤的脑袋，这一砸发生了意外，竟然就把刘贤砸死了。汉文帝赶紧处理后事，派人将吴国世子的遗体送回到吴国。

据《吴王濞列传》记载：“至吴，吴王愠曰：‘天下同宗，死长安即葬长安，何必来葬为！’复遣丧之长安葬。”吴王说：“这天下都是刘家的，死在长安就埋在长安得了，怎么还送回来？”于是，他又派人将刘贤的灵柩（jiù）送回到长安安葬。从此，吴王刘濞不再像之前那样遵守君臣之礼，他总说自己生了病，不去上朝。

刘濞之所以敢这样做，是因为他在边关，那里有铜矿，可以自己铸造钱；那里还有盐，盐是国家垄（lǒng）断控制的，他拥有了这两大经济命脉，便一点儿也不差钱。后来朝廷一查，发现他完全是在装病，就把吴国的使者给扣下来，不让他回去了。

刘濞害怕了，一旦被扣上谋反的帽子，是要灭族的。但吴国的使者也非常聪明，他告诉汉文帝说：“我们大王确实没病，他不来是因为害怕，希望陛下原谅，大王之后会改过自新的。”汉文帝仁厚，同时也非常有政治智慧，他不仅释放了吴国使者，还传令说因为刘濞上了年纪，特许他不必上京朝拜。这样一来，便把可能发生的叛乱给压下去了，而刘濞也就顺着台阶下了，安分了一段时日。

刘启不小心砸死刘贤这事算是摆平了。但是汉文帝去世后，汉景帝刘启正式继位，他的麻烦却由此开始。

三、汉景帝削藩（fān），吴王发动叛乱

刘启上任后，晁（cháo）错成为一个关键人物。晁错曾经做过刘启的老师，很有政治远见，在刘启还是太子的时候，他就经常给他提建议，说应该削藩。刘邦做皇帝后进行了分封，把刘姓的人分到了不同的封地，他们都不在京城，所以相当于藩王。削藩就是要削弱这些人的势力。

刘启在做皇帝后，提拔晁错做了御史大夫，并赞同他削藩的建议。但是削藩并不容易，肯定会得罪诸侯王，诸侯王一旦被得罪，当然不会缴械投降，必然要闹事甚至反叛，这将会对整个王朝的统治造成巨大的威胁。果然，在汉景帝决定削藩后，吴王刘濞决定反叛，一场汉朝建国以来最大规模的叛乱即将开始。

不过，叛乱也不是一件容易的事，地方凭借一己之力对抗中央是很难的，得找帮手，所以吴王刘濞想到了胶（jiāo）西王刘卬（áng）。刘卬是刘邦的庶长子刘肥的儿子。汉文帝封他为胶

西王。刘印人很胆大，又勇猛好战。吴王刘濞觉得他很适合做盟友，便暗中开始联系他。

但还有一个问题：皇帝是真命天子，他的权力是上天所赐，反对皇帝是造反，大逆不道，天下人都不答应。怎么办？吴王刘濞给自己找了个理由，他对刘印说："我们这不是反皇帝，我们反抗的是晁错。他迷惑天子，要削藩，大家都很怨愤，这已经影响天下太平了，所以我们要联合起来诛杀他，还天下安定。"

这场叛乱发展得非常快，共有七个诸侯王参与，历史上称为"七国之乱"或"吴楚七国之乱"。为什么在强盛的西汉王朝会发生这么大的叛乱？汉景帝刚上任没多久，他又会如何应对呢？

四、吴楚七国之乱是怎么发生的？

实际上，汉景帝还没有正式下达削藩的诏书，叛军就已经准备好了，他们在等待时机。等汉景帝的诏书一下，吴王刘濞非常兴奋——终于可以名正言顺地起兵了。

吴王刘濞在第一时间杀了朝廷派到吴国的一部分官员，策反了胶西王刘印。吴王刘濞此时已经六十多岁了，仍然亲自挂帅，还让他十四岁的儿子也来当兵。在吴国，只要符合征兵年龄的人全都要当兵，吴王刘濞一共征得了二十多万人。同时，其他的七个王侯也一起出兵。

吴王刘濞抓住了几个点。第一，这是晁错的问题，他在皇帝身边唠叨要削藩，影响大家的生活，也影响了刘氏江山的稳定，所以要“诛晁错，清君侧”。第二，汉景帝被蒙蔽，不知道自己身边有小人，诸侯们有责任帮天子处理。同时，吴王刘濞还规定，只要能够抓捕汉军大将，就赏五千斤金，并赐土地。这个奖励策略非常有吸引力，能充分调动将士们的参战积极性。

我们知道了吴国叛乱的原因，那楚国又是怎么回事呢？楚王刘戊是楚元王刘交的孙子，刘交是汉高祖刘邦同父异母的小弟弟，跟刘邦关系非常好，经常可以出入刘邦的卧室，楚王刘戊之所以参与这场叛乱也是因为晁错。他曾跟晁错有过节，晁错曾经替朝廷收回过楚国一部分的封地，楚王刘戊一听说要收拾晁错，立马表示支持。

吴楚七国之乱的两个领头人就是这么出现的，此外还有一个人很重要，那就是赵王刘遂，他是刘邦的儿子刘友的后代。刘遂跟另外几个兄弟不一样，他觉得光靠自己打不行，还得找点外援。于是刘遂北上联系匈奴，想和匈奴联手攻击西汉的军队。因此，赵王的叛乱性质非常恶劣，因为内部矛盾可以内部解决，他找外人来参与，就真正是叛国了。

这七国各自有各自叛乱的理由，找的共同的借口就是要把晁错给除掉。现在就看皇帝的态度了，汉景帝想削藩，他有没有想到这些人会闹事？如果他想到了，他是否已做好准备？

五、汉景帝诛杀晁错

七个诸侯国共同带兵进行反抗，汉景帝只能用武力来镇压。最终，汉景帝选了周亚夫担任镇压叛军的军队总司令。之前汉文帝在世时，已经发现周亚夫在治理细柳营时体现出了卓越的治军才能，所以临终前特意跟儿子刘启说："如果你做皇帝，国家遇到紧急情况，就让周亚夫做大将军统兵。"刘启继位之后，听了父亲的话，叛乱一发生立马任命周亚夫做将军。

但是此时的汉景帝还做了一件在我们今天看来非常匪夷所思的事情，甚至可以说是汉景帝帝王生涯中的一个大污点。吴、楚叛军说自己不是反汉景帝，而是要"杀晁错，清君侧"。因为晁错提出了削藩，把这些藩王的土地、势力进行削弱，影响了国家的稳定。"清君侧"就是清除掉皇帝身边的小人，指的就是晁错，诸侯们的意思是，晁错是个坏蛋，天下人要把这种人清除，这样才能帮助皇帝走回正道。

于是汉景帝天真地想，如果他们只是想"清君侧，杀晁错"，不是真的想造反，那自己应该有点作为。汉景帝便找人商量，此时刚好有人对晁错有意见，建议汉景帝给晁错安个罪名杀掉，还说："杀掉晁错之后，叛乱就能平定了。"汉景帝沉默了一会儿，居然也同意了。他说："我不能因为偏爱一个人就害了整个国家。"汉景帝给晁错安上了莫须有的罪名，将他骗到了东市。晁错身着朝服被斩于东市，他的父母、妻子、兄弟、姐妹也全部被处死，这不是杀晁错，这是灭了他的族。

杀掉晁错以后，邓公回京报告前线战况。汉景帝问他："晁错已经被我杀掉，吴楚大军退回去了吗？"邓公说："吴王刘濞造反，他不是等了几天，而是等了好多年，您认为杀了一个晁错就能让他退兵吗？晁错只是一个口号，一个由头，他们的心思根本没在晁错身上。"

这一番话彻底点醒了汉景帝。邓公说："我最担心的，是您杀了晁错会对天下不利。首先，那些敢于在您身边提建议的人，以后就都不敢进言了，因为有可能被杀掉，被灭族。其次，叛乱者发现，只要他们提要求，皇帝都能满足，那么他们的野心就会变得更大。杀晁错，这不是一件明智的事。"

汉景帝听完这番话后，沉默了很长时间，最后他也承认自己非常后悔。汉景帝是一个比较冷血的皇帝，为了自己的地位，为了自己的江山，杀掉了忠臣晁错。现在晁错死了，他又后悔了，但后悔也没用，吴楚大军还没有退兵，他只能迎战了。

六、周亚夫火速平定叛乱

前文有提到，汉景帝让周亚夫带兵平定吴楚七国之乱，周亚夫给汉景帝提出的打仗方略，汉景帝全盘接受了。从这点来看，汉文帝实在是慧眼识珠，因为周亚夫的确很强，他只用了三个月时间，便平定了吴楚七国之乱。

吴王刘濞为了这场叛乱精心准备了三十余年，最开始势头非常强劲。叛乱之所以被平定得如此之快，除了周亚夫指挥有方，还有就是民心。秦末发生了陈胜、吴广起义，以及刘邦和项羽的楚汉争霸，让整个中国卷入了战争中，社会一直很动荡，百姓深受其害。百姓觉得战争对个人生活的摧残实在太大，如今平稳日子还没过几天，大家都不想打仗。吴王刘濞发动的吴楚七国之乱，自然是不得民心的，所以他们输得很快。

叛乱平定后，汉景帝接下来便开始处置叛乱的诸侯了。首先，汉景帝起草了诏书，广告天下，诏书中说："叛乱者以恶报善，我让各位做诸侯王，你们却起兵叛乱，这是大逆不道。"然后汉景帝对叛乱的诸侯进行了彻底的镇压：只要是叛军的高级军官，全部杀掉，一个不留；只要是参与平定叛乱的将士，多杀敌就算立功。于是，一场血腥（xīng）的屠杀正式开始。

之前，汉景帝为了保住自己的帝位，已经做了一件错事，那就是把忠臣晁错杀掉了。没想到在平定吴楚七国之乱后，他又做了一件错事——血腥镇压叛军。这也给我们留下了汉景帝冷血无情的印象。

吴楚七国之乱平定后，汉景帝重新安排人去管理这七个诸侯国，这次，汉景帝重新分封的七王除了自己的儿子，都是他信得过的人，西汉地方势力的叛乱，就此告一段落。

七、汉景帝立储，刘彻成功逆袭

七国之乱已经平息，接下来汉景帝需要考虑的是谁来接自己的班。汉景帝的儿子很多，一共有十四个。在古代，如果想立太子，最好的选择是长子。皇长子是栗（lì）姬生的，叫刘荣，公元前153年，刘荣被汉景帝册封为皇太子。与此同时，未来的汉武帝刘彻被封为胶东王。

但成为太子并不一定能顺利当上未来的皇帝，储君之争历来就是你死我活，何况汉景帝有十四个儿子。

刘荣成为太子以后，马上有一个人主动介入了太子之争，她就是长公主刘嫖（biāo）。刘嫖是汉景帝的姐姐，她希望自己的女儿陈阿娇能成为皇后。于是她找到了太子刘荣的母亲栗姬，但是栗姬没有同意，因为长公主刘嫖经常给汉景帝介绍美女，分走了汉景帝对栗姬的宠爱。

长公主刘嫖又找到另外一个人，就是王娡（zhì），刘彻的母亲，历史上称她为王美人。王娡的母亲特别喜欢算命，有一次算命的人跟她说，她的两个女儿肯定都非富即贵。当时王娡已经结婚，并且生了一个孩子。王娡的母亲觉得自己的女儿前途无量，现在的夫君配不上她，需要赶紧换人。她居然让王娡从夫家跑了出来，并把王娡和妹妹一起送到了太子宫。

后来王娡得宠，生了一位皇子和三位公主，她的妹妹更是连生四位皇子。汉景帝一共十四个儿子，这两姐妹就生了其中五个。未来的汉武帝刘彻就是王娡的儿子。刘彻在汉景帝的儿子当中排行第十，他前面还有九个哥哥，这个位置不太好，但是也不那么重要，只要是皇帝的儿子，就有机会一步一步地往上走。

长公主刘嫖被栗姬拒绝后就去找王娡，希望把女儿嫁给她儿子刘彻，王娡同意了她的提议。根据班固的《汉武故事》记载，这里还有一个历史典故，那就是“金屋藏娇”。据说刘彻在小时候就说，如果能娶到表姐陈阿娇，他愿意修一个漂亮的金屋，把她藏起来，后来这就成为一个成语，指特别宠爱某个女子，有时也特指纳妾。现在长公主刘嫖已和王娡定下亲，自然会帮助刘彻，让他成为太子，她为此做了不少事。

第一，她在汉景帝面前诋（dǐ）毁栗姬，天天说栗姬的坏话，时间久了，汉景帝也就信了栗姬不是什么好人。第二，她经常在汉景帝面前说王美人的儿子刘彻很有才干，应该重用。没过几年，汉景帝就废掉了太子刘荣。当然，废去太子这种大事肯定还有别的理由。

其实在废掉太子刘荣之前，汉景帝生了一场大病，他在病床上对栗姬说：“百岁后，善事之。”意思是，等我百年之后，你要善待我所有的儿子。人之将死，其言也善。汉景帝这句话给我们的感觉好像很平常，但是又不平常，因为它蕴含的意思太丰富了。他这么说就是把自己的孩子都托付给了栗姬，言外之意就是，我把你当皇后一样对待，刘荣就是未来的皇帝。

这对妃子来说是多么大的一个荣耀，实际上已经肯定栗姬的价值和地位了。这其中还有一层含义就是，你不能像吕后一样心狠手辣，杀害皇子皇孙，不能让历史上的悲剧再次上演。

但是栗姬拒绝了汉景帝的请求，并且出言不逊，惹得汉景帝非常生气，也让他开始怀疑：这种人怎么能做未来皇帝的母亲？她的儿子能把大汉江山管理好吗？

过了一段时间，汉景帝的病好了，这也就意味着栗姬的顺遂人生就此终结。汉景帝废掉了刘荣的太子之位。栗姬没能当上皇后，儿子也做不了皇帝，没过多久就抑（yì）郁而死。

同时，汉景帝还立王美人为皇后，几天后又立皇子刘彻为太子，这时刘彻才七岁。照这样发展，传位给刘彻已经毋（wú）庸置疑。但是这天下可不完全是老刘家一家人的，帮刘家打天下、守天下的那些大臣们会不会同意？如果他们反对，刘彻的江山是坐不稳的，汉景帝又将如何面对朝臣的反应？

八、汉景帝：我立的太子由我来守护

实际上刘彻确实还不能把太子的位子坐稳，因为汉景帝手下那些大臣们还是反对的，比如刘荣的师父窦婴。窦婴是平定吴楚七国之乱的功臣，当时还被封了侯，他听说自己的弟子被废除了太子之位，气得干脆不上朝了。后来有人劝他说："你得罪了皇帝，那以后还能好吗？"他只好再去上朝。后来有人推荐窦婴做丞相，但汉景帝拒绝了，经过废太子这件事，他觉得窦婴不够稳重。

除了窦婴之外，还有一个人坚决反对换掉太子，他就是周亚夫。前文有提到，周亚夫在平定吴楚七国之乱中，功劳最大，汉景帝把他升为太尉，相当于军队总司令，官职非常高。但是周亚夫极力反对汉景帝废掉太子，这直接导致汉景帝开始疏远他。

周亚夫是武将，有一次他的儿子买了五百套盔甲，想着等父亲去世以后陪葬用，这是大事。但这时有人向皇帝举报，说周亚夫的儿子私自购买武器，私藏军火。汉景帝早就对周亚夫反对废太子这事不满，所以就抓住机会，让人查办此事，查周亚夫到底是不是私自购买军火，是不是有谋反之心。

官员在调查的时候，周亚夫很有脾气，他拒绝回答任何问题。汉景帝非常生气，直接移交给廷尉审问，廷尉问："你是不是想谋反？"周亚夫说："我们买的都是陪葬品，能说是谋反吗？"廷尉仔细思考，觉得汉景帝不喜欢周亚夫，便说："即使你活着的时候不会谋反，你死后你的后代也会谋反。"于是便加倍迫害周亚夫。这个罪名简直是莫须有，给了周亚夫极大的打击，他气得当时就不想活了，还试图自杀。等到被抓进监狱之后，周亚夫气愤地绝食五天，最后吐血而亡。一代忠臣周亚夫一辈子为国为民，最后却死得如此悲惨，实在令人叹息。

还有一个反对的人是刘荣自己。但是他做事不够沉稳，修建自己的宫殿时侵占了太宗庙外墙的空地，占了祖坟，这是大逆不道。刘荣于是被带去审讯，他的心理素质也不是很好，审讯途中因为太害怕，竟然自杀了。

尽管有很多人反对换太子，但是汉景帝不在意，他认为刘彻才是自己最终的太子人选。现在来看，刘彻也的确是一个优秀的接班人，开创了汉朝的盛世。

九、汉景帝有哪些历史贡献？

公元前141年，汉景帝驾崩，他一共做了十六年皇帝，去世的时候四十八岁。汉景帝去世后，他的接班人刘彻正式继位，带领大汉王朝走向新的辉煌。我们最后再来说说汉景帝在历史上的功绩。他一共做了这么几件影响后世的大事：

第一，汉景帝非常重视农业发展，他延续了汉文帝时期的“三十税一”政策，还在此基础上大幅削减了农民要交的税。老百姓有粮食吃就愿意种地，国家也能收到更多的粮食。这也体现了西汉初期“休养生息”的策略。

第二，汉景帝下令男子服役的年龄推迟三年。晚三年服役，就会有更多的劳动力在田间干活儿，对大力发展农业起到了重要的作用，由此也为农民减轻了负担。

史书中还记载了汉景帝的这么一番话，他说：“现在农业是天下的根本，但是我们很多人看中的是黄金和珠宝，这黄金、珠宝有什么用？能吃吗？能穿吗？不能。所以一定要重视农业生产。”

第三，在刑法上，前文有提到汉文帝废除了肉刑等，等到汉景帝时期又减轻了刑罚，将原先要打五百下的刑罚改为三百下，将原先要打三百下的刑罚改为两百下。同时还明确规定了板子的厚度、宽度以及打人的方法，而且中途不能换人。其实汉景帝时期的刑罚是非常人性化的，刑罚更重要的作用是教化人民。

汉景帝平定吴楚七国之乱后，认识到不能让诸侯王在自己的领土内任免官员，同时不能随便征收赋税，得由中央统一安排。这无形当中削弱了诸侯王的实力，加强了中央集权，也为后来大汉王朝的发展奠定了一个良好的政治基础。

大汉王朝在汉文帝和汉景帝的管理下，社会平和安定，农业发展迅速，百姓的生活也渐渐地好起来了。到了汉景帝后期，国家的粮仓越来越充盈，粮食甚至多到腐烂了都吃不完；府库里的大量铜钱也因为多年不用，导致穿钱的绳子都烂了。这也衍生出一个成语“粟（sù）陈贯朽”，用来形容非常富有。

汉朝由此开启了中国历史上公认的第一个帝制时代的盛世——“文景之治”。汉朝的政治、经济和文化都得到了空前的发展，老百姓的生活水平也有了显著提高，这些都为汉武帝后来征战匈奴做好了物质保障。

知识加油站

1. 汉景帝原名叫什么？
刘启。

2. 汉景帝的大臣晁错提出了什么策略？
削弱各路诸侯的权力，史称削藩。

3. 吴楚七国之乱中的吴王和楚王分别是谁？
吴王是刘濞，楚王是刘戊。

4. 吴楚七国之乱打的是什么旗号？

杀晁错，清君侧。

5. 汉景帝派谁担任总指挥平定吴楚七国之乱？

周亚夫。

6. 汉景帝在位期间有哪些功绩？

大力发展农业、推迟男子服役年龄、减轻刑罚、平定吴楚七国之乱等。

7. 大名鼎鼎的汉武帝叫什么名字？

刘彻。

8. 中国历史上公认的第一个帝制时代的盛世是什么？

文景之治。

成语收藏夹

1. 据说和刘彻、陈阿娇有关，形容特别宠爱某个女子，有时也特指纳妾。这是什么成语？

金屋藏娇。

2. 成语“粟陈贯朽”是什么意思？

仓库里的粮食多得吃不掉，都腐烂了，铜钱因为多年不用，穿钱的绳子也朽烂了，比喻非常富有。

孝武本纪：
汉武帝就是匈奴的克星

汉武帝刘彻（前156—前87），西汉的第七位皇帝，汉景帝刘启的儿子，其母为王娡，是汉景帝的皇后。汉武帝刘彻是一位杰出的政治家和文学家。

刘彻一开始被封为胶东王，七岁被立为皇太子，十六岁继承皇位。为加强中央集权，他严格禁止诸侯王参与政事。刘彻晚年时期，社会矛盾日益尖锐，农民起义频繁。后来宫廷发生“巫蛊（gǔ）之祸”，导致太子刘据自杀。

公元前87年，刘彻驾崩，享年七十岁。刘彻谥号孝武皇帝，庙号世宗，葬于茂陵（今陕西兴平东），他在临终前立幼子刘弗（fú）陵为太子。

一、汉武帝重用董仲舒

汉景帝在公元前141年的正月去世，太子刘彻在二月正式继位，他就是大名鼎鼎的汉武帝，这一年他十六岁。新皇帝上任一定想有一番作为，汉武帝首先向全天下下诏，让各地官员举荐优秀人才来帮他干活儿，他也因此找到了一个得力助手，叫董仲舒。

董仲舒非常崇尚孔子的儒家思想，年轻时努力读书，从来不到花园里去玩耍、赏花，他尤其喜欢《春秋》这本书，《春秋》是孔子所编的编年体史书，是儒家思想的精华所在。

董仲舒上任后，先在服饰上强调了汉朝和汉武帝的合理性与权威性，他改变了汉朝所推崇的服装颜色。每个朝代都会用不同颜色来代表尊贵的地位，夏朝是黑色，认为黑色是最尊贵的颜色；商朝是白色；周朝是红色。因此，改变服装颜色就是告诉天下人，新的帝王已经上位，大汉帝国要崛起了。

此外，汉武帝还想加强中央集权，这需要大量人才，人才是保证汉武帝达到其目的非常重要的因素，所以汉武帝命令董仲舒建立太学，这是中国历史上第一次以国家的名义设立的中央大学。在汉朝时，太学里的学生达到了三千人，这些人中的大部分都成了国家的栋梁之材。

为了进一步加强皇帝对国家的管理，董仲舒还提出“罢黜百家，独尊儒术”的思想。罢黜，就是不用了，不用其他家的思想了，只尊崇儒家思想。原因一是因为董仲舒自己非常喜欢儒家思想；二是因为儒家思想是教人奋进的，是让人出来为国家做事的，跟黄老之学这类消极被动的思想完全不一样。

经过文景之治，西汉王朝经济发展迅速，政治清明，文化繁荣，无为而治的道家思想不再能满足统治需求，而儒家思想实行仁政，重视君臣关系，强调大一统，正好符合汉武帝强化皇权、增强国力的需求。同时推崇儒家思想也给汉武帝征战匈奴披上了合理、合法的外衣——并不是我们有野心，是因为匈奴当年总欺负我们，我们才要复仇。此外，如果国家没有统一的思想，就容易导致秩序混乱。“罢黜百家，独尊儒术”的做法也将儒家思想确立为官方的正统思想，便于国家统一管理，也有利于国家稳定。

汉武帝非常重视提高读书人的地位，当一个国家的文人地位很高时，通常它的经济水平会相当发达，各种思想会不断地出现。当然汉武帝想成就一番霸业，只有一个董仲舒是远远不够的，还需要其他人才共同辅佐。

二、汉武帝任命窦婴为丞相

所谓一个“好汉三个帮”，汉武帝有天大的本事，也不能把天下所有的事都一个人干了。光有董仲舒还不够，他还得有文武百官辅佐。其中最重要的就是丞相，丞相一人之下、万人之上，责任重大，最终他选择了窦婴。

窦婴是窦太后的亲侄子，窦太后是汉景帝的母亲，也就是汉武帝的奶奶。如此推算，窦婴其实是汉武帝的表叔。前文有提到，汉景帝时期的一次皇家家宴中，汉景帝说要把皇位传给弟弟梁孝王，但是窦婴坚决反对，窦太后很生气，但是也不能杀了他，便让他以后别进宫了。之后，窦婴就辞官了，他也没有机会跟权力高层接触了。

但是后来发生了吴楚七国之乱，汉景帝非常恐慌，召窦婴入宫共商大事，但是窦婴一直推辞。窦太后也感到非常惭愧，请他回来辅佐皇帝。窦婴不计前嫌，回来继续任职。汉景帝让窦婴担任大将军，还赏了他黄金。窦婴在平定吴楚七国之乱中立下了赫赫战功，之后又给汉景帝推荐了袁盎（àng）、栾（luán）布等人才，窦婴还对所有名将贤士说，他们只要有钱财方面的需要，就可以把汉景帝赏给他的黄金拿走。这也说明窦婴不仅是一个很有本事的人，还廉洁奉公，心系天下。

但是窦婴后来因为废太子一事又和汉景帝发生了矛盾，因为他是皇长子刘荣的老师，他坚决反对换太子，还称病不上朝。所以汉景帝一直没有任命他为宰相。等到汉武帝上任，窦婴才终于走上了人生的最高峰，成为一人之下、万人之上的丞相。

三、汉武帝要“罢黜百家，独尊儒术”

汉武帝上任后出台了一些改革措施，比如让列侯都回到自己的封地去。很多皇亲国戚因此找到窦太后，希望她能劝上几句。窦太后也没有太大反应，毕竟没有触及她自己的利益。但是汉武帝接下来做的这件事情却让她非常生气，那就是前文提到的“罢黜百家，独尊儒术”。

其实关于用儒家思想还是黄老之学治国的争辩在汉景帝时期就已经出现了。汉景帝时期实行的是黄老之学，是无为而治，但此时有人提出应该以儒家思想治国。

当时有一个人叫黄生，他是坚定的黄老之学的支持者，他认为商朝取代夏朝，周朝取代商朝都不是因为天命，而是一种弑君的行为，所以不能用儒家思想。另一个叫辕固生的人则持相反观点，他信奉的是儒家思想，他说：“商汤王、周武王弑君是顺应民心的，他们是秉承天命、迫不得已才当了天子。”黄生和辕固生两人观点不一致，因为他们信奉的学说不一样。辕固生人很聪明，他说：“既然你认为老百姓不应该弑君，那你告诉我，我们的高祖皇帝刘邦是怎么当上天子的？他是不是杀了秦国的国君？你的意思是，他不应该做皇帝吗？”

到这时，就没人敢讨论了，所以汉景帝说：“算了，别争了，我们继续用黄老之学吧。”在“文景之治”期间，一直采用的是“轻徭薄赋，与民休息”的国策，所以黄老之学在当时朝廷内部深得人心，窦太后也是其坚定的支持者。

汉景帝时期，有一次，窦太后找辕固生聊天，问他知不知道《老子》。辕固生说《老子》是老百姓爱读的书，言外之意是，这书的水平不高。窦太后听了非常生气，命人把他扔到了野猪圈里，让他跟野猪搏斗。幸运的是，辕固生最后成功杀掉野猪，保全了自己的性命。

由此可以看出，当时要坚持改尊儒学为官方思想有多么大的风险，位高权重的窦太后对于黄老之学是多么地坚持。现在汉武帝又开始说要推崇儒家思想，窦太后当然坚决反对。有人对汉武帝说："您的改革总有人阻拦，改不下去可不行。"汉武帝决定独自掌握皇权，以防他人干政。但这些人都低估了窦太后的力量，她毕竟年纪大，经验丰富，深谙（ān）官场之事，她把怂（sǒng）恿汉武帝的人全给抓了起来。

当时汉武帝刚刚即位，年龄很轻，比不过已经历三朝的奶奶。而且不光是窦太后，当时的整个官场都非常推崇黄老之学，并且比较抵触儒家思想。不过汉武帝既然能够成为千古一帝，自然有自己独特的本领，面对这样的不利局面，他会怎么做呢？

四、窦太后崩逝，汉武帝正式掌权

窦太后干政，汉武帝倒也没什么应对的方法，他最大的招数是窦太后爱怎么折腾就怎么折腾，他不管太多。因为汉武帝手里有一张王牌——年龄。汉武帝知道奶奶窦太后已经历了三朝，人生已到了末期，而自己还年轻，可以等以后再大展身手。

在等待的过程中，汉武帝在中央设立五经博士，让更多读书人能学到《诗经》（也称《诗》）、《尚书》（也称《书》）、《礼记》（也称《礼》）、《周易》（也称《易》）、《春秋》这五本书。这五本书是儒家学说的代表著作，把这五本书读透其实就是把儒家思想学透了。在汉武帝的大力推广下，很多人都慢慢地接受了儒学思想。公元前135年，窦太后去世，“黄老之学”最有权力的推崇者过世了，汉武帝尊崇儒家思想的最大障碍也没了。

窦太后去世后，汉武帝正式掌权，开始大展身手。汉武帝做了五十四年皇帝，其中跟匈奴打仗就打了整整四十四年。大家可能会有疑问：汉武帝的祖先汉高祖刘邦统一中国后，跟匈奴实行和亲政策，双方各自发展，互不打扰，不也挺好吗？为什么要折腾着打仗呢？事实上，和亲政策理论上确实很好，但是中间出现了纰（pī）漏。

汉文帝当时也是要和亲的，他不光把公主嫁了过去，还派了随行人员。但是其中一个宦（huàn）官不想去，他的名字是中行（háng）说（yuè）。他被迫去到匈奴地区后，对汉朝怀恨在心，直接投靠了匈奴，做了单于的谋臣。中行说对匈奴人说：“我们其实不用依靠汉朝，我们有自己独特的生活习惯，和汉朝是完全不一样的。我们匈奴的人口不及汉朝的十几分之一，但是却比他们强大，比他们能打。如果完全学习汉朝，就会从此依附汉朝，之后便打不过他们了。”这以后，匈奴就变得很傲慢，经常对汉朝来的使者口出狂言，还时常要赏赐。

之前西汉王朝一直忍辱负重，等到汉武帝时，经济已达到了非常发达的地步。而且当时有个规定，如果内地的老百姓犯了事，只要他把粮食送到边关，就可以抵罪，国家也不再对他进行处罚。因此，不断有人往边关送粮，边关粮食也很充足。另外，汉朝的军事实力也得到了很大的提高，经过几十年的休养生息，老百姓的马都变得非常强壮。《史记》记载说，如果有人骑的马是怀孕的母马，别人都会瞧不起他，认为他家里条件差。

由此可以看出，现在汉朝已经做好了充分的准备，汉武帝要报之前这么多年被匈奴低看一眼的仇了。但是仗能打得顺利吗？

五、匈奴是个难缠的对手

其实汉武帝刚上任时，对匈奴采取的策略也跟他父亲、他爷爷，以及他的先祖们一样：和亲，双方和和气气的，汉王朝把王室的公主嫁给匈奴，匈奴不要来侵扰汉王朝的边关。但是把公主送过去几年了，匈奴还是在不停地骚扰边关百姓，所以当匈奴再一次请求和亲的时候，汉武帝让朝臣们讨论这件事。

这时出现了两个人，一个叫王恢，他做过边关的官吏，非常熟悉匈奴的情况，因此反对和亲，他说："大汉与匈奴和亲，一般过不了几年匈奴便会违背誓约，不如不答应，发兵攻打匈奴。"这时一个叫韩安国的大臣提出了反对意见，他说："匈奴远在千里之外，派兵去攻打没有好处。况且匈奴军事力量强大，难攻；漠北那边土地贫瘠（jí），打下来也没什么用。"当时大部分的臣子都支持韩安国，于是，汉武帝继续和匈奴和亲了。

第二年，王恢再次向汉武帝提议，他说："我们可以趁着汉朝与匈奴刚刚和亲，匈奴还很亲近边地居民，派人去匈奴做间谍，以财物利益引诱匈奴人，进而攻打匈奴。”汉武帝采纳了他的意见，并任命他为大将军，带兵攻击匈奴。王恢打算按计划采取诱敌之计，先派人跑到匈奴那边假装投降，并让这个间谍告诉匈奴人说：“我们占领了马邑［今山西朔（shuò）州］，可以把马邑的县令杀掉，把城里的财物都给你们，但你们需要派大军来接应。”然后王恢派间谍把死刑犯杀掉，假装是马邑县令和县丞，拎着他们的脑袋去找匈奴。

匈奴单于得到情报就带兵往马邑去了，但是单于善于观察，当他带着十多万骑兵来到城外时，发现原野上有很多牛、羊，却没有老百姓，单于觉得很奇怪：放牛和放羊的人到哪儿去了？这一下他想明白了，原来这都是汉军的埋伏，是想把匈奴军引进空城，来个瓮（wèng）中捉鳖（biē）、关门打狗。汉军的计划败露，匈奴人决定马上撤军。

当时三十多万汉军就等在附近，发现匈奴士兵没来，只能灰头土脸地走了。王恢大军无功而返，汉武帝非常生气，他认为哪怕是计谋败露，也应该同匈奴正面作战，而不是无功而返，他扬言要杀了王恢。王恢听说后，便自杀了。

这件事情对于汉朝和匈奴之间的关系产生了深远的影响，可以说是一个关键的转折点。因为以前汉匈经常和亲，没撕破脸皮。经过这件事，汉朝想攻打匈奴的意图已经很明显了，那以后就只能开打了，西汉也从此开始了与匈奴的较量。

六、汉武帝的皇后们

既然要打仗，那就需要人，微妙的是，汉武帝打仗的将才偏偏跟他的后宫妃嫔有着千丝万缕的关系。接下来让我们看看究竟是怎样的故事。

汉武帝刘彻在皇子中排行老十，他一步步从十皇子走到太子，再从太子成为皇帝，他的妻子陈阿娇在其中起了很大的作用，因为阿娇的母亲是长公主刘嫖，她在汉景帝立太子的过程中说了不少刘彻的好话。但是历史上的陈阿娇很快就被汉武帝给休掉了，为什么？

因为陈阿娇仗着母亲是当今皇上的亲姑姑，特别专横霸道。刘彻对她很不满，不过他也没办法。但是几年过去了，陈阿娇都没能生下孩子，所以刘彻最后废掉了她的皇后之位。长公主刘嫖对此非常生气，但刘彻的姐姐平阳公主却跟她说："你的女儿生不出儿子来，废了她的皇后之位也合情合理。"长公主只好作罢。

然而陈阿娇被废，不仅仅是因为她不能生孩子，还有一点是刘彻有新欢了。这位新欢的名字叫卫子夫，她是汉武帝刘彻的第二任皇后。卫子夫原是平阳公身边的一位歌姬，有一次汉武帝来找姐姐，看上了她。卫子夫出身非常低微，汉武帝看中她也许是因为她歌唱得很好听，多才多艺，而且长得非常漂亮。卫子夫后来为汉武帝生了一男三女，其中长子叫刘据，长子出生时，汉武帝二十九岁。

卫子夫由此平步青云，她引出了一个更厉害的人物，这个人就是鼎鼎有名的大将军——卫青。

七、大将军卫青

卫青是卫子夫同母异父的弟弟。卫青出身低微，曾经做过牧童，他的母亲在平阳公主手下做事。卫青从小就被人瞧不起，但他忍辱负重，长大以后做了平阳公主的侍从。卫青武艺高强，在平定匈奴时，立下了很大的战功。

卫子夫被汉武帝看中进宫后，遭到了陈皇后和长公主的嫉（jí）妒（dù），她们派人抓走了她的弟弟卫青，要杀了他。幸运的是，卫青的好朋友公孙敖（áo）救了他一命。汉武帝听说了这件事，召见了卫青，封他为建章监和侍中，让他跟随在自己身边，一起听闻朝政。这让卫青得以了解很多朝廷大事，也说明卫青深得汉武帝的喜爱。

公元前129年，匈奴派出大部队进攻汉朝。汉武帝任命卫青为车骑将军，和公孙敖、公孙贺、李广各带领一万骑兵，兵分四路迎战匈奴。

结果在这次战斗中，另外三位将军都被打得非常惨，只有卫青获得了胜利。在《史记》中有这样的记载："青至茏（lóng）城，斩首虏数百。"就是说卫青到达茏城，杀了匈奴好几百人。可能有人会疑惑，杀几百人就算是大军功吗？当然不是这么简单，主要是因为其他三个将军都没赢，只有卫青赢了。而且，茏城不光是匈奴的政治中心，还是他们祭祀天地和祖先的地方，是匈奴的圣地。把它攻破了，那肯定算立了一个大功。

卫青为什么能够轻松打赢这场仗？原因之一是他勇猛大胆，

直捣（dǎo）匈奴的茏城。其次就是他的运气很好。因为在历史上还从来没有过汉军打茏城的先例，所以匈奴没在茏城用重兵防守，厉害的匈奴军都去打李广了。因此，卫青打到茏城也没遇到什么太有效的抵抗力量。反观李广，他一下子就遇到了匈奴的主力部队，实力悬殊，兵败被抓了起来。

八、卫青：小心驶得万年船

茏城之战是汉朝对战匈奴的首次胜利，汉武帝非常高兴，封卫青为关内侯。两年后，卫青又有了立战功的机会，这次的地点在河南。古代的河南不是今天的河南省，指的是黄河以南的地区，非常富庶。在这个地区的战斗中，卫青带领军队抓了数千个匈奴士兵，同时缴获了数十万头牛羊，最终把河南过去被匈奴占领的土地全都收回了。此次战斗大获全胜，卫青又立了大功，被汉武帝封为长平侯。这个身份是可以一直往下传的，卫青的儿子、孙子及子孙后辈都可以继承。

卫青为什么能够从一个出身卑微的侍从一路做到大将军，甚至被封侯？首先当然是因为汉武帝非常喜爱他，只要有重要的战斗就让他去，使得他有机会立下军功。其次，文景之治时期，整个大汉王朝都在推行黄老之学，全国上下休养生息，老百姓有钱了，国家也有钱，所以战马非常多，战略物资很充足。在西汉初期，刘邦大军的马和车队的颜色都很乱，但是到了汉武帝时期，老百姓办事骑匹怀孕的母马都会被瞧不起。充足的战马，是中国古代战争中军队战斗力强劲的基础。

还有一个关键因素是卫青自己的性格，他出身比较卑微，所以做事非常谨慎，因此他做的每一件事都深得人心。比如，当汉武帝想给他的三个儿子封侯时，卫青却说："我的儿子们还都太小了，他们什么也没干，如果陛下一定要封赏，就请封给我手下的这些将领们。"这个举动实在是太得人心了，将领们知道后都对他死心塌地。

卫青还非常尊重手下的人。在一次战斗中，卫青手下的将领打了败仗，按理说，大将军卫青有权对他进行处罚，杀头或者免职、流放，等等。但卫青没有这么做，卫青说："我们都是皇帝的子民，是皇帝的将领，怎么处理应该听皇帝的，不能让我说了算。"于是把他们交给了汉武帝。在这件事的处理上，卫青不但让手下将士们信服，还充分展示了自己对汉武帝的忠诚，他让所有人知道：我卫青是完全听从于皇帝的。

卫青在中国历史上是一位非常有名的将军，在征战匈奴中立下了赫赫战功，也得到了汉武帝的重用和丰厚的赏赐。值得一提的是，在平阳公主的丈夫去世后，汉武帝还说动她嫁给了卫青。公元前106年，卫青病逝。汉武帝为了纪念他，将他的坟墓修成了阴山的形状，并赐谥号烈侯。

九、霍（huò）去病：英年早逝的打仗奇才

在卫青同一时期，还出现了一个奇才，他的名字叫霍去病。古人给孩子取名很有趣，既然叫霍去病，就是希望这孩子长大能够健康成长，不要疾病缠身，但是霍去病却没能满足家人的期望。

霍去病跟卫青是有亲戚关系的，卫青有三个姐姐，其中二姐叫卫少，三姐就是卫子夫。而霍去病是卫青的二姐卫少跟其他人所生下的私生子，因为皇后卫子夫是他的姨妈，所以他的身份也与众不同。霍去病从小便跟在皇帝身边，做人、做事都很骄傲，汉武帝曾经想教他《孙子兵法》，结果他却说："打仗只要懂作战方略就行了，学什么古代的兵书？"连皇帝都敢顶撞，这霍去病的脾气也太大了。

不过，霍去病也是真有本事，他第一次参加对匈奴的战斗就大获全胜。当时他只带了八百人，结果却杀掉了两千零二十八个匈奴人，取得了巨大的胜利，一战成名。汉武帝看到这场胜仗非常高兴，马上封霍去病为冠军侯，这个头衔比卫青的还夸张，直接叫他"冠军"，很了不得。

在这之后的短短几年内，霍去病又多次立下军功。他不仅带领骑兵直取祁（qí）连山，还曾经带兵深入漠北，找到并消灭了匈奴的主力部队，在狼居胥山（今蒙古肯特山）举行了祭天封礼，后来"封狼居胥"成为一个成语，比喻建立显赫功绩。

汉武帝喜欢霍去病有几个原因。第一是因为卫青做事比较谨慎，什么事都听汉武帝的。这时来了一个霍去病，什么都不听他

的，都要自己做主，连皇帝都敢顶撞。汉武帝觉得这孩子挺有脾气，与众不同，于是就特别喜欢，当然前提是人家真有本事。

第二是因为霍去病打仗跟别人不一样，但却是常胜将军，令匈奴闻风丧胆。卫青打仗很谨慎，慢慢地，匈奴就会知道他的套路，然而霍去病打仗从来不按套路出牌。霍去病带着八百来个人，就敢跟两千多人打。他还勇猛地深入敌后，一路高歌猛进。霍去病的打法让匈奴节节败退，匈奴特别怕霍去病，只要霍去病一来，他们基本上都会选择赶紧逃跑，因为霍去病完全不按常理出牌，且百战百胜，一生都没有打过败仗。

遗憾的是，霍去病在他人生最辉煌的时候不幸去世了，时年二十五岁。他死后，汉武帝非常难过，为了纪念他的战功，汉武帝命人把他的墓穴修成了祁连山的形状，还将他谥封为景桓侯。

十、张骞（qiān）出使西域

汉武帝时期的名人特别多，除了将军之外，还有众多的文臣和文人。我们先来讲一讲家喻户晓的张骞出使西域的故事。张骞性格坚韧（rèn），胸怀宽广，在汉武帝时期，担任的是郎官，官职不高，只是汉武帝的一个随从。那为什么他会出使西域呢？

因为当时汉朝跟匈奴关系不好，而匈奴正好在西域和汉朝之间，汉武帝从归降的匈奴人里那里听说居住在西域的月氏（zhī）部落与匈奴有世仇，于是他就想，如果我们跟月氏部落搞好关系，前后夹击，就可以收拾匈奴了。

汉武帝派张骞去完成这个任务。张骞带了一百多人，以会匈奴语的甘父为向导，出发去西域。但他们在经过河西走廊的时候，不幸遇到了匈奴部队，直接被抓了。匈奴单于问他："月氏在我们的北方，汉朝怎么能越过我们派使者前去呢？假使我们想出使越国，汉朝肯吗？"于是他把张骞他们扣留软禁了起来。

张骞在匈奴部落生活了整整十余年。到后来，匈奴觉得不用看守他了，因为他已在此娶妻生子。不过匈奴人低估了张骞的恒心，匈奴的看守一松懈（xiè），张骞真就跑了。张骞经过了重重险阻，终于跑到了月氏部落，但是此时的月氏已经不想和匈奴开战了。他在那儿待了一年都没能说服月氏，只好动身回去，结果又被匈奴抓住了。

即便如此，张骞要回到汉朝的想法从来没变，所以他又在匈奴那里待了一年多。这时，正好赶上匈奴内乱，张骞就和甘父一起趁乱跑了出来，还带上了他的妻子。前后经过十三年的时间，张骞终于辗（zhǎn）转回到了长安。张骞一一向汉武帝汇报了路上的见闻，汉武帝觉得他非常不容易，带回了有效的信息，又对大汉王朝很忠诚，便重用了他，封他为太中大夫，让他以校尉的身份跟随卫青征战匈奴，张骞在征战途中因为发现了水草生长地又立了大功，被封为博望侯。之后张骞又跟着李广去打匈奴，但是这回却遭遇了惨败。打仗失败肯定要受处罚，不过汉武帝没有杀他，只是把他贬（biǎn）为平民。

后来汉武帝再次下定决心，还是要跟匈奴周边的部落联系，于是多次向张骞询问大夏国的情况，他发现张骞对西域周边的很多地方都非常了解，于是第二次派遣张骞出使西域。这一次，张骞带了三百多人，每人配两匹马，还带了几万头牛羊，以及钱财、丝绸等好多东西，张骞拿着汉朝皇帝的符节，跟不同的国家谈判，最后很多国家都与汉朝建立了友好关系。

张骞出使西域在历史上有很多记载，因为这是一件很了不起的大事。此后，汉朝和西域各国开始有了频繁的往来，西域的汗血马、葡萄、石榴等传入了中原，而中原的丝织品也经过河西走廊（láng）传到了西域，之后还转运到了欧洲的罗马，开拓了历史上著名的“丝绸之路”。这不仅增强了汉朝和西域各国彼此之间的了解，也促进了双方经济和文化的交流，还有不少部落由此向汉朝称臣，进一步扩大了西汉王朝的版图。

十一、文学大师——司马相如

汉武帝手下还有一个著名的文臣，叫司马相如。司马相如从小就特别爱学习，读了很多书，他本来叫犬子，后来因为仰慕蔺相如的为人，改名为相如。他是汉景帝的随从，但是他最厉害的能力是写赋。赋是古代的一种文体，讲究文采和韵律，可以说是诗歌和散文的结合体。

汉景帝不喜欢司马相如写的赋，对文学也不感兴趣。不过汉景帝的弟弟梁孝王进京后，却和司马相如很谈得来。梁孝王很喜欢他的赋，司马相如就跟他交好。在这期间，司马相如结交了许多擅长写辞赋的人，如邹（zōu）阳、枚乘（chéng）和庄忌等，他自己也写出了现在非常有名的《子虚赋》。遗憾的是，梁孝王没过多久就去世了。司马相如也因为生病辞去官职，回到了家乡成都待业。

正当司马相如烦闷的时候，他的好朋友王吉热情邀请他去临邛（qióng）小住，他也是在这期间遇到了卓文君。临邛是成都下属的一个小县城，王吉当时是临邛的县令。司马相如到了之后，王吉每天都去拜访他，而且态度很恭敬。这事在小县城就传开了——到底这个普通老百姓有什么本事，能让县令这样恭敬？

当地有两个大户人家，一户主人叫卓王孙，一户主人姓程。这两人觉得，既然县令这么喜欢司马相如，那他们也应去拜访一下。有一天，这两个大人物在和司马相如以及县令一起吃饭。吃到一半时，县令把一张琴送给司马相如，说："请您给我们弹首曲子吧。"司马相如琴、棋、书、画样样精通，他一弹琴，在场的人都非常叹服。

卓王孙的女儿叫卓文君，她久闻司马相如的大名，仰慕他的文采，此时正躲在屏风后面偷看司马相如弹琴。而司马相如也早就听过卓文君的芳名，对她倾心已久。于是司马相如在饭后偷偷传话给卓文君的跟班丫头说："我特别喜欢你们家小姐，能不能让我跟她见一面？"卓文君收到这个消息后，连夜跑到司马相如住的旅馆里，二人一起私奔去了成都。

私奔以后，卓文君发现司马相如家里很穷，四面漏风，什么也没有。卓文君的父亲卓王孙非常有钱，在整个西汉王朝都算的上是顶级富豪，一听说自己的女儿跟司马相如私奔了，立马就和她断绝了父女关系，当然也就不会资助她了。卓文君见父亲不肯资助自己，司马相如家又没钱，于是和司马相如商量着把马车卖了，到临邛开了个小酒馆，天天卖酒。卓王孙听说后，觉得很丢人，不想见女儿和女婿，后来他在卓文君兄弟的劝说下，给了司马相如和卓文君一百个奴仆、一百万钱和一大堆衣物。他俩开开心心地回成都买了房子，过上了幸福的生活。

正在这时，汉武帝无意中读到了司马相如写的《子虚赋》，大为赞叹，说："我不能和这位作者生活在同一个时代，真是太遗憾了！"汉武帝有个下属说："我的同乡司马相如说这是他写的。"汉武帝很惊讶，赶紧把司马相如召进宫，司马相如的命运也从此发生了改变。

司马相如见到汉武帝后，马上又写了一篇《上林赋》。汉武帝也是极为欣赏，便让他作为特使去出征，出征时前呼后拥，大家都来欢送。卓文君父亲见此很高兴，觉得自己的女婿（xù）还是很不错的，非常风光体面。

然而司马相如受到皇帝赏识，出人头地后，便不再对发妻那么专一了，他想再找个小妾。这事被卓文君知道了，她当然不同意。在她的坚持下，司马相如最后也觉得非常惭愧，于是断了纳妾的念头。司马相如从小就体弱多病，六十二岁就去世了。

司马相如死后，汉武帝专门派人去他家看看还有没有什么书，结果发现司马相如有一篇没写完的文章，是写封禅（shàn）

的。封禅是帝王在太平盛世或天降祥瑞之时祭祀天地的大型典礼，许多帝王都做过，他们一般会到泰山去封禅，昭告天下。这篇文章虽然只写了一半，但已经非常精彩，汉武帝读后连连表示遗憾、惋（wǎn）惜。

十二、太子的危机

汉武帝身边有很多能人异士，但他最关心的还是自己的儿子能力强不强，因为这涉及选谁当接班人的问题。汉武帝的嫡长子叫刘据，他的出生让汉武帝非常兴奋。因为在他出生之前，皇后卫子夫已经生了三个女儿，汉武帝直到二十九岁才终于有了一个儿子。

但是有一个问题让汉武帝很忧虑，刘据的性格非常柔弱、谨慎，而汉武帝自己是一个张扬霸道的人。汉武帝看儿子一点都不像自己，很担心他能不能接好皇帝的班。虽然他没把自己的顾虑说出来，但是明眼人一看就发现了问题。这时最有危机感的就是皇后卫子夫，因为此时她也已经老了，皇帝有了新的宠妃。汉武帝为了安抚他们，就跟卫子夫的弟弟卫青说："我非常喜爱你们，没有一个人比太子更适合做皇帝。"然而，后来汉武帝和太子刘据之间的矛盾却越来越深。

汉武帝做事强硬，但是刘据做事却比较温和，两人性格差异较大。因为汉武帝不是老大，当上太子很不容易，所以他从小就特别狠，他知道宫廷没有感情可言，就是在争你死我活。但是刘据是嫡长子，受到父亲的喜爱，后宫的人对他又很恭敬，天天捧着他，所以他性格非常柔顺。

刘据总劝汉武帝不要打仗，不要和其他国家发生纠纷。但是汉武帝却觉得，把天下打下来，做皇帝才能安稳。对于打仗，他们父子俩的意见非常不合。除了打仗之外，父子俩在其他很多地方也有意见分歧，比如刑罚，与父亲汉文帝不同，汉武帝是一个用法严厉的人，他任用了很多酷吏，然而刘据却温和仁厚，经常为一些他认为处罚过重的案件平反。这样做，刘据又得罪了一批拥护重刑的大臣。

除此之外，汉武帝身边还有一些宦官经常向他通风报信，说刘据沉迷娱乐，这其实是在离间皇帝和太子之间的关系。不过汉武帝还是很相信儿子的，所以他杀了身边挑拨离间的太监。然而，种种因素之下，父子俩之间的裂隙（xì）已经出现。

在这个当口，汉武帝有一次外出打猎，遇到了钩弋（yì）夫人。钩弋夫人长得很漂亮，又能歌善舞，汉武帝把她带回了宫中，对她宠爱有加。后来钩弋夫人给汉武帝生了一个皇子，取名叫刘弗陵，汉武帝特别宠爱他，刘弗陵便是未来的汉昭帝。

十三、巫蛊之祸，太子被杀

汉武帝一生打了很多仗，杀了很多人，基本上可以说是战无不胜。但是年老时却疾病缠身，他的身体和精神状态都大不如前，并且每况愈下。人到老年，身体变差其实是很正常的事。但是汉武帝不这么想，他认为自己身体不好不是年龄的问题，而是有人给自己下了诅（zǔ）咒（zhòu）。

汉武帝身边有个人叫江充，深知汉武帝喜欢听什么，江充对汉武帝说："陛下生病，是因为有人给你下咒了，要想让病彻底治愈，就要把用咒的人给找出来。"汉武帝病急乱投医，马上听信了江充的话，让他抓用咒之人。江充就利用抓下咒之人的由头获取便利，公报私仇，抓住了人就用酷刑强迫对方认罪，一时间人心惶惶，京城内外人人不得自安。

江充私设酷刑，把汉武帝左右的人基本给收拾得差不多了，整个长安城都乱了套。更离谱的是，他抓人居然抓到了汉武帝的嫔妃那里，还抓到了皇后和太子的宫殿里，把他们的床铺和地砖全给掀开了，皇后和太子连搁（gē）床的地方都没有了。江充还说，在太子宫中挖出了桐木做的人偶，上面写有叛乱的文字。其实这些都是江充的陷害，他之前和太子有矛盾，趁此机会公报私仇。

这个消息被太子的老师知道后，他马上去找太子，让太子把江充抓起来。但是太子拒绝了，他觉得自己清清白白，想先去找汉武帝，当时汉武帝因病在休养，不好求见，而江充已派人找太子来了，太子脱不了身，无奈之下铤（tǐng）而走险，把江充杀掉了。这是非常不明智的，因为一旦杀掉江充，就意味着诅咒的罪名坐实了，而且还有谋反的嫌疑。太子也知道自己已经回不了头了，干脆起兵造反。他把城里的犯人都放了出来，每人发武器组建军队，还招了数万平民要和汉武帝对抗，太子率领着这些人在长乐宫西宫外和丞相的军队会战了五天，死了上万人，血流成河。民间也都在传“太子反了”，太子手下的人都不依附他了，太子最后只好带着两个儿子从城门逃了出去。

太子逃跑以后，汉武帝更加生气，也在想怎么处置。就在这时传来一个消息，说太子死了。太子是怎么死的呢？当时被官兵追赶的太子跑到了一户人家，大批官兵守在外面。太子一看跑不了了，便决定上吊自杀。刚上吊不久，前来捉拿的士兵就赶到了，他们赶紧把门踹开，把太子从绳上给救了下来，但是太子已经一命呜呼，太子的两个儿子也都遇害了。汉武帝听到自己的儿子和孙子被杀，非常痛苦。然而，太子刘据已经死了，汉武帝需要再立一个新的太子。

十四、汉武帝驾崩，刘弗陵八岁即位

太子死后，皇后卫子夫也因为悲伤过度自杀身亡，汉武帝非常难过，开始彻查长安城里到底有没有诅咒的事情，一查发现每个所谓的诅咒背后，都是一个冤案，太子本意只为诛杀江充，根本就没有谋反的打算。汉武帝一气之下把江充全族都给灭了。他还下令修建一个思子宫，专门用来思念儿子。天下人知道这件事情后，都感到很悲痛。

到这个时候，汉武帝才慢慢发现自己为了追求长生犯了很多错误，还害得皇后和太子身亡。他很悲伤，也很内疚。而这个事件，也极大地影响了汉武帝的想法，促使他转变了自己的治国理念，公元前89年，汉武帝向天下发布了《轮台罪己诏》，罪己诏就是古代的皇帝在国家遭受天灾或者朝廷出现问题的时候，反思自己的过失，并公告全天下人的一种文书。汉武帝在其中称自己的很多政策给老百姓带来了很大的伤害，今后要废除，并且不再增加百姓的负担，汉武帝还提到，应该赶紧恢复生产，让百姓的生活富起来。

当这些事情做完之后，还有一个迫切的问题摆在汉武帝的面前，那就是谁来接自己的班。汉武帝最后把目光放到了幼子刘弗陵的身上。

刘弗陵是汉武帝的第六个儿子，很聪明，所以汉武帝想立刘弗陵为太子。但是刘弗陵再有本事，也还是一个小孩，而汉武帝现在已到了生命的末期。如果自己死了，刘弗陵没有历练的过程，不能把皇帝做好，怎么办？

于是汉武帝开始给刘弗陵安排身边的辅政大臣。在这些都安排好之后，汉武帝就下诏立刘弗陵为皇太子。在下诏后的第三天，汉武帝就去世了，刘弗陵正式登上皇位，史称汉昭帝。当时刘弗陵只有八岁，但他手下的大臣们都尽心辅佐幼帝，帮助他处理国家大事，这也算是汉武帝给儿子留下的政治遗产。

至此，汉武帝的一生，我们就讲完了。汉武帝有很多丰功伟绩，但是他也误杀过太子，在临终选择接班人时如此匆忙，但又尽心尽力。人生总是有成功，也有起伏和无奈，人有清醒的时候，也总有糊涂的时候。也许这些，在汉武帝身上体现得尤为生动、鲜活，所以才让大家印象深刻。

十五、汉武帝的功与过

汉武帝做皇帝时间很长，一共做了五十四年皇帝，其中有四十四年都是在跟匈奴打仗。他继位后的第二年就送张骞出使西域，第八年就开始和匈奴打仗。正是他让中国的版图扩大到秦朝时的两倍多，足以说明西汉王朝的强盛。

汉武帝和匈奴的战争都被记载在《史记》中，那为什么司马迁要写一篇《匈奴列传》呢？因为司马迁一直把匈奴看作炎黄子孙，他认为汉武帝跟匈奴的战争是中华民族的一场内部战争，双方都付出了惨重的代价。

除了扩张版图，汉武帝的功绩具体还有哪些？首先在思想上，汉武帝“罢黜百家，独尊儒术”，用儒家思想统一了中国。其次，汉武帝非常注重教育，他创建了太学，还设立了举贤制度：如果谁贤能，就可以被推荐做官，这是一种可以让普通人做官的途径。此外，汉武帝还做了一件伟大的事情，就是前面说到的颁布《轮台罪己诏》，他告诉天下人自己有很多地方做得不对，是他给老百姓造成了痛苦，从此将不再用兵打仗、劳民伤财，以此表达自己内心的忏（chàn）悔，这对于一个帝王来讲，是非常了不得的。

不过历史上对汉武帝的评价很有争议，有些人对他评价很高，推崇备至；也有些人对他的评价非常低。的确，汉武帝一生杀伐果断，英勇霸气，同时也心狠手辣，做了很多错事，是一个既有功绩又有过失的皇帝。不过司马迁在写汉武帝的传记时，秉承了非常客观的笔调——哪怕正是汉武帝让他受了惨痛的宫刑。

知识加油站

1. 汉武帝在哪一年登基称帝？
公元前140年，他当时十六岁。

2. 中国历史上第一次以国家名义设立的中央大学是什么？
董仲舒设立的太学。

3. 董仲舒建议汉武帝实行的统治政策是什么？
罢黜百家、独尊儒术。

4. “五经”指的是什么？
《诗经》《尚书》《礼记》《周易》《春秋》。

5. 汉武帝的第一位和第二位皇后分别是谁？
陈阿娇和卫子夫。

6. 在平定匈奴的过程中立下赫赫战功，被封为长平侯的人是谁？

卫青。

7. 大将军卫青和卫子夫是什么关系？

他们是姐弟关系，卫青是卫子夫的弟弟。

8. 霍去病初出茅庐，对战匈奴大获全胜，被汉武帝封为什么？

冠军侯。

9. 霍去病最大的功绩是什么？

带领骑兵直取祁连山，还深入漠北，消灭了匈奴的主力部队。

10. 著名将领卫青和霍去病是什么关系？

卫青是霍去病的舅舅。

11. 张骞第一次出使西域是为了联络哪个部落对付匈奴？

月氏部落。

12. 张骞出使西域的意义是什么？

增强了汉朝和西域各国之间的了解，促进了双方经济和文化的交流，进一步扩大了西汉王朝的版图。

13. 司马相如的代表作有《子虚赋》，还有什么？

《上林赋》。

14. 汉武帝曾经发布了什么文书，昭告天下，自称有罪？
《轮台罪己诏》。

15. 汉武帝死后，由谁继位？
刘弗陵，也就是汉昭帝。

成语收藏夹

霍去病曾经带兵深入漠北，消灭了匈奴的主力部队，在狼居胥山举行了祭天封礼，由此得出一个什么成语？

封狼居胥，比喻建立显赫的功绩。

读客®文化

从小读《史记》，长大成大器 ③

（全5册）

王金鑫　编著

江苏凤凰文艺出版社
JIANGSU PHOENIX LITERATURE AND ART PUBLISHING

勾践
卧薪尝胆

楚成王
退避三舍

后退90里！
晋
重耳

让我看看兵书里是怎么说的……
赵括

将军，敌人打过来啦！
纸上谈兵

陈胜
吴广
陈胜、吴广起义

萧何

韩信
萧何月下追韩信

目 录

吴太伯世家：想干大事就要学会忍耐

按照《史记》的顺序，世家系列的第一讲是吴太伯。吴太伯到底是什么人？他有什么事迹？

吴太伯是周太王的儿子。周太王是谁？他是周朝建立者周文王的祖父。吴太伯有两个弟弟——仲雍和季历。季历很贤能，而且有一个在后世很有名的儿子——姬昌。周太王想立季历为王，然后把王位传给姬昌。太伯和仲雍特别了解父亲的心思，为了成全父亲的心愿，两个人一起跑到了蛮荒之地，还文身、断发表示自己不想要王位。之后周太王封季历为王，季历又传位给姬昌，也就是后来大名鼎鼎的周文王。

吴太伯是周王室的人，本来姓姬，我们为什么称他吴太伯呢？因为他和弟弟一起跑到了江东地区（今江苏无锡），建立了吴国。当地百姓觉得他很仁义，尊称他为吴太伯。

司马迁在《吴太伯世家》里介绍的人物太多了，我们重点选择三位人物跟大家分享，首先来说季札（zhá）。

一、南方第一圣人——季札

季札是吴太伯的十九世孙，也是周太王的子孙。他是南方第一位儒学大师，是与孔子齐名的圣人，人称“南季北孔”。据说孔子还曾经向他求教过。

本来，季札有可能成为吴国的君王，不过他不肯接受，坚持把王位让给哥哥。他觉得自己在兄弟中排行最末，依照礼节不能继承王位，否则就是不讲礼节了。但他的德行感动了很多吴国人，他的兄长们也特别疼爱他，希望他继承王位。无奈之下，他只好隐居在山水之间，每天耕田劳动，表明自己心意已决，是真的不想做国君，这才暂时打消了大家拥立他的想法。

虽然没做国君，但季札的政治才干和文学修养是相当了得的。公元前544年，吴王派遣季札出使各个国家，他首先到了鲁国。他在这里听到了周乐，每听一首都能从中分析出礼乐的韵律和周朝的盛衰之势，非常了不得。之后他去到齐国，让晏（yàn）婴及时上交封邑和官职，免除了一场祸患。接着他到了郑国，劝谏子产要以礼治国。他还去了卫国和晋国，他非常欣赏晋国的赵文子、韩宣子和魏献子，甚至说将来晋国会落到韩、赵、魏三家手中，这个预言最后还真应验了，可见季札具备非常高的政治才能和洞察人心的能力。

季札还是一位非常优秀的外交家。在奉命出使鲁国、齐国、郑国、卫国和晋国的过程中，他同齐国的晏婴、郑国的子产以及鲁国、卫国、晋国的重要政治家谈论时事，加深了与这些国家之间的互相了解，吴国也因此和它们成为友好盟国。公元前485年的冬天，楚国名将子期进攻陈国，吴王派季札去救援。季札传信给子期将军，明确表达了自己反战的态度。经过季札的调停，子期最终放弃了进攻，一场战乱就此平息。

此外，季札非常重信义。据《史记》记载，他在出使各国的途中，有一次途经徐国，徐国国君非常想要他带的宝剑，但因为宝剑代表了国家的风范，季札还要访问列国，必须带着宝剑，就没有把宝剑赠送给他。等到他出使回来再次经过徐国时，发现徐国国君已经去世了，他感到非常遗憾，于是解下佩剑，挂在徐国国君墓旁的松树上。他的侍卫问他："徐国国君都死了，您为什么还要把宝剑送出去呢？"季札说："我内心早已答应把宝剑送给他，难道因为他死了就可以违背吗？"

季札让国和如约赠剑的事都成为千古美谈，流传至今。他也因此成为守礼、守信的范例，他的才干和品行深深地影响了孔子。

二、吴王阖（hé）闾（lǘ）：想干大事，要会忍

吴太伯有个后代叫阖闾（《史记》也称"阖庐"），原名光，又称公子光。公子光跟季札是什么关系？公子光是吴王诸（zhū）

樊的儿子，而诸樊是季札的大哥，所以公子光应该叫季札叔叔。吴王诸樊去世前交代王位要兄弟相传，季札在他们兄弟四人中是最小的，这样传到最后就会到他手上。但是当老三余昧（mèi）临终前要把王位传给季札时，季札没有接受，而且他又跑了，最后王位被传给了余昧的儿子僚。

公子光对此非常不甘心，他想："既然王位没有传给叔叔季札，吴王僚本事又不大，那能不能让我来做吴王？"这说明公子光很有野心，他开始招贤纳士，等待时机，想要夺取王位。

公元前522年，楚国的臣子伍子胥投奔吴国，公子光以宾客之礼非常热情地接待了他。伍子胥非常感动，他知道公子光想做吴国的国君，就开始给他支招。但他知道还有吴王僚在，自己不能明目张胆地帮公子光，于是就隐居到乡间，暗中给公子光推荐了很多能人，其中就包括著名的勇士专诸。

公元前515年，楚平王驾崩，吴王僚趁机带兵去伐楚，并且大获全胜。在庆功宴上，公子光派专诸将剑藏在鱼肚子里，刺杀了吴王僚，公子光成功夺得王位，是为吴王阖闾。

吴王阖闾当政后，吴国变得很强大，但也面临很多困难，比如军事设施不完备，国家和人民的安全没有保障；国家的粮仓没有建立，荒地没有开垦。再加上水灾的侵害，人民的基本生活很不安稳。虽然吴国打赢了西边的楚国，但南边的越国还在虎视眈眈，而且越国实力很强，发展也越来越快，对吴国构成了很大的威胁。

在这样的情势下，吴王阖闾开始任用贤能的人，并且听取民意。他重用伍子胥，让他做外交官，参与国事的讨论。经过伍子胥的推荐，吴王阖闾亲自召见了著名的军事家孙武，和他一起探讨怎么获得战争的胜利。孙武也献出了自己的作战策略，这对当时吴国的振兴起到了非常重要的作用，孙武也被任命为将军。在孙武和伍子胥等人的帮助下，吴国变得越来越强大。

不过就在这时，吴王阖闾犯了一个致命的错误，他带领军队攻打了越国。当时的越王勾践做好了拼死一战的准备，直接派犯了死罪的囚犯走到吴军阵前，拿刀自杀。吴军都看呆了，于是放松了警惕。这时，越军马上发起进攻，在姑苏城大败吴军。

越国最终击败了吴国，吴王阖闾在战斗中被砍伤了脚趾，只能退兵回国。最后他因为伤势过重而死，死后葬在今江苏苏州虎丘。他临死前让太子夫差（chāi）继承王位，并对他说："你能忘记勾践的杀父之仇吗？"夫差回答说："永远不会忘记。"关于夫差和勾践的故事我们之后会讲到，而吴王阖闾的故事讲到这儿也就谢幕了。

吴王阖闾之所以能够成功，是因为他能选贤任能，还很能忍。无论是谁想做大事，必须先忍得住，这恰恰是最朴素的智慧。"忍"字是心上一把刀，没有这样的恒心，想做大事就很难。不过成功人士也会有弱点，就是当他们足够强大时，他们会开始轻敌，开始骄傲。这也是我们从中应该吸取的经验和教训。

三、伍子胥被杀，夫差惭愧自刎

吴王阖闾临死前让儿子夫差为自己报仇，夫差是一个孝子，听老爸的话，日夜加紧练兵，为攻打越国做准备。三年后，吴王夫差就带领军队把勾践打败了。

勾践被包围，走投无路，准备自杀。这时有大臣说："你不能死，你死了越国就彻底完了。吴国有个大臣特别贪财好色，你去贿赂他。"勾践听从了建议，派人给这个大臣送礼，让他帮忙给自己求情。这个大臣就对吴王夫差说："越王愿意投降，做您的臣下伺候您，请您饶恕他。"很多人都附和，但有一个人坚决反对，就是伍子胥。伍子胥说："人常说治病要除根。勾践这人深谋远虑，他手下有很多精明强干的人，我们这次放了他，他们回去之后会报仇的。"不过，夫差已被胜利冲昏了头脑，不听伍子胥的意见。

于是，勾践带着妻子和一些手下来到吴国，天天伺候夫差，没事就放放牛羊。慢慢地，勾践赢得了夫差的信任，三年后，夫差就把他放回国了。夫差觉得勾践现在这个样子，也不会有什么东山再起的可能了。

令夫差没想到的是，勾践回国后发愤图强，准备复仇。他不仅"卧薪尝胆"，还亲自到田间地头跟农夫一起干活儿，他的妻子也不享受生活，和百姓一起纺布。勾践的这些举动感动了越国上上下下的官民。经过十几年的艰苦奋斗，越国终于兵精粮足，转弱为强，做好了复仇的准备。

同时，夫差觉得当时吴国国力强盛，安于享受，已经开始走下坡路。伍子胥早就说不能放了勾践，果然现在越国越来越强大，已是吴国的心腹之患，必须把它灭了。伍子胥天天提建议，但吴王夫差根本无法放弃享受，还执意要攻打齐国。伍子胥很生气也很无奈，他把儿子托付给了齐国的鲍氏家族（鲍叔牙的后代）以避祸患。这一举动惹怒了夫差，他直接把伍子胥赐死了。伍子胥临死前说："你们在我的坟上种棵树吧，等它生长到可以做棺（guān）材、做家具时，吴国就灭亡了，到那时，你们就把我的眼睛挖出来挂在城门上，让我看着越国是怎么灭掉吴国的。"

当然我们知道，伍子胥的预言最后果然应验了。公元前473年，吴王夫差遭到了越王勾践的复仇。勾践率领精兵突然袭击，一举打败了吴国，还杀了很多吴国子民，包括吴王夫差的儿子。

夫差听到消息，赶紧派人说："你们太强大了，我打不过，我要求和。"但勾践不同意，直接把吴国给灭了。这跟当年吴国打越国时，勾践求和的情形是一样的，只是不同的选择会有完全不一样的结果。最后勾践想把夫差流放到甬（yǒng）东（今浙江舟山），夫差见求和不成，后悔没听伍子胥的忠告，心中满是遗憾和惭愧，于是拔剑自杀了。

知识加油站

1. 季札曾经和哪位圣人齐名，并深受其敬重?

孔子。

2. 吴王阖闾重用的楚国人是谁?

伍子胥。

3. 吴王阖闾的接班人是谁?

吴王夫差。

4. 吴王夫差最终被谁击败?

越王勾践。

越王勾践世家：我的成语典故你知道几个？

一、勾践卧薪尝胆

提到越国，大家会不约而同地想到越王勾践，他是一个特别了不起的人物。而说到越王勾践，就不得不提“卧薪尝胆”的故事。这个故事发生在春秋时期，与越王勾践和吴王夫差两人有关。

公元前496年，越王勾践即位。两年后，当时骄傲气盛的吴王阖闾发兵攻打越国，本以为会轻松取胜，却没想到战争失败，自己脚趾受伤，不久后身亡。他的儿子夫差继位后，为了报杀父之仇，天天操练兵马，最终占领越国，抓住了勾践。

夫差为了羞辱勾践，派他看守墓地、喂马，做低等仆人做的事。勾践虽然心里不服，但他忍辱负重，装出一副“我听你话，我做得很开心”的样子。吴王夫差出门时，他在前面牵马；吴王夫差生病时，他在床前尽力伺候。夫差看见勾践这么照顾自己，觉得勾践对自己很忠心，于是把勾践放回了越国。

勾践回到越国后，担心自己被眼前的安逸消磨了斗志，于是在自己的起居处放了一块苦胆，躺着或坐着都要看着它，每次吃饭时也都要尝一口。他晚上睡在干草做的褥（rù）子上，干草非常硬，躺起来很不舒服。这就是后人传颂的“卧薪尝胆”，它也成为一个成语，用来形容一个人忍辱负重，发愤图强。我们也需要立下自己宏伟的志向，学习勾践这种吃苦的精神。

为了让越国强大起来，勾践身先士卒，给百姓树立榜样。他亲自种地，让他夫人织布，鼓励生产。因为越国之前差点亡国，人口减少，所以他鼓励生育。他还寻找贤人做他的助手，礼待贤才，救济贫苦百姓，让百姓都有饭吃。在勾践的领导下，越国的老百姓们一起努力，经济迅速发展，国家的实力变得很强，最终战胜了吴国。越王勾践也成就了一番宏伟的事业，成为春秋时期的最后一位霸主。

除了卧薪尝胆，还有两个成语跟越王勾践有关，一个是“兔死狗烹”，一个是“鸟尽弓藏”。什么意思呢？我们接着往下看。

二、一代商圣——范蠡（lǐ）

当年越王勾践被吴王放回越国后，开始卧薪尝胆，发愤图强。他知道靠自己一个人是不能成功复仇的，于是他重用了两位有才能的人帮他管理国家。其中一位叫文种（zhǒng），负责管理国家大事；另外一位就是范蠡，负责训练兵马。他们是越王勾践的左膀右臂，在勾践灭吴的过程中起到了重要作用。

在这两人中，最常被人提起的是范蠡，范蠡有哪些才能呢？他很有政治头脑，又有军事手段。在修建越国的都城时，他故意修了两座城，一座大城和一座小城。小城是建给吴国看的，而大城建得残缺不全，面对吴国的方向不设城墙，用来迷惑吴王夫差，让夫差觉得，他可以随便进出。但是范蠡知道城墙有没有门不重要，重要的是重视军队训练，提高军队士气，增强军队战斗力，奖励勇于战斗的士兵。在范蠡的鼓励下，越国的士兵们都变得非常勇猛善战。

范蠡厉害的地方不仅在政治和军事上，还在于他懂得功成身退。越国战胜吴国后，范蠡决定马上隐退，还劝文种尽快归隐山林，他对文种说："飞鸟尽，良弓藏，狡（jiǎo）兔死，走狗烹。"意思就是鸟打完了，弓箭就可以收起来了；兔子死后，猎狗就没有用了。这就是成语"兔死狗烹"和"鸟尽弓藏"的来源，比喻事成之后把曾经出过力的人一脚踢开。于是文种也说自己生病了，没有去上朝，但是有小人说他有谋反之心，勾践对他也产生了怀疑，最后赐给他一把剑，让他自尽，文种只能自杀。与文种相比，范蠡退隐得很痛快，因为他知道留得青山在，不怕没柴烧。

范蠡隐退后就做起了生意，并且做得很成功。我们一起来看看他被人津津乐道的"三聚三散"的故事。"聚"指的是散去的东西又回来了，还可能加倍归来；"散"指的是不要了。

范蠡帮助越王勾践灭掉吴国后，立刻辞官隐居，身外之物一件也没有带，这是他的保命之举，也是他第一次散尽家财。离开越国后，范蠡来到齐国，改名换姓，开始做买卖。由于他善于经商，没过几年便积攒了数十万的财产。齐国人特别敬仰他的贤能，想请他做宰相，但他知道自己如果再做官可能还是会被杀掉，于是回答说："在家经商能够赚到千金，做官能够做到宰相，这是百姓期盼的最大的福气了，我凭什么能安然接受呢？"于是他回到家，再一次散尽家财，离开齐国，继续出发。

范蠡行至陶地（今山西平遥）时，很喜欢这个地方，改名为陶朱公，留在了这儿。在这里，他又赚了很多钱。然而这时，他的二儿子杀了人。范蠡认为杀人需要偿命，但还是希望能花千金，让儿子不被斩首于闹市中，死在众人面前。于是派小儿子带着满满一牛车的金子去楚国。但是他的大儿子自告奋勇也想去，最后范蠡同意改由大儿子去送赎（shú）金。谁知大儿子到了楚国，把赎金送给范蠡的朋友庄生后又要了回来，擅自行动，结果害死了二弟。当大儿子带着弟弟的死讯回到家里时，家人都很悲哀，但是范蠡却笑了。大家都很好奇，范蠡说：这个结果我早就预料到了，老大擅自要回黄金不是因为不爱他的弟弟，而是因为他随我们一同隐居过，知道我们创业赚钱的辛苦，心疼辛苦得来的钱财。而老小出生时家里已经家财万贯，所以舍得花钱。因此我才会派老小去，但是老大希望自己出份力，最后变成了这样。不过老二犯了命案，被杀是情理之中的事情，所以大家不用太悲哀。这是范蠡第三次散尽家财。

通过范蠡的故事，我们可以明白财富散尽了还可以再赚，所以要舍得放弃。有时候，你懂得放弃了，才能收获更多。

在中国历史上有很多圣人，比如诗圣杜甫、曲圣关汉卿、武圣关羽、文圣孔子，但提到商业圣人，很多人都会说是范蠡，认为他是中国最早的商业理论家。同时他也是一个优秀的政治家，帮助勾践励精图治、灭吴称霸。

其实人只要有聪明的头脑，在各行各业都能干出好成绩。努力学习，并不是要算出多少道题，背会多少篇文章，而是要在整个学习知识的过程中，有自己独特的见解，并且把这种见解和能力应用于生活实践中，这才是真正的高手。

知识加油站

1. 越王勾践的左膀右臂指的是哪两个人？

文种和范蠡。

2. 谁是中国早期的商业理论家，被后人尊称为“商圣”？

范蠡。

3. 范蠡曾经三次将财产丢弃或者送给别人，告诉我们有舍才有得，这被称为什么历史事件？

范蠡三聚三散。

成语收藏夹

1. 原意指每天在干草席上睡觉，每顿饭前尝一尝苦胆，形容一个人忍辱负重、发愤图强的成语是什么？

卧薪尝胆。

2. 原意指兔子死了，猎狗就被人给吃了。比喻给统治者效劳的人，在事成以后被抛弃或杀掉，这是什么成语？

兔死狗烹。

3. 原意指鸟儿没了，弓也藏起来不用了。比喻事情成功后，把曾经出过力的人一脚踢开，这是什么成语？

鸟尽弓藏。

齐太公世家：姜子牙其实是一个成语高手

《齐太公世家》讲述了姜齐约八百年的兴衰史，涉及非常多的人物，我们重点介绍开国者姜太公的故事。

一、姜子牙坚持读书，获周文王赏识

很多人不知道齐太公就是姜子牙，他因为帮助周武王伐纣有功，才被封为齐太公。姜子牙本名叫姜尚，又因为他的先祖在舜和禹统治期间被封在吕地，所以也被称为吕尚，是中国家喻户晓的传奇人物。姜子牙年轻时曾经在商纣王的统治下做过屠户，卖过猪肉，也做过生意。但是非常遗憾，他做的这些事都没成功，他什么都不会，甚至连种地都不会，但他一直在坚持做一件事，就是刻苦读书。

努力学习就有机会，姜子牙一直在等待一个赏识自己的人出现，然而直到老年的时候，才迎来人生的转机。有一天，姜子牙做了一个直钩到水边钓鱼，却没有放鱼饵（ěr）。姜子牙希望用这种方式让天下人知道有这样一个怪人存在，这样势必会引起大家对他好奇，吸引与他志同道合的人。他最后钓到了谁呢？就是大名鼎鼎的周文王。据说周文王那天早上起来请人占卜，占卜的人说今天会有一个能辅佐他的牛人出现，然后他就在水边遇到了钓鱼的姜子牙。周文王跟他一聊，发现这人是真的有本事，就正式起用了他。这就是我们第一册讲过的“姜太公钓鱼，愿者上钩”的故事。

很多人认识姜子牙是通过电视剧《封神榜》，但是《史记》中的姜子牙可跟电视剧中的不太一样。他不会什么法术，也不是什么神仙，不过他很会用兵，在多次战役中化腐朽为神奇，可称得上是用兵如神，还有人称他为兵家鼻祖。他也的确不负众望，帮助周文王和他的儿子周武王战胜商纣王，建立周朝，成就了一代霸业。

姜子牙到底活了多大岁数？有一种说法是139岁，还有一种说法是113岁。但不论是哪种，都未必真实，因为古代的医疗条件非常落后，人的寿命也不长。要知道在盛唐时期，中国人的平均寿命也就四五十岁，何况是在周朝？关于姜子牙年龄的传说其实也告诉我们：只要一个人有本事，人们总是会赋予他很多美丽的传说，长寿就是传说之一。

二、成语高手——姜子牙

政治才能突出、用兵如神的姜子牙是一个隐藏的“成语高手”，不少成语与他有关，我们来一起看看都有什么。第一个成语“覆水难收”。据《野客丛书》记载，姜子牙结婚后不久，他的妻子就离开了他。但是过了若干年，姜子牙成为了周朝的宰相，一人之下、万人之上，金钱、名誉、地位，什么都有了。这时他妻子又来找他说：“姜老头儿，我还是觉得你挺好的，我要跟你复合。”

姜子牙是怎么做的呢？他把一盆水端出来，泼在地上，跟他妻子说：“只要你把倒出来的水都收回盆里，我就跟你复合。”他妻子一听乐坏了，赶紧试着把水弄回盆里，但水已浸到土里，他妻子只能跟姜子牙说水都进土里，无法收回去了。姜子牙看着她说：“你早已离我而去，我们不可能再回到原来的样子，就好比倒在地上的水，一旦泼出去，就没有办法再收回来。”这就是覆水难收的故事，比喻事情已成定局，无论怎么做都无法挽回。

第二个成语叫“爱屋及乌”。周朝灭掉商朝后，商纣王自杀而死，但商朝还有很多士兵和贵族，这些人要怎么处理？当时已是周武王当政，周武王找到姜子牙，问他这事应该怎么做。姜子牙说，如果你喜欢他的屋子，就应该爱他屋子上的乌鸦；如果你不喜欢，那屋上的乌鸦也可以杀掉。言外之意是：既然你讨厌商纣王，讨厌商朝，那就把这些人都杀掉。后来用“爱屋及乌”比喻爱一个人而连带地关心与他有关的人和物。

但这时，周武王的弟弟周公旦建议他不要杀，他说我们已经是统治者了，对待百姓需要的是仁慈。现在商朝已灭，是周朝在管理天下，那这些人就都是周朝的子民，我们应该把他们都放了。于是周武王听从了周公旦的建议，商朝的贵族和百姓免除了一死，这也反映了周武王的仁厚。

第三个和姜子牙有关的成语是“平易近人”。姜子牙帮助周武王建立周朝后，被分封到了齐国，周公旦的儿子伯禽被分封到了鲁国。鲁国跟齐国挨得很近，所以有一件事让周公旦觉得很奇怪。他的儿子伯禽每过几年才派人从鲁国来周朝，汇报自己管理鲁国的情况，但是姜子牙去齐国五个月后就来汇报了。于是周公旦就跟姜子牙请教，问他是怎么管理齐国的。姜子牙说：我就是一切从简，大大简化了君臣的礼仪，不搞守孝三年之类的礼节。周公旦听了说姜子牙做事情很平易近民，老百姓都愿意跟他亲近。

为什么我们现在用的是“平易近人”，而不是“平易近民”？因为唐朝有位皇帝叫李世民，他说不能用和自己名字重复的字词，就把“平易近民”改成了“平易近人”。这个成语以前和政治有关，现在多用来形容一个人态度温和，没有架子，使人容易接近，有时也指文章风格浅显易懂，一看就能明白。

这些成语故事在我们今天听来依然十分有趣，它们蕴含的道理也值得我们每一个人去认真体会。

姜子牙前半生怀才不遇、穷困潦倒，到七十多岁都一事无成，直到老年才终于遇到了一位贤君，得以大展宏图、一鸣惊人，帮助武王伐商灭纣，奠定了大周王朝八百年的基业，实在是了不得。姜子牙成功的秘诀是什么？就是耐得住寂寞，坚持读书，等待机会。

姜子牙的故事到这里就结束了。几百年后，他的子孙后代中还出现了一位霸主——齐桓公。

齐桓公原名叫小白，我们一般称他为公子小白。公元前686年，齐襄公被杀，公子小白在鲍叔牙等人的护送下，比哥哥公子纠先回到齐国，被立为新一任的齐国国君。

齐桓公上任后，想要干出一番大事业。于是他任命管仲为丞相，还鼓励他大力改革，齐国由此变得越来越强大。之后齐桓公又实行“尊王攘夷”的战略，也就是打着尊重周朝天子的旗号，去收拾其他诸侯国。齐桓公带兵东征西伐，打得其他诸侯国纷纷与他结盟，他也成为名副其实的一代霸主。

知识加油站

1. 号称“兵家鼻祖”的人是谁？

姜子牙。

2. “姜太公钓鱼，愿者上钩”是我们都知道的一句俗语，姜太公钓上来的是谁？

周文王。

成语收藏夹

1. 原意指倒在地上的水难以收回，比喻事情已成定局，难以挽回。这是什么成语？

覆水难收。

2. 原意指因为爱一个人而爱他屋上的乌鸦，比喻爱一个人而连带地关心与他有关的人和物。这是什么成语？

爱屋及乌。

3. 比喻态度温和，对人和蔼可亲，没有架子，使人容易接近；也形容文字浅显，容易理解。这是什么成语？

平易近人。

鲁周公世家：一个经常被孔子梦到的人

《鲁周公世家》主要讲述了周朝的一个重要诸侯国鲁国八百多年的历史。鲁国的国都在今山东曲阜，第一任国君就是大家都很熟悉的周公，他也是这一篇内容的主人公。

一、走在历史前面的周公旦

虽然成就一个伟大的王朝，靠一个人肯定是不够的，但周朝的建立和兴旺离不开一个很厉害的人——周公，历史上也称他为周公旦。他的身份很特别，他是周文王姬昌的第四个儿子，周武王姬发的弟弟。虽然他放弃了当国君的机会，但是他的地位非常高，他是西周初年一位优秀的政治家。

周公旦曾经助周武王讨伐商纣王，又大力辅佐他治理国家。

周武王姬发去世时，他的儿子年龄还小，不能理政，周公旦就辅佐太子管理国家，并且提出了很多有利于周朝统治的规章制度。

其中一个就是建立礼乐制度。“礼乐”中的“礼”是礼仪，“乐”则是音乐。我们现在听音乐是一种娱乐，没觉得有多么重要，但在周朝，“乐”绝对不是音乐这么简单，它以礼仪为基础，运用音乐来规范制度，区分人的尊卑贵贱。礼乐制度就用“礼”和“乐”来建立宗法制，这对周朝的统治起到了非常重要的作用。

宗法制建立后，下一步就要确立继承制。在这之前还没有严格的继承制度，是周公旦建立了嫡长子继承制，这个举措为后世整个中国封建王朝的统治奠定了基础。什么叫嫡长子继承制？是指由正室妻子生的长子来继承王位，这样就可以避免其他孩子在继承权上发生纠纷。

在军事上，周公旦也采用了一个很重要的策略，叫“二次克殷”。在消灭商朝后的第三年，一些非常怀念商朝的百姓和贵族又发起了反抗周朝的叛乱行动。此时有几十个与殷商关系密切的国家纷纷响应，这对刚刚建立三年多的周朝来说，是一个非常大的打击。如果不能平定叛乱，那么周朝刚刚建立起来的功业就会毁于一旦，而且当时还有很多人对周公旦的统治有异议。面对这样一种内外交困的局面，周公旦首先稳定了内部局势，说服了身边的重臣支持他。约公元前1042年，在统一内部意见之后，周公旦率军东征，并且获得胜利，杀了商纣王的后代武庚，平定了叛乱，稳定了周朝的统治。

周公旦平定叛乱后，特别注重贵族子弟的道德教育和勤政教育，让他们明白对天子要有敬畏之心，同时还提出要根据政绩来考察、选拔官员。

周公旦的这些举措在我们今天看来好像很平常，但是在三千多年前能有这样的想法，并且一一付诸实践，周公旦的确走在了历史的前面。

二、和周公旦一起学成语

周公旦很厉害，很多成语跟他有关，让我们一起学习一下。

第一个成语是“周公吐哺”，来自周公旦送自己的长子伯禽去管理鲁地的时候跟他说的话。他对伯禽说：“我是文王的儿子、武王的弟弟，地位很高，但是我常常洗一次头握起头发好几次，吃一顿饭多次吐出正在咀（jǔ）嚼（jué）的食物，因为我经常在洗头吃饭的时候突然有贤士来访。但就算是这样我还怕错失天下有本事的人。你到鲁国之后，千万不要因为你是那个地方的老大就怠慢别人，必须要善待他们。”原文是“一沐三握发，一饭三吐哺”。“三”在古语里不是三次的意思，而是代表次数很多。这就是成语“周公吐哺”的由来，指在位者要礼贤下士，我们在第一册学习过，再温习一下。

第二个成语是“惩前毖（bì）后”。周武王姬发去世以后，他的儿子姬诵继位，也就是周成王。周成王年龄很小，不能亲自料理国家大事，所以由周公旦进行辅佐。周武王的另外两个弟弟是野心家，他们想夺权，但是又很怕周公旦。于是他们就陷害周公旦，四处散播谣言说周公旦想要害周成王，从而夺取王位。三人成虎，年幼的周成王不断地听到谣言，开始不信任周公旦了。周公旦本来一心想辅佐成王，却遭到诽谤，顿时觉得继续留在周成王身边不安全，于是他辞官离开京城，躲了起来。

后来周成王明白了事情的真相，悔恨自己听信了传言，用隆重的礼仪把周公旦给请了回来。但是周武王这两个弟弟还不死心，又发动叛乱，周成王便派周公旦领兵平叛。他说："我一定要从以前的惩戒中吸取教训，以防后患。"这就是"惩前毖后"的故事，比喻吸取过去失败的教训，防止之后再犯同样的错误。

另外，还有一个成语是"梦见周公"，周公的名字在我们中国文化中是一个很重要的文化符号，他也是我们今天还经常会提起的人物之一。周公旦厉害到什么程度？连大名鼎鼎的孔子都非常喜欢他，周公旦是他心中的理想人物，孔子经常做梦梦见他，孔子在感叹自己年老体衰时就说自己好久没有梦到周公了。后来多用"梦见周公"来指代打瞌睡。

周公旦非常出色地完成了辅政的使命，年老之后回到自己的封地生活。但是没过几年，他就生了重病。他在临死前说，我死了以后，请把我葬在都城旁边，这样我就可以一直看着周成王。因为周成王是他辅佐的君王，辅佐他是周武王给他的使命。这番话感动了很多人，包括周成王。

周公旦在历史上不仅是一个文化名人，同时也是一个忠君爱国的人。他为了周朝的稳定和发展尽心尽力，的确是一个忠臣的典范，他的精神品质值得我们每一个人去认真学习。

知识加油站

1. 周公旦和周文王、周武王是什么关系？

周公旦是周文王的儿子，周武王的弟弟。

2. 周公旦辅佐了哪两任周朝的君主？

周武王和周成王。

3. 孔子梦中经常出现的人是谁？

周公（周公旦）。

成语收藏夹

1. 指批判以前所犯的错误，吸取教训，从而使人以后谨慎些，不致再犯同样的错误，这是什么成语？

惩前毖后。

2. 原为孔子哀叹自己体衰年老，后来指代打瞌睡，这是什么成语？

梦见周公。

燕召公世家：燕太子丹为何会孤注一掷（zhì）？

《燕召公世家》主要讲述了春秋战国时期燕国大约八百年的历史。燕国是战国七雄之一，都城在蓟（jì，今北京房山区），公元前222年被秦国所灭。因《燕召公世家》中人物众多，我们重点介绍燕召公和燕太子丹两人。

一、燕召公是谁？

大家可能会问：燕召公是谁？为什么司马迁要在《史记》里专门提到他？召公是西周的一个官名，是可以世袭的。我们今天要说的是其中一位，他的名字叫奭（shì），是西周的开国功臣之一。周武王伐纣灭商后，将他分封到了燕地，我们称他为燕召公。

周成王登基后，因为年龄太小，便由周公辅政，当时燕召公对此提出了异议，他怀疑周公有野心，想夺权。周公最后给他写了一封信，把自己比作商朝的伊尹，表明自己是诚心辅佐幼小的君王。燕召公才相信了他，这也说明燕召公对周天子的忠心。

燕召公将西部地区管理得非常好，深受百姓的爱戴。他自己也喜欢和百姓打成一片，经常去乡镇巡察。在乡镇附近有一棵梨棠树，他就直接在树下处理案件和政事，特别平易近人。通过实地考察，他将所有的人都安排到了合适的岗位上，整个国家几乎找不到失业的人。后来燕召公去世，当地百姓为了纪念他，都不舍得砍掉那棵梨棠树，《诗经·国风·召南》里有一篇《甘棠》，记录的就是这件事。

公元前1021年，周成王去世，临终前将太子姬钊托付给燕召公和毕公。姬钊即位后，史称周康王。燕召公经常劝谏他要节俭、诚信，只有这样国家才能长治久安。作为西周的开国功臣，燕召公尽心辅佐了周成王和周康王两代君主，开创了著名的“成康之治”，为周朝的延续发展打下了非常坚实的基础。

二、燕太子丹最后的挣扎

几百年过去，到了燕王喜统治时期，我们的下一位主角燕太子丹就要上场了。《史记》中对燕国历史有详细的记载，其中燕太子丹是浓墨重彩的一笔。在燕丹做太子时，秦国已经灭掉韩国和赵国，正准备灭燕国，燕国不能坐以待毙（bì）。

我们在第一册的《秦始皇本纪》里讲过，燕太子丹少年时在赵国做过人质，和嬴政是好朋友，经常和他一起玩。但是后来燕太子丹被转送到秦国做人质的时候，嬴政已经是秦王了，并且已经有了统一天下的野心，所以他对燕太子丹并不友好。后来燕太子丹干脆一不做、二不休，从秦国逃回了燕国。这就意味着两国已经结下梁子，成为敌人，下一步就要打仗了。

燕太子丹回国后，开始想办法救燕国。但是燕国实在太弱小，如果跟秦国打仗，必然会输，所以必须想别的办法。于是他就请教他的老师鞠武，鞠武给他推荐了田光，说这个人绝对会帮助燕太子丹战胜秦国。但是等燕太子丹找到田光时，田光却说："我现在年纪大了，已经没有做这些事的机会了。我给你推荐一个人，他可以帮助你实现心愿。"他给燕太子丹推荐的人就是荆轲。田光跟燕太子丹说完就马上找到荆轲，让他立即去见燕太子丹，并转告他说田光已死，不会泄露机密。言外之意就是，燕太子丹找到荆轲后他会立即自杀，这样这件事情就只有燕太子丹自己知道了。这番话深深地触动了荆轲，他马上就去见了燕太子丹，告诉他田光已经死了，并且转达了田光的话。燕太子丹听完就拜了下去，痛哭流涕地说："我一定会完成这件事。"

要直接和秦国对抗是不可能的，燕太子丹就想能不能劫持秦王，把他当作人质抓回来，这样秦国就不能攻打燕国了，但这个想法太天真了，秦国那么强大，要怎么劫持秦王？他又想，如果劫持不了秦王，那把秦王杀掉也行，秦王一死秦国就会大乱，也就不会再打燕国了。荆轲说："这是国家大事，我的才能太低了，不能胜任。”言外之意就是他不想做这件事。但是燕太子丹马上跪下磕头说：“你不要推脱了，一定能行。”荆轲只能答应他。燕太子丹立刻拜荆轲为上卿，给他安排上等的旅馆，为他提供丰盛的宴席，每天都去拜访他。

但是过了很长时间，荆轲还是没有行动，燕太子丹就问他原因。荆轲说：“我在等我的助手。”燕太子丹说：“是不是你不敢去了？”荆轲却在此时详细告诉了燕太子丹他的计划：他还需要樊於期的头，燕国督亢的地图以及徐夫人的匕首，燕太子丹为他一一准备了。于是，荆轲带上了从秦国逃亡到燕国的败将樊於期的人头、燕国最富裕的土地——督亢的地图和徐夫人的匕首，同他的助手秦舞阳一起出发了。燕国所有人都来到易水边为他们送别，他的好朋友高渐离击筑，荆轲跟着唱和，乐曲慷慨而悲伤。最终荆轲刺杀失败，被秦王杀死在皇宫宫殿内。

荆轲失败后，燕太子丹的命运怎么样呢？刺杀败露后，秦王嬴政非常生气，直接调动最精锐的部队来打燕国，并跟燕王说：“你把太子丹杀了，我就不灭燕国。”燕王是一个昏君，听了秦王的话，真把自己的儿子给杀了。但是秦王只是暂时放过了燕国，仅仅过了四年，就再次兴兵把燕国给灭了。

为了燕国的存活，燕太子丹出人出力，最后却落得这么悲惨的下场，但是他也没有其他选择，只能孤注一掷。

知识加油站

1.《诗经·国风·召南》里的《甘棠》是为了纪念谁而作?
燕召公。

2. 燕召公辅佐过周朝的哪两任君主?
周成王和周康王。

3. 燕太子丹年少时跟秦国的哪个人是好朋友?
嬴政，也就是秦始皇。

4. 是谁向燕太子丹推荐了荆轲?
燕国的田光。

宋微子世家：我跟我弟商纣王可不一样

《宋微子世家》主要讲述周代的诸侯国宋国的历史，微子是宋国的开国国君，姓子，名启。历史上把他称为微子，或者微子启。后来汉景帝刘启为了避讳，将其改名为微子开。微子启跟商纣王的关系很亲密，他是商纣王的哥哥。既然是哥哥，为什么没有继承商朝的君主之位呢？这是因为微子启出生时，他的母亲还不是国君帝乙的正式妻子，所以他是庶长子，不能做接班人，就像我们在第二册说到的刘邦的庶长子刘肥一样。等到微子启的弟弟纣王出生时，他们的母亲已成为王后，于是纣王就成了商朝的国君。这也是造化弄人啊！

商纣王即位后非常残暴。当时商朝有三个很厉害的人，被称为“殷商三贤”，这三个人都劝谏过商纣王。首先是我们讲过的比干，他以死谏言惹怒了商纣王，最后被杀。

另一个贤人是箕（jī）子，他是商纣王的叔叔。他竭尽全力地辅佐商纣王治理天下，有着非常强的洞察力。箕子发现商纣王刚做君王时就用象牙做的筷子，而以前的筷子都是竹子或者木头做的，用象牙做筷子意味着商纣王喜欢奢华的生活。果然，过了不久，商纣王就不再吃简单的饭菜，也不再穿粗布的衣服，开始修建鹿台等奢华富丽的场所。箕子也跟比干一样，冒死劝谏商纣王，但是商纣王还是不听。有人就劝箕子离开，但是他不忍心。箕子看着商代第一位君主——成汤辛苦打下的江山就要断送在商纣王手中，非常痛心，他割断头发，装疯卖傻，每天只管弹琴，以此发泄情绪，最后被商纣王贬为奴隶。

“三贤”中的最后一个人就是微子启，他是商纣王的长兄，两人是亲兄弟。微子启看到弟弟如此昏庸无道，曾多次劝谏，但商纣王一意孤行，根本不听，不过商纣王也没有杀他，毕竟他们是亲兄弟。微子启看到殷商在商纣王手里日益衰败，自己却改变不了，非常伤心，就去问太师。太师给他提建议说，既然你无法改变商纣王，也不能篡（cuàn）权夺位，干脆带着祖宗的祭祀礼器，离开殷商，将殷商文化保留下来。微子启听取了他的意见，带着这些东西逃跑了。

周朝把商朝灭掉后，微子启拿着商王朝的宗庙礼器，来到周武王的军营前投降。他袒（tǎn）露上身，将双手捆绑在背后，跪在地上用膝盖往前移动，以此向周王请罪。这就是成语“肉袒面缚”的由来，后用来形容放弃抵抗。

周王对微子启的做法很满意，加上他已经决定大赦天下，就将微子启释放，并且恢复了他原有的爵位，将他分封到了商朝的旧都商丘。微子启在这里建立了宋国。宋国后来在宋襄公的领导下，成为春秋时期的一大强国，宋襄公也成为“春秋五霸”之一。此外，宋国还是一个礼仪之邦，是儒家、墨家、道家和名家四大思想的发源地。

古人云“近朱者赤，近墨者黑”，但作为商纣王同父同母的亲哥哥，微子启的故事却向我们展示了什么叫“出淤泥而不染，濯（zhuó）清涟（lián）而不妖”。

知识加油站

1. 宋国的开国君主是谁？
微子，也称微子启。

2. 微子启跟商纣王是什么关系？
微子启是商纣王的哥哥，他们是同父同母的亲兄弟。

3. “殷商三贤”指的是哪三个人？
比干、箕子和微子启。

成语收藏夹

商朝被灭，微子去见周武王时做了什么？
他脱去上衣，反绑着手，跪地前行。这就是成语“肉袒面缚”的由来，表示放弃抵抗、顺从地投降。

晋世家：从中原霸主到三家分晋

《晋世家》主要讲述的是西周和春秋时期的晋国约七百年的历史，它的疆域在今山西省南部。晋国是春秋时期一个非常强大的诸侯国，我们重点讲述晋文公和晋国后期的历史。

一、重耳流亡在外，得齐桓公赏识

晋文公重耳是春秋时期的一位霸主，但重耳不是生来就强大。重耳是晋献公的儿子，晋献公还是太子时，重耳就已经成年了。晋献公继位时，重耳二十一岁。晋献公继位后不久，他的宠姬骊姬想让自己的儿子当太子，就派人劝晋献公让当时的太子申生和皇子重耳等人离开国都。骊姬还不断地陷害太子和他的兄弟们，包括重耳、夷吾，说他们有谋反之心。晋献公随后杀了太子，重耳一开始还犹豫要不要逃跑，直到其他兄弟受害，他才决定离开晋国。

晋献公觉得重耳和夷吾逃跑，恰恰证明他们有谋反之心，于是派人去抓。所幸重耳逃到了母亲的故国狄（dí）国，在那里过起了安居乐业的生活，并娶妻生子。但是这时晋国发生兵变，晋献公也死了。于是有人来接重耳回去做晋国国君，但他拒绝了。因此，他的另外一个兄弟夷吾成了晋国的国君，史称晋惠公。

晋惠公继位后，认为重耳能力很强，对他的威胁最大，就派人追杀重耳。重耳分析了当时的形势，觉得没有办法再待在狄国，于是告别妻子，开始了逃亡生活。重耳一行人来到卫国，卫国的国君看到他失魂落魄的样子，没有好好招待他。他们只能继续赶路，路上很饿，只能向沿途的村民讨要吃的。村民看重耳寒酸，给了他一块泥土。重耳非常生气，但是身边的大臣却安慰他说："土象征着土地，他们在表达对您的臣服，您应该接受。"重耳虽然知道老百姓可能在嘲笑他，但是依然规规矩矩地感谢村民，并且把泥土装上车，向齐国走去。这个举动感动了百姓。

重耳来到齐国后，齐桓公隆重地接待了他。齐桓公很有远见，他觉得重耳未来一定很有前途，还把同家族的少女齐姜嫁给了重耳，给齐姜二十辆马车作为陪嫁，每辆马车都有四匹马拉着。于是重耳在齐国过上了安逸的生活。

二、重耳上位，是为晋文公

虽然重耳在齐国生活得非常舒适，但是重耳手下的重臣和追随者都想让他回到晋国去夺权。有一次，齐姜的侍女在桑树上听到了他们的密谈，就把这件事告诉了齐姜。齐姜听后将侍女杀掉，然后让重耳赶快离开齐国。重耳说："人活着就是为了寻求安逸享乐，我要留在齐国。"齐姜说："您是一国公子，走投无路才来齐国，现在需要报效您的国家和人民了。"重耳依然拒绝回晋国，于是齐姜把重耳灌醉，抬上马车，带离了齐国。

重耳只能重新开始逃亡生活，途中经过很多地方。他到楚国时，楚成王用诸侯的礼节招待他，重耳不敢接受。楚成王说："没关系，我把你当未来晋国的国君对待，如果你回到晋国，将如何回报我呢？"重耳说："如果以后我们在战场上相见，那我将退避三舍。"古代的一舍是三十里，三舍就是九十里。"退避三舍"成为一个成语，比喻为了避免冲突，向对方做出让步。后来当晋国与楚国交战时，晋文公果然下令让军队后退九十里，但最终晋国还是战胜了楚国。重耳在楚国住了几个月后，又继续出发，到达秦国，秦穆公也很有远见，热切地招待了他。

这时，晋惠公去世，他的儿子继位，史称晋怀公。晋怀公也非常害怕重耳，他传信给重耳说，如果你没在我规定的时间内返回晋国，我就会杀光你的其他亲人。秦穆公派军队护送重耳回到了晋国，虽然晋怀公有派军队抵抗，但是晋国的百姓都非常尊敬重耳，希望他回来当国君，所以不愿意抵抗。最终重耳回到晋国，杀死晋怀公，成为晋国的新一任国君，就是大名鼎鼎的晋文公。重耳上位后开始减免赋税，将钱财分给老百姓，资助没有财产的人，还在贸易方面降低税收，让晋国越来越强大。

但是重耳对一个人深感愧疚，那个人就是介子推。介子推是他的一个臣子，重耳在外流亡时经常食不果腹，为了让他填饱肚子，介子推想尽了一切办法，令当时的重耳大受感动。但是重耳当上君主封赏追随者时，却忘记了有功劳的介子推。

介子推是一个不慕功名的人，重耳登基后，他就跟母亲一起到绵山隐居了。后来晋文公亲自到绵山去请他，但他拒绝出来领赏。晋文公为了逼他出来，让人放火烧山，最后把介子推和他母亲都给烧死了。为了纪念这位忠臣义士，重耳下令在介子推死的那天不能生火做饭，要吃冷食，这就是寒食节的由来。寒食节在清明节的前一天。

晋文公重耳是一位特别伟大的人物。他善于抓住机会，我们要向他学习，平时注意修炼、打磨自己，当机会到来的时候，把握机会。

三、晋国内斗，国力大不如前

“晋”字的甲骨文，上部像两支倒立的箭，下部像一个日字的靶（bǎ）心，这是指箭要射中目标，有进一步、跟进的意思，晋的本意就是进。经过长期的争霸战争，春秋时期的很多小诸侯国都被大国吞并了。有的诸侯国内部还发生了变化，国家大权落在几个大夫的手里。大夫为了扩大自己的势力，积极对外征战，导致诸侯国国君的权力日渐衰弱。

到了春秋末期，一向被称为中原霸主的晋国，其国君的权力也在衰落。晋国的国政已经由四大家族把持，分别是智、赵、韩、魏，其中智家的势力最大。智伯瑶执政以后，智家已经是晋国中最强大的家族。为了使晋国更加强大，他强迫韩、赵、魏三家将自己的一百里土地和一万户百姓上交给晋国。对智家来说，一百里土地和一万户百姓是九牛一毛，但是其他三家大夫都担心这会导致自己实力下降，因此不想献出土地和百姓，然而，其他三大家族人心不齐，韩家和魏家最终还是交出了土地和百姓，只有赵家拒绝上交，智伯瑶就命令韩、魏两家联合起来攻打赵家。

公元前455年，智伯瑶率领智家、韩家、魏家的军队直奔赵家，赵家家主赵襄子带兵退守晋阳（今山西太原）。没过不久，三家的兵马就把晋阳城围住了。三家士兵攻城时，赵襄子命令赵家士兵放箭，城楼上的箭冲向围城的士兵，三家攻不进来。赵家凭借弓箭守城守了两年多，非常厉害。

有一天，智伯瑶到城外视察地形，发现晋阳城东北有条河，河水绕过晋阳城往下流，他就想，如果把河水引到晋阳城里，赵家就会被水淹没。于是他吩咐士兵在河水旁另挖一条河道，直通晋阳，又在上游筑起堤坝，拦住上游的水。这时正是雨季，水坝中的水很快就满了，智伯瑶让士兵在水坝上开口，坝中的水一泻千里，直奔晋阳而来，灌到了城里。

于是，晋阳城中的老百姓不得不在屋顶上生活，但他们恨透了智伯瑶，宁可淹死，也不投降。智伯瑶邀请魏、韩两家的家主来看水势，他得意扬扬地说：“你们看，晋阳城快攻破了。之前我还以为晋阳周围的河水能够像城墙一样拦住敌人，现在才明白它不光可以拦敌人，还可以毁掉自己的家园。”韩家家主韩康子和魏家家主魏桓子表面上赞同智伯瑶的话，但是心里暗暗吃惊，因为他们担心这样的事情发生在自己身上。

四、三家分晋，开启战国时代

晋阳被水淹后，城里的情况越来越差，赵襄子问他的门客：“该怎么办？虽然民心没变，但水要再涨起来，屋顶上也没办法生活，老百姓可能会被淹死。”有一个叫张孟谈的门客说：“现在韩家和魏家都不是心甘情愿地追随智家，只是迫于智伯瑶的权力，我们应该跟他们两家合作。”

于是赵襄子派张孟谈去跟韩、魏两家谈判。经过商谈，韩、魏两家很快就同意了赵家的想法。第二天夜里，过了三更天，智伯瑶在营帐里睡觉时，忽然听到一阵叫喊，然后他发现营里全是水。智伯瑶以为是堤坝决口，赶紧叫士兵去修，结果发现是韩、赵、魏三家引水到了智家营地。过了一会儿，水越来越大，四面八方还响起了鼓声，赵、魏、韩三家的士兵划着小船、木筏（fá）一起冲过来，智伯瑶的士兵被杀的、被水淹的不计其数，智伯瑶全军覆没，他自己也被三家的人马逮住后杀掉了。

赵、韩、魏三家做得比智家更狠毒，为了免除后患，他们开始率军攻打智家的封邑，封邑就是分封的土地。三家一次性杀了智家将近三百人，天下人都震惊了。另外，他们不仅瓜分了智家的土地，还一不做、二不休，把晋国的其他土地也都瓜分了。

公元前403年，韩、赵、魏三家派使者觐（jìn）见周朝天子，对周威烈王说："我们想要被封为诸侯。"周威烈王本来不想这样做，但是此时的周朝国力衰微，已经没有实力控制这三家，只能把他们正式封为诸侯。从此以后，韩、赵、魏三国成为中原大国，与秦、齐、楚、燕并称为战国七雄。

天下大势合久必分，分久必合。三家分晋是周朝统治期间的大事件，意味着周朝的统治越来越微弱，也标志着中国从春秋时期正式进入战国时代。一个战乱不断、百姓遭殃的时代到来了。

知识加油站

1. 晋文公的名字叫什么？

重耳。

2. 晋文公到楚国时，谁帮助了他？

楚成王。

3. 退避三舍是哪两个人之间的约定？

晋文公和楚成王。

4. 寒食节跟谁有关？

介子推。

5. “三家分晋”是什么意思？

晋国被赵、魏、韩三个家族一分为三，赵、魏、韩被封为诸侯国。

6. “三家分晋”是哪两个时期的分界线？

春秋时期和战国时代。

成语收藏夹

晋文公为了报答楚成王，在和楚国交战时主动退让了九十里地，后来比喻为了避免冲突，主动退让和回避。是什么成语？

退避三舍。

楚世家：
灭国只因一人而起

《楚世家》主要讲述了春秋战国时期楚国八百多年的历史。楚国是战国七雄之一，楚人的祖先是颛顼帝高阳，楚国在发展过程中出现了楚庄王、楚怀王、吴起等知名历史人物。楚国于公元前223年，被秦国所灭。我们从中挑选了几个重要的历史人物和事件跟大家分享。

一、一鸣惊人的楚庄王

楚庄王，原名熊旅，他是楚国一位优秀的国君。楚庄王在位的前三年，每天吃喝玩乐，荒废朝政，并且下令说："有胆敢进谏的杀无赦。"别人猜测楚庄王在韬（tāo）光养晦，也就是隐藏自己的才干，不外露自己的能力。那楚庄王是不是在韬光养晦呢？

有一天，楚庄王在宫里喝酒吃肉、欣赏歌舞时，一个叫伍举的大臣来进谏，他直接请楚庄王猜谜语。谜面是：楚京有一只大鸟，在朝堂修整三年，不鸣叫也不起飞，让人费解，请问这是一种什么鸟？楚庄王听了以后回答说："它不是普通的鸟，这只鸟三年不飞，一飞冲天；三年不叫，一鸣惊人。"从此以后，楚庄王开始励精图治，进行变革，楚国很快变得非常强大。

楚庄王是一个很有野心的人。传说在大禹治水之后，神州大地化为九州，每一个州都需要扶正袪（qū）邪的纪念物，于是大禹收集天下青铜，铸成了九鼎，每个鼎代表一个州，也代表着国家政权。夏朝灭亡以后，九鼎由商朝国君掌管，后来商纣王荒淫无道，周武王伐纣，九鼎就归周朝所有。到了春秋时期，楚庄王称霸天下，讨伐陆浑戎族途中，楚军驻扎在洛水流域，竟直接在周王室所在的城郊外练兵。周定王派大夫去慰问，楚庄王询问大夫九鼎有多重，这就暗示他有夺取周朝天下的野心。成语"潜图问鼎"由此而来，比喻暗中图谋王位。

楚庄王不仅有韬光养晦的修养，有潜图问鼎的野心，还有宽大的胸怀，有一件事可以证明，那就是绝缨大会。这件事被记录在西汉刘向写的《说苑（yuàn）》一书中，民间还流传着多个版本。相传有一次，楚庄王宴请楚国的文武大臣，兴致正浓时，他叫自己的宠姬许姬给大臣们敬酒。许姬敬酒敬到一半时，突然一阵风把蜡烛吹灭，宴会上一片黑暗。这时许姬大喊有人拉我衣服，她非常生气地扯掉了那人帽子上的缨饰。许姬回到楚庄王身边，对他说："大王，刚才有人拉我衣服，那人帽子上的缨饰已经被我拔下，请您找到他后严惩。”楚庄王心想：按照楚国的法令，戏弄国君宠姬的人要被杀掉，但因为这点小事杀自己手下的爱将不值得。楚庄王思考许久后说：“先不要点蜡烛，我们来做一个游戏，请大家把自己帽子上的缨饰扯下来。”于是大臣们都扯下了帽子上的缨饰，这时楚庄王才命人重新点燃蜡烛。许姬非常生气，但楚庄王说：“可能是那人不小心，为了这点小事杀人不值得。”

第二年，楚郑两国交战，楚国一位叫唐狡的将军带领士兵杀敌，为战争的胜利立下大功。在庆功会上，楚庄王重赏了这位猛将。但是这位将军跪在地上痛哭说：“大王，当时是我在宴会上拉了许姬的衣服，我在战场上拼命就是为了报答您的不杀之恩。”

公元前591年，楚庄王去世，谥号为“庄”，后世对他的评价基本上都是积极正面的，他的优良品质非常值得我们学习。

二、吴起主持变法，楚国日益强大

说到楚国，不得不提吴起。吴起是卫国人，早年跟随曾子学习，在鲁国当官，后来被鲁穆公怀疑，就去投奔魏国。魏文侯任命他为主将，大破秦军。他还改革了魏国的兵制，创立了战斗力非常强大的魏武卒。但后期他又受到魏武侯的猜忌，只得离开魏国，去楚国发展。楚悼王早就听说吴起有才能，很快将他封为丞相，吴起在他的支持下，推行变法，大展宏图。

楚国为什么要实行变法？春秋时期，奴隶制瓦解，地主阶级取得夺权斗争的胜利。楚国地广人多，能够调集百万大军，在战国七雄中是一股举足轻重的力量。但由于政治腐败，当时只有贵族有发言权，地主阶级没有权力，所以经济非常落后，国力一直萎（wěi）靡（mǐ）不振。楚悼王即位后，楚国连年遭受韩、赵、魏三国的进攻，不断丧失土地。在极其窘（jiǒng）迫的形势下，楚悼王不得不拿钱贿赂秦国，请求秦国的帮助。

在内外交困的形势下，楚悼王很想有一番作为，但是他没有找到合适的人才。直到吴起来到楚国，为楚悼王分析了楚国的弊端，并且指出要改变这种局面，只能明法慎令，尽快进行变法革新。楚悼王对此深有感触，于是任命吴起为令尹，主持变法。

要在全国推行变法必须取得百姓的信任，所以吴起做事非常讲信用。有一次，吴起在楚国偶遇了一位老朋友，就邀请他来家里用餐，朋友答应了，说："您先回家等我，我晚一点儿去您家。"吴起说："那我等您来了一起吃饭。"结果这位朋友到了晚上都没来赴约，吴起一直等到第二天早上，直到这位老朋友来了，才吃饭。

吴起深知法治的重要性，在总结魏国李悝（kuī）变法的经验后，他制定了严格的法律，并公布于众。为了确定法治的权威性，他采取了"倚一车辕"的方式，即在城门口停了一辆装了很多木头的车，告诉百姓说谁能把这些搬动，就给奖励。有人搬动了木头，吴起马上给了他奖励。后来商鞅也借鉴吴起的方法，立木南门。

吴起实行了“减爵禄”，废除贵族的世卿世禄制，减少每年分给贵族的钱财，对无功劳的贵族及其后代“均其爵、平其禄”，奖励有军功的人，这样就解决了分配不公的问题，提高了将士们的积极性。吴起认为“大臣太重”和“封君太众”是楚国政治管理的的两大弊端，即朝廷当中臣子权力太大，分封天下的人太多，导致国库空虚。所以吴起在废除贵族特权时，又极力削弱大臣的权力，禁止结党营私，奖励尽忠职守、不越权的官员。他还着手整顿吏治，杜绝请客吃饭的风气，要求每个人都做到公私分明，言行端正，不计个人得失，同时选贤任能，把无用之辈放逐边境参与战争。吴起还加强军事训练，提高了军队的战斗能力，让士兵平时参与耕种，禁止士兵游手好闲，保证军队的给养。

吴起推行变法后，楚国的综合国力显著提升：楚国向北伐魏救赵，收复了被三晋（韩、赵、魏）占领的陈国、蔡国等故地，将势力范围扩展到黄河岸边；向南平定百越，疆域拓展至江南，夺得洞庭、苍梧等地。在战国七雄中，楚国地界辽阔，赢得了各国的钦（qīn）佩。

楚国强大了，吴起的结局却很惨，因为吴起变法触动了权贵集团的利益。公元前381年，楚悼王病逝，旧贵族发动叛乱，包围王宫，乱箭射死了吴起。楚肃王继位后，处死射杀吴起的人，受到牵连灭族的有七十多家。

吴起变法以失败告终，但是楚国的军事、经济等实力得到了增强。变法也有很多积极意义，影响了后世，比如秦国的商鞅变法，就有很多措施借鉴了吴起变法。

三、“休楚”政策的玄妙

吴起死后，楚肃王不想再打仗，但邻国魏国却因为觊（jì）觎（yú）楚国土地，不断地发起战争。虽然楚军战斗力很强，但每次一打仗就失败。好在楚国国土辽阔，利于防守，除非被敌人一鼓作气侵占全国，否则绝不会被轻易占领。

但在这时，形势发生了变化，魏国两侧崛起了两个非常强大的国家：齐国和秦国。魏国的主力军队被齐国消灭，这让楚国有了喘息之机。在魏国和齐国交战期间，楚国修整国力，实行休楚政策，静观中原地区的变化。楚肃王的弟弟楚宣王执政三十多年，楚国一直奉行休楚政策，国土面积变得更加广阔，军队整齐，士兵和马众多，楚国的国力更强了。

楚威王继位后，逐渐结束休楚政策，楚国大规模地介入中原战争，开始攻打魏国。魏国知道自己已经不再是楚国的对手，于是拉拢楚国加入对抗齐国的战斗。楚威王也想在中原树立权威，就加入了这场争斗，与齐国开战。楚国领土版图已深入西南腹地，兵力强劲，但齐国也很强大，所以他们谁也无法彻底打倒谁，秦、齐、楚形成了三足鼎立的局面。

四、被张仪连坑两次的楚怀王

楚威王去世后，楚怀王登基，他是战国时期楚国的第三十七位国君，让楚国的实力和影响力达到了巅峰。

楚怀王一继位就寻找有才能的人进行改革，例如大名鼎鼎的文学家屈原。在军事上，楚国战胜了魏国，消灭了越国，国土面积空前增长；在经济上，楚国开辟了海上丝绸之路，与西亚、南亚的一些国家进行了经济交流，这也从侧面证明了楚国的强大。除此之外，楚王为了方便做生意，特地为自己的商队铸造了用于免税的金节。从享受国家税收的角度来看，楚国已把商业控制在官府手里，老百姓可以做买卖，但国家要收税。

既然楚怀王这么厉害，最后为什么会失败？原因要从他的人生经历中寻找。楚怀王一生中经历的最奇葩（pā）的事情就是被同一个人骗了两次，这个人名叫张仪，是秦国的说客。张仪对楚怀王来说就像麻醉剂，楚怀王总是在他面前被冲晕头脑。为什么张仪会反复欺骗楚怀王？

因为当年张仪曾经想留在楚国发展，但是有一次他与楚国相国一起饮酒，结果相国的玉璧丢了，相国便怀疑是张仪所偷，将他打成重伤，这导致张仪怀恨在心。之后，张仪去了秦国，并得到了重用，在公元前328年，他被秦惠王任命为相国，一人之下、万人之上。

秦国想攻打齐国，但又担心齐国和楚国的联盟关系，于是派张仪出使楚国。张仪来到楚国后，首先假意吹捧楚怀王，然后说秦楚两国之所以不友好，是因为齐楚两国的关系太紧密，而秦国国君非常痛恨齐国，假如楚怀王能关闭关口，与齐国断交，秦国会给他六百里土地。楚怀王听了非常高兴，把相国的官印给了张仪，言外之意是，楚国随时欢迎张仪来。楚国君臣都高兴得忘乎所以，立即与齐国断交，坐等秦国奉上土地。

这时，楚国有一名叫陈轸（zhěn）的大臣劝谏楚怀王，说："秦国因齐楚联盟才重视楚国，现在我们还没有得到土地就跟齐国断交，是万万不可行的。如果秦国真的想要与我们交好，应该先奉上土地。如果我们先和齐国断交，再去索取土地，万一秦国反悔，就是竹篮打水一场空，还平添了西侧的忧患。如果此时被攻击，我们就会腹背受敌。"

但楚怀王没有听从陈轸的意见，与齐国断交了。之后他派人跟随张仪到秦国索要土地。但张仪一回到秦国，就假装从车上摔下，在家养伤三个月，最后并没有把土地送给楚怀王。直到这时，楚怀王都没有怀疑张仪的话，竟然觉得是因为楚国与齐国断交不彻底，所以秦王才没奉上土地。于是他派人到齐国，大骂齐王，正式断绝齐国跟楚国的联盟。

张仪得到消息后，却说自己当初说的是六里地，而非六百里地。楚怀王收到答复后愤怒不已，第二年春天派兵攻打秦国，结果惨败而归，八万将士阵亡，还丧失了大量土地。这让楚怀王更加愤怒，便动用了全国兵力和秦国拼杀，结果又失败了。就在此时，韩魏两国趁火打劫，一起攻打楚国，楚国只能撤兵回援。

纵横家苏秦曾经说："纵合则楚王，横成则秦帝。"意思是，如果楚国能够合纵成功，联合六国抗秦，将会一统天下。但如果让秦国顺利连横，各个击破，那秦国就会横扫六国。最后果然如他所言，秦国连横成功，一统天下。

五、楚怀王客死他乡

楚国撤兵后，秦国又派使者出使楚国说：“咱们休战，我们愿意奉上汉中郡一半的土地。”楚怀王说：“我不要土地，你们把张仪送过来。”通过这句话可以看出，楚怀王缺少政治家的胸怀。作为国君，要以大局为重。

秦惠王觉得为难，张仪却不在乎，主动要求再次出使楚国。张仪到了楚国后立刻被抓住，但他暗中贿赂了楚国的一位大臣，叫靳（jìn）尚。靳尚收钱后，在楚怀王面前吹捧张仪。靳尚又找到楚怀王的宠姬郑袖，说：“秦王非常喜欢张仪，可是大王却想杀他。现在秦王想用六个县来贿赂楚王，还要把美女送给他，这会危及您的地位，请夫人赶紧劝谏国君，不要杀掉张仪。”郑袖听了，连忙为张仪说情。在这几个人的共同努力下，楚怀王将张仪放了。张仪出狱后，受到了楚怀王的热情款待，他不仅全身而退，还完成了秦惠王的使命。

这时，出使齐国的屈原回到了楚国，他问楚怀王为什么不杀了张仪，楚怀王这才意识到有问题，但是为时已晚。所以楚怀王在一条河里淹了两回，面对同一个国家——秦国，同一个人——

张仪，他竟然毫无明辨是非曲直的能力。

后来楚国送到秦国做人质的太子杀了人，私自逃回了楚国，这是大事。秦国以此为由，联合齐国、韩国、魏国一起攻打楚国，夺取了楚国八座城池后，借口签订盟约，将楚怀王扣留在了秦国。楚怀王被软禁后，他儿子并没有去救他，而是自己在楚国称王了。最终楚怀王客死秦国。

《楚世家》中有一句话是："楚人皆怜之，如悲亲戚。"意思是当秦王把楚怀王的棺材送回楚国时，楚国人民都很爱怜他，好像死了自家亲戚一样。

其实，楚怀王为老百姓做过很多好事，百姓也享受过国富民强的好时光。但渐渐地，楚怀王被金钱和土地蒙蔽了双眼，还流放了屈原，逼得他投江自尽，最后导致了诸多的历史悲剧。这也启示我们要保持清醒的头脑，面对金钱的诱惑，要坚守本心，才能成就一番事业。

知识加油站

1. 吴起变法是在哪里开始实行的？
楚国。

2. 吴起变法曾对后世的哪场变法产生了影响？
商鞅变法。

3. 楚怀王曾经任命哪位大臣进行改革？
文学家屈原。

4. 楚国哪位国君开辟了海上丝绸之路？
楚怀王。

5. 楚怀王听信了谁的话，和齐国断交？
张仪。

成语收藏夹

1. 比喻隐藏才能不外露，是什么成语？
韬光养晦。

2. 根据楚庄王说的“此鸟不飞则已，一飞冲天；不鸣则已，一鸣惊人”而来，比喻平时没什么突出的表现，一下子做出惊人的成绩。这是什么成语？
一鸣惊人。

3. 楚庄王问周朝的使者九鼎有多重，暗示他有夺取政权的野心。这是什么成语？
潜图问鼎。

郑世家：一只乌龟引发一桩惨案

《郑世家》主要讲述了春秋战国时期诸侯国郑国四百多年的曲折发展史，郑国以诗乐文化闻名于世，在公元前375年被韩国所灭。郑国历史上的历史名人也很多，我们还是选几个重点人物来讲述，希望大家能够从中把握郑国历史的主要内容。

一、郑庄公克共叔段的故事

郑国曾经非常强大，在郑庄公统治时期达到鼎盛。郑庄公姬姓，郑氏，名寤（wù）生，是郑国的第三代国君。

郑庄公的父亲是郑武公，根据《史记》记载，郑武公娶了一个名叫武姜的申国人为妻，武姜生下了郑庄公寤生和他的弟弟叔段，叔段是郑庄公的弟弟。武姜生郑庄公时难产，他不是头先出来，而是脚先出来，吓到了武姜，武姜便给他取名“寤生”，意思就是胎儿出生时脚先出来；但弟弟叔段出生的时候是顺产，武姜因此厌恶他而偏爱他弟弟，还想立他弟弟叔段为太子。她多次请求郑武公立叔段为太子，郑武公都没有同意。因为在那个时代实行嫡长子继承制，所有国君都是立长不立幼，只有嫡长子才能成为继承者，做未来的国君。

之后郑武公去世，太子寤生即位，史称郑庄公。他登基后，母亲武姜跟他说：“你看你弟弟也挺不容易的，给他分一块好地儿吧。”于是郑庄公将京邑分封给了叔段，并封他为太叔。

按照惯例，臣子的城墙不可以修得太高，以防臣子反叛，国君无法攻城。但是叔段把自己所在封邑的城墙修得非常高。郑庄公没有干预这件事。后来叔段又把原来属于郑国西北和北方的边境小城占为己有。这些做法彰显了他的野心。对此，郑庄公对大臣说：“没有关系，不必管他，他那些错误的想法会让他自己遭殃的。”郑庄公为什么不管？因为他在等待叔段壮大势力，等他决心反叛，到那时就可以将叔段的势力一举歼灭。

叔段继续将城墙修高，又铸造兵器，训练战马，聚集百姓。终于他的野心藏不住了，于是让武姜在王城做内应，准备反叛偷袭王宫。这时郑庄公说：“可以出击了。”随后他让将军带着士兵、战车和战马去攻打叔段，而此时的叔段也因背叛国君，很快就失去了百姓的支持，最终只好逃到共国，所以历史上称他为“共叔段”。

武姜给叔段做内应，郑庄公很生气，把她送到了颍（yǐng）

城，并且发誓说跟她不到黄泉不相见，也就是说，只要他还活着，就不跟母亲见面。但是过了一段时间，郑庄公就后悔了。

这时有一位叫颍考叔的官员给郑庄公提了一个建议："我们可以在地下挖通道，您和武姜在地道中相见，这就不会违背您的誓言了。"郑庄公采纳了他的意见，通过地道去见了武姜，与她恢复了母子关系。在历史上，颍考叔也是一个孝子，他不仅孝顺自己的母亲，他的孝顺精神还深深地影响了郑庄公。

这就是史书中记载的"郑伯克段"的故事，最后的结局是作为君王的哥哥战胜了有野心的弟弟。郑庄公在统治期间，稳定政治局势，大力发展经济，大大增强了郑国的实力。郑庄公于公元前701年去世，享年57岁。

二、一只乌龟引发的惨案

郑国历史上还发生过一件让人震惊的事：一只乌龟居然引发了一桩惨案。

郑灵公在位时，郑国有两位大臣，一位叫公子宋，一位叫子家。一天早上他们上朝时，公子宋的食指突然动了一下，于是他对子家说："今天有好吃的了，不知道可以吃到什么美味。"按现在的话来说，公子宋这是有特异功能，只要有美食吃，他的手指头会先感觉到。有一个成语叫"食指大动"，就是从这儿来的。

就在子家半信半疑时，郑灵公让厨师把一只乌龟煮了，给大家尝一尝，原来昨天楚国派人送来一只大乌龟。公子宋和子家在朝堂上笑了出来。郑灵公好奇地问他们在笑什么，子家赶紧回答说："公子宋很厉害，他的手指很灵验，有美食可以吃时，他的食指就会动。"

郑灵公听后说："谁说他手指很灵验？我还没有验证呢。"侍从分汤分到公子宋的时候恰好没有了，这时郑灵公笑着说："你的食指也没有那么灵验嘛。"没想到公子宋竟然走到郑灵公的座位前，把食指伸到用来装汤的鼎里，蘸（zhàn）了一下说："我不是尝到美味了吗？"这就是"染指"一词的来历。

郑灵公看到公子宋在文武百官面前这么胆大妄为，藐（miǎo）视国君的权威，非常生气，想杀了公子宋。但公子宋也是一个狠角儿，他感觉到了危险，居然抢先一步杀了郑灵公，这在古代可是大不敬。公子宋灵验的食指不但让自己品尝到了美味，也让自己背负了弑君的恶名。

为什么公子宋只是用手指蘸了一下装在鼎中的汤，郑灵公就要杀死他呢？这两个人不是因为汤斗气，而是因为鼎在春秋时期是权力的象征，任何人未经君王允许都不能随意沾染或者拿取鼎里的东西。如果动了鼎里的东西，就代表你有窃取君王权力的野心，是对君王统治地位的挑战。因此人们用"染指"来比喻谋取非分的利益，后来也指插手某件事。

在这场由一只乌龟引发的变故结束之后，郑国大乱，公子宋最终也被杀掉了。

三、子产铸刑鼎，郑国再次强大

郑国虽然在春秋战国时期算不上强国，但也曾在郑庄公统治时期成为小霸主。郑庄公去世后，郑国就慢慢衰落了。直到两百多年后子产开始主持国家的政事，郑国才再次出现振兴的局面。

子产是郑穆公的孙子，正宗的王室出身，在很小的时候就非常有见地。公元前543年，子产主政，虽然他不是国君，但却对郑国的发展发挥了至关重要的作用。此时正处于春秋中后期，国家的政治权力中心不断下移，君王的权力衰微，诸侯和士大夫的权力不断扩大，甚至连他们的家臣都变得非常重要。

在子产主政时，郑国发生了一件被载入史册的事情。子产陪国君郑简公到晋国出访时，晋国国君晋平公非常轻视郑国，以要给刚逝世的鲁国国君致哀为借口，不见他们，并且没有说什么时候会见他们。在晋国住了几天后，郑简公越来越慌张，就问子产："怎么办？晋国国君既不见我们，也不放我们出去。"子产于是吩咐随从人员把馆舍的围墙拆了一部分，让停在墙外面的郑国车马进入院子。

晋平公知道后很生气，派大夫去责问子产："我们修高墙是为了防止盗贼。你们把馆舍的墙拆掉了，怎么保证其他宾客的安全？"这个时候，子产说了一番话，让晋平公的态度来了个180度大转变。子产说："晋文公在做盟主的时候，将自己的宫殿建得很小，外表装饰也不华丽，但是把接待来宾的馆舍修建得十分宽敞，非常舒适，宾客来了都有人照应。晋文公对待来宾的事情，就好像对待自己的事情一样，宾客有任何困难他都会帮助，给人一种宾至如归的感觉。”这就是成语“宾至如归”的出处，用来形容旅店或饭店招待客人非常周到。子产还说：“晋文公从来不让宾客多等，再忙也得出来见面。现在晋国国君的宫殿修建得富丽堂皇，而我们宾客住得这么差，车辆都进不了大门。我们郑国希望仰仗强大的晋国，这次来带了不少礼物，可是宾馆的门这么小，马车进不来，只能停在墙外面，万一财宝被抢了怎么办？我们只能把墙拆了。如果你们能够早一点儿让我们献上礼物，我们就能早一点儿把墙修好，不给你们添麻烦。”晋平公听完大夫转述的子产的话，非常羞愧，立刻安排时间会见郑国国君，并对子产大加赞赏。

子产还做过一件很重要的事——铸刑鼎。这件事情发生在公元前536年，子产派人把法律条文铸刻在象征王权的大鼎上，公布于众，让国人知道做什么样的事情是犯法的，以及如果犯法会受到什么样的惩罚。这个举动在当时产生了巨大的反响。因为在春秋中末期，拥有土地的地主阶级开始登上政治舞台，但是当时国家权力掌握在奴隶主和世袭的贵族手中，地主阶级没有话语权。子产把规章制度铸在鼎上，目的就是告诉所有人，无论你是地主阶级还是贵族阶级，都受到法律的约束。如果有人不遵守法律，就会受到法律的制裁。

子产做出铸刑鼎的决定后，受到了不同国家的强大压力。将法律公之于众，对郑国内部也有触动，子产冒了极大的风险才做成。子产铸鼎的举动提高了法律的透明度，打破了贵族对法律的垄断，有利于遏（è）制贪赃（zāng）枉（wǎng）法的行为，对政治开明乃至对整个郑国未来的发展都具有极其重要的意义。

郑国在经历子产主导的一系列革新后，国力开始变得强大，进入了一个兴盛的阶段，历史上称为中兴阶段。子产在执政期间，既维护了郑国王室的利益，又限制了贵族的特权，还进行了自上而下的改革，的确是功不可没。

知识加油站

1. 春秋时期著名的政治家子产是哪国人？

郑国。

2. 子产做了中国历史上第一次公布成文法典的活动，叫什么？

铸刑鼎，也就是把刑律刻在鼎上，让老百姓都能看到。

成语收藏夹

1. 指郑国的公子宋每次发现好吃的，食指都会先动一下，后形容看到好吃的东西而贪婪的样子。这是什么成语？

食指大动。

2. 客人到这里就像回到自己家一样，形容招待客人热情周到。这是什么成语？

宾至如归。

赵世家：
一时贪婪酿（niàng）成灭国大祸

《赵世家》主要讲述了战国七雄之一的赵国一百多年的历史。公元前403年，韩、赵、魏三家分晋，赵烈侯赵籍被封为诸侯，建立赵国。公元前222年，赵国被秦国所灭。

我们在第一册中讲过赵国因为赵武灵王的“胡服骑射”而变得十分强大，此外，还有廉颇、蔺相如等人坐镇，在各诸侯国中绝对是强者，秦始皇的老爸异人就曾被送到赵国做人质。我们今天一起来看看如此强大的国家是怎么被灭的。

一、赵国接受韩国土地，引来大批秦军

赵国在历史上赫赫有名，但经过长平之战后，最终被秦国消灭。长平之战发生在战国时期的秦、赵两国之间，当时秦国奉行

“远交近攻”的策略：与距离比较远的国家成为好朋友，攻打距离比较近的国家。公元前262年，秦国国君秦昭王想吞并他国的领土，于是盯上了离自己最近的韩国。此时的赵国是非常强大的新兴国家，也是战国七雄之一。

秦国最初没想攻打赵国，只想先灭弱韩。韩国国君深知自己无法打败秦国，就想通过献土地的方式来求和。这时韩国上党郡的郡守冯亭坚决不肯，他派人跟国君说：“我们的土地不能献给秦国，而应该献给赵国。赵国接收土地后，就会跟我们一起联合对抗秦国。”这个观点非常有远见，他知道把土地献给秦国是羊入虎口，但如果献给赵国，以后赵韩两国还有可能和平共处。

赵国此时的国君是赵孝成王，他很纠结到底要不要收下韩国的土地。如果收下土地，就会得罪秦国，但是大肥肉在嘴边，他又馋得直流口水。犹豫再三，他召见了平原君赵胜，赵胜是战国四公子之一，很有名气。赵胜说：“我们要接受韩国献上的土地，因为就算发动百万大军，经年累月地攻打，也不一定能攻下一座城池，现在我们马上就可以坐享十七座城池，不能失去这个大好的机会。”赵孝成王同意了平原君的观点，随后问他：“接受土地后，秦国肯定会派大将军白起来攻打我国，到时派谁去抵抗？”平原君回答说：“派廉颇去。”于是，赵国接受了韩国的土地，算是跟秦国结下了梁子。

秦国果然派白起来攻打赵国，赵孝成王派廉颇迎战。秦赵两国交战时，廉颇输掉了第一仗，因为秦国真的很厉害。但廉颇不愧是一个优秀的军事将领，他很有战略眼光。廉颇知道自己打不过秦国，就筑起围墙，在营垒里不出来，等秦军攻打时就放箭雨。秦军消耗体力时，赵国士兵就养精蓄锐，以逸待劳。在这场战斗当中，秦军的体力差点儿被消耗殆（dài）尽。

眼看就要撑不住了，秦国就开始用计了。秦国的丞相范雎派人带着千金到赵国实行反间计，散布谣言说廉颇很容易对付，秦国最害怕的是赵奢的儿子赵括。如果他来了，秦国必败无疑。三人成虎，赵孝成王最后信了谣言，决定换掉廉颇，任命赵括为主将。秦国的反间计获得成功。

二、长平之战，赵国惨败

赵括从小熟读兵书，在别人面前讲起兵法时，头头是道，但是却从来没有实践过，所以他只会空谈理论。成语“纸上谈兵”就源自他的故事，指在纸面上谈论打仗，比喻空谈理论，不能解决实际问题。

此时，秦军的主将是白起。白起用兵如神，赵括只会纸上谈兵，而战场是瞬息万变的，只用理论应对，根本就没有机会赢得战争。白起到底多会用兵？他断了赵国的粮道，导致赵军的主力持续断粮四十六天，大量赵军士兵因为饥饿和突围失败而死。士兵没有食物，只能相互残杀。最终，包括赵括在内的一些将军和士兵被乱箭射死，还有一部分被秦军抓走了。

赵括死后，赵国军队因为没有主将，伤亡惨重，无法再战，剩下的士兵只能向白起投降。白起说："赵国士兵反复无常，今天说这个，明天做那个，说话不算数，如果不把他们全部杀掉，恐怕再生事端。"据史书记载，白起命令秦国的军队将赵国的将士全都活埋，只留下了年纪尚小的二百四十名士兵。

这就是著名的长平之战，秦国军队前后消灭赵国士兵四十五万人，大获全胜。赵国经过这一战元气大伤，举国上下一片震惊，他们再也没有力量与秦国对抗了。

秦国这一仗，从根本上削弱了六国中最强劲的对手赵国的同时，也给其他的诸侯国以强大的震慑，秦国统一天下的形势已不可逆转。长平之战标志着以列国林立、兼并战争频发为时代特征的战国即将终结，一个史无前例的中央集权的大帝国即将出现。

长平之战是战国时期，乃至中国整个封建社会历史上参与人数最多的战争，惨烈程度在冷兵器时代非常罕见。这场战争给了我们很多启示，在中国军事科学理论和实践的研究中，很多人都非常重视这场战争中使用的战略和战术。当我们现在回顾这场战争的时候，关注更多的不是它的血腥程度，而是我们从中得到的启示——做事不能空谈理论，要学会根据实际情况的变化来灵活应对。

长平之战后，秦国终于可以笑傲群雄了，而赵国只能逐步退出历史的舞台。赵国由于统治者利欲熏（xūn）心，一步步走向亡国。他们看到的只是眼前的利益，而忘记了身后巨大的危险。

知识加油站

1. 纸上谈兵的主角是谁？
赵括。

2. 赵孝成王用赵括换掉了哪位大将？
廉颇。

3. 历史上的哪场战役严重削弱了赵国的实力？
长平之战。

成语收藏夹

指在纸面上谈论打仗，比喻空谈理论，不能解决实际问题。这是什么成语？
纸上谈兵。

魏世家：为什么受伤的总是魏？

一、李悝变法拉开诸侯国改革的序幕

魏国是周朝的一个诸侯国，也是战国七雄之一。公元前403年，三家分晋后，魏国才正式被封为诸侯国。魏国的地理位置特殊，领土包括今山西南部、河南中北部、陕西东部、河北南部和江苏北部，地域面积很大，四周紧邻不同的国家。魏国西靠秦国，东邻齐、宋两国，西南与韩国接壤（rǎng），南侧有楚国，北面有赵国。这意味着魏国处在中央，四面都是敌人，经常被别国攻打，由此魏国的国君非常有忧患意识。

魏国有一位国君叫魏文侯，为了使魏国更强大，他决定推行变法。他任用李悝为相，令他主持变法工作，这场变法就是历史上赫赫有名的李悝变法。在战国二百五十多年的历史中，魏国是最早因变法而强盛的国家。李悝生活的年代是战国初期，那时封建经济已经占据社会经济的主导地位，但是整个社会还属于奴隶社会，新建立的封建政权正面对着奴隶主和贵族势力的巨大挑战，国家必须保护新兴地主阶级的利益，要让有土地的地主阶级拥有权力，否则就会限制国家的发展。因此，只能进行改革。

李悝变法主要包含四大方面。第一，废除奴隶社会的世袭制度。世袭制下，贵族不论品格能力，都能承袭家族的爵位和官位，这种制度存在很大的局限性，万一贵族的后代中出了一个草包呢？——所以要根据个人能力选拔官员。第二，废除国家对土地的限制，允许土地私有，土地可以自由买卖，李悝把土地分给农民，鼓励农民开荒种地。在以前，农民是没有土地的，只能给贵族耕地，缺乏积极性。第三，实行法治，这个特别重要。李悝在魏国建立了完备的法律体系，还制定了《法经》。《法经》对国家的法令、政府的职能、官员的升迁奖励、军功的奖励都有详细规定，是中国古代第一部比较系统的封建社会的成文法典。但非常遗憾的是，它已经失传了。第四，改善军事制度，对军队进行考核，奖励其中的优秀者。按照不同士兵的作战特点，重新对他们进行编排。

李悝改革的结果是：废除了官员的世袭制度，从这时开始，魏国的精英开始掌管国家；改变了土地政策，百姓不断地开荒种地，魏国的耕地面积快速增长，中国历来是一个农业大国，有粮食就有了一切；奠定了中国封建社会制度的基础；让魏国拥有了一支强大的军队，在当时的战国军事界，基本上已没人能和魏国抗衡了。这四项改革的实施，不仅在当时成就了魏国的腾飞，也给其他国家提供了经验，其他诸侯国纷纷效仿魏国进行变法。后面的吴起变法、商鞅变法等都是从李悝变法中找到灵感的。

李悝的改革不仅使魏国很快强盛起来，在中国历史上也具有重大的意义。从李悝开始，战国时期的政治、法律、军事、经济、文化的革新开始深入，整个社会结构和制度有了深刻的变动，中华文明进入更广泛、更深刻的阶段。李悝变法是中国封建社会第一次成功的变法。此外，魏国首先确立了土地私有制和个体小农经济，也象征着中国历史上封建制度的正式确立。

二、庞涓大军攻赵，孙膑围魏救赵

战国后期，秦国一步步强大起来，魏国被秦国打败。魏国当时的国君魏惠王看到魏国内外交困，国力渐渐衰败，非常焦急。他明白，想让国家强大，必须靠人才。这时，庞涓和齐国人孙膑出现了。庞涓和孙膑是师兄弟，都曾跟随鬼谷子学习军法，关系非常好，还结拜为兄弟。庞涓听说魏惠王招贤就来应聘了，魏惠王立即让他担任了大将军。在带兵打了几场胜仗后，庞涓得到了魏惠王的信任。

就在这时，孙膑出现了。他觉得魏国对待人才的态度不错，也来到魏国找机会。因为魏国需要人才，魏惠王也让孙膑担任了一个重要的官职。但一山容不下二虎，庞涓是一个心胸狭窄的人，他知道孙膑的才能高于自己，还比自己好学。为了不让孙膑超过自己，使得自己失去地位，庞涓设计陷害了孙膑，让魏惠王认为孙膑私通齐国，是齐国派来的内奸。魏惠王居然相信了庞涓的话，派人砍去了孙膑的双脚，还派人在他的脸上刺字，这在当时是莫大的耻辱。从此以后，孙膑就没办法走路了，只能坐轮椅。他非常难过，但过了一段时间他才终于知道，原来自己是被庞涓陷害的，于是他通过装疯卖傻的方法逃离了魏国。

当时齐国的国君齐威王知道孙膑很有能力，就把孙膑接到了齐国，拜为国师。公元前353年，魏国为了扩张版图，开始攻打赵国。赵国跟齐国关系很好，赶紧向齐国求救。齐威王答应后，任田忌为大将军、孙膑为军师去支援赵国。田忌的计划是直奔前线，与魏军的主力交战，以解赵国之围。但孙膑不同意，他认为不能和魏军硬碰硬，魏国出兵攻打赵国，因此魏国的精兵强将都在赵国都城邯郸，只留下一些老弱病残在国内。齐国不如直接攻打魏国的国都大梁，庞涓知道后一定会放弃邯郸，班师回朝相救，这样再在路上截住魏国的军队，既可以解邯郸之困，又可以截击魏军，一举两得。

田忌采用了孙膑的计谋。庞涓很快就知道了齐国要攻打大梁，于是带领魏军立即撤回大梁去营救。由于魏国军队长期围攻赵国，消耗了大半实力，再加上急行军，士兵疲惫不堪，埋伏在桂陵的齐军得以大败魏军，还生擒了庞涓。最终，魏国死伤两万多人，被齐国重创。这就是历史上赫赫有名的桂陵之战，由此也衍生出一个成语，叫“围魏救赵”，指攻击敌人后方，迫使敌人结束战斗，撤回兵力去自救。齐国能战胜强大的魏国，是因为得到了孙膑和田忌这样的人才，他们用自己的智慧帮助齐国获胜。由此可见，人才对国家的强大和发展起着非常重要的作用。

围魏救赵还给我们一个启示，就是人应该努力做好自己的工作，接受比自己厉害的人。庞涓其实很厉害，但他心胸狭窄，没有肚量。既然是同学，还是好兄弟，何必非要弄个你死我活呢？我们做人做事都应该心存善念，庞涓的做法就是搬起石头砸自己的脚。如果当时庞涓大气一点儿，和孙膑携手为魏国出谋划策，那魏国的结局会不会不一样呢？

此外，历史上还有一件事情和魏国关系密切，也与救赵国相关，也被《史记》记载下来，这就是信陵君“窃符救赵”的故事。战国后期，秦国四处攻打其他国家，一直打到了赵国的都城邯郸。赵国根本没有力量抵抗，只好向魏国的信陵君和魏王求救。魏王收到求救信后，立即派大将晋鄙（bǐ）带领十万大军支援赵国。但在秦王的威胁下，他们只能按兵不动。信陵君听取门客侯生的建议，找到魏王最宠爱的如姬，请如姬偷了他身上的兵符，发动魏国大军打败秦军，救了赵国。详细故事我们将会在第四册的列传部分给大家讲解。

三、水淹大梁，魏国灭亡

历史上强大的魏国到底是如何灭亡的？提到魏国灭亡，就不得不说起开封，开封是现在非常著名的历史文化名城。历史上流传着一句话："开封城，城摞（luò）城，地下埋着几座城。"而埋在开封地下最早的古城就是魏国的都城大梁，它是魏国灭亡前的最后一道屏障。

秦国在信陵君窃符救赵的事件中，认识到信陵君对诸侯有一定影响力，且具有非常高的指挥能力，于是使用反间计，使得魏国国君收回了信陵君的兵权，信陵君因此酗（xù）酒消沉而死。信陵君死后，魏国失去顶梁柱，注定要灭亡。

公元前246年，大名鼎鼎的嬴政正式继承秦国王位，任命吕不韦为宰相，开始攻打其他诸侯国。此时魏国的国力非常微弱，在与秦国大将白起交战后，韩魏联军被歼灭二十四万人。韩魏两国只能割地给秦国，以求得暂时的平安，其中魏国割让了四百多里土地，韩国割让两百多里土地。但是割让土地只能满足秦国暂时的需求，终于，秦国再次起兵攻打魏国，秦军势如破竹，一直攻打到魏国都城大梁城下，杀掉魏军四万多人。失去信陵君的魏军可以说是不堪一击，魏国又失去了大部分土地，自己的国都大梁还被围困，危在旦夕。在这时，已经没有能够支援魏国的诸侯国了，因为其他国家的主力部队也都已经被秦国消灭，只剩下一些残余势力龟缩在偏远地区，没有支援魏国的能力了。

但已经成为孤城的大梁让秦国的军队没了主意，因为这座城池有着悠久而光荣的抗敌史。虽然秦军围住了大梁，但是他们攻不进去。魏惠王在建造都城时煞（shà）费苦心，将城墙修得非常高大、结实，里面还准备了充足的粮草。周围纵横交错的水网，既可以给百姓使用，又可以阻挡敌人的进攻。魏国的防御体系让秦军一筹莫展。

远道而来的秦军在围攻大梁一段时间后疲惫不堪，于是开始想办法解决这个问题。秦军主帅提议："我们发现大梁城的地势比较低，同时黄河离这儿不远，我们能不能挖河道引来黄河水，水淹大梁？"之前三家分晋也使用了水淹城池的办法。

大梁城周围遍布河网，纵横交错，便于引水淹城。随着将军一声令下，士兵们开始修建堤槽、河网和堤坝。最终，河水代替了秦军的千军万马，涌入大梁城。当时正值春汛时节，水势非常大，水位比墙还高，无数魏国百姓葬身水底。经过几个月的浸泡，大梁土制的城墙已经垮塌。魏王召开了最后一次会议，跟大臣们说："我们投降吧。"最后魏国在城墙上竖起了白旗，存续了一百七十九年的魏国宣告灭亡。

司马迁在《魏世家》中写道："三年，秦灌大梁，虏王假，遂灭魏以为郡县。"意思是魏王假三年时，秦国水淹大梁，消灭魏国，让它变成了自己的一个郡县。大梁城在洪水中伫（zhù）立三个月才被秦军攻下，足以说明魏国军队和百姓有着顽强的抵抗精神。

魏国就这样在洪水中被秦国消灭了，结局非常悲壮。但这又是历史的必然，灭六国者非秦也，而是六国自己。在《史记》的很多故事中，我们可以看出，战国末期的每个国家其实都有自己的心计，但最终恰恰都败在自己的算计之下。

知识加油站

1. 中国封建社会第一次成功的变法是什么？

李悝变法

2. 中国历史上第一部比较系统的封建成文法典是什么？

《法经》。

3. 庞涓和孙膑的老师是谁？

鬼谷子。

4. 秦国灭魏国采用了什么方法？

水淹大梁。

成语收藏夹

孙膑带兵包围了魏国国都大梁，迫使庞涓撤兵回救，从而救了赵国。也指袭击敌人后方的据点，从而迫使进攻的敌人撤退。这是什么成语？

围魏救赵。

韩世家：夹缝中求生存

“战国七雄”中最弱小的国家——韩国

战国时期的韩国与魏国、赵国合称为“三晋”。它跟魏国一样，没有悠久的历史。韩国的国土面积非常小，是战国七雄中最小的一个。对韩国来说，最不幸的事就是它紧邻秦国。所以秦国一直惦记着韩国的土地和人才。

但韩国也有比较厉害的时候，例如韩昭侯在位时，任用法家的申不害为宰相，进行变革，使韩国内政修明，百姓生活富足。但因为韩国地处中原，被不同的国家包围，周围有魏国、齐国、楚国和秦国，导致韩国完全没有发展的空间。公元前230年，韩国成为战国七雄中第一个被秦国灭掉的诸侯国。尽管韩国被秦国消灭了，但申不害领导的变法曾令韩国短暂强大过。申不害是春秋战国时期诸子百家中一个非常有代表性的人物。他的变法加强了韩国的中央集权，整顿了韩国的军备，使韩国的国力大幅度增强，并且在数十年间无人敢来侵犯。

在韩国还有一个人物与申不害齐名，他就是韩非，也称韩非子。在历史上，韩非也赫赫有名，他是中国古代著名的思想家、哲学家、散文家，同时也是法家学派代表人物之一。据说秦始皇嬴政非常喜欢韩非，甚至曾说："只要将韩非送给秦国，我可以不灭韩国；如果不把韩非送给秦国，我就灭掉韩国。"用现在的话说，秦始皇就是韩非的"粉丝"。但因为李斯等人向秦始皇进谗（chán）言陷害韩非，韩非最终还是被杀了。不过韩非的法家思想影响了整个中国封建统治阶级，秦朝在统一中国之后，所用的就是韩非的法家思想。

公元前265年，秦国大举进攻韩国的上党郡，上党郡不愿意为秦所占，改降赵国，引发了长平之战。韩国虽然国土面积小，但是有一种很强大的兵器——弩。弩是中国古代的一种冷兵器，是古代兵车战法中的重要组成部分，是步兵有效克制骑兵的武器。弩主要由弩臂、弩弓、弓弦和弩机等部分组成，比弓的射程更远，杀伤力更强，命中率更高。它可以进行瞄准，对使用者要求也比较低，是古代一种大威力的远距离杀伤武器。强弩的射程可以达到六百米，特大型弩的射程甚至可以达到千米。

但是光靠兵器，不足以保证韩国的强大，最终历史的车轮还是碾过了韩国。

知识加油站

1. 韩国曾经通过哪场变法增强了国力？
申不害变法。

2. 韩国最著名的兵器是什么？
弩。

3. 在战国七雄当中，谁最先被秦国灭掉？
韩国。

孔子世家：我为儒家思想代言

一、孔子的名字是怎么来的？

孔子虽然不是春秋战国时期的诸侯，但在当时，他的名字如雷贯耳。说到孔子，就不得不提起他的家乡——山东曲阜。曲阜的“曲”是弯曲的意思，这个地方弯弯曲曲，有很多山，所以叫曲阜，古时被称为陬（zōu）邑。在山东的孔子故里还设有孔庙，是用来祭祀孔子的。历朝历代的文人墨客，以及君王都要去祭拜孔子。孔子为什么能被天下人祭拜？因为他是至圣先师，至圣是指最好的，先师是最早的老师的意思。

孔子的本名叫孔丘，“子”是对有才学之人的尊称。古人的名字一般都是在出生时由父亲或长辈起的。据说，孔子得名“丘”，是因为在他出生之前，他的父母曾在尼丘山祈祷，后来就生下了孔子。还有一种说法是，“丘”指的是小山，中间比较低，四周比较高，孔子刚出生时，头顶中间是凹陷下去的，看起来就像小山丘，所以他父亲给他取名为“丘”。孔子字仲尼。“仲”是排行第二的意思，古代家中的大儿子叫伯，二儿子叫仲，老三叫叔，老四称为季；“尼”字来自孔子父母曾经祈祷过的尼丘山。

很多人好奇古人的名和字是什么关系，为什么有了名之后还要有字？古人的字多由长辈、老师或有名望的人起，代表师长对晚辈殷切的希望。一般只有父母和长辈才能直接喊名，平辈的人喊名是对人家的不尊敬，一般是称他的字。

孔子是没落贵族的后裔，但却曾做到了鲁国大司寇（kòu）的位置。他有很多身份：他是春秋末期非常有名的教育家、思想家，同时又是儒家学派的创始人。他被放到《史记》的世家部分，足以表明他对社会有巨大的影响力，从中也可以看出司马迁很有远见，他有一套自己的看人标准。

儒家学派是孔子创立的，由孟子发展壮大。虽然孟子没有受到孔子的亲自教诲，但孟子传承了儒家思想，使儒家思想不断绵延。先秦时期，儒家与诸子百家，如法家、墨家等地位平等。直到汉朝，汉武帝为了维护自己的统治，听从了董仲舒“罢黜百家，独尊儒术”的建议，进行思想改革，才使得儒家一枝独秀。儒家的“儒”字由一个单人旁和一个需要的“需”组成，可以将它理解为人需要的内涵，包括文化、文雅、文理等。

二、孔子的祖先是谁?

据说孔子身材高大，身高一米九六，也有人说是一米九二，是名副其实的山东大汉。那时候很多古人都营养不良，长不高，孔子能有如此高大的身材，得益于他的祖先。孔子是殷商王族的后裔（yì），是微子启的弟弟微仲的后代。微子启是商纣王的哥哥，他劝谏商纣王失败后逃离商朝，跑到周朝请罪，周天子对他的表现很满意，让他做宋国的国君。微子启去世后，他的弟弟微仲继位，微仲是孔子的十四世祖。这样算起来，孔子跟商纣王还有一些血缘关系。作为宋国国君的后代，孔子遗传了祖先良好的身高基因，身材非常高大。

孔子是宋国人，为什么生活在鲁国？这和孔子的六世祖孔父嘉（jiā）有关。孔父嘉在宋国担任大司马，大司马是掌管军政大权的大臣，在朝中地位显赫。孔父嘉人品非常好，还娶了一位漂亮的妻子。但不幸的是，宋国的一个权臣觊觎孔父嘉的妻子，陷害了孔父嘉，说他治军、打仗无方。此时宋国的国君也是一个昏君，竟然听信谣言惩治了孔父嘉。关于孔父嘉的谣言也传到了宋国老百姓的耳中，激起了民愤，大家都开始责怪孔父嘉。觊觎孔父嘉妻子的权臣借机杀掉孔父嘉，抢夺了他的妻子。孔父嘉被杀后，他的家臣抱着孔父嘉的儿子木金父从宋国逃到了鲁国。从此以后，孔子的家族都在鲁国生活。

孔子的父亲叫叔梁纥（hé），他是子姓，孔氏，叔梁是他的字，纥是他的名。据《左传》记载，叔梁纥继承了祖先的优良基因，长得非常高，身体非常强壮，而且勇猛过人。他曾经为了让被伏击的士兵逃出城，仅凭一己之力，托起了非常重的城门。也正因如此，《吕氏春秋》《淮南子》等典籍才塑造了孔子力大无穷、勇猛过人的形象。大家可以多读一些史料，判断这些描述的真伪。

三、孔子的童年时光

孔子的父亲叔梁纥六十三岁了还没有一个健康的儿子。他娶的第一任妻子生了九个女儿，后来他娶了一个小妾，生了一个儿子，取名为孟皮。孟皮天生跛（bǒ）脚，当时贵族身份虽然可以世袭，但不能传给身体有残疾的儿子，叔梁纥只能想办法再生一个儿子。他请求迎娶颜氏为妾，也就是后来孔子的母亲。

公元前551年，孔子出生。因为他的父母没有举行婚礼，不符合当时的礼制，所以孔子在孔氏家族没有正式的身份。孔子三岁时，父亲叔梁纥去世了，享年七十岁左右，在那个时代已经算是高寿了。此后，叔梁纥的正妻对孔子的母亲和孔子百般刁难和欺压，逼得这对孤儿寡母不得不离开孔家，自此孔子和母亲过起了相依为命的清贫生活。

在孔子的成长过程中，对他起到关键作用的人物有两个，第一个是他的母亲颜徵（zhēng）在，第二个是他的外祖父颜襄。孔子的父亲去世时，孔子才三岁，他对父亲几乎没有任何概念。谁能成为孔子模仿学习的榜样呢？他的外祖父颜襄承担了这个重任。

孔子九岁时，他的母亲颜徵在把他带回了自己的家乡，在这里，孔子与外祖父有了更多接触。孔子的外祖父是一个博学多才的名师，精通六艺。六艺指的是六种基本技能，分别是礼、乐、射、御、书、数。其中，礼指的是礼节；乐指的是音乐；射指的是射箭的技术；御指的是驾驶马车的技术；书指的是书法，此外，书写文字、认字、作文等都属于书的内容；数指的是理数、数学。六艺是周朝贵族教育体系的重要组成部分，贵族子弟都要学习，这项制度开始于公元前1046年。

孔子九岁时，孔子的外公对他母亲说："让孔丘做我的学生吧，我来教他识字，教他做人。"于是孔子从小就跟外祖父学习。孔子能开创儒家学派，被称为至圣先师，他的外祖父功不可没。

可以说，孔丘之所以能成为孔子，得益于他小时候家庭的启蒙教育。虽然他父亲去世得早，但是他的母亲和外祖父给了他非常积极正向的影响，把他带上了正路，一代圣人也由此得以出现在我们面前。让我们一起来看看他们是怎么教育孔子的。

四、孔子十五岁立志

孔子的母亲颜徵在为了不让孔子被私生子的身份所困扰，同时避免与叔梁纥正妻产生矛盾，让孔子过上新的生活，向孔子隐瞒了叔梁纥的埋身之所。

在教育孩子方面，颜徵在很有规划，尤其注重孔子在礼仪方面的兴趣。在孔子很小的时候，她总是想办法让他参观宗庙祭祀，模仿祭祀礼仪。《孔子世家》中记载："为儿嬉戏，常陈俎豆，设礼容。"意思是孔子小的时候不像一般的孩子那样玩耍，而是经常把祭祀时存放供品用的方形和圆形的容器摆出来练习行礼。家长总希望孩子有礼仪，而孔子从小就练习礼仪并把它作为游戏。但这并不是因为孔子天生就喜欢学习礼仪，而是孔子的母亲在后天刻意培养的。

在母子二人搬离孔家后，颜徵在把娘家的书都搬到了新家，专门腾出一间房作为书房，并且收了五六个孩子，给这些孩子上课，同时收取一些小米作为学费。后来孔子教了三千多个学生，也是受母亲的影响。孔子五岁左右开始跟班学习，接受了比较系统的教育，九岁以后开始跟外公正式学习经典著作。颜徵在培养了孔子对学习的热情，还鼓励他多读书，让他把读书作为日常生活中的头等大事。

有一次颜徵在病了，孔子去买了很多吃的给她。颜徵在好奇地问孔子："你买吃的钱是从哪儿来的？"孔子回答说："别人家有人去世了，我去吹喇叭获得的。"颜徵在听了后非常痛心地说："你怎么不明白娘的苦心啊！你这么做是在浪费自己的大好时光，你只有安心读书，成就大事，才能替我分忧。"说到这里，母子俩抱头痛哭，孔子也终于懂了母亲的苦心。

失去父亲后，孔子的母亲颜徵在撑起了整个家。艰苦的生活让孔子经历了很多考验，外公和母亲的教育让孔子的内在得到了升华。颜徵在三十多岁时就因操劳过度去世，此时，孔子十七岁。颜徵在去世以后，孔子将她的棺材停放在曲阜县的东南方，慎重起见，没有马上下葬。后来有一个陬邑人把孔子父亲的葬地告诉了他，孔子才把母亲的棺材运到防山，和他父亲合葬在一起。

孔子曾经说过："吾十有五，而志于学。"这句话的意思是，孔子十五岁时就明白了学习的目的，是做一个对社会有价值的人，于是他开始立志好好学习。

五、孔子学琴

孔子成年后，也就是在他母亲去世不久后，他经历了一件事。当时鲁国的国君是鲁昭公，他手下有一位叫季平子的正卿，执政专权。一次，季平子在自己家中举办家宴，款待贵族名士。孔子也有贵族血统，但他当时正在给母亲守孝，便穿着丧服去赴宴。没想到季氏的家臣阳虎将孔子拒之门外，并告诉孔子说："季氏在招待名士，但没说要招待你呀。"古代人们很看重一个人的出身，阳虎不愿意承认孔子的贵族身份，这对孔子来说是一个很大的打击，这件事也坚定了孔子要通过自己的努力做官，从而治理国家的信念。

孔子家境贫寒，长大后在季氏做过类似仓库管理员的工作，虽然工作本身要求不高，但孔子还是把它做到完美。他管理粮食和物品，进出时公平到位。后来孔子升任管理牲口的小官，他依然干得不错，将牲畜养得很肥壮，于是被提拔做了鲁国的司空。不久后，孔子离开鲁国，他想去看看外面的世界。

但是理想与现实总是有差距。孔子到齐国后遭到了排斥，之后他到了自己祖先的国家——宋国。根据《孔子家语》记载，孔子在宋国娶了丌（qí）官氏为妻，婚后不久，孔子又回到了鲁国。因为他在其他国家受到了排挤，而此时鲁昭公也已知道孔子的才能。孔子二十岁时，生了一个儿子。鲁昭公派人送来了一条鲤鱼。鲤鱼在现代不算什么稀罕物，但在当时非常珍贵，基本都是野生的。鲁昭公的这个举动让孔子十分感动，于是他给儿子取名为孔鲤，字伯鱼。古代长子称为“伯”，“鱼”则取自鲁昭公送的那条鲤鱼。

孔子迫于生计做过很多工作，但他没有放弃对君子六艺的学习，坚持一边工作一边学习。孔子学习琴艺时发生了一件非常有意思的事，看完这个故事后大家就能知道孔子学习时到底有多虚心刻苦。

孔子曾向师襄子学习琴艺，师襄子是鲁国宫廷的乐官，琴艺非常高超。孔子随他学琴时，苦练了很多天都没有学习新的曲目，师襄子跟孔子说：“可以增加学习内容了。”孔子说：“我已经掌握了曲子的弹奏方法，但还没有真正习得里面的精华。”又练了很多天后，师襄子说：“可以了。”孔子说：“还不行，我还没习得里面的精华。”孔子就这样一直弹奏同一首乐曲，到最后，孔子说：“我知道这首曲子是写给谁的了，他皮肤黑黝（yǒu）黝的，个子高高的，目光深远，有王者气概，这个人应该是文王。”师襄子听后大吃一惊，因为孔子弹的曲子名叫《文王操》，曲子中描述的人物正是周文王，但师襄子从没跟孔子讲过。由此可见，孔子的琴艺已到了炉火纯青的程度，可以通过音乐来识别曲子里描述的人了。这就是孔子厉害的地方。

孔子聪明过人，有自己的行为操守，更是一个认真勤奋的人。孔子的故事也说明了没有谁不努力就可以随随便便成功。

六、君君臣臣，父父子子

孔子三十五岁时，鲁国发生了一件大事，在《论语》中被记载为“八佾（yì）舞于庭”。当时鲁国的大臣季平子，在鲁国的地位已是一人之下、万人之上。一次，他在家中欣赏歌舞时，竟让跳舞的人以八佾的形式表演。八佾中的“佾”字表示舞蹈的行列，一佾指一列中有八个人，八佾八列，也就是六十四个人。周礼规定，只有天子可以享用八佾之舞，诸侯是六佾，卿大夫是四佾。季平子是正卿，按礼他只能用四佾，但他却使用了八佾，这是僭（jiàn）越的表现。孔子是一个非常注重礼节的人，他听说季平子的这一举动后很生气，《论语》记载了他的评价：“八佾舞于庭，是可忍也，孰不可忍也。”

后来，季平子因为斗鸡得罪了鲁昭公。鲁昭公派兵攻打季平子，但没想到季平子早有准备，联合另外两位卿大夫孟孙氏和叔孙氏，毫不费力就将鲁昭公打败了，鲁昭公只好流亡国外。

不久之后，鲁国又发生了内乱。于是，孔子离开鲁国，来到了齐国。到了齐国后，孔子经常和齐国的太师一起谈论音乐。有一次，孔子非常幸运地听到了《韶（sháo）》乐，也就是包含了诗歌、音乐和舞蹈的艺术，用来歌颂舜的功德。孔子都听呆了，然后非常认真地学了起来，一有空就开始琢磨。他有多认真呢？他专心学习《韶》乐，一连几个月都吃不出肉味。由此延伸出典故“三月不知肉味”，用来形容做事专心致志、全神贯注。

齐景公非常赏识孔子，曾向他请教：“国君要如何管理国家？”孔子回答说：“君君，臣臣，父父，子子。”意思是，做君王的要像君王，做臣子的要像臣子，做父亲要像父亲，做儿子的要像儿子。这段话的逻辑是：只有上位的人做得足够完美时，才能要求下面的人也做到完美。君王首先得有君王的样子，臣子才会像个臣子；父亲要有父亲的样子，儿子才会像儿子。如果父亲吊儿郎当，那也不能期待儿子有多厉害。齐景公觉得孔子说得很有道理，对他更加恭敬了。

由于孔子实在太有才华，齐国有很多人对他心怀不满，怕被他抢了饭碗。有人跟齐景公说：“儒生都骄傲自大，喜欢夸夸其谈，崇尚礼节。百姓可不想受这些繁文缛节约束，您如果用孔子的主张治国，恐怕不合百姓的心意。”齐景公年纪大了，听了大臣的话，打消了重用孔子的念头。孔子只好离开齐国，回了鲁国。

七、孔子辞官

孔子曾说：“四十而不惑，五十而知天命。”“四十而不惑”的意思是人到了四十岁的时候就不会被表面的事情所迷惑，知道什么是正确的，什么是不正确的，可以做出正确的判断。那要怎么样才能做到“不惑”呢？“知者不惑”。有智慧的人不会被事物的外在所迷惑，知道就是知道，不知道就是不知道，这才是真正的智慧。孔子能够不惑是因为在他心中有两条准则，可以概括为仁和礼。“仁”是仁德的意思；“礼”代表礼节。孔子将“仁”和“礼”做到了极致，这也是他的智慧，一个真正的智者是不会被外界迷惑的。

“五十而知天命”是什么意思呢？这里的天命不是上天的命令，而是万物运行的规律，例如春天万物复苏，夏天枝繁叶茂，秋天花草凋零，冬天万物枯萎。如果冬天要求室外的花开放，就是违背规律。知天命也要求我们顺其自然。孔子说的话，需要在人生实践当中逐渐体会。让我们看看孔子是怎么实践的。

孔子回到鲁国后，很多年都没有从政，他一直在研习学问，整理《诗》《书》《礼》《乐》。他还做了一件非常伟大的事情——开立学堂，教书育人。孔子开设了中国有史记载较早的大型民间教育机构。孔子的母亲曾经也教过几个学生，但只是为了养家糊口，为孔子启蒙，不成规模，她的教育事业最后被孔子发扬光大。从此以后，教书育人成为孔子的主要工作。

孔子五十岁的时候，鲁国国政已变得杂乱无章。当时的统治者鲁定公觉得再这样下去就完了，于是请孔子出山。孔子先做了地方官，将当地管理得非常好，百姓都去投奔他，孔子也因此升为朝廷的司空，后来又升为大司寇。大司寇是孔子一生中担任的最大官职。周朝时期，周天子是最高统治者，中央设大司寇掌管法律法令，辅佐周王行使司法权。大司寇下设小司寇，负责具体的案件审理。小司寇下面设专门的司法官员。用现在的话来说，大司寇就相当于鲁国的司法部部长，孔子时年五十一岁。

在担任大司寇期间，孔子的政绩非常不错，他治理鲁国的政务才三个月，市场上商人便不再抬价；路上丢了东西没有人捡走；从四海来到鲁国的客人们，不用贿赂官府也能受到很好的招待——这一切都证明孔子并不是一个纸上谈兵的人。孔子还帮助鲁国在外交中战胜了齐国，并且获得了齐国的几座城池。孔子五十六岁时，以大司寇的身份代理鲁国政务，只用了几个月时间就削弱了鲁国权臣的势力。

但孔子的做法触碰了权臣们的利益，鲁国官员心生不满，于是开始排挤孔子，在国君面前说孔子坏话。三人成虎，执政者最终听信谗言，逐渐疏远了孔子。而这时，齐国因害怕鲁国在孔子的治理下发展壮大，也来搞破坏。孔子看到季桓子沉迷享乐，不重视礼仪，便果断放弃了鲁国官位，开始周游列国。他心想："既然在鲁国实现不了我的抱负，我就四处去宣传我的思想。"而季恒子听说孔子辞官周游列国后，也不由得长叹了一口气，说："先生这是在责怪我啊！"后来季恒子死前几天还感叹道："从前这个国家几乎都要繁盛起来了，都是因为我得罪了孔子，所以现在终究还是没有繁盛起来。”

周游列国是孔子做得非常重大的一个决定，被载入了史册，这一年，孔子五十六岁，下面我们就来详细看看孔子周游列国的经历。

八、孔子周游列国

孔子在五十六岁时决定周游列国，向各个诸侯国宣传自己的思想，看看哪个诸侯国可以采纳自己的治国理念。他从鲁国出发，到过卫国、曹国、宋国、郑国、陈国、蔡国、楚国等国。在周游列国期间，孔子接触了很多人，也遇到了很多事情，这帮助他进一步认识了万事万物运行的道理和规律。对于不同意自己观点的人，甚至对骂他、讽刺他、诽谤他的人，孔子都能心平气和地接受。

孔子到郑国时，与弟子走散了，只能在城门下发呆。他的弟子子贡在寻找他时，听见有人说：“我看到有个老头，头长得像尧，脖子长得像皋陶，肩膀长得像子产，有气无力的样子就像一条丧家之犬。”丧家之犬指的是主人去世，无家可归的狗，通常比喻那些无处投奔、到处乱窜的人，是贬义词。子贡顺着那人说的位置找到了孔子。子贡听见路人说的话很不高兴，就把这句话转述给了孔子，孔子听完竟然笑着说：“把我的外表说成这样，有点儿过头了。不过说我像无家可归的狗，的确是如此，我从鲁国出来，也算是无家可归了。”孔子不在乎别人的评价，因为他有自己的信仰。别人只看到了他丧家犬的形象，并不知道孔子内心是多么充实。

后来，孔子带着弟子来到了陈国。陈国很小，夹在吴国和楚国两个大国之间。如果陈国与吴国交好，楚国就攻打陈国；如果跟楚国交好，吴国就会攻打陈国。孔子不久后又搬到了蔡国，三年后，吴国再一次攻打陈国，楚国派兵支援。这时，楚昭王听说孔子在陈国和蔡国之间，就派人去请他。蔡国和陈国的执政大夫担心孔子到了楚国会对自己不利，又不敢轻易杀他，就将孔子和他的弟子们困住，断绝他们的食物。孔子的弟子们都饿得爬不起来了，可孔子却照常弹琴、唱歌、讲学，精神很好。弟子们好奇问他：“为什么饿了这么久，您还可以弹琴唱歌？”孔子回答说：“君子固穷，小人穷斯滥矣。”意思是说，君子面对这样的局面，依然可以很淡定，坚守志向、保持气节；而小人遇到这样的情况，就会很慌乱，什么事都做得出来。孔子接着说：“我并不是博学多才，只不过是一心一意坚守正道罢了。”这就是我们要学习的“一以贯之”。

孔子从陈国和蔡国脱困之后，来到了楚国边境。楚昭王想分给孔子七百里的土地，但遭到了楚国宰相的反对。理由是，孔子和他的弟子都太优秀了，如果得到土地，孔子本人如此贤明，又有一批优秀的弟子辅佐，如果他自立为王怎么办？楚昭王于是打消了重用孔子的念头。

孔子再一次失去了大展身手的机会，在鲁国季康子的邀请下，孔子结束周游列国，返回鲁国。可惜鲁国执政者最终还是没有重用孔子。于是，回国后的孔子开始安心整理文献，其中就有他编写的《春秋》，《春秋》是中国历史上第一部编年体史书，还有著名的《诗经》，《诗经》是中国最早的一部诗歌总集。孔子用《诗》《书》《礼》《乐》教育学生，他的弟子们大约有三千人。

公元前479年，孔子七十三岁，他在这一年走完了人生的历程。虽然孔子经历了很多挫折，但他到了晚年，依然在推行自己的治国理念。遗憾的是他的治国理念至死都未能实行。虽然孔子的人生很不顺遂，但他的内心非常充盈，他不怕逆境，并且能够将逆境转化为希望，这个优秀品质值得我们每个人学习。司马迁最后评价孔子，说："他可以说是一位伟大的圣人。"

九、百家争鸣，儒家脱颖而出

孔子生活在春秋时期，在这样混乱的年代，一定会有人站出来，希望用自己的思想来改变这个世界。孔子就是其中一个。

春秋战国时期，百家争鸣，孔子是儒家思想的代表人物。诸子百家中墨家的代表人物是墨子，他倡导兼爱、非攻，崇礼尚贤，代表底层百姓的愿望和要求。道家的代表人物是老子和庄子，他们主张清静无为，与世无争，大家都不争不抢，过好自己的日子。西汉初年，全民推崇道家思想。兵家的代表人物是孙武和孙膑，兵家的代表作是《孙子兵法》。在诸侯割据的春秋战国时期，战胜敌人才是硬道理，所以兵家思想大行其道。法家的代表人物是商鞅和韩非子，其中韩非子最具代表性。法家思想与兵家思想相似，它们主张的政治改革和法治，满足了当时社会变革和诸侯发展的需要，盛极一时。秦始皇统一天下，使用的就是法家思想，便于君主管理天下，但是法家思想太严厉，也由此导致了一些实践上的问题。纵横家是以苏秦、张仪为代表的，他们都是战国末期的风云人物，他们的学识和辩才智谋为各个诸侯国所追捧。秦国采用的是张仪的连横法，其他六国采用的是苏秦的合纵法。诸子百家还包括阴阳家、农家和杂家等。其中，杂家的代表人物是吕不韦，他与他的门客合作编写的《吕览》（又名《吕氏春秋》），是杂家的代表作；农家的代表人物是许行；阴阳家的代表人物则是邹衍。

其实，每个学派都有自己的短处。道家消极避世；墨家只从底层百姓的角度考虑问题，不考虑上层的情况；兵家只顾战争；法家过于严苛……和它们相比，儒家既考虑了统治阶级的立场，又考虑了底层人民的利益，在所有学派当中独树一帜。儒家有一本非常重要的书籍流传下来，就是《论语》。《论语》不是孔子写的，而是孔子的弟子们整理的关于孔子和弟子言行的记录，是语录体著作。《论语》流传至今的版本有二十篇内容，每篇都是从文中第一句话选出两三个字作为篇名，例如大家非常熟悉的《学而》《述而》等。我们非常熟悉的一些名句，比如“学而不思则罔，思而不学则殆”“温故而知新，可以为师矣”“三人行，必有我师焉”等都出自《论语》。

《论语》集中体现了孔子的政治观念、审美、道德、伦理观等思想。自从汉武帝“罢黜百家，独尊儒术”后，《论语》开始为历代统治者所推崇，是研究孔子及儒家思想的第一手资料。南宋时，文豪朱熹（xī）将《大学》《中庸》《论语》《孟子》合称为“四书”，使得《论语》在儒家经典中拥有非常高的地位。元代，科举开始以“四书”内容进行考试，此后一直到清朝末年废除科举之前，《论语》一直都是学生们必须学习和考核的书籍，非常重要。即使到了今天，我们也需要背诵其中的一些文章，因为这能让我们更深入地学习和理解孔子为我们留下的人生智慧。

十、《论语》中的儒家思想——仁

因为《论语》是语录体，所以在《论语》中出现最多的字是“曰”，“曰”的意思就是“说”，因此它出现频率高是理所当然的，但还有另外一个字也出现了很多次，就是“仁”，一共在《论语》中出现了109次！足以见得孔子把“仁”看得多么重要。在《论语》中，孔子几乎三句话不离“仁”。“仁”可以组词为“仁爱”，意思是自己要有道德，也要爱自己以外的人。仁爱的意思包括两方面：首先，人品得好，要严格要求自己，这样才能仁爱；其次，要宽容对待别人，不要对别人过于苛求。这就是孔子关于“仁”的思想。

《论语》中记载，孔子曾经对曾参（shēn，又称曾子）说：“我的思想主线可以用一个根本的原则贯通起来。”曾子听后说：“我知道了。”别人问曾子：“用什么贯通？”曾子说：“夫子之道，忠恕而已矣。”夫子指孔子，这句话的意思是，孔子的思想可以用“忠”和“恕”两个字概括。忠恕又该如何理解？在《论语》中也能找到答案。孔子曾经解释说：“其恕乎，己所不欲，勿施于人。”孔子认为“恕”的意思是自己不想要的，也不要强行施加到别人身上。比如你自己上学总迟到，就不能要求别人按时到；你自己不喜欢的一件东西，不能要求别人喜欢。“忠”字上边是一个“中”字，下面是一个“心”字，它的意思是要做到公正无私、尽心竭力。《论语》要求人们对国君忠诚、对朋友忠诚、对百姓忠诚，无论何时都要保持没有私心的态度。怎么样才能做到没有私心？孔子说，真正的仁者能够立德、立言，对自己有严格的要求。

总的来说，仁的本质包含两方面，是仁的内在框架：一方面是忠，忠心耿耿，做事不偏不倚（yǐ），时刻都保持尽心尽力；另一方面是恕，自己不喜欢的，不能强加给别人。如果一个人能做到忠和恕，那么他就已具备仁的思想。

十一、《论语》中的儒家思想——礼

孔子认为，仁德的思想是人的内在品质，君子不仅需要仁德的内在，还需要良好的外在表现。孔子将君子良好的行为表现称为礼，具体来说，礼指的是社会各个方面的典章制度和行为规范，以及与时代相适应的思想观念。孔子认为只有内心充满仁爱的人才能表现出礼，仁存在于内心，礼则是外在的、可以被观察到的行为。例如，父母让你回家先写作业，但到家后，你做的第一件事是玩游戏，并没有写作业，于是父母回家时，你就赶紧向他们道歉。在这件事中，你的内心对父母很尊敬，这就是仁，在行动上，向你的父母道歉，这就是礼，你的行为符合孔子要求的表里合一。

孔子所讲的礼与现在所说的礼是不同的。孔子所说的礼是分等级的，不同阶层的人需要遵守不同的礼仪。孔子曾经说过“不在其位，不谋其政”，意思是不在那个位置上，就不要考虑在那个职位上需要考虑的问题。孔子要求人们认识到自己的位置，安分守己。孔子还非常强调修身，修身指的是修养身心，在日常生活中的表现是人要择善而从，“博学于文，约之以礼”，也就是多读书，积累广博的知识，并且用礼仪来约束自己。

在孔子看来，一个人做到了仁和礼，就能成为一个合格的人，可以称得上是君子。

知识加油站

1. 孔子的名叫什么，字是什么？他是哪里人？

孔子名叫丘，字仲尼。他是山东曲阜人。

2. 孔子的父亲是谁？儿子是谁？

父亲是叔梁纥。儿子是孔鲤。

3. 孔子的核心思想是什么？

“仁”和“礼”。

4. 儒家学派是谁创立的？

孔子。

5. 儒家学派的经典著作是什么？

《论语》。

6. 道家学派的代表人物都有谁？

老子和庄子，简称“老庄”。

7. 杂家学派的代表人物是谁？

吕不韦。

8. 指孔子学琴，一连几个月吃不出肉味，后用来比喻专心致志、全神贯注。这是什么典故？

三月不知肉味。

成语收藏夹

原指主人去世后无家可归的狗，通常比喻那些到处乱窜、无家可归的人，含有贬义。这是什么成语？

丧家之犬。

陈涉世家：农民起义第一人

一、陈胜、吴广走投无路

陈胜，字涉，是秦朝末年农民起义的领袖之一，名气非常大，是反抗秦朝的先驱。他发起了中国历史上第一次大规模的农民起义，是中国农民起义第一人。陈胜为什么要反对秦始皇？这与他早期的经历有关。

陈胜年轻时曾经当过雇工，身份地位比较低下。当时正值秦朝残暴统治时期，秦始皇一家独大，没有人能与他争夺权力，阶级压迫很严重。陈胜不甘心受人奴役，又同情和自己命运相同的人。一天，陈胜对一起耕田的伙伴说：“以后如果谁富贵了，可别忘了一起吃苦受累的朋友。”大家都觉得特别好笑，说：“咱们卖力气给人种田，哪儿来的富贵？”陈胜回答说：“燕雀怎么能知道鸿鹄（hú）的志向呢？”这段对话的原文是：“陈涉少时，尝与人佣（yōng）耕，辍（chuò）耕之垄上，怅（chàng）恨久之，曰：‘苟（gǒu）富贵，无（wù，通勿）相忘。’佣者笑而应曰：‘若为佣耕，何富贵也？’陈涉太息曰：‘嗟（jiē）乎！燕雀安知鸿鹄之志哉！’”那时的人们思想固化，认为农民就是一辈子种地。陈胜难得有鸿鹄之志，反而遭到了大家的嘲笑。“鸿鹄”是大雁和天鹅之类的大鸟，“鸿鹄之志”就是远大的志向。后来，陈胜的确实现了他的目标。

公元前209年，秦二世胡亥暴虐更甚于秦始皇。赵高开始把持朝纲，朝廷大举征兵去渔阳镇守。渔阳的位置在今北京密云的西南方向。陈胜也被征调去渔阳，并且被任命为带队的屯长。他和其他九百名贫苦的农民在两名秦朝官吏的押送下，日夜兼程地赶往渔阳。他们走到蕲（qí）县大泽乡（今安徽宿州）时，遇到连天大雨，道路被洪水阻断，根本无法通行。

秦朝有一个很残酷的要求：凡是被征集去边关当兵打仗的人，如果不按时到达指定地点，一律处死，没有任何商谈的余地。大家眼看抵达渔阳的期限即将到来，都像热锅上的蚂蚁，不知如何是好。这时陈胜决定要反抗暴秦，他想，既然怎么都是死，与其被人杀死，不如反抗而死。所以当天晚上，陈胜悄悄找到另外一位屯长吴广，一起商议。吴广也是穷苦人家出身，两个人虽然结识不久，但已是无话不谈的朋友了。于是，陈胜和吴广密谋了一件大事：发动反抗秦国暴政的农民起义。

二、起义一触即发

在生死关头，陈胜和吴广开始密谋。陈胜对吴广说：“我们现在的处境，前往边关是死，逃回去被抓也是死，与其被人杀死，不如选择为国家大事而死。”陈胜接着分析说：“现在天下人已遭受秦王朝的残暴统治很久了，老百姓对秦王朝的苛（kē）捐杂税和刑罚已经难以忍受了。我听说二世皇帝胡亥是秦始皇的小儿子，本不该继位，继位的应该是长子扶苏。但扶苏由于屡次劝谏秦始皇，居然被秦始皇派到外面带兵，然后被二世皇帝胡亥害死，不过很多百姓并不知道他已经死了。项燕也是楚国名将，战功卓越，爱护士兵，很受人爱戴，老百姓也不知道这位将军是生还是死，我们不如以他们的名义号召天下人反抗秦朝暴政。这样就可以做到师出有名，从而召集大家前来。”陈胜想到了别人不敢想也想不到的事，吴广非常敬佩他的胆略，觉得他的话符合百姓的心思，所以决定支持他。

当时的人们很迷信，做什么事情都要问一问上天。于是，两人找了一个善于占卜的人。这位占卜的人很聪明，一看眼神就知道了他们的来意，对他们说：“你们的事业能够成功，并且能够为百姓立大功。但是，你们还要问一下鬼神。”陈胜和吴广听完后非常高兴，他们也明白了那个人不是让他们问鬼，而是告诉他们要借鬼神来让老百姓信服。

于是他们用朱砂（shā，一种红色的矿物）在绢帛上写了“陈胜王（wàng）”三个大字，其中，“王”字是动词，表示称王，这三个字的意思是陈胜可以当王。他们将绢帕塞到渔民捕来的鱼的肚子里。士兵们吃鱼时，发现里面有字条，都觉得很惊讶。这就是“鱼肚藏书”的典故。与此同时，陈胜又让吴广潜到营地附近一座荒庙里，半夜在寺庙里点燃篝（gōu）火装作鬼火，并且模仿狐狸的声音大声喊：“大楚兴，陈胜王。”意思是楚国要再次兴旺，陈胜要当王了。这时，正在睡梦中的士兵们被惊醒，大家都非常害怕，开始交头接耳，偷偷地看向陈胜。陈胜平时对下属特别热情，士兵们听完“大楚兴，陈胜王”后，又将陈胜的形象与楚国复兴联系在一起，顿时觉得陈胜非常厉害。经过这两件事，陈胜深得民心，起义已万事俱备。

吴广见时机基本成熟，就趁两个押送士卒的军官喝醉时，故意说要逃跑，以激怒他们。喝得醉醺（xūn）醺的两个军官果然大怒，开始殴打吴广，这引起了大家的不满，众人群起而攻之。吴广快速夺过一名将尉的佩剑，将其杀死，陈胜一看，也上前杀了另一个将尉。这时，陈胜把九百名准备去边关服兵役的士卒聚集起来说：“我们在这里遇上大雨，已不能按期到达渔阳。误了报到期限，大家都得被杀，即便侥幸不被砍头，戍（shù）边的士兵十分之六七也会死。而且，好汉不死便罢，死，就得取得大名声，要有名节。王侯将相难道是天生的吗？”这段话最后一句的原文是：“王侯将相宁（nìng）有种乎！”陈胜的这一番话说出了大家的心声，他们本身就对秦朝怨恨到了极点，这种情感被激发后更像洪水喷泻一般。于是大家高声喊：“我们愿意听从你的号令。”之后，士兵们在陈胜、吴广的带领下，把右侧手臂裸（luǒ）露出来作为标志，按照事先的谋划，以公子扶苏和楚将项燕之名宣布起义。至此，一场轰轰烈烈的农民起义正式开始。

三、反秦烈火四处蔓延

陈胜、吴广的壮举得到了老百姓的积极响应，大家纷纷加入起义队伍。在陈胜、吴广的带领下，他们首先攻取了蕲县。不到一个月，又相继攻陷了其他五六个县城。很快，陈胜就把起义的火种带到了自己的家乡。陈胜是一个有战略意识的农民领袖，很有远见，在控制了大片土地后，他决定进攻战略要地陈县。陈县是春秋战国初期陈国的都城，也是战国后期楚国的国都。秦灭六国以后，又将陈县定为郡。如果他们能拿下陈县，对秦朝而言无疑是一个重大打击。这时陈胜已拥有战车六七百辆，骑兵一千多人，步兵几万人。陈县的郡守和县令闻风丧胆，早就逃跑了，所以起义军很快占领了陈县。

陈胜打下陈县后，召集当地一些有声望的人开会，这些人虽然不是来自农民阶级，但是他们都看到了秦朝的暴政，也都看到陈胜率领起义军一个月就获得了大规模的胜利，所以对陈胜非常尊重。他们对陈胜说："您亲自披上盔甲，手持兵刃，带领大家讨伐暴秦，恢复楚国的社稷，劳苦功高，应该称王。"当然也有人反对说："如果您称王，天下人会觉得您有私心，不愿意顺从。"陈胜经过再三思考，还是决定称王立国，以陈县为都城，定国号为张楚。张楚的意思是复兴楚国。至此，陈胜建立了中国历史上第一个由农民起义建立的政权。

虽然陈胜打着张楚的旗号，但是陈胜起义并不是以恢复楚国故土为目的，而是要推翻秦朝，解救天下老百姓。他确立这个旗号是为了让百姓产生共鸣，让这个旗号成为农民心中的一个标志。从此以后，张楚的大旗开始在九州大地上飘扬，显示出了巨大的号召力。各地的起义军纷纷以张楚的名义，惩罚当地的郡守和县令，以响应陈胜的号召。农民起义的星星之火已呈燎原之势。在农民起义洪流的推动下，一些贵族的残余势力也纷纷开始起义，反抗秦朝。当时反抗秦朝力量的著名将领有很多，例如刘邦、项羽、项梁等，他们都知道陈胜起义之事。

这时，陈胜又做了一个决定，他任命吴广为假王，也就是代理王，并让吴广率领起义军主力攻打荥阳。同时陈胜又任武臣、邓宗、张耳等人为将军，分别从不同的线路攻打原先赵国的领地，一时间反秦斗争的烈火开始四处蔓延，农民起义在此时达到了高潮。

四、西征失败，吴广被杀

非常遗憾的是，农民起义达到高潮时，没能再进一步推进，吴广攻打荥阳的大军受到了阻碍。荥阳是通向关中秦朝都城的重要通道，自古以来就是兵家必争之地。如果无法占领荥阳，就意味着无法获得战机。荥阳附近还有秦朝囤积大量粮食的敖仓，占领荥阳，就打开了通向关中的门户，切断了秦国军队的粮草供应，还可以扰乱他们的军心，同时也能解决起义军的粮草问题。所以，陈胜派吴广攻打荥阳的战略意图非常明显。当吴广攻取荥阳受挫的消息传回时，陈胜非常着急。为了确保整个战略意图的实现，他立即决定任命周文为将军，让他率兵向西进攻秦国，利用吴广大军牵制秦军主力，绕过荥阳，直取函谷关。周文大军势如破竹，一直攻打到离秦国都城咸阳只有百余里的地方。军队行进中，老百姓奋起响应，每经过一个郡县都会有积极参军的百姓，队伍不断扩大。此时，起义军的战车已多达上千辆，士兵多达几十万人，整体实力非常强大。

秦二世胡亥竟然还认为起义军只是盗匪闹事，直到听到起义军的呐喊声，才知道大事不妙。起义大军压境对胡亥来说是一个晴天霹雳，他被吓得屁滚尿流。此时正值都城空虚，在这种情况下他只好听取章邯的建议，立即赦免在骊山陵服役的几十万刑徒（也就是那些在骊山给秦始皇修陵墓的人），将其组编成临时军队，阻击起义军。周文的起义军有两个“没想到”：第一，他们没想到秦朝还能组建一支几十万人的军队，所以被打得措手不及；第二，他们没想到章邯非常善于指挥军队，很有计谋。最后，起义军被迫退出函谷关，进行休整。十多天后，章邯大军追了过来，周文在没有粮食和后援的情况下，率领部队跟秦国的军队激战，终因寡不敌众而失败，周文也拔剑自杀。

周文大军失败后，章邯带兵继续东进，撞上了围攻荥阳的农民起义军，起义军腹背受敌，情况危急。而这时起义军中一个叫田臧的将领与吴广意见不同，他认为吴广太骄傲了，不会用兵，不能跟他商量大事，一定要杀了他。有这种想法后，田臧竟借陈胜之名，杀掉了吴广，这导致起义军最终全军覆没。陈胜、吴广起义的一个主力没了，起义军内部出现了各种弱点和矛盾，形势一下子就逆转了。

五、陈胜、吴广起义失败

吴广被杀后，陈胜也面临很多问题。陈胜称王后，他的思想发生了改变，与老百姓的关系开始疏远。以前跟陈胜一起给地主种田的一个同乡听说陈胜富贵后，从老家赶来投奔他。他在陈胜门口敲了半天门都没人理会，直到陈胜外出，他喊了陈胜的小名后才被召见。这个人在陈胜的宫中非常随便，还经常讲一些陈胜在老家时的旧事。不久，有人对陈胜说：“您的客人太愚昧无知，天天胡说八道，有损您的威严。”陈胜恼羞成怒，竟然把这个人给杀了。当年陈胜还说过：“以后如果谁富贵了，可别忘了一起吃苦受累的朋友。”结果，他自己忘得一干二净。从此以后，陈胜的老朋友都离开了他，也没有人敢亲近他。

另一方面，随着反秦斗争的开展，起义队伍内部也暴露出了各种问题。每一股起义军的小领袖都有自己的心思，占领土地后纷纷各自称王。他们一旦称王，秦军就可以各个击破。章邯解除了起义军对荥阳的包围后，直奔陈胜驻地，因为陈胜的名号最响亮。章邯率领的秦军与陈胜率领的农民起义军展开了激烈的战斗，虽然陈胜奋力一搏，但是没能挽回败局，只能一退再退。最终，他被自己的车夫杀掉。陈胜为什么会死得如此凄惨？因为陈胜任用很多人做自己的手下，并且让两个人专职监督群臣的过失。如果这两人发现谁有过失，他们就可以加以处罚。手下们稍有不服，就会被这两个人抓起来。这些做法伤害了对陈胜忠心耿耿的臣子们的心，导致没有人敢跟陈胜说实话。

陈胜被杀后，他的一个叫吕臣的旧部非常悲愤。于是，吕臣重新竖起了张楚的大旗，并且拜原楚国名将项燕的儿子项梁为上柱国，使之渡过乌江，再次掀起了反秦斗争。陈胜从谋划起义到称王建国，虽然只有半年，但是他燃起的反秦烈火却烧透了秦国的整片国土。三年以后，刘邦领导的农民起义军杀入咸阳，推翻了秦朝统治。陈胜死后，刘邦将他安葬，并且追封他为隐王，还派专人守护他的坟墓。陈胜的墓每年都按照王侯的待遇祭祀。因此，在《史记》中，陈胜被列入“世家”。

陈胜、吴广起义是中国历史上第一次农民阶级的起义斗争。它拉开了武装反抗暴秦的序幕，从根本上动摇了秦王朝的统治，为项羽和刘邦推翻秦朝创造了有利条件。这次起义在中国农民战争史上占有非常重要的地位，对之后的统治者也有着非常显著的警示作用。

知识加油站

1. 陈胜决定起义后得到了谁的大力支持?

吴广。

2. 中国历史上第一个由农民起义建立的政权的国号是什么?

张楚。

3. 秦二世胡亥任命谁为镇压起义军的将军?

章邯。

4. 陈胜、吴广起义前，为了在兵卒当中获得威信，用朱砂在绢帕上写了“陈胜王”三个字，并且将它放到了鱼的肚子里。士兵吃鱼时，发现里面有字条，尊陈胜为王。这是什么历史典故?

鱼肚藏书。

成语收藏夹

与陈胜有关，形容一个人志向远大，是什么成语?

鸿鹄之志。

萧相国世家：成也萧何，败也萧何

一、萧何慧眼识刘邦

大名鼎鼎的萧何拥有多重身份，他是西汉的开国功臣、政治家和丞相。相比他的身份，人们更好奇的是，他如何从一个小官变成西汉的宰相。

萧何曾在沛县做县令的助手，他平时好学，思维敏捷，并且对历代的法律都非常有研究，对未来自己的发展早有准备。他最大的特点是节俭，从不奢侈浪费，性格也非常随和。萧何结识了很多人，例如泗水亭长刘邦、屠夫樊哙、狱掾（yuàn）曹参、车夫夏侯婴、吹鼓手周勃等。周勃是名将周亚夫的父亲，周勃与萧何年龄相仿，性格相近，因而两人成为莫逆之交。

萧何在做县令助手时就慧眼识人，他发现刘邦与别人不同，有风骨，谈吐优于他人，有大富大贵之相，便对他格外佩服，并且多次借用自己的权力暗中保护刘邦。刘邦押送一批囚犯到骊山修秦始皇陵时，很多囚犯抗拒前往，甚至逃跑了，刘邦追不回来，又压不下这件事，索性在大泽乡将他们全部放走，让他们自己逃生。其中有十几个囚犯感念他的恩德，死心塌地跟他逃到芒砀山，过起了隐居生活。沛县县令知道后，将刘邦的妻子吕雉抓了起来，后经过萧何和曹参保释，吕雉才被放出狱。

这时，陈胜、吴广起义，反秦大旗已遍及全国，天下响应。萧何在沛县也很关注这件事的发展，他发现很多地方官吏都知道秦朝的暴政不可能长久存在，但又不知道该怎么做。于是，很多人开始反对朝廷，想归附起义军，保全自己。萧何任职的沛县与蕲县邻近，沛县县令也想投降，归附陈胜，于是就找到萧何和曹参一起商议。萧何说：“您是秦朝的官吏，沛县老百姓肯定不服从您，所以，必须要将一个正在逃亡的、有威望的人请回来。”

萧何说的这个人就是刘邦。刘邦知道这个消息后非常高兴，立即带人回到沛县。但他刚到城门口，沛县县令就反悔了，将刘邦拒之门外，还想把萧何、曹参二人杀了。萧何和曹参非常害怕，又跟刘邦商量对策。刘邦就写了一封信，将信绑到箭上，射到城中。信上说：“天下百姓共同忍受秦朝严苛的政治已经很久了，如今父老兄弟们还要为县令守城，如果起义军攻来，你们就会被杀。我们应该响应号召，顺应全国的形势，把县令给杀掉，这样我们才能保住全家，否则，咱们都会被杀。”沛县老百姓看完刘邦的信后，知道起义军要来了，就将县令杀了，打开城门迎接刘邦。

刘邦进城后，开始与萧何他们商量大计。大家都推举刘邦做县令。刘邦拒绝道："不行，沛县的县令应该选一个最有声望的人来做。"萧何和曹参都是文官，担心自己的身家性命，害怕起义失败，被秦朝灭九族，所以他们也拒绝了。这时，沛县百姓占卜后说刘邦最合适。刘邦不像其他人一样胆小怕事，就答应了大家的请求。至此，刘邦成为沛县县令，历史上称他为沛公，这件事也拉开了刘邦反抗暴秦的序幕。

二、众人皆醉，萧何独醒

萧何如何帮助刘邦成就霸业？公元前208年，项梁叔侄举旗起义，很快就召集了二十余万兵马，拥立楚王第十二皇孙、十三岁的熊心为王，并且与刘邦的部队会合，他们约定项羽向北救赵，再从北路向西进攻，刘邦从南路西进向关中进发。谁先进入秦朝的都城咸阳，谁就当关中王。楚王熊心知道项梁叔侄能力很强，便把更难的任务交给了他们，而攻打秦朝都城相对简单，他交给了刘邦。刘邦在萧何、张良等人的相助下不辱使命，率军勇往直前，一边打一边安抚百姓，软硬兼施，一路过关斩将先项羽一步抵达关中。

公元前206年10月，刘邦率大军兵临咸阳城。当时的秦王是子婴，他设计杀死奸相赵高，献出传国玉玺，向刘邦投降。秦国被灭，起义军进了咸阳城。进城后，将士们看到秦国的宫殿都惊呆了。我们现在去西安，已无法看到当年的景象，但是从遗留的兵马俑也能在一定程度上推测出当时宫殿的壮观。所以，起义军进城后，顿时忘乎所以。刘邦也没见过这么大的世面，看到那么多金银财宝，又看到皇帝寝宫有那么漂亮的龙床，他也不知所措。于是，他躺在龙床上，说“我今晚要睡在这里。”这时，大将樊哙把宫门踹开后大喊一声：“沛公是想获得天下还是想当富翁？这些奢华的东西正是秦国灭亡的祸根。你要是贪恋，就会像秦朝一样自取灭亡。”张良也来劝谏刘邦，刘邦明白了事情的严重性，立刻将皇宫封住，率领众将士返回了营地。

此时的萧何在干什么呢？他也跟随刘邦进入了咸阳宫，但他没有像刘邦一样被金银财宝迷惑，而是急忙赶往秦朝的丞相和御史大夫的府邸（dǐ），派兵将其保护了起来，不许任何人出入。他让忠实可靠的人将秦朝有关国家户籍、地形、律令等档案一一清查，分门别类登记造册，统统收藏起来，以备以后查用。根据秦朝的制度，丞相负责辅佐天子，处理国家大事。御史大夫对外监督各个地方官，对内接受公卿奏事，接受官员每天的工作汇报。除了军权之外，丞相和御史大夫几乎总揽一切朝政。萧何一直在做地方官，他知道丞相和御史大夫的作用，因此他将所有的资料全部厘清备用。对于萧何的做法，全军上下非常佩服，尤其是刘邦。刘邦对自己只想着享受秦王的金银财宝感到很惭愧。同时，刘邦也觉得萧何确实是人才，没有辜负自己对他的提拔和期待。

萧何收藏的秦朝户籍、地形、律令等档案，使刘邦对天下的要塞险关、人口数量和风俗民情等有了全面的掌握，为他制定正确的方针、政策和法律制度找到了可靠的依据，并且为日后西汉政权的建立和巩固起到了巨大的作用。对于西汉的建立，萧何功不可没。

三、萧何说服刘邦重用韩信

刘邦攻入咸阳不久后，项羽也率军入关，并且自封为西楚霸王。项羽打仗非常勇猛，大家都害怕他，对他称臣，刘邦也不例外。项羽将刘邦分封到了巴蜀地区（今四川、重庆一带）做汉王，又把刘邦占据的关中地区分给了秦朝的三个降将——章邯、司马欣和董翳，史称三秦之地。刘邦知道项羽的险恶用心，但他此时势单力薄，只好采用萧何的建议，听从项羽的安排，到巴蜀地区养精蓄锐，等待机会。

在这期间，有很多不同诸侯军中的士兵逃到了刘邦麾（huī）下，其中就包括韩信。韩信是从项羽的军队中逃出来的，他有勇有谋，却得不到项羽的重用。但刘邦也没重用他，仅让他做一个管理粮草的小官，韩信大失所望。

一次偶然的机会，夏侯婴向萧何推荐了韩信。二人聊天时，萧何发现韩信是一个不可多得的人才，于是多次向刘邦推荐，但刘邦都没怎么在意。又过了两个月，韩信还是没被重用，他一气之下离开了。萧何知道后马上骑上快马去追韩信，都没来得及告知刘邦。萧何追了两天才追上韩信，把他劝了回来。萧何又急忙找刘邦，告诉刘邦韩信实在是一个不可多得的人才，能够帮助他成就霸业，希望他能隆重地拜韩信为大将军。这件事在《淮阴侯列传》中有详细描写。

刘邦最大的优点就是能听进别人的建议，他同意了萧何的建议，命人搭建了拜将台，并选择了一个良辰吉日在文武百官面前正式拜韩信为大将军。韩信也没有让刘邦失望，他在楚汉战争中立下了不世之功。由此可见，萧何真是慧眼识珠！

四、西汉开国，萧何功劳最大

到蜀地后，刘邦采用张良和韩信提出的“明修栈道，暗度陈仓”的计谋，开始东进，从蜀中赶往关中。萧何留下来坐镇后方，征收巴蜀税收，督办军队的后勤供应，保障军粮。汉军将士出蜀后，个个像猛虎下山，将章邯带领的三秦士兵杀得丢盔卸（xiè）甲，落荒而逃。汉军一路势如破竹，不到一个月就占据了三秦之地。占领关中后，刘邦派萧何坐镇关中，安抚百姓，同时继续为军队筹备粮草。公元前202年，在萧何、张良和韩信的帮助下，刘邦最终击败项羽，逼得他在乌江旁的垓下自杀身亡。萧何虽然没有军功，没怎么在前线打过仗，但如果没有他镇守后方，保障后勤，刘邦也很难取得胜利。

刘邦消灭项羽、平定天下后，正式登基称帝。刘邦在庆功宴上与群臣饮酒时说："我为什么能够夺取天下？项羽为什么会失去天下？你们只知其一，不知其二。运筹帷幄之中，决胜千里之外，我不如子房（即张良）；镇国家，抚百姓，供军需，筹粮饷，我不如萧何；指挥百万大军，战必胜，攻必克，骁（xiāo）勇善战，我不如韩信。他们三个人都是人中豪杰，都为我所用，所以我能够获得天下。项羽只有一个范增，还不重用他，因此败在我的手里。"这段话的意思是，张良帮他处理军中事务，萧何为他提供后方支持，韩信为他在战场上出生入死，他有三位人才的支持，才得以成就大业。从这段话可以看出，在刘邦心中，张良、萧何和韩信都是他的得力功臣，三人被合称为"汉初三杰"，而且韩信由萧何举荐，三人中萧何的功劳又多一些。

西汉建立后，刘邦开始论功行赏，他觉得萧何为首，功劳最大，应该排名第一。但是有人反对说："曹参随陛下南征北战，身上有多处战伤，功劳最大，应排第一，我们应该让他们把衣服脱了，看谁伤口多，谁的功劳就大。"曹参身上有七十多处伤疤，而萧何与张良没有上前线，身上没伤。这时有人站出来说："在五年多的楚汉战争中，陛下几次都是全军溃败，独自逃跑，全靠萧何从关中派出军队来补救。就算没有陛下的命令，他也会派兵几万来缓解您的压力，还为您补充粮草。这些都是萧何为创立大汉天下立下的功劳，是无可替代的。而曹参等人只是立了一时的战功，怎么能把他们的功劳放在万世之功的前面呢？以我的意见还是萧何排第一，曹参排第二。"这段话真是说到了刘邦的心坎儿里，刘邦听后非常高兴地说："萧何是第一名的大功臣。”说完，刘邦下令将萧何排在第一位，还允许他穿鞋带剑上殿。以前群臣见刘邦需要光脚，虽然他们可以穿袜子，但不能穿鞋。刘邦还封赏了萧何的父子兄弟十多人，加封萧何两千户，同时指出两千户的土地和人口都归萧何管理。

此后，萧何位列重臣之首，被称为开国第一侯。从这件事也可以看出，萧何在帮助刘邦创立西汉天下时立下了汗马功劳。

五、成也萧何，败也萧何

刘邦成为皇帝后，为了巩固新兴的西汉政权，开始逐一歼灭异姓王，就是那些不姓刘、和刘邦不是亲戚的王。他觉得韩信功高望重，手握兵权，将来必定是个威胁。于是刘邦决定先从韩信下手，将最难啃的骨头处理掉。

早在韩信被封为大将军时，刘邦就对韩信有了猜疑之心。他先巧妙地用韩信为汉王朝立下战功，等待自己羽翼丰满、实力雄厚之后便开始削弱他的势力。在楚汉战争中，韩信最终消灭了项羽，刘邦封他为楚王。韩信的根基本在齐国，刘邦将韩信分封到楚国，让他远离自己的大本营，然后又借机设计抓住韩信，削去他的兵权，把他降为只有虚名的淮阴侯。但是刘邦觉得这样还不够，他想要稳固自己的根基，为后代子孙铺好路。他害怕如果他去世时其他厉害的王侯还活着，他的江山就不会稳定。虽然很担心，但刘邦也没想好该怎么办。

就在这时，发生了一件大事，阳夏侯陈豨举兵谋反，刘邦决定亲自率领大军讨伐，他命韩信随他一起出征，但韩信以自己生病为由拒绝了。没想到韩信手下的人上书告发说，陈豨造反是韩信的主意，韩信想要和陈豨里应外合，准备把囚牢里的奴隶和犯人都放掉，为韩信所用，他们还要杀了吕后和太子刘盈。当时刘邦出征在外，吕后听到消息后立即传召萧何，和他商议如何处理。萧何回到家后，心中百感交集，他派出一名心腹打扮成军人模样，让他偷偷绕到北边转一圈。心腹回来后说，皇上已经传信说陈豨已全军覆没，他即将凯旋回朝。众臣听到捷报后都来宫中朝贺，只有韩信称病没去。第二天，萧何派人请韩信到相府吃饭，韩信又称病谢绝。

于是萧何亲自到韩信府上以探病为由，直接走进了他的内室。韩信见萧何已经进来，只能跟萧何寒暄（xuān）一番。萧何说："我和你向来是好朋友，请你去吃饭，是有话对你说。"韩信询问萧何想说什么，萧何说："皇上从赵地发来捷报说已大获全胜，陈豨已经逃跑。你听到这个消息后称病不上朝，已经引起大家的怀疑。皇上打了胜仗，大家都去祝贺，你也应该去。"萧何说得确实在理，而且萧何是当时举荐韩信的人，他亲自来请，韩信就答应了，跟随萧何来到了长乐殿，向吕后道贺。

谁知宫里已有了埋伏，吕后一见韩信中计进宫，立刻派人将韩信绑住。韩信大感不妙，说："丞相快救我。"这时，萧何已经离开了。最终，吕后坐在长乐殿中，尽数韩信和陈豨谋反、设计谋害吕后和太子的罪状，不容韩信再申辩，直接将他杀死。随后吕后又下令将韩信的父、母、妻三族全部杀害。刘邦知道是萧何辅助吕后诛杀韩信，对他的做法极其赞赏，马上派使者拜萧何为相国，回朝后又加封萧何五千户，还派卫队保护他。萧何为刘邦除了心腹大患，解了刘邦的后顾之忧。后人将韩信的经历总结为“成也萧何，败也萧何”。

我们可以从中悟出两个道理。第一，好马也需要伯乐，韩信是好马，但如果没有萧何慧眼识人、大力举荐，他可能这辈子都不会被重用；第二，人是会变的，有的人上一秒与你称兄道弟，转眼可能就会出卖你，读懂人心最难。

六、萧何安享晚年

很多人好奇萧何最终的命运究竟如何，让我们接着往下看。

萧何诛杀韩信后，刘邦对他更宠信，大家纷纷来祝贺萧何，萧何也摆酒庆祝。但这时突然有人说：“难道我们不应该为你准备丧事吗？”这句话的意思是萧何快死了。说出这句话的人是召平，他是秦朝的东陵侯，秦朝灭亡后，他沦落为平民，在长安城附近生活，因种瓜而出名。萧何很聪明，就问他：“你为什么这样说？”召平回答说：“战时您一直在大后方享福，陛下在战场上厮杀。陛下虽然每次回来都要给您奖励，但那是怕您有谋反之心。这次淮阴侯造反，陛下已经对您起了疑心，派卫队过来就是监督您的。您最好不要接受这次封赏，然后拿出家里的财产犒劳军队。”萧何听后立刻明白了召平的意思，马上进宫面见刘邦说：“您封赏给我的封邑和百姓，我全都不要，我要把我的钱财全部放到国库里以作军需。”刘邦听后非常高兴。

事实上，刘邦每次带兵打仗时总会派人询问萧相国在做什么。第二年，黥布造反，刘邦又亲自带兵去讨伐。萧何还是像上次一样，拿出财物抚恤士兵，带领百姓勤劳耕种。刘邦听到使者报告说“萧相国爱民如子，正在安抚百姓”的话，默不作声。此时，萧何的一位门客对他说：“您就要大祸临头了。西汉开国以来，您的功劳最大，十几年来您为国为民，深得民心。陛下多次派人来慰问，就是害怕您威望太高，老百姓都听您的。如果有一天您发布号令闭关自守，那么陛下将无法回城，天下不就是您的了吗？”萧何听后问门客他该怎么做，门客说：“您去多买些田产，多放些债，做一点低贱的事，陛下就会放心了。”萧何听从了门客的建议。

果然，刘邦平定叛乱撤回长安后，老百姓拦住刘邦说，萧相国强行购买民间土地，要刘邦为他们做主。刘邦回到宫中，见到萧何时说：“听说你竟然侵占农民的土地，为自己谋福利？你去跟老百姓谢罪吧。”虽然刘邦表面上对萧何很生气，但他心里很高兴，因为萧何在老百姓面前的形象下降了很多。偏偏这时萧何为百姓请命说：“长安地窄，您为了打猎修建的上林苑空地很多，不如让老百姓去那里耕种。”刘邦看到萧何又替老百姓说话，非常生气，立即下令将萧何抓起来用刑。刘邦身边有个姓王的卫尉为萧何求情说：“萧相国自入关以来，忠心耿耿，他如果想谋反，早就可以反了，您怎么可以疑虑相国是那样浅薄的人呢？”刘邦听后不太高兴，但还是派人将萧何放了出来。

萧何当时已是六十多岁的老人，被刘邦开恩释放后，他更是诚惶诚恐。他虽然全身因戴刑具，都快走不动路了，身上蓬头垢面的，也不敢先回府沐浴，而是马上入宫去见刘邦，赤着双脚向刘邦认罪。刘邦看到萧何这么狼狈，也觉得过意不去，就对萧何说：“你不必多虑了，我和夏桀、商纣王一样昏庸无道，但您是一个贤德的丞相，我之所以关押你，就是为了让百姓知道你的贤能和我的过失。”刘邦作为一个君王很会讲话，他懂得如何安抚人心。

刘邦晚年时，宫廷内部发生了斗争。刘邦想要废掉吕后的儿子（也就是太子刘盈），改立赵王刘如意为太子，但是萧何坚决反对，刘邦未能如愿。从这个角度说，萧何对吕后有恩。公元前195年，刘邦病逝，太子刘盈继位，史称汉惠帝，萧何继任丞相。此时，萧何年事已高，但还是为大汉王朝制定了一些行之有效的法律制度。除此之外，他还为大汉王朝建立了典章制度，同时把秦朝的部分法律法规加以利用。

公元前193年，萧何去世，谥号文终侯。萧何的后人中有一个人特别有名，是萧何的第二十五世孙，名叫萧衍。公元502年，萧衍称帝，改国号为梁，史称梁高祖武帝。

知识加油站

1. 萧何是西汉的开国功臣，他的官职是什么？
丞相。

2. 萧何让刘邦给韩信什么官职？
大将军。

3. 汉初三杰分别是谁？
张良、萧何、韩信。

4. 萧何有一位后代做了皇帝，他是谁？
梁武帝萧衍。

成语收藏夹

比喻不论成功还是失败，都是由同一个人引起，这是什么成语？

成也萧何，败也萧何。

留侯世家：运筹帷幄之中，决胜千里之外

一、韩国被灭，张良刺杀秦始皇

张良，字子房，是秦末汉初杰出的谋士、政治家，西汉的开国功臣，与萧何、韩信并称为“汉初三杰”。刘邦登基后曾经评价张良说：“运筹帷幄之中，决胜千里之外，吾不如子房。”这句话的意思是，张良在军帐中就能决定千里之外的事情，刘邦认为自己在这方面不如他。张良精通黄老之术，不贪恋权势，是一个高人。那他最后结局如何呢？

我们首先来看一下张良的人生履（lǚ）历。他出身于贵族世家，祖父曾任战国时韩国的宰相，他的父亲叫姬平，担任过韩国两代宰相。但是张良出生时，韩国已逐渐衰落，很快就灭亡了。韩国的灭亡使张良失去了继承父亲事业的机会，也让他失去了报效祖国的机会。韩国是被秦国灭掉的，所以张良把仇都记在了秦国身上。他把家里的钱财都拿出来访寻能够刺杀秦始皇的勇士，想为家为国报仇。

张良曾经制订了一个行动计划。他找到一位大力士，这个大力士能拿起重达一百二十斤的大铁锤。张良又打听到秦始皇非常喜欢出巡。当时秦朝有规定：天子驾六，也就是天子的马车有六匹马拉着，其他大臣的马车只能用四匹马。所以有六匹马拉着的车里坐的一定是秦始皇。于是张良命大力士刺杀由六匹马拉的马车里的人。

公元前218年，秦始皇东巡。张良得知秦始皇的出游车队将经过他所在的位置，就指挥大力士埋伏在秦始皇的必经之地。不多时，他们便远远看见三十六辆车组成的车队由西走来，前面的人敲锣，马队紧跟着清场（古时候皇帝出巡，百姓必须要回避）。马队后面是举黑色旗的仪仗队，秦始皇特别喜欢黑色，以黑色为尊。仪仗队走过后，车队两侧，大小官员前呼后拥。见到这个场景，张良和大力士确定秦始皇的车队到了，但是他们发现所有的马车都是由同样数量的马拉的，一时间他们分不清哪一辆是秦始皇的座驾，只看到车队中间那辆车最豪华。于是张良命大力士赶紧将大铁锤砸向那辆车。大力士把一百二十斤的铁锤向那辆车扔了过去，立即将乘车者击倒在地。张良看到大力士扔完铁锤后，马上钻到芦苇丛中逃走，但这个大力士是否成功逃跑，历史上没有记载。

很遗憾，被大力士击中的只是一辆副车，是一辆用来伪装的车。秦始皇出行时曾多次遇刺，所以早有准备。他下令将所有马车改为四驾，同时时常更换自己的座驾，使人很难判断哪辆车中的人是秦始皇。秦始皇虽然幸免于难，但他对此事感到非常愤怒，于是下令彻查到底，想看看到底是谁有这么大的胆子，敢刺杀皇帝，但是无从查起。不过，此事之后张良只好改名换姓，躲了起来。

张良刺秦的故事从此闻名遐（xiá）迩（ěr）。在刘邦顺利成为皇帝后，张良被封为留侯，也因此被记载在《史记》的“世家”中。张良有血性，有谋略，他与刘邦的合作注定是一段精彩的历史。

二、张良意外获赠《太公兵法》

张良的本姓不是张，而是姬，刺杀秦始皇失败后，他侥幸逃脱，过起了隐姓埋名的生活。

有一次，张良在桥边散步时，遇到了一位穿着粗布衣裳的老人。那位老人走到张良面前，故意把一只鞋子扔到了桥下。老人对张良说：“小伙子，把那只鞋给我捡起来。”张良听到后很惊讶。他觉得这位老人很不礼貌，想打他，但又觉得这位老人年纪太大，就忍住了，还下桥将鞋捡了起来。老人伸出脚，让张良把鞋给他穿上，张良觉得既然都帮他捡了鞋子，索性也给他穿上吧，于是也照做了。老人穿好就笑着走了。张良目瞪口呆，一动不动地站着目送老人离开。老人去而复返，对张良说：“你这小伙子很好，值得我指教。”这就是成语“孺（rú）子可教”的由来。老人接着又说：“五天以后的早上，你到桥上来见我。”张良听了急忙答应了。

第五天天亮时，张良来到了遇见老人的桥上，却发现老人比他先到了。老人见到他后说：“跟我约好了时间，你却迟到，你是怎么回事？再过五天，早些来见我。”五天以后张良还是去赴约了。这次，张良听见公鸡打鸣就出发了，天都还没亮。但老人又先到了，他对张良说：“你太不像话了，怎么又迟到了，五天以后咱们再见面吧。”连续迟到两次后，张良不敢再迟到了。于是还没到半夜，张良就来到桥边等着老人了。这一次，老人还没来。过了一会儿老人来了，看到张良后说：“你这样做才对。”

这件事也足以说明张良的诚心。但其实，他还不知道老人要做什么，不过他还是一次又一次地赴约了。结果这次老人拿出一本书交给张良说：“你仔细研究这本书，研究透了就可以做君王的老师了，十年后你一定会大有成就。”张良觉得很奇怪，心想：“是什么书能让我大有成就，还可以做君王的老师，君王又在哪儿？”张良边想边拿起书看了起来，这本书的名字叫《太公兵法》，又被称为《六韬》，它在中国历史上很有名气，是中国古代军事思想精华的集中体现，里面记载了很多打仗用兵的谋略。张良如获至宝，一直认真研读这本书，从中学到了很多智慧谋略，他也因此成为刘邦的重要谋士。

张良能够成为西汉的开国功臣，被封为留侯，不仅是因为这本书，也在于他愿意虚心学习，愿意热心帮助别人。

三、张良多次化解西汉危机

张良拿到《太公兵法》后，如鱼得水，开始了自己人生中最重要的一次历练——辅佐刘邦。《史记》帝王系列中“鸿门宴”的故事记录了楚汉争霸时，项伯向张良报信，告诉他项羽准备攻打刘邦，于是张良马上给刘邦提了一个建议：用好话稳住对方。首先要稳住项伯，让他保护刘邦，然后再稳住项羽，让他相信刘邦没有争王之心，同时张良又让樊哙进帐为刘邦说好话，让刘邦找机会逃回霸上，帮助刘邦保住一命。留得青山在，不怕没柴烧。刘邦在张良的帮助下，韬光养晦，最终成就霸业。这部分内容我们已在第二册中学过，这里就不重复讲了。

在刘邦打天下的过程中，张良给他出了很多主意，立下了数不清的功劳。刘邦当上皇帝后，要把齐国的三万户封邑赏赐给张良。但张良说他不要这么多，只要他与刘邦相遇的地方——留地（今江苏沛县），刘邦同意了，封张良为留侯。张良不要这么多封邑的原因是：张良认为他本是韩国人，但是他的家已经被灭了，他也沦为了老百姓。作为一个老百姓，能被封侯，还能得到万户封邑，已经达到了人生的巅峰，应该知足。我们从这件事也可以看出，张良非常聪明，知道见好就收。

刘邦在论功行赏时还出现了一次危机，多亏张良的建议，才化险为夷。刘邦给二十多个功臣封赏完毕后，其余的人天天都在争论自己功劳的大小，想要拿到更多的赏赐。有一天，刘邦在洛阳宫中散步，远远地看见大臣们三三两两地聚在一起议论着什么。刘邦就问张良这是怎么回事，张良惊讶地说：“陛下还不知道吗？这些人在谋划着要造反呢！”刘邦听了大吃一惊，说道：“这天下刚刚安定，大家怎么就要造反？”张良回答说：“陛下是平民出身，和大家一起出生入死多年才打下江山。如今您当了皇帝，杀了您痛恨的人，赏了您身边亲近的人。所以这些人中，有的人担心得不到赏赐，有的人担心会被杀，大家都很惶恐，就聚在一起商量谋反的事了。”刘邦赶紧问张良应该怎么办。张良跟刘邦说：“您先封赏平时最痛恨的人，当大家知道您是论功行赏，不会带个人恩怨，就会放心了。”刘邦依言封赏了跟他有旧仇的雍齿，群臣很快就安分了。

张良素来体弱多病，身体不是很好。刘邦入主关中后，张良便假托自己身体不好，闭门不出。吕后还曾劝他多吃饭，注意身体。张良以前是刘邦的老师，总给他出主意。但随着刘邦地位的稳定，他逐渐成了刘邦身边的一个宾客，仅仅为他提提意见作参考。在汉初刘邦消灭异姓王的残酷斗争中，张良极少参与谋划，他也知道这是刘邦家族内部的事情，自己不能轻易介入。不过在废太子这件大事上，他还是提出了自己建议。

公元前197年，刘邦想废掉吕后的儿子刘盈的太子之位，改立戚夫人的儿子刘如意为太子。这个消息一出，就在朝野大臣中掀起了巨大的争议，但这丝毫没有动摇刘邦的决心。眼看太子的地位将会被剥夺，吕后找到了张良，请张良给她出主意。张良平时不怎么参与朝政，也不参与刘邦的家事，但是这时他出面了。因为张良考虑到太子之位的重要性，认为不能随便更改人选。立谁为太子关系天下的根本，而且当时汉朝的统治根基还没有稳固，各项制度还没有健全，如果此时换太子，将会导致更大的问题。张良介入这件事是为了大局，而不是因为他跟吕后关系好。他是有原则的人，他的原则就是稳固大汉江山。于是，他对吕后说：“口舌难保太子，要用商山四皓。”“商山四皓”是四个头发花白、八十多岁的老人，他们的影响力很大，学问很高，隐居在山林。刘邦曾经找他们出来辅佐他，但被拒绝了。张良认为，如果太子现在能够把他们请出来，刘邦知道后一定会觉得太子深得民心，就不会改立太子了。吕后按照张良的计策去完成了这件事，果然，刘邦长叹一声，说：“烦请四位先生好好教导太子！”言下之意，就是他不会改立太子了，刘盈的太子之位保住了。

张良曾多次助刘邦化解政治危机，但他很清楚皇帝最怕大臣功高震主，所以他平时很少参与国政大事，更在最后时刻自请告退，隐居江湖。他信奉黄老之学，隐居后就潜心修道去了。公元前186年，张良病逝，谥号文成侯。他的儿子张不疑继承了这一爵位。

张良虽然是一个文弱的读书人，不曾亲自在战场上迎敌作战，却以擅长军事谋略著称。他一生反秦扶汉，功不可没。他是筹划大师，历来的历史学家都对他的才智赞叹不已，觉得他是一位真正的权谋家。

知识加油站

1. 张良的字是什么？他的祖籍是战国时期的哪个国家？
张良，字子房，祖籍是韩国。

2. 刘邦如何评价张良？
运筹帷幄之中，决胜千里之外，吾不如子房。

3. 老人送给张良一本什么书？
《太公兵法》，又称《六韬》。

4. 张良在帮助刘邦建国后被封为什么？
留侯。

5. 鸿门宴是谁用计谋帮助刘邦脱险？
张良。

成语收藏夹

形容年轻人有出息，可以造就，是什么成语？
孺子可教。

陈丞相世家：
被低估的计谋高手——陈平

除了汉初三杰，刘邦手下赫赫有名的大臣还有陈平，他也为刘邦打江山立下了汗马功劳，为西汉王朝的开国功臣之一。司马迁在《史记》中把他称为陈丞相，将其记载在世家中。

陈平年少时，家里非常贫困，贫困到连温饱问题都很难解决。但是他偏偏喜欢读书，尤其喜欢黄帝和老子的学说，和张良很像。陈平的哥哥见他喜欢交朋友，于是承担了家中全部劳动。虽然陈平家里条件很不好，但家人还是想方设法地花钱让陈平去读书。所以，陈平一有时间就会外出游学，去认识其他人。他的经历告诉人们，知识和阅历可以改变一个人的命运。

一、陈平分猪肉最公平

陈平长大成人后，想要一个富人家的姑娘，但那些有钱人没有一个愿意把女儿嫁给他。就这样过了好长时间，出现了一个叫张负的富人，他的孙女已嫁了五次，但五个丈夫都死了，因此没人敢娶她。陈平却不介意这件事，想娶她为妻。陈平是怎样遇到她的呢？陈平因为家里穷，经常帮别人料理丧事，以此获取一些报酬来补贴家用。在一次办丧事的过程中，张负见到了陈平，看他长得高大魁（kuí）梧，总是早出晚归，办事可靠，一眼就看中了他，想把孙女嫁给他。

一天，张负跟着陈平来到他家了解情况，好决定要不要将孙女嫁给他。到了陈平家，张负发现他家是真穷。陈平住在靠近外城城墙的偏僻小巷里，背靠城墙，拿一面破席子作门，连砖瓦都没有。但张负不是一般的富人，他很有心，发现陈平家门外有很多贵人的马车留下的车轮痕迹。

张负回家后就对他的儿子说："我打算把我的孙女嫁给陈平。"他儿子说："陈平又穷又懒，平时都不参加生产劳动，全县的人都在嘲笑他，您为什么要把我的女儿嫁给他？"张负回答说："像陈平这样仪表堂堂的人，是不可能永远生活在贫困中的。"《陈丞相世家》中的原文是这样的："人固有好美如陈平而长贫贱者乎？"在张负的坚持下，陈平娶到了他的孙女。因为陈平太穷，张家还借钱给他置办酒席，帮忙打点一切。张负还告诉孙女，不要因为陈平家穷，就对人家不恭敬，对待他的父母要跟对待自己的父母一样。陈平娶了张家女子之后，家里生活条件好了起来，也结交了更多的朋友。这为陈平走向更广阔的天地打下了坚实的基础。

陈平曾在家乡做了一件引起轰动的事情。当时陈平的家乡正在举行祭祀，需要有人来分肉，但分肉的工作并不好干，乡亲们觉得其他人分肉不公平，肯定会想着给自家多分一点儿。大家觉得陈平还不错，最后，就让他来分肉。陈平果然把肉分得非常均匀，大家觉得拿哪块都一样。因此老百姓纷纷赞扬说："陈平分肉分得真好，太称职了。"陈平感慨地回答："假使我陈平能够有机会治理天下，也会像分肉一样恰当称职。"从这句话可以看出，陈平很有雄心壮志。这个故事告诉我们，我们不光要读书，还要知道读书的目的是什么，要有雄心壮志。

二、陈平投奔刘邦

陈平一生辅佐过很多人，他最先辅佐的是魏王。但魏王根本不听他的建议，陈平无奈离开了。之后陈平去投奔了项羽。但项羽特别自负，他不相信任何人，他手下只有一个谋士范增，就连范增他都不信任。陈平害怕被项羽杀掉，也看清了项羽是一个鲁莽（mǎng）的武夫，最终不可能赢得天下、获得胜利，于是就偷偷地跑到了刘邦的领地。

在逃跑的路上，陈平经历了一件非常危险的事情。他逃到黄河边时，请船夫送他过河。上船后，船舱里又走出来一个船夫，他立刻发觉这两个人是水盗。两个水盗以为陈平身上带着珠宝，想图财害命。但陈平特别机灵，为了保全自己的性命，马上将衣服脱下，扔在船上，光着身子帮船夫划船。船夫看见他身上什么都没有，衣服掉在船上也没有声音，于是打消了加害他的念头。一场凶险居然被陈平如此轻易地化解了，可见他非常有头脑。

后来，陈平经过别人的推荐见到了刘邦，开始和他讨论天下大事。刘邦和他聊得非常投机，破例让他做了都尉。都尉就是陪刘邦出行，为他驾驶马车的官员，用今天的话说就是他的私人司机。这个官职其实不大，但可以每天跟刘邦待在一起。刘邦还让陈平监护三军，这个权力就很大了，可以代表刘邦发号施令。

刘邦的做法引起了将领的不满。大家都说陈平品行不端，贪图贿赂，是一个反复无常的乱臣。谁送给他的黄金多，他就给谁好处。刘邦知道后很生气，觉得陈平刚来没多久，就敢收受贿赂。于是刘邦把陈平召来责问："听说你原来是辅佐魏王的，后来又辅佐项羽，现在又来辅佐我，如此三心二意，怎能不让人怀疑你的信誉呢？"

陈平听后不紧不慢地说："同样一件有用的东西，在不同人的手里的作用是不一样的。我最开始辅佐魏王，但魏王不用我，我就离开了。到了西楚霸王项羽那里，他也不用我，而且还不信任我，所以我才来到您这里。我还是我，但是用我的人不一样了，我早已久仰您的大名，知道您善于用人，所以不远千里来投奔。刚来到这里时我什么都没有，身无分文，只能接受别人的礼物。因为没有钱，我就无法生存，更没办法工作。如果您听信谗言不用我，我可以交出收下的那些礼物，只请您给我一条生路，让我回家老死故乡。”陈平这是在提示刘邦：如果你不重用我，那你就与魏王、项羽没有分别了。刘邦听后顿时消除了心中的疑虑，对陈平好感倍增，并且重重地赏赐、提拔了他，让他专门监督各路将军。

从此，陈平一心一意为刘邦出谋划策，成为西汉安邦定国的重要谋臣之一。

三、陈平献计，刘邦击败项羽

公元前203年，楚汉战争到了最激烈的时期。刘邦被项羽围在荥阳城一年，并且被切断了外援和粮草通道。刘邦向项羽求和，项羽不同意。因此，刘邦非常忧虑。这时陈平献了一计。他让刘邦从仓库拿出四万斤黄金，买通项羽手下的将领，让这些人散布谣言说：“在项王的部下里，范增和钟离眛的功劳最大，但是却不能称王，他们已和汉王约定好要共同消灭项羽，分占项羽的国土。”这些话传到项羽的耳朵里，项羽就开始怀疑钟离眛，有重大的事不再跟他商量。项羽甚至怀疑范增也私通汉王，对他很不客气。项羽表面上很有英雄气概，但关键时刻却小肚鸡肠。

为了彻底孤立项羽，陈平建议刘邦把范增除掉。他设计嫁祸范增，离间项羽和范增的关系。有一天，项羽派使者到刘邦的营中打探虚实，陈平准备了非常精致的餐具和好酒好菜，使者刚进房间就被请到上座。陈平再三问起范增的情况，对范增大加赞赏并且低声问使者："亚父范增有什么吩咐？"使者感到十分奇怪，于是说："我是项王派来的，不是亚父派来的。"陈平听后拉下脸说："我还以为你是亚父派来的。"于是便叫仆人把酒席撤掉，然后把使者带到了另外一个简陋的房间中，只给他粗茶淡饭。陈平还满脸不高兴地拂袖而去，不再理会使者。使者没想到会受到这样的羞辱，非常气愤，回到楚营后，把这件事情一五一十地告诉了项羽，项羽因此更加确信范增私通汉王。

就在这时，范增建议项羽赶紧攻城，项羽却一反常态，拒不听从。过了几天，范增也听说有人说他与汉王私通，知道项羽已不信任自己了。于是他对项羽说："天下大事已经基本确定，希望大王自己好好成就事业。我年岁大了，身体不好，想回家养老。"项羽非常薄情，听到这番话后对范增毫无挽留之意，还派人送他回家。范增一路走一路叹气，吃不下睡不着，伤心不已。这时的他已经七十五岁了，因受了莫大的委屈，十分痛心，在回家的路上生了一个大毒瘤（liú），一病不起，最终因病去世。至此，项羽手下唯一一个明事理的谋臣，竟然被陈平用这么平常的一个离间计给除掉了。

项羽后来知道自己中了陈平的离间计，害死了范增，非常生气。公元前204年5月，项羽开始猛攻荥阳，刘邦一伙的形势非常危急。这时，陈平又献计说："咱们写一封投降信，约他在东门见面，我相信项羽一定会把他的大部分军队集结在东门。接着我再把西、北、南各门的卫士给引到东门来，大王就可以从西门跑出去。”刘邦听后同意了。

不一会儿，陈平带着一个长得很像刘邦的将军来见刘邦，把他装扮成刘邦的样子去投降，吸引敌人的注意力。第二天天还没亮，陈平又带着两千名妇女，一批一批地从东门出去，西、北、南门的楚兵听说后，都跑来看。这时，忽然有人大喊一声：“汉王来了！”大家一看，果然是刘邦的马车。马车由仪仗队开道，慢慢走出东门，一直走到楚王项羽的跟前。项羽掀开车帘一看，车里坐着的根本不是刘邦，真正的刘邦早已坐另一辆马车，带着陈平、张良、樊哙等人，在东门一片混乱时，冲出西门，杀出一条血路，向关中方向逃去。陈平只是略施小计，就将项羽骗得团团转。

项羽一个接一个地中了陈平的计谋，疲于奔命。陈平本来是项羽的人，但项羽刚愎（bì）自用，不会识人、用人，最终失败。这也告诉我们，要带好团队干大事，要做到以下三点：第一，学做人；第二，学会识别人才；第三，学会应该如何用人。

四、人无远虑，必有近忧

公元前195年，刘邦派樊哙以相国的身份率军讨伐敌人。樊哙走后，有人对刘邦说樊哙的坏话，刘邦此时正在养病，他大怒，说：“樊哙看到我生病，肯定希望我快点死！”于是决定把樊哙杀掉，并派陈平和周勃来完成这件事。陈平和周勃接到命令后立即动身。陈平在路上思考这件事，他觉得樊哙是皇帝的老部下，劳苦功高，况且樊哙又是吕后的妹夫，是皇亲国戚。眼下皇帝正在生气，但万一以后他后悔了，怪罪自己怎么办？再说当时刘邦已病入膏（gāo）肓（huāng），吕后姐妹二人必定会在他身边搬弄是非。如果将樊哙杀了，那自己也会跟着掉脑袋。他将自己的想法告诉周勃后，周勃不知所措，说："难道我们要把樊哙放了吗？"陈平说："肯定不能放，放了就是违背圣旨。咱们可以把他绑到囚车上，押到长安。或杀或免，让陛下自己决定。"周勃听后说："这是个好主意。"

二人到了樊哙军营前，经过一番欺骗将樊哙抓了起来。他们走到半路时，听到了一个噩（è）耗——刘邦病故了。陈平听到这个消息后，顿觉不妙。他知道这时一定是吕后主持朝政，唯一庆幸的是他们没有杀掉樊哙。但即便如此，陈平也怕夜长梦多，所以他决定先赶到长安，把这件事解释清楚。

到达长安后，陈平立即赶到宫中，跪倒在汉高祖刘邦的灵前，放声痛哭，边哭边喊："您让我就地斩决樊哙，但我不敢轻易处置大臣，现在我已把樊哙押回来了。"这句话可不是说给刘邦听的，而是说给吕后听的，他在向吕后表功，意思是，人是皇帝派我杀的，我可没杀。吕后姐妹听到樊哙没死，松了一口气。看着陈平泪流满面的样子，她们还宽慰陈平。陈平害怕被人说坏话，又趁机说："我要留在宫中担任守卫。"吕后答应了他的请求，并让他辅佐新帝。陈平也避免了一场灾难，再次保全了自己，并凭借自己的智慧得到了吕后的重用。

汉文帝即位后，封周勃为右丞相，封陈平为左丞相。古代以右为尊，所以右丞相比左丞相地位更高。一天，汉文帝问周勃："国家一年有多少案件要判？我们一年能产出多少粮食？我们的支出和收入分别是多少？"这是很细节的事情，周勃都无法回答，愣住了。这时，任左丞相的陈平很爽快地回答道："这些事情有具体的人负责，我们作为宰相，不必样样琐碎的事情都监管。宰相是皇帝的副手，在内要辅佐皇帝，安抚百姓；对外要平息各种叛乱，安抚四方。"周勃听后，觉得自己的才能远远比不上陈平，感到非常愧疚，于是辞官而去。最后只剩陈平一人做汉文帝的丞相。公元前179年，陈平去世，谥号献侯。

司马迁在《史记》中这样评价陈平：年轻的时候喜欢黄帝、老子的学说，在砧（zhēn）板上分割祭祀用肉时，他的志向已经很远大了。他曾彷徨于楚魏之间，但最终归附汉高祖。他常常想出妙计，消除国家的祸患，解救国家于危难之中。到了吕后执政时期，诸事多变故，但是陈平却依然能免于祸患，安定汉室，保持自身的名望，被称为贤相。这难道不是善始善终吗？如果没有才智和谋略，谁能做到这一点呢？可见司马迁对陈平评价很高。

知识加油站

1. 陈平年少的时候喜欢读谁的学说?

黄老之学，也就是黄帝和老子的学说。

2. 刘邦在荥阳被项羽围困，陈平出了什么计谋?

离间计。

3. 陈平在刘邦去世以后，做过谁的丞相?

吕后和汉文帝。

4. 陈平去世以后的谥号是什么?

献侯。

5. 陈平年少时做过的一件事，后来比喻一个人处理事情很公正，这是什么典故?

陈平分肉。

读客®文化

从小读《史记》，长大成大器 ④

（全5册）

王金鑫　编著

江苏凤凰文艺出版社
JIANGSU PHOENIX LITERATURE AND ART PUBLISHING

蔺相如

廉颇
负荆请罪

田忌
三局两胜！

三等马 VS 一等马
一等马 VS 二等马
二等马 VS 三等马
孙膑
田忌赛马

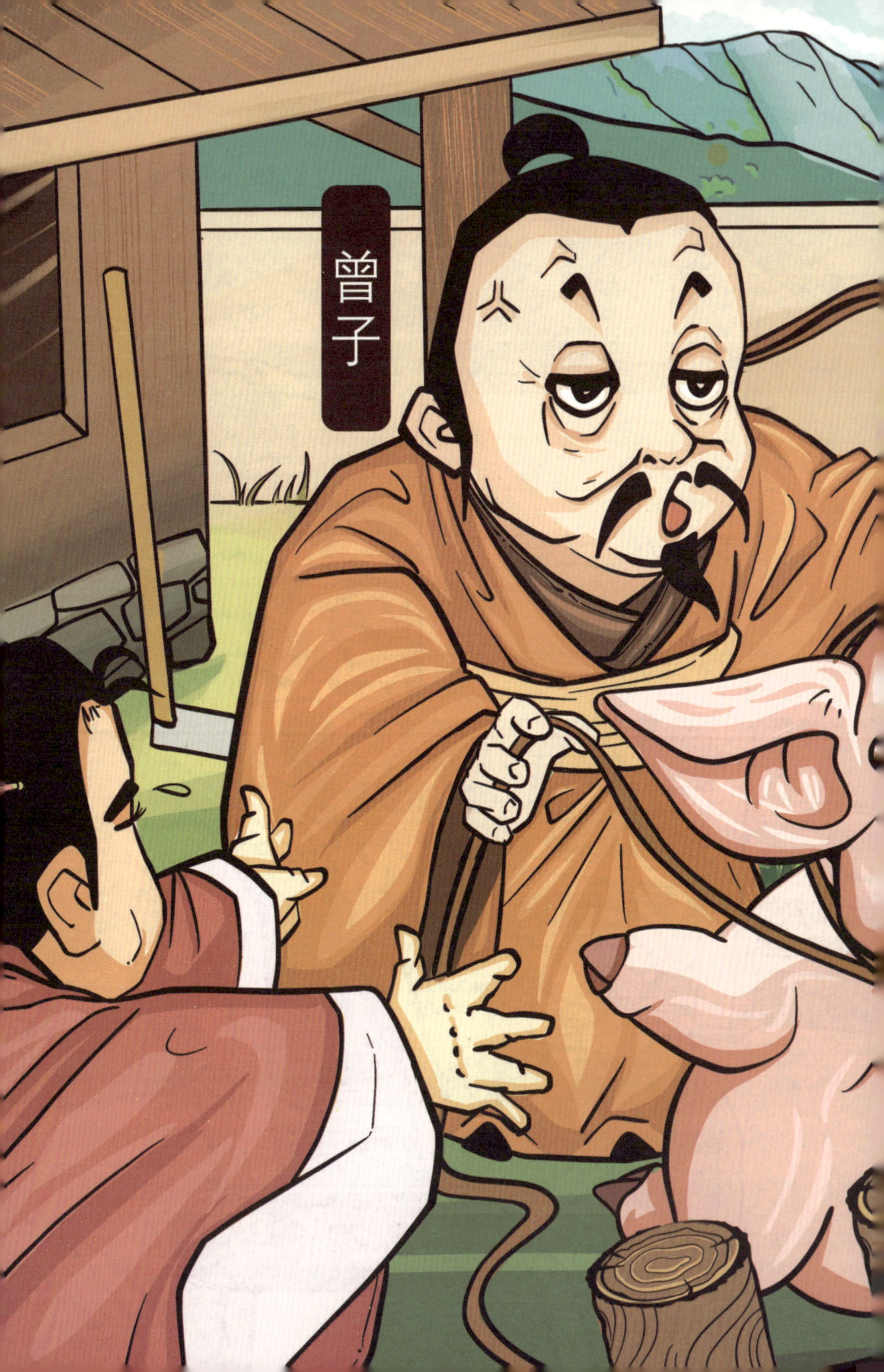
曾子

曾子杀猪

学堂
榜

孟母
孟母三迁

平原君

毛遂
毛遂自荐

屈原
屈原投江

目 录

伯夷列传：
不当国君，饿死首阳山

《史记》中的第一篇列传是写伯夷和叔齐的，他们生活在距今三千多年前的商朝，出生在商朝诸侯国之一的孤竹国。孤竹国的国君孤竹君是商朝王族的旁支，伯夷和叔齐是他的两个儿子，其中叔齐最得孤竹君的喜爱。孤竹君想立叔齐为太子，把国君的位置传给他。

不久后，孤竹君去世。按照商朝的礼制，应该由长子伯夷继位。但是伯夷深明大义，既然父亲去世前想让叔齐继位，那就不能违背他的遗愿。伯夷最后谢绝了群臣的建议。后来，群臣举荐叔齐为国君，叔齐回答说：“我当国君，是对兄弟不义，而且不合礼制。”他也拒绝了群臣的举荐。他们两个人互相谦让，都不想做国君，于是做了一件让后人目瞪口呆的事情——双双离开了孤竹国。二人走后，群臣只能推举孤竹君的其他儿子为国君。

离开孤竹国的伯夷和叔齐居无定所，风餐露宿。时间过得很快，两个人也慢慢变老了。这时，他们听说在西伯侯姬昌领导下的周国很安定，各方面都发展得很好，且善待老年人。于是他们跋山涉水想去投奔姬昌，但他们一到周国，姬昌就去世了。他们在路上恰巧遇到姬昌的儿子姬发。姬发正带兵向东讨伐商纣王，他把父亲姬昌的木质灵位装在兵车上，来鼓舞士气。伯夷和叔齐拦住姬发的马说："您父亲死了，您不好好安葬他、在家守孝，还带着他的灵位发动战争，能称得上孝吗？作为商朝的臣民去杀自己的君王，这算得上仁义吗？如此不仁不义，就不怕天下人耻笑吗？"姬发的卫兵觉得他们太无礼了，要杀掉他们。这时，军师姜子牙说："他们都是讲仁义的人，不要杀他们。"卫兵才将二人放开。

当姬发率军打到牧野时，商纣王非常匆忙地调遣军队应战。他的士兵因厌战，纷纷在阵前倒戈，最终姬发取得决定性的胜利，灭掉商朝，建立了新的王朝——周朝。伯夷和叔齐认为姬发身为商朝臣子，却将商朝灭掉的做法是非常可耻的。他们是商朝的子民，如今商朝被灭，他们也就成了亡国奴。

为了坚守臣民的节义，伯夷和叔齐发誓不再吃周朝的粮食。但是当时各地都已归顺周朝，没有哪里的粮食不属于周朝。他们二人只能跑到首阳山去采薇（wēi）菜吃。薇菜是一种野菜。他们在快饿死的时候，还作了一首诗歌，翻译过来的意思是"我们登上西山摘薇菜。他们认识不到，以暴力对付暴君是错误的啊！神农、虞舜、大禹的时代过去了，我们去哪儿找归宿啊？"最后，二人饿死在首阳山上。

司马迁把《伯夷列传》放在《史记》的人物列传之首，可见他对伯夷、叔齐两人崇高道德的肯定。从历史上看，伯夷和叔齐的行为很符合儒家的价值观，也受到儒家的大力推崇。

当年，孔子的学生子贡问孔子：“伯夷、叔齐何人也？”伯夷、叔齐是什么人？孔子立即回答说：“古之贤人也。”意思是说他们是古代品德高尚的人。子贡又问，他们对所做的事不觉得后悔吗？孔子说，他们求仁得仁，没什么可后悔的。求仁得仁是指追求仁德而得到仁德，这是孔子对伯夷、叔齐行为的评价。

伯夷、叔齐在勾心斗角的古代宫廷中显得独树一帜，他们让位的行为被历朝历代的人们赞赏，在历史上产生了广泛的影响。许多名人，包括著名的思想家、政治家、史学家、艺术家、文人学者、帝王将相等纷纷以各种形式歌颂、赞扬他们。

知识加油站

1. 伯夷和叔齐是什么关系？

亲兄弟。

2. 孔子如何评价伯夷、叔齐？

古之贤人也。

管仲列传：
管鲍之交究竟是怎么回事？

一、管鲍之交

齐国有一个非常伟大的人物，他的名字叫管仲，他生活的年代距离我们很遥远。管仲的祖先是周穆王的后代，与周王室同宗，他的父亲管庄是齐国的大夫，但后来家道中落，生活非常艰难，于是管仲开始游历、做生意。

有一个成语叫“管鲍之交”，其中“管”指的是管仲，“鲍”指的是鲍叔牙，他们俩是好朋友。虽然管仲因为家道中落，比较贫穷，而鲍叔牙很富有，但他们彼此了解，互相信任。管仲和鲍叔牙之间的深情厚谊已成为中国代代流传的佳话，管鲍之交就是用来形容亲密无间、彼此信任的朋友关系。

管鲍之交是如何体现的？首先，体现在做生意方面。起初，管仲和鲍叔牙合伙做生意，管仲家里穷，只出了一小部分钱，没有鲍叔牙出得多，可到分利润时，管仲拿的却是大头。鲍叔牙的仆从不满管仲的做法，说道："管仲也太贪财了。"但是鲍叔牙说："不要这样说他，他哪里是贪这几个钱呢？他家里生活困难，那些钱是我自愿给他的。"

后来管仲帮鲍叔牙出主意办事，几次都把事情办砸了，鲍叔牙也不生气，还安慰管仲说："事情办不成不是因为你出的主意不好，而是因为时机不对，你别介意。"管仲曾经做了三次官，但是每次都被罢免，鲍叔牙认为不是因为管仲没有才能，而是因为管仲没有遇到赏识他的人。

管仲还曾带兵打仗。进攻时，他躲在后面；退却时，他却跑在最前面。手下的士兵都瞧不起他，不愿意跟他一起打仗。鲍叔牙却说："他这么做是因为家里有老母亲，他保护自己是为了伺候他的母亲，并不是真的怕死。"鲍叔牙替管仲辩护，极力掩盖管仲的缺点，完全是爱惜管仲这个人才。

管仲听到鲍叔牙的这些话，非常感动，说："生我的是我的父母，了解我的人却是鲍叔牙。"管仲和鲍叔牙成了生死之交。

后来，管仲和鲍叔牙都从政了。从政后，两个人开始在政治舞台上崭露头角。当时，齐国国君齐襄公没有儿子，只有两个异母兄弟，一个是公子纠，他的母亲是鲁国人；一个是公子小白，就是后来大名鼎鼎的齐桓公，他的母亲是卫国人。有一天，管仲对鲍叔牙说："依我看，将来当国君的不是公子纠，就是公子小白，我和你每人辅佐一位。"通过这段话可以看出，管仲很有远见，比鲍叔牙的眼界高。鲍叔牙也非常同意管仲的看法。从此管仲当了公子纠的老师，而鲍叔牙做了公子小白的老师，两个人开始竭尽全力地辅佐两位公子。在辅佐的过程中也发生了一些事情，齐襄公十分残暴，常常找碴（chá）儿责骂大臣，导致齐国朝廷内很乱，公子们为了躲避祸患，只能逃到别的国家等待机会。公子纠逃到了鲁国，而公子小白逃到了莒（jǔ）国，管仲和鲍叔牙也分别跟着去了。这时候管仲和鲍叔牙已是竞争关系，他们接下来会如何相处呢?

二、管仲和鲍叔牙各为其主

由于齐襄公非常残暴，齐国大臣公孙无知杀死他，夺得了王位。但是不到一个月，公孙无知就被其他大臣杀死了。齐国没有了国君，就派使臣去莒国迎公子小白回齐国。此时，鲁国也得到了这个消息，鲁庄公决定率领战车亲自护送公子纠回齐国，并派管仲先带一部分兵马在路上拦截公子小白。管仲带着三十辆兵车日夜兼程地赶路，终于追上了公子小白。当时公子小白正在树林中吃饭，管仲上前问道："公子，您去哪儿？"公子小白回答说："国君去世，我要回国办理丧事。"管仲听后说："公子纠年龄比您大，有他办理丧事就行了，您何必回去呢？"

鲍叔牙知道管仲的用心，所以很不高兴。他对管仲说："你快回去吧，别管了。"管仲看自己带的人少，打不过他们，于是暗中弯弓搭箭，瞄准了公子小白。一箭射去，只听公子小白大叫一声后，口吐鲜血倒在了车上。周围人瞬间惊出一身冷汗，赶紧去救，其中有人大喊不好了，紧接着很多人大哭起来，边哭边喊着：“你把未来国君给杀了。”

管仲看到这个情景，以为公子小白被他杀死了，便驾车飞奔回去向鲁庄公报告。鲁庄公听说后，觉得太好了，因为公子小白死了就没有人来争当国君了。他很没有远见，先喝酒庆祝起来。他以为齐国国君继承人只剩公子纠一人，就带着公子纠慢慢地向齐国进发。

鲁庄公哪里知道管仲这一箭没射死公子小白，只射中了他的衣带钩。当时公子小白怕管仲再射箭，急中生智，把舌头咬破假装吐血而死，慌乱中就连他的大臣也都被他瞒住了。直到管仲走远，公子小白才睁开眼睛坐起来。鲍叔牙被吓了一跳，回过神后说：“我们得快点跑，说不定管仲还会回来。”于是公子小白换了衣服，坐在有棚的车里，抄小路赶回了齐国都城临淄（zī）。这个时候，鲁庄公和公子纠还在半路上晃呢。

齐国原来主张立公子纠为国君的大臣们见公子小白先回来，就对鲍叔牙说：“如果要立公子小白为国君，公子纠回来后该怎么办？”鲍叔牙回答说：“齐国现在连遭内乱，必须得有一个像公子小白这样贤明的人来当国君，国家才能安稳。现在公子小白比公子纠先回来，这就是天意。你们敢违背天意吗？你们再想一想，鲁庄公护送公子纠回齐国，如果公子纠当了国君，鲁庄公带兵来要钱要物，我们怎么受得了？”大臣们觉得鲍叔牙说得有理，便同意让公子小白继位。后来公子小白成为历史上赫赫有名的齐桓公。

又过了好几天，鲁庄公才率领大军到达齐国的边界，这时他才知道公子小白居然没死，而且当上了齐国国君，顿时大怒，立即向齐国发起进攻。齐桓公非常厉害，即使刚当上国君也能沉着应战，鲁军被打得落花流水。鲁庄公弃车逃跑，才保住一条命。这真是偷鸡不成，反蚀（shí）一把米。

所谓人在江湖，各为其主。尽管历史上，人们总因为管仲当年刺杀公子小白一事而对他指指点点，但正是因为有了这段往事，才让历史这么精彩，让其中的历史人物被我们铭记。

三、齐桓公不计前嫌，任命管仲为宰相

鲁庄公被齐国打败后，还被齐国占领了一部分土地。他回国后，齐国立即派兵命令他杀死公子纠，交出管仲。鲁庄公看到齐国大军压境，不愿意为公子纠冒亡国的风险，就赶紧杀掉了公子纠，又将管仲抓起来，准备送给齐国。但是鲁庄公手下的谋士说："不行，我们可以杀掉公子纠，但管仲是天下奇才，如果齐国任用他后富国强兵，会对我们构成强大的威胁。不如把管仲留在鲁国。"

这时的鲁庄公满脑子想的都是国门外的齐军，哪里还敢留下齐桓公的仇人？如果鲁国留下管仲，还重用他，齐桓公一定会灭了鲁国，所以必须把管仲送回齐国。这时鲁庄公手下的谋士又说："如果您不任用管仲，那就把他杀了吧，省得他为齐国所用。"鲁庄公说："好，那就杀了他。"就在这时，鲍叔牙派来

的人听说鲁庄公要杀管仲，非常着急，赶紧对鲁庄公说："我们国君对管仲恨之入骨，要亲自杀了他才能解恨，请您把他交给我。"鲁庄公听后就把管仲交给了齐国。

管仲进了齐国的地界后，发现鲍叔牙正在等着他。鲍叔牙一见到管仲，如获至宝，立即让士兵打开囚车，把他放了出来。回到齐国后，鲍叔牙开始向齐桓公推荐管仲。齐桓公说："管仲不就是那个对我射箭的人吗？他射的箭我还留着，我恨不得扒了他的皮，吃了他的肉，你还想让我重用他？"鲍叔牙接着说的这番话深深地烙印在了史册上，他说："那时我们是各为其主，管仲向您射箭时，他心中只有公子纠。从另一个角度看，您想要实现富国强兵、建立霸业的志向，也需要一大批有才能的人。"

齐桓公听后说："我早就想好了，在我的大臣中您是最有才干的，我要请您做宰相，帮助我富国强兵。"鲍叔牙回答说："我比管仲差远了，我不过是一个小心谨慎、奉公守法的臣子而已，管仲才是治国图霸的人才，您要是重用他，他将为您射下天下，哪能只射一个衣带钩啊！"齐桓公见鲍叔牙一再举荐管仲，只能说："你明天带他来见我。"鲍叔牙笑了笑说："您要得到人才，就必须以礼相待，哪能随便见呢？"于是，齐桓公选了一个好日子，亲自出城迎接管仲，并请管仲坐在他的车上，和他一起进城。

通过这件事可以看出，不仅鲍叔牙厉害，齐桓公也很厉害。管仲到了王宫后，急忙跪下向齐桓公谢罪，齐桓公亲自把管仲扶起来，虚心地向他请教富国强兵、建立霸业的方法。管仲讲得一清二楚，两人越谈越投机，一直交谈了三天三夜，相见恨晚。后来，齐桓公任命管仲为相。

管仲成为齐桓公的宰相后，做了好多事情，辅佐齐桓公成为春秋五霸之首。他对内大兴改革，富国强兵；对外则让各路诸侯都非常惧怕齐国。

人之所以伟大，是因为他有一颗伟大的心灵。齐桓公的宽大胸怀值得我们学习，管仲和鲍叔牙的友谊也让我们感动。

知识加油站

1. 管仲是哪国人？
春秋时期的齐国人。

2. 管仲和鲍叔牙分别辅佐谁？
管仲辅佐的是公子纠，鲍叔牙辅佐的是公子小白。

3. 谁最后成了齐国的国君？
公子小白，也就是后来大名鼎鼎的齐桓公。

成语收藏夹

管仲和鲍叔牙相知最深，后来经常比喻交情深厚的朋友，这是什么成语？

管鲍之交。

老子列传：无为而治，上善若水

一、老子——孔子之师

在《史记》中，名字带“子”字的人很多，比如孔子、孟子、老子、韩非子。众所周知，孔子是一个伟大的人，他创立了儒家学派，对现代人的影响非常深远，我们称他为孔圣人、孔老师，古人称他为“至圣先师”。拥有这么高评价的人物，是自学成才吗？孔子到底有没有老师？答案是有。孔子说过：“三人行，必有我师焉。”孔子读了很多书，特别喜欢《易经》，他曾向一个人请教过问题，这个人就是老子。

老子非常厉害。据史书记载，孔子比老子小二十岁左右。在孔子出名时，老子已经非常有名了。老子是周朝的史官，不仅要记录历史，还要承担国家图书馆馆长的职责，管理史籍。换句话说，他主要负责历史文献的管理工作，每天都有机会跟周天子待在一起。在那一时期，书籍不像现在一样唾手可得，能看到书的人绝对能掌握很多国家秘密。老子看了大量典籍，非常有学问，可以说是博古通今、无所不知。孔子听说周朝有这样一位人物，立即驾车带着弟子来洛阳见他。现在洛阳还伫立着一座碑，叫“孔子入周问礼碑”，是后人修建用来记述这段历史的。

孔子向老子请教的不是我们今天学习的数学、语文、英语，而是礼。在《论语》中，孔子强调的是仁，指做人要忠心，为人办事要尽心尽力。此外，孔子还强调恕，恕的意思是自己不喜欢的不要强加给别人。仁的外在体现就是礼，孔子问的礼也与此有关。在《史记》中，关于孔子入周问礼有多处记载。据司马迁记载，孔子见到了老子，虚心接受了他的建议。回到鲁国后，孔子刻苦钻研，学问变得更加深厚，跟随他学习的学生也越来越多，我们也对点拨过孔子的老子刮目相看。

老子到底是一个什么样的人物？他难道只有一个名字，只会讲礼吗？他有没有创立什么学派流传至今呢？真的有一个学派是老子创立的，那就是道家学派。道家学派与儒家学派完全不一样。儒家思想鼓励人们奋进努力，年轻人尤其要多学习多进步，而道家思想告诉人们应该顺应自然，不争不抢，不要追求奢侈，生活能满足温饱就可以了，要清静无为，回归大自然，以此来实现自己的人生价值。道家强调的是人生的境界。简单来说，如果想要体验道家思想，可以到深山老林里静心养性。我们现在仍然可以在僻静的地方看到很多道观，就是和道家思想有关。

众所周知，孔子是位圣人，但圣人也是由普通人成长起来的，也需要有人在旁边点拨，也要向别人虚心学习。老子是做学问的集大成者，正是他的指点，让孔子变得更加厉害。

二、道家是如何形成的？

任何一种思想的形成都有其特定的时代背景，道家思想的形成也不例外。在我国传统文化中，一直存在隐居、隐逸的思想。据《史记》记载，尧八十六岁时想要寻找接班人，他听说隐居在深山中的许由非常有才能，就找到他，请他来接替自己，但许由拒绝了尧。尧非常努力地劝说他不要隐居山林，许由坚决推辞，见状，尧只能离开。尧走后，许由来到河边洗耳朵，这时一个叫巢父的人在河边放牛，发现许由后好奇地问他在干什么，为什么要洗耳朵。许由回答说："尧非要让我接替他做君王，我是一个隐居山林的人，怎么能做这样的事情呢？这样的话侮（wǔ）辱了我，所以我要把耳朵里的脏东西洗干净。"巢父听后说："如果你真想隐藏在高山深谷中，不愿意跟别人交往，他怎么能知道你是谁？你分明是在撒谎。你隐居山里的目的就是让人找到你，请你出山。我要赶紧把牛牵走，不能让我的牛喝你洗耳朵的水。"

这个故事还延伸出一个成语，叫"洗耳恭听"，用来表示对人尊敬，认真听人讲话。许由听完后觉得巢父说得很有道理。远古时期的君王更替采用的是禅让制，具体操作方式是君王根据才干选择继承人。尧退位后把部落首领的位置禅让给了舜，舜经过别人推举和自己考察，让治水的大禹接替了自己的位置，禹最后又把帝位让给了伯益。

道家思想与传统中的隐逸思想有关，但与孔子的儒家思想非常不同。孔子及其弟子非常讲究学问，道家弟子最初对孔子及其弟子的态度是不屑一顾的，他们认为孔子及其弟子提倡努力和作为，但对于人世间基本的常识都不了解——他们连五谷都分不清楚，还研究什么学问？五谷指的是稻、黍（shǔ）、稷、麦、菽（shū）。稻是大米，黍是黄米，稷是小米，麦是小麦，菽是大豆。曹植的《七步诗》中就有一句“漉（lù）菽以为汁”。老子的弟子们和老子学说的崇拜者都对儒家思想不屑一顾，因为他们认为儒家和道家的志向不一样，儒家子弟不亲自下地劳动，只知道读书，这样的生活没有意义，全是纸上谈兵。

中国有悠久的隐逸传统，像许由、巢父等人一样，喜欢隐居山林，这是道家思想产生的社会环境。除此之外，老子生活在春秋时期，这是一个非常动荡的时代，有很多人投机取巧，成为宰相。但还有一些像老子这样的人，虽然很有才干，却只能成为“图书馆馆长”。那时周朝的国君权力非常微弱，有才能之人没有机会施展才干，只能隐居山林以求自保。

在中国的隐逸传统和春秋战国混乱背景的影响下，道家思想开始在中国正式发展起来。

三、《史记》中的三位老子

老子是道家的始祖，也是道教的祖师爷。司马迁在《老子韩非列传》中记载过三个老子，他们都是历史上真实存在过的人。第一个就是周朝的“图书馆馆长”李耳。李耳，字聃（dān），又被称为老聃或李聃。“聃”是耳字旁，用来形容耳朵大，老聃是指耳朵长得特别大。李耳是楚国人。

司马迁的《史记》流传开后，人们便认为老子是春秋时期的思想家，还是孔子的老师，写了《道德经》。据说唐朝有皇帝急需确定祖先，以证明自己当天子是由上天所赐，所以称自己的祖先是老子。在唐朝，信奉道教是可以做官的。前文提到，老子本人就是一名史官，“史”字的甲骨文写法是左边一个放着竹简的容器，右下方一只手，合起来就有了掌管文书的含义。

史官的工作是记录君王的言行，同时管理书籍，因此老子每天有接触很多书籍的机会。老子出生在东周，那时的史官已丧失了大部分权力，只能专门研究书籍，不能再做其他工作，所以李耳的学问非常深厚。

《史记》中记载的第二个老子是老莱（lái）子。他是楚国人，与孔子生活在同一时代，他在二十四孝的故事中出现过。据说他活了一百多岁，当时人的平均寿命大约在三十岁，活到一百岁就可以被称为长寿冠军了。据说老莱子非常孝顺，七十多岁时他的父母还健在，这也表明老莱子有长寿基因。老莱子为了不让父母看见他已有白发，经常穿特别艳丽的衣服，在父母面前装作小孩的样子，逗父母高兴。

《史记》中记载的第三位老子是战国时期的周太史儋（dān），生活在孔子死后一百多年的时代。

司马迁对这三个老子的记载是有所取舍的，他重点记载了第一个老子，而后两个老子被他一笔带过。可见，司马迁从史学家的角度来看，认为老聃（李耳）是正宗的老子。

关于老聃的身世有很多种传说，其中流传最为广泛的是：他是寄胎于一个李氏女子的肚子出生的。李氏女子在村头的河边洗衣服，突然从上游漂下一个李子，李氏就将李子捞上来，第二天吃下去后就怀孕了，怀胎整整八十一年。十月怀胎是常识，怀胎八十一年当然是天方夜谭。但在传说中李氏女子怀胎八十一年生下了一个男孩儿，男孩儿生下来就是白头发、白眉毛，还有白胡子，所以李氏女子给他取名为老子。而老子生下来就会说话，李是他的姓，又因为耳朵特别大，所以被取名为李耳。李耳长大以后做了周朝的史官。除此之外还有很多关于老子的传说，它们给老子增添了许多神秘色彩。不过老子给我们留下的最重要的财富，不是这些传说，而是他的著作《道德经》。

四、《道德经》是这样来的

关于《道德经》的写作，历史上有一个非常美妙的传说。老子是周朝的史官，但那时候周天子的影响力越来越弱，于是老子决定辞官隐退，一直向西，走到没有人的地方去生活。在路上，他要经过函谷关，而过函谷关必须经过一条小路，这条小路的关令，也就是守关的官员，叫尹喜。

老子来到函谷关时，正逢尹喜在城门远眺，他发现远处有一片祥云飘来，于是大喜，说道："今天一定会有大人物从这里过关，不知道是谁呢？"过了一会儿，他看到一位骑着青牛的精瘦老人，慢悠悠地向关口走来，这位老人就是老子。那时候老子已经很有名了。尹喜知道老子要辞官隐退，远走高飞，就想让老子给他写点东西，当作出关的条件。老子不愿意受人胁迫，但又想过关，只能答应尹喜的要求。于是老子开始沉思，之后将自己的心得写在了竹简上。春秋时期还没有像现在一样高质量的纸，而在竹简上刻字非常困难，一篇竹简只能写下很少的文字。老子写了上篇又写下篇，一直写了很多天。文章共五千多字，老子将它取名为《道德经》。

《道德经》中的"道德"不是指今天的"道德"一词，它的上篇叫《道经》，下篇叫《德经》，合称《道德经》，一共八十一章。尹喜看到《道德经》后深深地陶醉了，对老子说："读了您的书，我再也不想做边境的小官了，我要跟您一起走出去。"老子笑了笑回答："可以。"据说尹喜真的跟骑着青牛的老子走了，他们最后都非常长寿。

道家思想就来自这本《道德经》，很多人都能背诵它，但是真正能读懂它的人却少之又少。《论语》鼓励年轻人努力学习，能够在社会中有所作为，但是《道德经》明确告诉世人，要做减法，要懂得放下，不争不抢，要过清静无为、修身养性的隐居生活。如果用一句话概括《道德经》的价值，那就是在你最低迷的时候，帮助你重振精神，看清世界。历史上很多名人都特别喜欢《道德经》，它在汉朝初期和唐朝初期，尤其受欢迎。

虽然《道德经》的创作故事只是一个传说，但《道德经》的影响力从现在来看可以说是世界性的，它已经不仅仅属于我们中国，还有人称老子为中国的第一位哲学家。

五、《道德经》的智慧：塞翁失马，焉知非福

《道德经》到底告诉了我们什么道理？其实，道家思想在人生中的作用是潜移默化的。《道德经》强调的是辩证法，辩证法指的是任何事物都有好有坏。月有阴晴圆缺，人有悲欢离合，满月时就意味着月亮将要变残缺了。任何事物都在相互转化。

有一个故事叫“塞翁失马”，其中，塞翁指的是边塞的一位老人。塞翁家养了很多马，一次他们家的马跑出边境线，到了胡人的国境内。胡人很凶猛，塞翁不敢去找马，马就丢了。那时，马非常值钱，一匹马的价值相当于现在的一辆豪车。乡亲们都到塞翁家来安慰他，但塞翁说：“虽然发生这样的事情我很伤心，但它可能会变成好事。”很多人不能理解，家里丢了马还能发生什么好事？过了不久，塞翁的马居然带着一大群胡马回来了。因为这匹马是公马，与胡马“结婚”了，婚后带着妻子和小马到了

塞翁家。相对来说，胡马的品种比汉马的更好，胡马善跑而且膘肥体壮。大家知道后都来祝贺，觉得塞翁说得很对，这是好事。但塞翁又说："这事也许又是一件坏事。"乡亲们又不理解了，觉得现在塞翁有这么多马，怎么能是坏事？过了几天，塞翁的儿子骑马，不小心从马上摔下来，骨折了。这时塞翁的朋友又来安慰他，塞翁又说可能这是一件好事。可儿子的腿断了怎么能是好事？没过多久，胡人入侵，所有青壮年男子都要去打仗，牺牲了好多人。塞翁的儿子因为腿瘸（qué）了，没去打仗，保住了一条命。塞翁失马的道理在《道德经》中不断被提及。

《道德经》中有句话："祸兮福之所倚，福兮祸之所伏。"意思是，好事和坏事都是相互转化、相互依存的。它们有时同时存在于同一件事物上。比如塞翁失马的故事，本来发生的都是坏事，但是换个角度看又变成了好事。而你觉得是好的事情，可能又是一件坏事。如果体会到老子《道德经》中的辩证思想后，再去看身边遇到的人、事、物，也许就会茅（máo）塞（sè）顿开。

六、以柔克刚与大智若愚

在《道德经》中，老子除了指出任何事物都可以向它的对立面转化之外，还阐释了一个有名的道理——以柔克刚。以柔克刚是指柔软的东西能够克制刚强的东西。很多人不相信——软的东西怎么比得过坚硬的东西呢？大树和小草相比，大树又高又强大，小草被人一踩就会死掉。但是如果大风刮来，大树可能会被连根拔起，而小草虽然会被吹得东倒西歪，但却完好无损；如果用绳子在手上迅速划过，即便绳子很软，也会在手上留下伤口；水滴滴在石头上，时间久了也能将石头穿透，这就是水滴石穿。这些都是以柔克刚的例子，用柔软的力量战胜强大的事物。

据说，以柔克刚的道理是老子的老师教给他的。老子听说老师生病了，来到老师的病榻（tà）旁，说：“老师，您的指导我还没有听够，您还有什么话要教导我吗？”老师回答说：“就算你不来问我，我也有话要告诉你。”说完他就张开嘴巴问老子他的舌头还在不在。老子看了后说：“老师，您的舌头还在。”他的老师又问：“你再看看我的牙齿还在吗？”老子又看了看说：“您的牙齿已经没有了。”老师听后说：“你认为这是什么道理？”老子回答说：“因为舌头很软，而牙齿很刚硬……”话还没说完就被他的老师打断，老师说：“够了，够了，天下的所有道理都在这里面了，你已经学懂、学透了。”老师只凭借老子的一句话，就知道老子已明白了他想要传授的道理。

老子还提倡一种思想，叫大智若愚，指的是一个很有才干的人藏起自己的锋芒，表现出很笨拙的样子。因为有一句话叫“木秀于林，风必摧之”，意思是，如果大树长得太漂亮，在一片树林中比别的树高，比别的树笔直，刮风时，风第一个就会把它吹倒。比喻一个人太有才干了，容易遭到奸人的陷害。历史上有才能却被陷害的人有很多，例如岳飞，他是一位非常优秀的将领，最后却因秦桧（huì）暗算惨死；苏东坡也很有才干，他反对王安石变法，最后也遭到了奸人暗算。所以，只有遮掩锋芒，藏起自己的才干，才不会被小人盯上，这样才可以生存下去，进一步在自己所在的领域发挥自己的优势。

祸福相依、以柔克刚以及大智若愚，都是老子留给我们的思想精粹。但很多人对隐藏自己的才能感到疑惑不解，所以觉得老子的思想不再适合现在的大多数年轻人，儒家思想才适合。然而，我们并不是说要接纳老子的所有思想，只是应该有所了解。在不同的情景中，不同的思想有各自的作用，可以解决不同的问题，到那时，你就能发现它们真正的价值和意义。

七、“无为”与“不争”

几千年前，老子就已提出治理国家的理念，就是“无为”和“不争”。他的这种思想曾被很多封建王朝的君王熟知，并且在治国时使用。老子生活在春秋时期，正值天下大乱，老百姓生活得非常凄惨。那时，思想界百家争鸣，百花齐放，对于治理国家各个学派都有自己的看法。老子认为百姓出现这种惨象的原因在于统治者太贪婪。他们为了自己的权力，为了自己的奢靡生活，不择手段。这些统治者每天吃香喝辣，老百姓却因战乱饱受饥饿与流离失所之苦。统治者如果想拓展疆土，就会征收老百姓的土地，不光如此，青壮年还要到前线去作战。

因此老子提出了一个治国理念，就是“无为而治”。无为是指做应该做的，不过多干涉。无为而治针对的是统治者的“有为”，统治者总想有所作为，想做出一番惊天伟业。但是老子觉得统治者不能那样做，不能只想着自己，想做什么就做什么，而要顺其自然，不争不抢，这样国家就会被治理得很好。

治国理念中除了“无为”，还有“不争”。不争也是老子对统治者提出的要求，要求统治者不要为了自己的想法和欲望而随意剥夺老百姓的自由和财产。两千多年前的老子是站在老百姓的角度提出治国之道的，如果统治者们无为、不争，不收那么多税，也不让老百姓天天打仗、修宫殿，而是让老百姓做自己想做的事，那天下就能太平美好。

老子提出的无为与不争具有划时代的意义。每经历过一个乱世，老百姓被折腾得非常凄惨时，人们就会想起老子提出的无为而治。刘邦灭掉秦朝后，就采取了无为而治的统治思想，减轻赋税，停止战争，这种做法使汉朝初期出现了一片繁荣的景象。

八、上善若水

老子用“上善若水”四个字告诉世人该如何与社会和谐共生。老子特别喜欢水，他认为世界上没有比水更加柔软的事物，但是要攻击或者破坏一个坚硬的东西，也没有什么东西能比水更厉害，例如水滴石穿。在现代化的工厂中也会用水切割坚硬的物质。因此，老子认为水虽然柔软，但却很坚韧，具有双面性，而且水给万物提供水分，却不会索取。水还很谦虚，总是流向低处，江河湖海的形成就是因为水一直向低处流。同时，水还能包容万物，能与很多事物融合在一起。成语上善若水的意思是，最高的善就像水一样，帮助万物，而不与万物相争。老子觉得人应该有水一样的品性，这是做人的最高境界：能够柔软，不争不抢，更要谦虚，这样就可以与万物和谐共生。老子一直把上善若水作为他的人生信条，他是一位真正的智者，不争夺名利，包容万物，拥有平静的内心。

无为而治、上善若水、大智若愚，这三个成语都出自老子的《道德经》。虽然《道德经》只有五千多字，但它蕴含的哲理却非常深厚，对后人影响巨大。这本书奠定了道家思想的基础，是道家思想的核心，对中国乃至世界的思想文化产生了非常深远的影响。我国历史上有很多名人深受道家思想的影响，有我们熟悉的苏东坡；有写过“采菊东篱（lí）下，悠然见南山”的陶渊明；诗仙李白也特别喜欢道家，游历了很多名山，写了很多浪漫的诗句；还有竹林七贤，他们隐居山林，也都非常喜欢道家思想。

老子的思想不仅影响了中国，也影响了世界。据说在德国，每四个家庭中就会有一本《道德经》。

知识加油站

1. 老子的名字是什么？字是什么？

老子姓李名耳，字聃。

2. 老子是什么学派的创始人？

道家学派。

3. 老子在周朝的工作是什么？

史官。

4. 孔子曾经向老子求教什么？

礼。

5. 五谷指的是什么？

稻、黍、稷、麦、菽。稻是大米，黍是黄米，稷是小米，麦是小麦，菽是大豆。

6. 司马迁在《史记》中一共记载了几个老子，他们分别指的是谁？

三个，分别是李耳、老莱子以及周太史儋。

7. 老子的代表作是什么？

《道德经》。

8. “祸兮福之所倚，福兮祸之所伏”告诉我们什么道理？

指祸福相互依存，相互转化。比喻坏事可以引发好的结果，好事也可以引发坏的结果。

成语收藏夹

1. 许由和巢父为我们带来一个什么成语？

洗耳恭听。形容专心、恭敬地听别人讲话。

2. “塞翁失马”是什么意思？

比喻一时受到损失，却可能因此得到好处，也指坏事在一定条件下能变为好事。

3. “以柔克刚”的含义是什么？

用柔软的力量去克制更强大的事物。

4. “齿亡舌存”是什么意思？

牙齿没了，舌头还在。比喻刚强的事物容易折断，柔软的东西常常能够保全。

5. “大智若愚”是什么意思？

真正有才智的人，表面上看起来特别愚蠢，因为他藏起了自己的锋芒。

6. “无为而治”的含义是什么？

无为而治出自《道德经》，是道家的治国理念。主要指治国不乱作为，不折腾人民，顺应客观规律。

7. “上善若水”是什么意思？

最高的善就像水一样，帮助万物，而不与万物相争。

韩非列传：空有一身才干与理想

一、秦始皇的偶像

韩非和老子都被司马迁记在了列传中。在《史记》中能有这么高的地位，韩非到底是一个什么样的人？我们可以用瑕不掩瑜来形容他。据说韩非口吃，不能流畅讲话，虽然语言表达不畅，但他的能力可是相当了得，被尊称为韩非子。

韩非生活在战国末期的韩国，与秦始皇同一个时代，是战国末期的哲学家，法家学派代表人物。除此之外，他还写得一手好文章。韩非是法家思想的集大成者，他出身高贵，是韩国的宗室贵族，他的家族是王室的分支，但他出生时，韩国已深陷危机。

公元前262年，秦国大将白起率兵攻打韩国，韩国兵败，韩国大将军投降，韩国的统治阶层开始分崩离析。这时，韩非上书说：“我国必须改革，变强大。”公元前257年，韩非因为痛恨统治者任用夸夸其谈的人，冷落有才能的人，开始埋头写书。

韩非的老师是荀子，荀子是儒家思想的传承者，学习了帝王之术。韩非还有一个非常有名的同学李斯，李斯是秦始皇的宰相，非常有才能。虽然韩非跟李斯是同学，但是韩非的能力远远高于李斯。韩非著有很多书籍，这些书籍流传到秦国，秦王看到后，非常欣赏他的才华。在《史记》中，秦王曾说："嗟乎，寡人得见此人与之游，死不恨矣！"意思是，我要是能见到这个人，并且跟他交往，就死而无憾了。有一种说法是秦王曾告诉韩王，秦国攻打韩国是因为秦王想要韩非，如果韩国把韩非交给秦国，秦国就会退兵，可见韩非在秦始皇心中的地位非常重要，秦始皇是韩非的"超级粉丝"。

公元前235年，秦国攻打韩国，韩王派韩非与秦王谈判，告诉韩非先请求秦国停战——你去跟你的"粉丝"秦王见个面，让他们别打了，咱们以后再慢慢削弱秦国的实力。于是，韩非来到了秦国，但是他没有想到，一场天大的危机正等待着他。

二、韩非惨死狱中

韩非去秦国真的是有去无回。韩非是一个有大局观、有才华的人，他希望能用法治国，但他的结局却非常凄惨。《史记》中记载，李斯觉得韩非的才干比自己高，很嫉妒韩非，于是想方设法将他杀了。

《史记》中有一段文字："今王不用，久留而归之，此自遗患也，不如以过法诛之。"这句话的意思是，现在把韩非请来，我们也不能任用他，如果不能任用，他留在这里早晚是一个祸害，不如将他杀掉。秦王对李斯的提议表示赞同。虽然秦王特别欣赏韩非，但他只是对韩非这个人感到好奇，他也知道不能任用一个韩国的思想家来帮助自己攻打韩国（虽然在当时任用其他国家出身的人很常见，但韩非对故国感情太深，与秦国灭韩、统一天下的想法不合），所以就同意了李斯的提议。

《史记》中记载，李斯在征得秦王同意后给韩非送了毒药，让他自杀。韩非当时还天真地要向秦王陈述意见，但是非常遗憾，秦王没有召见他。在事情发生以后，秦王后悔了，想要见一见自己的偶像，但是等他见到韩非的时候，韩非已是一具尸体了。最后，秦王只惋惜了一会儿，并没有惩罚李斯。所以我们可以推测，秦王极有可能是迫害韩非、导致他死亡的关键人物。因为大臣们即使受到君王的信任，但只要是君王不同意的事情，他们也不能违背君王的意愿去做。如果没有秦王的默许，李斯不敢随便杀韩非。韩非被杀，是因为他提出的让秦国绕过韩国，攻打其他国家的建议与秦国要灭六国的大政方针不吻合，还因为他是韩国人，不能为秦王所用。李斯嫉妒韩非的才华和雄图伟略，和秦王两个人合力导致了韩非的死亡，这是一件非常遗憾的事情。

虽然韩非惨死狱中，但是作为法家的代表人物，他的思想却对后世封建社会的治理起到了非常重要的作用。尽管韩非无法与人流畅沟通，但是在他去世后，他的文章被后人收集起来，整理成册后起名为《韩非子》，千古流传。现在我们学习的很多成语典故和寓言故事都来自这本书。

三、奇书《韩非子》

《韩非子》是一本奇书，书中文章的说理性非常强，文笔犀利，推证事理能够切中要害，并且文章构思非常巧妙，让人在平实中感受到奇妙之处，耐人寻味。最重要的是，书中用大量浅显的寓言故事体现深刻的道理，现在的人听来依然觉得非常有趣。

这里举几个书中的例子，大家读完可以有更深切的体会。第一个故事叫“讳疾忌医”，讲的是扁鹊（què）有一次去见蔡桓公，在蔡桓公身旁站着观察了他一会儿后，对他说：“您生病了，病在皮肤里，如果不赶紧治疗，病情就会加重。”蔡桓公听后笑了笑说：“我没病。”扁鹊走后，蔡桓公对别人说：“这些医生就喜欢医治那些没病的人，来夸耀自己的本事。”十天以后，扁鹊又去见他，对他说：“您的病已不在皮肤里了，而是深入肌肉中了。如果不及时医治会更加严重。”蔡桓公还是不相信，扁鹊只能走了。这时蔡桓公已经很不高兴了。又过了十几天，扁鹊对蔡桓公说：“疾病已到您的肠胃里，再不治就严重到无法救治了。”可是蔡桓公还不理他。又过了十几天，扁鹊远远地望了一眼蔡桓公后，转身就跑。蔡桓公觉得奇怪，就派人问扁鹊是怎么回事，扁鹊回答说：“病在皮肤、肌肉和肠胃里时，不论是针灸（jiǔ）或者服药都可以治疗。现在已经深入骨髓（suǐ）了，没有办法医治了。”扁鹊说完就逃往秦国了。不久后，蔡桓公就因病去世了。这个故事说明，因怕人批评而掩饰自己的弱点是一种非常不好的行为，要听从别人的劝解。

《韩非子》中记载的第二个故事是“郑人买履”。讲的是郑国有一个想买鞋的人，在家里拿绳子量好自己脚的尺寸后把绳子忘在了自己的座位上。这个人到集市选好想要的鞋后，发现自己忘带量好尺寸的绳子了，于是他赶紧回家去取绳子。但等他带着绳子跑回来，卖鞋的人已经走了，最终他没买到鞋。别人知道这件事后问他为什么不用自己的脚试鞋，他却固执地回答：“我宁可相信量好的尺寸，也不相信自己的脚。”这个故事指出，人如果不会变通，最终将会一事无成。

韩非写这些故事是想规劝君王。书中除了上文的郑人买履和讳疾忌医，还有“自相矛盾”的故事。楚国有一个既卖矛又卖盾的人，他夸耀自己的盾说：“我的盾非常坚硬结实，任何东西都无法刺破它。”接着又夸耀自己的矛说：“我的矛非常尖锐锋利，任何东西它都能穿破。”别人听后问：“如果用你的矛刺你的盾，会怎么样？”这个楚国人哑口无言，因为那个提问的人戳破了他的谎言。

还有个故事叫“智子疑邻”。讲的是宋国有一个富翁家里的墙因为大雨而倒塌，他的儿子对他说：“如果我们不赶紧修墙，一定会有盗贼进来。”隔壁的老人也这样告诉他，可是富翁没听他们的话。当天晚上，富翁家果然丢失了大量的财物。这家人赞美儿子的聪明，却怀疑隔壁的老人是小偷。这个故事告诉我们，对人不应该有偏见，听别人的意见要选择正确的，而不是看提意见的人与自己的关系如何。

以上几个故事中蕴含的道理都是《韩非子》这本书给我们留下的智慧。尽管这些故事距离现在有两千多年，但是听起来依然能让人茅塞顿开。

知识加油站

1. 韩非是哪国人？
是战国时期的韩国人。

2. 韩非的老师是谁？
荀子。

3. 韩非和李斯是什么关系？
他们是同学关系。

4. 韩非是什么学派的代表人物？
法家学派。

5. 韩非去世以后，有一本跟他有关的书流传于后世，是哪本书？
《韩非子》。

成语收藏夹

1. 隐瞒疾病，不愿意医治，比喻怕别人批评而掩饰自己的缺点和错误。这是什么成语？

讳疾忌医。

2.“郑人买履”告诉人们一个什么道理？

讽刺了那些墨守成规的教条主义者。告诉人们，如果思想不变通，终将一事无成。

孙子列传：孙武和孙膑傻傻分不清

一、兵家至圣——孙武

孙武是何许人也？可能有些人还不知道，但是提到《孙子兵法》，很多人都耳熟能详，孙武便是《孙子兵法》的作者，也因为这本书的盛名，孙武在历史上被称为“兵家至圣”，即兵法界的老大。孙武还被誉为“百世兵家之师”“东方兵学鼻祖”。在《史记》中，司马迁用大篇幅记载了孙武的生平。

孙武是齐国人，孙子是对他的尊称。孙武完成一部兵法后，送给了吴王阖闾。阖闾看后觉得他写得非常精彩，于是传召孙武，并命孙武展示他训练军队的才能，孙武答应了。阖闾对孙武说：“现在王宫中没有军队，为了方便起见，你可以指挥宫里的妇女演练。”孙武说：“没问题。”于是，吴王下令将后宫的美女都叫了出来，一共一百八十名。孙武将她们分成了两个编队，并且以吴王最喜爱的两位宠姬为两队队长，接着又让全体宫女手持武器准备操练。同时，孙武对这群女子说：“你们知道自己的心脏、左右手和后背的位置吗？”女子们回答说：“知道。”孙武说：“等一下我发出命令，让你们向左转就向左转，让你们向右转就向右转，明白了吗？”这些女子嘴上说明白，但开始操练时就全都乱了，她们非但没有听从命令，还哄堂大笑。孙武命她们向左转她们就向右转，嘻嘻哈哈。孙武见状说：“命你们练习规定动作，你们现在做得这么乱，是我作为主帅没交代明白，我现在再向你们讲一遍。”于是孙武又详详细细讲了一遍，再次下达命令，可这些宫女们还是哄堂大笑。这时，孙武非常不高兴地说：“规定动作我已经交代完了，如果你们没做好，首先是我没交代明白，但是我又交代了一次，还没做明白，说明过错不在主帅，在于士兵。但法不责众，只能由队长领取惩罚。”说罢便要将两个队长拉出去斩首。

在看台上观望的阖闾听到孙武的话后被吓到了，因为要被处死的两个人是自己最宠爱的姬妾，于是他对孙武说：“你不能这么做，我已经懂得你善用兵，我失去宠姬后会很难过，你放了她们吧。”但是孙武理直气壮地说：“臣已受命为大将，现在我在治兵，必须按照军法处置。因为有时您在国内，我在外面，事情紧急，我没法次次遵守您的命令。”说罢就将阖闾的两位宠姬杀了。

两位领队被杀后，所有女子都被吓到了。等到孙武再次下命令时，无论是向左转、向右转还是向前进、向后退，她们的动作做得都非常到位，没有一个人再敢嬉笑。这时，孙武对阖闾说：

“大王，我现在已把军队操练好了，您可以检阅了。”但吴王脑中还在想着自己两个宠姬被杀的场景，所以满脸不高兴地对孙武说：“我知道了，你将部队解散，自己回宾馆休息吧，我没心情再看下去了。”孙武听了吴王的话后有点儿失望地说：“大王好像只是喜欢我纸上谈兵，我现在给您展示的是实际操作，您能不能采用我的理论呢？”吴王并没有回答孙武的话，但是他心里明白，孙武是真的能用兵。后来，吴王任用了孙武做大将军。此后，小小的吴国向西将楚国打得节节败退，接着又北上中原，将齐国和晋国打得人心惶惶。就这样，吴国的盛名迅速在各国之间传播开来。吴国能迅速崛起，孙武起了巨大的作用。

孙武的巨作《孙子兵法》在中国乃至世界军事史、学术史和哲学思想史上都占据了重要的地位，并且在政治、经济、军事、文化、哲学等领域被广泛应用，还被译成了日文、法文、德文、英文等各种文字，世界各国人民都可以学习。同时，这本书也成为国际社会最著名的兵学典范之一。

二、孙膑：田忌赛马

孙武去世一百多年后，我国又出了一位大兵学家，他的名字叫孙膑。孙武和孙膑的故事都被记载在《孙子列传》中。孙膑出生在山东，是孙武的后代子孙，曾经跟庞涓一起学习兵法。后来，庞涓在魏国做官并且得到了魏王的信任，他认为自己没有孙膑的能力强，于是暗中派人诬陷孙膑，并且将他的两只脚都斩断了，还在他脸上刻了字。庞涓这么做的目的是让孙膑永远不能做官，这样，就不会有人和自己竞争了。但有人发现了孙膑的才干，将孙膑推荐给了齐国掌管兵权的大将军田忌。

孙膑到田忌的麾下后发生了一件事，那就是田忌赛马。这个故事在《史记》中也有记载。田忌每次与人赛马都输，因此孙膑对他说："下次有比赛的时候，第一场用您的下等马对战他的上等马，第二场用您的上等马对战他的中等马，最后一场用您的中等马对战他的下等马。"田忌听从了孙膑的建议，三场比赛过后，田忌只输了第一场，剩下两场都赢了，最后获得总分的胜利，赢得了齐威王的奖金。这时，齐威王惊讶地问田忌说："以前的赛马比赛你一直输，今天怎么赢了呢？"

田忌如实向齐威王说出了原因，并借着这个机会向齐威王推荐了孙膑。齐威王听了田忌的话后非常佩服孙膑，立即拜孙膑为军师。不久，庞涓效力的魏国出兵攻打赵国，赵国向齐国求援。齐国答应了赵国的请求，齐威王想任用孙膑为大将，但是孙膑说："不行，我受过刑罚，身体有残缺，不能担任将军。"孙膑的做法正合了庞涓的心思。孙膑虽然不能担任主帅，但他可以给田忌提供意见。最后，田忌听取了孙膑的意见，大败魏国的部队，两国第一次交锋，齐国就赢了。

这场战争过了十几年后，魏国又联合赵国攻打韩国。韩国只能向齐国求援，齐国仍然任命田忌为大将，孙膑为军师，一同支援韩国。这时，孙膑知道向庞涓报仇的机会来了，他对田忌说：

“齐国在历史上一直被三晋之兵认为是胆小懦弱的国家，一个善于作战的将领要善于运用情势诱导敌人，我们可以用自己的弱点来赢得胜利。”

于是齐国与魏国交战时，齐国假装示弱，丢盔卸甲。庞涓带领魏国的军队在齐军身后追了三天，看到齐国军营中的锅灶每天都在减少——当然这都是孙膑故意安排的假象。但在当时，庞涓并不知情，他觉得齐军的逃兵很多，便对魏国将士说：“现在齐国的很多士兵都已逃跑，我们要乘胜追击。”于是庞涓做了一个错误的决定，他命令所有士兵都扔下重武器，轻装上阵，日夜兼程赶到了马陵。马陵的道路非常狭窄，而且道路两旁有很多大石头，很适合埋伏兵马。孙膑命士兵砍了很多树，将路堵上，然后他又选了一棵大树，将这棵树一面的树皮砍掉，露出非常洁白光滑的树身，在上面刻了几个大字“庞涓死于此树之下”。同时，孙膑还安排了很多善于射箭的人在高处埋伏，并告诉弓箭手们：“如果晚上看到大树旁边有灯火，立即向里面射箭。”

天黑时，庞涓带领着气喘吁吁的魏国士兵来到了马陵，发现树上刻了“庞涓死于此树之下”，这才发觉自己中计了。但为时已晚，只见箭如雨下，魏军大乱。庞涓知道这是孙膑在向他复仇，于是拔剑自刎，临死前他不甘地说：“我的死竟然成全了你这个家伙的名声。”最终，齐军将士乘胜追击，大败魏军。孙膑的军事才干和天赋，在这几场战役中得到了淋漓尽致的体现。

孙膑辅佐齐国大将田忌击败庞涓，取得了桂陵之战和马陵之战的胜利，奠定了齐国的霸业。

知识加油站

1. 谁被称为“兵家至圣”“百世兵家之师”“东方兵学鼻祖”？

孙武。

2. 孙武被谁重用了？

吴王阖闾。

3. 孙武的代表作是什么？

《孙子兵法》。

4. 孙膑设计使庞涓死于什么战役？

马陵之战。

5. 发生在田忌、孙膑和齐威王之间，教我们用自己的长处对付对手的短处并获胜，这是什么历史典故？

田忌赛马。

仲尼弟子列传：孔子的三好学生们

一、孔子最赞赏的弟子——颜回

孔子有三千弟子，其中有七十二贤人，最受孔子喜欢的人是颜回。颜回是鲁国人，字子渊，比孔子小三十岁。《史记》中记载，颜回向孔子请教什么是仁，孔子回答说：“仁就是能控制自己，一切按照礼节而行，做到这种地步时，天下人就会敬佩你的仁德。”孔子强调仁就是内在，而内在心理要通过外在行为才能表现出来。

孔子非常喜爱颜回，他曾经说：“贤哉回也！一箪（dān）食，一瓢（piáo）饮，在陋巷，人不堪其忧，回也不改其乐。”意思是颜回真的很贤德，吃的是一筐饭，喝的是一瓢水。在如此简陋的环境中，要是别人一定会忧烦难受，颜回却能安然处之，环境并没有改变他的快乐，他一直在努力学习。除此之外孔子还说：“颜回平日对待我的话只是默默地听，看起来很笨。可是我考察他回家时的言谈举止后发现，他对于所学习的内容总能够很好地阐释，并且能够有自己的理解，实在是很聪明。”孔子曾经对颜回说：“有人赏识就出来行道，行道即出来做官。如果没有人赏识你或者认为你的能力不够，那就隐藏起来，等待老天给你机会。”

颜回二十九岁时，头发已经全白。据史书记载，颜回三十二岁就去世了。他去世后，孔子哭得非常伤心，并悲痛地说：“天丧予，天丧予。”意思是，老天这是要我死啊！

鲁哀公曾问孔子说：“你的学生中谁最好学？”孔子说：“我有位叫颜回的弟子，他最好学。颜回发怒后很快就会自我消解，从不把愤怒转移到别人身上，有了过错马上就改正，绝不会再犯，可惜他短命去世了，我现在没有这样的学生了。”

颜回家里条件很差，他去世后，他的父亲还健在。大家都觉得孔子已将颜回当成自己的儿子，因此颜回的父亲找到孔子说：“我们家很穷，颜回去世后只有棺没有椁（guǒ），老师您能不能把您的马车卖了给颜回换一个椁，给他下葬？”孔子回答说：“不行，作为一个老师，我要给很多人讲课，怎么能没有车呢？”因此，颜回下葬时只有棺没有椁。在这件事上，孔子的做法让很多人不理解，有些人也因此认为孔子根本不爱颜回。但后来孔子对其他弟子说：“我不把我的马车卖掉给颜回换椁，因为颜回是懂我的，他知道什么事可以做，什么事不可以做。颜回不会强求我，如果非要强求，那就不是颜回了，我坚决不卖我的马车，其实是在尊重颜回自己的选择。”相信颜回与孔子的内心是相通的，肯定也会尊重自己老师的决定。

颜回去世后的很长一段时间里，他都与孔子齐名，后来孟子出现，取代了颜回，被称为亚圣，仅次于孔子。非常遗憾的是，颜回留下的文字很少，但《论语》中记载的与他有关的事迹却很多，里面还有孔子跟其他弟子交流时留下的与颜回有关的话。颜回留给后世的不仅是他的学识，还有他的品行。

二、君子死，冠不免——子路

子路的名字叫仲由，子路是他的字。子路比孔子小九岁，他非常粗野，喜欢逞能和打架，但他对自己的父亲非常孝顺。关于这一点，有一个很有名的故事，叫“子路负米”。

子路小时候家里很穷，常年靠吃野菜为生。有一天，子路年老的父母想吃米，但家里一点儿米都没有。子路为了满足双亲的愿望，便翻山越岭，走了百里路向亲戚家借米。他背回家一点儿米，让父母吃上了米饭。父母吃到米饭的满足使子路忘掉了一路的疲劳。因为这件事，邻居们都夸赞子路是一个孝顺的孩子。

子路长大后特别喜欢打架。《史记》中记载，子路头戴公鸡鸡冠一样的帽子，身上佩戴公猪形状的饰物，他还曾经对孔子很不尊敬，孔子在他身上投入了大量的心血。后来子路受到感化，穿起了儒者的服装，请求成为孔子的学生。子路曾请教孔子为政的道理，即做官的道理。孔子说："领导民众要以身作则，凡事先做个榜样给百姓看，事情做好后还要慰劳百姓一番。"子路听后请孔子再多告诉他一些，孔子说："只要持久不懈怠就行了。"成功没有捷径，有一句话是"读书破万卷，下笔如有神"。坚持做一件事情就会成功。后来子路又问孔子："君子也崇尚武力吗？"孔子说："君子崇尚的是义，君子好勇而不尚义，就会叛乱；小人好勇而不尚义，就会为盗。"

由于子路特别勇武，因此他一直追随孔子周游四方，保护孔子。孔子周游列国，经过很多地方，肯定会遇到各种各样的人和事。但每次孔子都因为子路在而平安无事。子路不仅是孔子的学生，还是他的私人保镖，不过孔子对子路的评价并不高。子路出任鲁国季氏家臣时，季孙子问孔子："子路可以算得上是大臣吗？"孔子说："他现在只能算是一个用来充数的臣子。"

子路出任卫国蒲邑大夫时，孔子嘱咐子路说："蒲邑勇武的壮士很多，难治理。你要尊敬他们，必须小心谨慎，以此统领勇武的人们，只要能宽和公正，那么百姓就会服从你的命令。"孔子还叮嘱子路要做到宽谨，即宽厚谨慎地对待人。

后来卫国发生了叛乱，子路认为自已拿了人家的俸（fèng）禄，那就必须帮助别人解决这件事情。于是他也参与进去，但他不是要煽动叛乱，而是为了平息叛乱。当时子路与作乱的人发生武斗，受伤了，他的帽带被砍断。叛军威胁他，子路说："君子就算是死，也不能让帽子脱落。"说完便戴上帽子，慷慨赴死。孔子听说卫国发生叛乱后说："糟了，仲由会牺牲。"事后消息传回，子路果然遇难了。孔子知道后非常感慨地说：“自从我有了子路的保护，就再也没有听见过恶言恶语了。”据说孔子听说子路被杀时，正在吃肉酱，听到这个消息后，孔子将肉酱放到一边，再也不吃了。虽然最初孔子与子路的关系可能不是很好，但是后来孔子对子路真的非常喜爱。

三、儒商鼻祖——子贡

孔子另外一位得意门生的名字叫子贡。子贡的本名是端木赐，他善于经商，是儒商的鼻祖。子贡曾经担任过鲁国和魏国的丞相，是孔子弟子中的首富。在孔子弟子中，他官位最高，且最有钱，但子贡的财富不是靠贪污得来的，而是靠自己经商赚到的。有一个成语与子贡有关，叫“端木遗风”。其中，端木指的是端木赐，遗风指的是子贡留下来的诚信经商的风气。子贡不仅在学业和政绩上表现突出，在理财上也有很大的成就，百姓们很喜欢他，因此子贡成了一位被民间信奉的“财神”。

典故“万仞（rèn）宫墙”与子贡有关，鲁国大夫在别人面前贬低孔子说：“孔子很穷，但他的弟子子贡很厉害。”子贡听了并不高兴，他非常气愤。子贡以房子比喻说：“老师的围墙高几丈，屋内富丽堂皇，不是一般人能看得到的，而我不过是有与肩膀一样高的围墙，一眼就可以看到。”这句话的意思是鲁国大夫只看到了子贡而看不到孔子，是因为子贡高度不如孔子。子贡还将自己的老师比作太阳和月亮，说老师光彩照人，不是常人所能超越的。

孔子去世后，子贡悲痛欲绝，他曾经在孔子的墓旁住下，守孝整整六年。在古时，一般人家都是守孝三年，但他守孝六年，由此可以看出子贡与孔子的情谊非常深厚。子贡还特别喜欢向老师请教各种问题。有一次，子贡向孔子问道："如果乡里的人都喜欢一个人，那这个人怎么样？"孔子说："这个人品格不行。"子贡又问："乡里的人都憎（zēng）恨他，这个人怎么样？"孔子说："这个人品格也不行，最好是乡里的好人都喜欢他，而乡里的坏人都憎恨他。因为君子和小人的意趣一定相反，小人憎恶君子就像君子憎恶小人一样。要探究真实的情况，慎重地听取意见。"从孔子对子贡讲的这番话中可以看出，孔子传授道理非常细致，不是直接告诉子贡人们都喜欢的人就是好人，人们都讨厌的人就是不好的，而是告诉子贡，君子喜欢、坏人讨厌的人才是真正的好人。

子贡还做过一件令人铭记的事情。这件事与鲁国的一条法律有关，这条法律规定，鲁国人在国外沦为奴隶时，如果有人将他们赎回来，赎人的人可以到国库中报销赎金。有一次，子贡在国外赎出了一位鲁国人，但他回国后拒绝收下国家的补偿金。孔子看到子贡的做法后，对他说："你的做法不太明智。从此以后，鲁国人可能就不肯再替沦为奴隶的本国同胞赎身了。如果你收下国家的补偿金，你的行为价值不会有损害；你如果不肯拿国家的补偿金，那别人也就不肯再收了。"怎么理解这段话？子贡不收国家的补偿金，会导致有人出钱赎回鲁国人后，在收取国家补偿金时面临收与不收的选择，一旦收了会显得自己违背了道德价值，但是不收，自己本身的钱又不够维持生活。面对这样的困境，很多鲁国人可能就不会再赎买同乡了。从这件事情来看，人们也能理解子贡为何非常佩服孔子，并且认为孔子是万仞宫墙。因为在处理事情和洞察人性上，孔子比子贡高出很多。

子贡是孔子最亲近的学生之一，在众多弟子当中，孔子和子贡的关系不同寻常。子贡钦佩和敬重孔子，对孔子评价非常高，是孔子及其学说的宣传者和捍卫者。但事实上，子贡最初认识孔子时，也觉得孔子并没有什么了不起的，后来才慢慢地改变了自己的看法。

尽管子贡有着多方面的建树和成就，他在孔子面前却表现得非常谦虚。《论语》中记载，孔子问子贡说：“你与颜回谁更强一点儿呢？”原文是：“汝（rǔ）与回也孰愈？”颜回是孔子最得意的门生，子贡对此也是心知肚明，但是孔子偏偏问了子贡这样一个问题。子贡回答得非常巧妙，他说：“赐也何敢望回？回也闻一以知十，赐也闻一以知二。”意思是，我怎么敢跟颜回比呢？颜回听见一个道理，便会推知十个道理，我是听了一个道理后只能推知两个道理，我们差了好几倍。由此可以看出，子贡最优秀的品质其实是谦虚，也正是这种品质造就了子贡的伟大。

四、曾子杀猪，言而有信

曾子名参，字子舆，是鲁国人，他比孔子小四十六岁，二人的年龄跨度非常大。曾子的父亲叫曾点，也是孔子的弟子。

史书中记载了曾子的很多事情，例如曾子从小就特别孝顺。曾子小时候家里很贫穷，靠到山中砍柴维持生计。一天，曾子家中来了客人，此时曾子正巧不在家，曾子的母亲找不到儿子，不知该如何是好，于是就用牙咬破了自己的手指。这时正在山上砍柴的曾子突然觉得心口疼，便知道母亲在呼唤自己，于是背着柴迅速返回家中，问母亲怎么了。他的母亲说："刚才有客人来了，我用嘴咬手指，期盼你可以回来。"从这个故事可以看出曾子和他的母亲"母子连心"，暗示曾子非常孝顺父母。成语"扼（è）臂啮（niè）指"因此而来，形容母子有心灵感应。

曾子不仅小时候孝敬父母，成年后也是一个好父亲。曾子的妻子要去集市时，曾子的儿子不想让母亲去，哭闹不止。她没办法，只能对孩子说："你回去等妈妈，别着急，我一会儿就回来，回来后给你杀猪吃。"当然，曾子的妻子说这句话只是为了安抚孩子的情绪，对于曾子的家庭来说，杀一头猪是一件很重要的事情。但是孩子听说有猪肉吃后非常开心，于是不再缠着妈妈，曾子的妻子得以顺利去赶集。过了一会儿，曾子的妻子回来了，曾子便抓住一头猪要杀掉，妻子看到说："不要杀啊，我刚才只是在跟孩子开玩笑而已，猪过年时才可以杀。"但曾子却说："不能和小孩子开玩笑，孩子不明白道理，他的认知是跟父母逐步学习的，他们听从父母的教诲，如果母亲欺骗儿子，做儿子的就不会再相信自己的母亲，这样做会把孩子教坏。”于是曾子便将猪杀掉了，还给儿子做了猪肉吃。这也是成语“曾子杀彘（zhì）”的由来，比喻教育子女要言而有信、以身作则。

曾子十六岁时拜孔子为师，他勤奋好学，得到了孔子的真传，孔子非常喜欢他。曾子曾经提出了一个政治观点，叫“修齐治平”——修身、齐家、治国、平天下。修齐治平是一种治国理念，用一句话概括就是，如果想治理好国家，想平定天下，就得先提高自己的水平，管理好自己的家庭，做好自己身边的事。修齐治平出自《大学》，据说《大学》是由曾子所著，这本书是“四书”之一。四书包括《论语》《孟子》《大学》《中庸》。

孔子七十三岁去世，他去世前曾将自己的孙子孔伋（jí，即子思）托付给曾子，让他跟曾子学习，从这一点也可以看出曾子深得孔子的真传。孔子去世三年守墓结束后，孔门的很多弟子都认为曾子像圣人，想用侍奉孔子的礼节来侍奉他，还试图强行让曾子同意这件事。但曾子说：“这样不可行，老师的德行像长江的水流过，像秋天的阳光洒过，清净洁白，没有人能比得上。”

曾子七十岁的时候卧床不起，临终前他把弟子叫到床前说：“你们看，我的手和脚都保存得很好吧。我一生像《诗经》上所讲的一样战战兢（jīng）兢，如临深渊，如履薄冰，小心谨慎才得以保全自己。我的身体是父母给的，我把自己的身体保护好了，就是对父母最大的尊敬。”

曾子是孔子学说的主要继承人和传播者，在儒家文化中具有承上启下的重要地位。曾子凭他的建树走进了儒学殿堂，与孔子、颜回、子思以及孟子比肩，他们被称为儒家五大圣人。

司马迁说：“后世的学者常常谈论孔子门下七十二贤的事迹，但是对有些人的赞美超过了事实，对有些人的批评破坏了真相，大家都没有亲眼见过孔子座下的七十二贤人，只是根据传闻描述罢了。”

知识加油站

1. 孔子评价最高的学生颜回是哪国人?

春秋时期的鲁国人。

2. 子路的名字是什么?

仲由。

3. “修、齐、治、平”是什么意思?

“修身、齐家、治国、平天下”，指按孔孟之道修养自身品德，管理好家政，治理好诸侯国，最后使全中国安定太平。

4. 自己吃的是粗陋的饭菜，而从百里之外把米背给父母，表示奉养父母特别孝顺，是什么典故?

子路负米。

5. 从孔子的弟子子贡流传下来的，表示诚信经商之风的典故是什么？

端木遗风，因为子贡的名字是端木赐。

成语收藏夹

1. 曾子孝顺母亲，母亲咬破手指，曾子就感觉心痛。与此有关的一个成语是什么？

扼臂啮指。

2. 曾子曾经做过一件什么事情来告诉我们教育孩子要言而有信？

曾子杀猪，衍生出成语“曾子杀彘”，又称“杀彘教子”，比喻教育子女要言而有信、以身作则。

孟子列传：我这么优秀，却找不到工作

一、亚圣——孟子

孟子曾说："民为贵，社稷次之，君为轻。"这句话的意思是，全天下最金贵的是老百姓，接下来是国家社稷，皇帝排在最后。这句话在历朝历代都引起很大的轰动。例如，明朝的开国皇帝朱元璋，他没怎么读过书，听到这句话后很生气地问："这是谁说的？居然把皇帝排到了最后一位，赶快把他抓来，我要审问。"他的大臣回答说："他已去世千年了，他就是孟子。"

孟子被记载在《史记》的列传中。孟子姓孟，名轲，字子舆。子舆中的"舆"字代表的是一种车，孟子的家人为孟子取这个字，是希望他长大以后，生活可以很富足。孟子曾跟随子思，也就是孔子的孙子孔伋学习。

孟子是战国时期的思想家、政治家、教育家，是战国时期儒家的代表人物。他著有《孟子》，继承并发扬了孔子的思想，成为仅次于孔子的一代儒学宗师。孔子被称为“至圣先师”，排在儒家第一位，而孟子被称为“亚圣”，亚圣就是第二圣人的意思，是仅次于孔子的存在。他与孔子合称为“孔孟”，在历史上非常有名气。

孟子生活在战国时期，当时天下已非常混乱。孟子希望自己的思想能够为君王所用，于是他找到齐宣王，陈述了自己的观点和思想。但是齐宣王听到孟子说的仁义道德后，不愿采纳他的意见。因此，孟子又去往梁国，梁惠王也没有接受孟子的言论，他认为孟子的主张不切实际。当时各路诸侯国都在征战、变革，秦国任用商鞅实行变法运动，使国家变得非常强大；而楚国和魏国任用名将吴起战胜了部分国家，以武力削弱了强敌；齐威王和齐宣王任用孙膑和田忌等兵家学派的人才，国力也强盛起来。而孟子信奉的儒家思想强调仁义道德，在这种争霸场景中很难被采纳。国君们喜欢纵横家提倡的合纵连横，他们看中的是合纵连横所产生的强大的作战能力，而孟子看重的是贤能和德政。因此，孟子的游说没有获得成功。

孟子游说失败后便回到了自己的家乡，开始和弟子一起整理自己的作品，最后整理成《孟子》一书，这本书一共七篇。孟子继承了孔子的政治思想和教育思想，同时又对儒家思想有了新的发展，形成自己的政治和学术主张，奠定了自己在儒家学派中的重要地位，成为仅次于孔子的圣人。后世儒家学说的地位不断提高。在今天看来，孟子的思想依然非常有价值。不是孟子的思想在战国时无用，而是他的思想已超越那个时代，这恰恰是孟子的伟大之处。

二、孟子的妈妈你知道多少？

孟子小时候也很调皮，不爱读书，特别喜欢玩。但非常幸运的是，孟子有一个智慧而且重视教育的母亲。众所周知，孟子是很有名的大学问家，史书中记载了三件事，讲述孟子的母亲在教育孟子过程中的苦心。

第一件事是孟母三迁。最初，孟子一家住在一个墓地旁，那里经常有人祭祀亡者。孟子从小在那里长大，每天看到的都是哭哭啼啼的人。孟子便学那些人烧香、鞠躬、磕头和哭。孟子的母亲看到这种情形，觉得这里不适合孩子居住，于是带着孟子搬到了一个农贸市场旁。搬过去后，孟子却跟着市场中的商贩学卖东西，在古代商人地位非常低下，读书才是年轻人的正道。因此孟子的母亲对这个住处也不满意，于是立即搬家。这一次他们搬到了一所学校附近，这次孟子开始模仿读书人举行的礼仪仪式。孟子的母亲看到儿子的行为后说："这才是我儿子应该待的地方。"于是他们在此定居下来。通过孟子长大后的成就可以看出，一个好的居住环境、一个适合学习的氛围是多么重要。

第二件事是孟母断织。有一次孟子回家时，他的母亲正在织布机旁织布，母亲看到孟子后问道："你学艺学得怎么样了？"

孟子回答说："还跟过去一样，没有什么长进。"孟子的母亲听到后非常生气，于是将织了好久才织好的布匹绞（jiǎo）断了。在当时的情况下，卖一匹布的收入就是孟子家一个月的收入。母亲的动作吓坏了孟子，这时孟母对孟子说："你荒废学业就如同我剪断布一样。如果你现在不努力学习，品行不高，那长大以后肯定会惹出祸端，只能做下贱的工作。少壮不努力，老大徒伤悲。我把这匹布剪断，你是不是明白这个道理了？"孟子觉得母亲说得很对，从那一刻开始从早到晚不停地学习。通过孟母三迁和孟母断织的故事，可以看出环境对于人的成长非常重要。这两件事还告诉人们学习是一个必须坚持、不能停止的事情。

这两个故事分别发展出成语"孟母三迁"和"断织之诫"，此外还有一件与孟子有关的事情广为流传，那就是孟子休妻。

有一天，孟子到外面工作，回来后看到妻子一个人在屋里坐着，两条腿叉开，屁股直接着地，像一个簸（bò）箕一样地坐着干活儿。孟子一进屋发现自己的妻子坐姿不雅，便对母亲说："我要跟我妻子离婚。"孟母说："不行，是你不讲礼仪而不是你妻子不讲礼仪。你要进门时，必须得先问家里有没有人，还要高声喊，让家里人知道你回来了。你回家时没有声音，她不知道你会回来，当然会摆出最舒适的坐姿。你不能先用礼仪要求别人，而要先反省自己。"孟子听了母亲的话后，开始在生活中好好反省自己，处处让自己的做法符合礼的要求。一个伟大的母亲造就了一个伟大的儿子，对于孟子的成就，孟母的确功不可没。

三、一曝（pù）十寒

孟子在幼年时得到了母亲良好的教育，但到他十几岁时，家庭教育已不能满足他对知识的需求了。因此，孟子需要找老师。在选择师门的过程中，孟子没有选择兵家和纵横家，而是选择做儒家创始人孔子的孙子孔伋的门生。孟子这样选是因为在当时孔伋有很强的影响力，很多人选择做他的门客，孟子觉得拜孔伋为师能最大限度地学习真正的儒家思想。

孔子开创私人办学，类似于今天的补习机构，但不是为了提高分数，而是为了提高人的修养，传播儒家的思想。孔子收了很多弟子，在这些弟子中，孔子选了“学霸”颜回作为他的继承人，但是颜回去世太早，因此孔子将目光放在了曾子身上。曾子是孔子的学生，十六岁时拜孔子为师，在历史上被视为儒家正统思想的传承人，被封建统治者称为“宗圣”。在曾子去世前，他将自己的衣钵传承给了孔子临死前托付给他的孔伋。孔伋也非常厉害，他创作了四书之一的《中庸》。

据史书记载，孟子十五岁时开始跟随孔伋学习，他们的思想一脉相承，孔伋字子思，因此历史上称他们为思孟学派。孟子非常遗憾自己没有真正成为孔子的学生，但他通过自己的学习和思考，成为儒学史上与孔子齐名的一位大学问家。

在《孟子》一书中，孟子提到了自己的学习态度，他说：“虽有天下易生之物也，一日暴之，十日寒之，未有能生者也。”这句话的意思是，即便是最容易生长的植物，给它晒上一天再冻上十天，也不可能生长好。成语“一曝十寒”由此而来，其含义是学习或工作一时勤奋，一时偷懒，没有恒心，肯定不会有结果，很快就会落后于人。

孟子非常努力地学习，他精通儒家六艺，也就是之前讲过的礼、乐、射、御、书、数。在孟子童年时期，孟母给了他很好的启蒙教育，在他少年时期又得到了孔伋的倾心栽培。这些都为孟子成为大儒奠定了坚实的基础。

四、孟子游说诸侯国

成年后的孟子，想做的绝对不只是写书，而是希望自己的政治主张能够被各个诸侯国采用。非常遗憾的是，在春秋时期，孔夫子的儒家思想未能唤醒人们。到了孟子生活的战国时代，局面更加混乱，各个诸侯国之间没有一场战争是为老百姓的幸福生活而发起的，统治者发起战争都是为了满足自己的野心。

战国时期有七个强大的国家，除了遥遥领先的秦国，还有楚、齐、燕、韩、赵、魏，这七个大国并称战国七雄。孟子希望能够用自己的理想来改变这个社会，让各个君王能够接受自己的想法。因此，他跟他的老师孔子一样，开始周游列国。

孟子去的第一个国家是齐国，这时孟子四十岁左右，他想让齐威王施行仁政。他告诉齐威王，只有实行仁政，国家才有希望。但遗憾的是，齐威王对孟子所说的王道和仁政没有兴趣。孟子在齐国待了九年后离开，来到了宋国，这时孟子大约五十岁。宋国的国君也对孟子所说的仁政不感兴趣，只是听取孟子关于经济方面的一些建议，所以孟子很快就离开了宋国。接着孟子先后到过鲁国、滕国、梁国，梁国也就是魏国。孟子在见到魏国的国君梁惠王时，梁惠王称孟子为“叟（sǒu）”，对孟子非常尊敬。但是他这么做是出于孟子的名望，是为了体现他作为国君对于知识渊博的读书人的尊重。对孟子所提倡的仁政、王道，梁惠王并不感兴趣，因此孟子又离开了梁国，此时孟子五十五岁。孟子又回到了齐国，此时齐国的国君已是齐宣王了。齐宣王见到孟子后便问他晋文公是如何称霸的，而不是询问孟子提倡的仁政。孟子走遍六国后发现自己的政治主张根本就不会被国君们采用，因此心灰意懒。

《孟子荀卿列传》中记载：“天下方务于合纵连衡，以攻伐为贤。而孟轲乃述唐、虞、三代之德，是以所如者不合。”意思是，当各诸侯国致力于合纵连横的攻伐谋略，把能攻善伐看作贤能的时候，孟子却在讲唐尧、虞舜以及夏商周三代的德政，因此不符合他所周游的那些国家的需要。

孟子本人其实是一个天生的雄辩家，他讲话时排山倒海，非常有气势。这点与孔子不一样，孔子讲话如涓涓细流，而孟子讲话如惊涛拍岸。孟子这样讲话是因为他生活在战国，当时各种学术思想相互吞并，竞争激烈，孟子觉得他必须站出来，用严厉的话语捍卫自己的主张。

非常遗憾的是，孟子一生都没有遇到可以施展抱负的机会。晚年的他没有精力再四处奔波，于是结束周游生涯，回到了故乡。他开始专心教书育人，并和弟子公孙丑、万章等人一起著书立说，最终形成了《孟子》。

战国时期的思想家、政治家、教育家孟子于公元前289年走完了自己波澜壮阔的一生，终年八十四岁。人们总说的俗语“七十三、八十四”中的“七十三”指的是孔夫子活到了七十三岁，“八十四”指的是孟子活到了八十四岁，这是为了纪念这两位圣人。

知识加油站

1. 孟子的名和字分别是什么？他生活在什么时期？
孟子名轲，字子舆，生活在战国时期。

2. 孟子被人称为什么？
亚圣。

3. 孟子与孔子被人并称为什么？
孔孟。

4. 曾参（曾子）与孔子的关系是？
曾参是孔子的弟子，他们是师徒关系。

5. 孟子向各诸侯国推荐了什么样的治国理念？
仁政。

成语收藏夹

1. 孟子的母亲为了选择良好的教育环境而多次迁居，这是什么成语？

孟母三迁。

2. 孟子的母亲通过剪断丝织来教育他要抓紧时间学习，促使孟子日后成为大学者，由此引申出一个什么成语？

断织之诫。

3. 即使是最容易生长的植物，先晒一天再冻十天，也不可能生长好。比喻学习或工作一时勤奋，一时偷懒，没有恒心，终将失败。这是什么成语？

一曝十寒。

商君列传：商鞅变法，自掘坟墓

商鞅出生于约公元前390年，在公元前338年去世，卫国人，也被称为商君。商鞅是法家思想的代表人物，他也是战国时期的政治家，曾经辅佐秦孝公积极推行变法，使秦国成为富裕、强大的国家，历史上称为商鞅变法。《史记》讲述秦国时曾提到过商鞅变法。在政治上，商鞅改革了秦国的户籍、军功、爵位、土地、制度、行政区划和税收、度量衡，还有民风民俗等，并且制定了严酷的法律；在经济上，商鞅主张重视农业，抑制商业，奖励耕种；在军事上，商鞅带领秦军收复了河西之地。

虽然通过商鞅变法，秦国变得强大了，但秦孝公去世后，继位的秦惠文王刚上位就迫不及待地杀了商鞅。为什么商鞅这么快就被杀了？这中间到底发生了什么事情？

我们首先需要了解商鞅变法的过程。起初，秦孝公对变法的事情很犹豫，因为他不知道老百姓会不会愿意，商鞅对秦孝公说："聪明的人能够在做事之前就看到做事的结果，而愚蠢的人就算事情做好了都不一定明白是怎么一回事。老百姓大多是愚昧的，变法这样超前的事情是没有办法在事前跟他们商量的，干脆您强制他们做，等到事情做好以后让他们享受就行了。"从这番话可以看出，商鞅认为秦国人正处在水深火热之中，他们都在等待商鞅这个"救世主"去解救，也正是这样狂妄自大的想法给他埋下了第一个祸根。

第二个祸根始于他开始变法以后，很多老百姓都不理解，于是聚集在一起讨论变法的种种不好。恰好这时太子犯法了，商鞅居然拿太子开刀，当然，这把刀没能落在太子身上，而是落在了太子的老师身上，商鞅惩罚了太子的老师。商鞅这么做是在运用秦孝公给自己的信任和权力惩罚太子，不仅仅是为了给老百姓看，也是在秦国为自己树立威严。

新法实施十年后，老百姓得到了好处，当初议论新法不好的人又聚集在一起讨论新法的好处。可这时商鞅却又将这些议论他变法好处的人都流放到了边关。可以看出，商鞅在秦国的成功，很大程度上是靠他强势的手段，他想在最短的时间内最大限度地在秦国看到自己变法的效果，但他根本没有考虑百姓们的感受。也许他这样做能让秦国强大一时，可是这种不人道的制度如果一直延续下去，早晚会把百姓们逼上绝路。这是商鞅给自己埋下的第三个祸根——太急功近利，做事太急躁，不懂得循序渐进。

我们不能否认商鞅的伟大，也不能否认他为秦国乃至天下做出的重大贡献，但他也给自己埋下了很多祸根，这些祸根最后导致他被处以车裂之刑。

历史上对商鞅的评价褒贬不一，其中司马迁对他的个人品德评价非常低，他认为商鞅刻薄寡恩，非常坏。但是如果从中国历史的发展来看，商鞅可以被看作中国历史上第一个真正的改革家，他的改革不仅影响了当时社会，更影响了整个中国历史。

知识加油站

1. 商鞅变法发生在哪个国家？
秦国。

2. 商鞅是什么思想流派的代表人物？
法家。

苏秦列传：六国合纵抗秦

苏秦是东周洛阳人，他曾到东方的齐国去拜师求学，跟随鬼谷子学习各种本领。苏秦在外游历多年，但一直没有成就，只能回到家中。他的哥哥、弟弟、嫂子、妹妹、妻子都在暗地里嘲笑他，说他没本事，还劝他说：“我们周人的生活习俗是努力从事工商业，你却放弃了根本的事业，去干那些我们都不明白的事情。现在一无所有，真是活该。”苏秦听到家人说的这番话，心中非常惭愧，暗自感伤。但他没有扛起锄头，也没有经商，而是关起房门不见人，搬出所有的书，发愤苦读。在读了很多书后，苏秦终于有了一些心得，他觉得这些心得足以说服大多数国君。

于是苏秦找到了周朝的天子周显王，但显王左右的臣子们知道苏秦说话很浮夸，都看不起他。因此，苏秦又去了秦国，这时任用商鞅的秦孝公已经去世，苏秦便劝说秦孝公的接班人秦惠王说：“秦国现在拥有管理天下的本事，应该好好运用。”但是秦惠王没有接受他的建议，回答说：“一只鸟的羽毛还没有完全长成时绝对不可以高飞。我们国家还没那么强大，绝不可以去兼并别的国家。”当时秦国刚刚处死商鞅，且不喜爱像苏秦这样的辩士，苏秦只能去赵国。赵国当时的宰相是奉阳君，他也不喜欢苏秦，苏秦没办法，只能去燕国。

没有人的成功可以一蹴（cù）而就。虽然一波三折，但苏秦到燕国时，机会终于来了。他对燕国的国君说：“燕国现在应该与其他国家合作，而不是与他们对战。”燕国的国君说：“我们西面有强大的赵国，南面紧邻齐国，如果他们对我们发动战争，我们将毫无胜算。面对这种情形，如果你能够让我们燕国平平安安的，我就举国支援你，你可以去游说各国。”于是苏秦终于有了第一桶金。苏秦离开燕国后去了赵国，他对赵国的国君说：“如果赵国和齐国、秦国两面为敌，那赵国老百姓的生活会变得非常凄惨。您可以与秦国为敌，再与齐国和燕国合作。这样做可以保证在秦国攻打三国中任意一国之时，三国可以联合起来对付秦国。我们可以签订战略协议，对付共同的敌人——秦国。”

就这样，苏秦先后说服了六国的国君，使他们成为对抗秦国的盟友。六国由北往南依次是燕、齐、赵、魏、韩、楚，它们在地图上的地理位置正好可以连成一条纵线。因此，历史上将六国联盟称为合纵，即纵向的联合在一起。合纵联盟成立后，苏秦成为领导人，同时成为六国的宰相。六国的君王都赏赐他，他也因此变得非常富有。

战国时期政治、军事形势不断变化，特别是战国中后期，七雄纷争导致国与国之间的关系出现了重大变化，合纵的理论也是在这样的背景下产生的。在战国早期，七雄并立，彼此旗鼓相当，相互制衡。战国中期，秦国实行变法改革，国力变得很强大，而其余六国彼此消耗，七雄并立、势均力敌的格局被打破。苏秦正是看到了这个客观事实，才提出了以遏制秦国、维护七雄均衡势力为宗旨的合纵之术。

周显王之前瞧不起苏秦，现在听说苏秦要回到东周，非常害怕，立即派人修理他的必经之路。当时虽然战国七雄并立，但是周朝天子还在，只是势力衰微，仅剩在洛阳一带的微弱势力。苏秦到了家乡后，周显王亲自到郊外迎接，还送上了礼物。而苏秦的兄弟、妻子、嫂子只敢侧着眼睛看他，他的嫂子还弯腰趴在地上，很恭敬地迎接他。苏秦看到嫂子的动作便问："为什么你以前对我那样傲慢，现在却对我这样恭敬呢？"

他的嫂子听后立即匍（pú）匐（fú）到他面前，向他请罪说："因为小叔您现在地位高，而且还很富有。"苏秦说："同样一个人，他有钱了亲戚就怕他，贫贱了亲戚就会轻视他。连亲戚尚且这样，一般人对我更会这样。假如我真的是只会耕种的人，我还能佩带六国的相印吗？"这就是成语"前倨（jù）后恭"的由来，指某人从前非常傲慢，现在却十分恭顺，形容前后态度截然不同。

苏秦很厉害，在他筹谋六国合纵后，秦国有十五年不敢窥（kuī）视函谷关以东地区，也不敢对六国动兵，可见苏秦的合纵战略起到了很重要的作用。

知识加油站

历史上著名的外交家、谋略家、纵横家苏秦是谁的弟子？

鬼谷子。

成语收藏夹

跟苏秦有关，指以前非常傲慢，现在却十分恭顺，形容前后截然不同。这是什么成语？

前倨后恭。

孟尝君列传：多个朋友多条路

一、食客三千的孟尝君

孟尝君叫田文，他是齐国的宗室大臣，他的父亲田婴是齐威王最小的儿子。因此，孟尝君也是齐国王族，他世袭了他父亲留给他的土地。孟尝君有一个特点，他特别喜欢招揽门客。为什么他会有这么多食客呢？这是因为在战国时期，上层社会人士为了显示与别人的不同，只要是有实力、有抱负的国君、大臣，都尽可能多地供养门客，且以此为荣。相传孟尝君门客达三千人，对于这些门客，孟尝君宁愿舍弃家业，也要给他们丰厚的待遇，并且投奔他的门客不论出身，不论有钱还是没钱，他都统统收下，就算遇到他不满意的人，他也会竭尽全力地满足他们的要求。

孟尝君很有能力，有一次他到秦国去，秦昭王直接请他担任秦国的宰相，由此也可以看出战国时期的人们很开明。但这时，秦国大臣劝阻秦王说：“孟尝君虽然有才能，但他是齐王的同宗，一旦两国发生冲突，他肯定会先替齐国考虑，这样咱们就会处于危险之中。”秦昭王听了之后，立即罢免了孟尝君的宰相之职，还将他抓了起来。孟尝君意识到了情况的危急，于是派人去求见秦昭王的宠姬，请求她解救自己。但这位女子回信说：“我肯定能成功解救你，但是有一个条件，你要把你的白色狐裘（qiú）大衣送给我。”孟尝君来到秦国时，的确带了一件价值万金的白色狐裘大衣，但他已将大衣送给了秦昭王。正当孟尝君为这件事烦恼时，他带去秦国的门客之一对他说，自己能帮孟尝君拿到那件白色狐裘大衣。当晚，这位门客就装成小狗钻进了秦王寝宫的仓库，偷出了那件大衣。孟尝君立即将它献给了秦昭王的宠姬。宠姬得到大衣后，马上就向秦昭王替孟尝君说情，秦昭王听了她的话后，释放了孟尝君。

孟尝君获释后快马加鞭（biān）想赶回齐国，半夜时分他们一行人到达了函谷关，秦昭王后悔放了他，立即派人去抓他。孟尝君来到函谷关后，关门还没开，按照秦国的法律，只有鸡叫后才可以放人出关。孟尝君非常着急，这时，他的门客中有个人立即学起了鸡叫，附近的鸡也随着叫了起来。守关的士兵听到鸡叫，便将关门打开了，孟尝君一行人趁此机会出了函谷关。就在他们刚出函谷关时，秦昭王派出的追兵也赶到了，但为时已晚。

当初孟尝君收下的会装小狗和会学鸡叫的门客，在关键时刻救了他的命。之前还有人替他觉得丢脸，现在大家都很佩服他。孟尝君招门客不分等级，只要有本事，他都用。然而，由这两件事衍生出来的成语“鸡鸣狗盗”到现代却成了贬义词，指一些小偷小摸的小技俩。

《孟尝君列传》中司马迁评价孟尝君：“世之传孟尝君好客自喜，名不虚矣。”意思是说，世间传说孟尝君以乐于养门客而自居自喜，的确是名不虚传。

二、冯驩（huān）——弹（dàn）铗（jiá）而歌

冯驩是齐国人，也称冯谖（xuān），家里非常贫穷。正当他的生活无以为继时，他听到孟尝君在广收门客，于是就想去试一试。孟尝君见到冯驩后问道：“你有什么爱好，有什么才能？”冯驩回答说：“我没什么爱好，也没什么才能。”孟尝君听后笑着说：“那你留在我府上吧。”

孟尝君的门客分为三等，上等门客有肉吃、有车坐，中等门客有鱼吃，下等门客只能吃菜。

冯驩成为孟尝君的门客后，孟尝君的手下觉得这人没什么能力，只给他吃粗茶淡饭。冯驩见状便靠在柱子旁弹铗而歌，也就是敲着佩剑唱歌。他唱歌的内容是：“长剑，咱们还是回去吧，这儿没有鱼吃。”孟尝君手下的人听见了他唱歌，把这件事告诉了孟尝君，孟尝君说：“这简单，把鱼给他送过去。”

没过多久，冯驩又靠着柱子敲着剑唱道：“长剑，咱们还是回去吧，我们出门连车都没有。”孟尝君知道这件事后，又吩咐

下人给冯驩配上与其他门客一样的车。于是冯驩乘车出门，举起宝剑拜访他的朋友，并且对朋友夸耀说：“孟尝君把我当客人一样。”又过了一段时间，冯驩又敲着宝剑唱歌说：“长剑，咱们还是回去吧，在这里我无法养家。”

别人问他为什么这么说，他回答：“因为我还有位老母亲没钱吃饭，但我在这里每天好吃好喝，出门还能乘坐专车，我心里很愧疚。”孟尝君听后，有点不高兴，但还是派人供养冯驩的母亲，为她送吃送喝，让她不再穷困。此后，冯驩再也不弹铗而歌了。由此衍生出成语“弹铗无鱼”，指有才之人暂居困境，有求于人。这件事不仅显示了孟尝君雄厚的财力，也显示了他是一个胸怀宽广的人。很多人觉得冯驩这样做很过分，但他这样做恰恰是先抑后扬，想要先考察一下孟尝君的心胸罢了。其实冯驩是一位很有眼光的战略家。

冯驩在孟尝君门下待了几年后，孟尝君找到他说：“我封邑中的老百姓欠我钱，请您帮我把贷款要回来。”于是冯驩出发了。到了孟尝君的封邑后，他将老百姓召集到一起，说：“孟尝君借钱给你们，是为了替百姓们筹够本业的经费，收取利息则是为了奉养宾客。现在我和借钱的富户约定好还钱时间，穷人就不用还了，可以烧掉借据。”大家听了都很高兴。孟尝君听说冯驩烧毁借据后非常生气，对他说：“你疯了吗？竟然将我的钱全部烧掉了！”冯驩回答说：“我这么做自有我的远见。”孟尝君听了他详细的论述后表示赞同并对他道谢。几年后，孟尝君遭到齐王的猜忌，只能回到自己的封地，封地内的老百姓夹道欢迎。孟尝君看到这幅场景，突然间明白了，冯驩虽然烧毁了借据，但他帮助自己赢得了人心。

除此之外，冯驩还告诫孟尝君要多准备几个“藏身之处”，以备不时之需。虽然冯驩表面上看着得寸进尺，让人觉得他是一个贪心的人，实际上却藏着大智慧。

孟尝君有胆有谋，因赏识人才，造就了自己的伟大，为历史所铭记。

知识加油站

孟尝君是战国时期的哪国人？

齐国人。

成语收藏夹

1. 与孟尝君的门客相关，指微不足道的本领，只会偷偷摸摸的行为。这是什么成语？

鸡鸣狗盗。

2. 与冯欢相关，指有才华的人暂时处在困境当中，不得已只能求别人。这是什么成语？

弹铗无鱼。

平原君列传：毛遂自荐与我有关

平原君名叫赵胜，是赵武灵王的儿子，赵惠文王的弟弟，担任过赵惠文王和孝成王的宰相。平原君在《史记》中的登场亮相很有趣，他做了一件让我们觉得匪夷所思的事情。公元前262年，秦国攻打韩国，韩国兵败之后，需要将上党郡割让给秦国。

但是上党郡的守将冯亭不愿意投降秦国，于是将上党郡十七城献给了赵国，并派人告诉赵王说："我要将上党郡献给你，但秦国也想要，你需要跟秦国交战才能获得它。"冯亭这样做是为了让赵国来帮助韩国解围。赵孝成王听后就将平原君召来商量此事。平原君说："这是好事，就算发动百万大军作战，我们也无法打下一座城。现在冯亭献给您十七座城池，简直太好了。"赵孝成王接受了他的建议。但是秦国一定想拿下上党，现在谁敢与秦国争夺上党，秦国就会将矛头指向谁。

赵国这样做惹怒了秦国，引发了长平之战。最终，秦军在长平之战中杀掉了很多赵军，据称有四十万人。有一个成语叫“利令智昏”，指的是因为贪利而失去理智，不顾一切。当时的平原君赵胜就是利令智昏，但他还是非常有能力的。公元前257年，秦军包围了赵国都城，赵王派平原君赶去楚国求援。平原君准备带着二十名文武双全的食客前往楚国，但他只凑足了十九位。

这时有一个叫毛遂的人出现了，毛遂对平原君说：“让我去吧。”平原君听后问毛遂：“你在我门下吃了几年饭？”毛遂说：“三年。”平原君又说：“如果你真有本事，应该像锥（zhuī）子在口袋里会马上露出锋利的尖一样崭露头角，但你已在我手下三年却没被人推荐过，我怎么知道你有本事？”毛遂回答说：“今天我就要做一把你口袋里的锥子。”平原君听后同意毛遂与他同去。成语“毛遂自荐”由此而来，比喻自告奋勇，自己推荐自己承担某项工作。

毛遂到楚国后，积极发表自己的看法，很多人开始佩服他。但毛遂无法直接与楚王谈判，与楚王谈判的人是平原君。平原君请求楚王说：“能不能派兵帮帮我们？”但他们从早谈到晚，一直没能达成共识，于是毛遂拿着宝剑快速地跑到台阶上，对平原君说：“怎么还没把这事谈下来？”楚王看到后就问道：“你是谁？”毛遂说：“我叫毛遂，是平原君的随从。”楚王听到后立刻愤怒地说：“你给我下去，我跟你主人谈判，你算什么？来干什么？”毛遂说：“你怎么敢这样骂我？你仗着楚国人多势众吗？我告诉你，现在我与你只有十步远，一剑就可以把你杀掉。”紧接着他又说：“世间能成大事的，往往不是因为他们人多，而是因为他们能顺应时势。如今楚国如此强盛，且与秦国有世仇。秦国占了你那么多土地，一个白起将你们打得丢盔卸甲。我们今天来和你谈合作，是为了帮助你攻打秦国，是为了帮你报仇，你们还这么犹豫！”

听完毛遂这番话，楚王立刻就答应了赵国的提议，在殿堂上直接结成了合纵之盟，赵国也顺利地搬来了救兵。事成之后，平原君想，自己认识上千人，却在选贤举能时把毛遂给漏掉了，毛遂刚到楚国，就让楚王答应跟赵国合作，他可真是个难得的人才啊！他的口才比千万大军都重要，因此平原君把毛遂奉为上宾。

《史记》中有一段关于平原君的话：“平原君赵胜者，赵之诸公子也，诸子中胜最贤，喜宾客，宾客盖至者数千人。”意思是，平原君赵胜是赵国的一位公子，在诸多公子中，赵胜最为贤德有才，他好客养士，投奔他的宾客大约有几千人，其中就包括毛遂。平原君有谋略，有智慧，也有昏头的时候，但是谁又能保证永远聪明呢？也正因如此，才更能体现出他门下像毛遂这样的人才的重要性。

知识加油站

平原君是战国时期哪国人？

赵国。

成语收藏夹

1. 因为贪利而失去理智，不顾一切。这是什么成语？

利令智昏。

2. 比喻自告奋勇，自己推荐自己来承担某项工作。这是什么成语？

毛遂自荐。

魏公子列传：信陵君窃符救赵

信陵君被记载在《史记》的《魏公子列传》中，他叫魏无忌，是魏国国君同父异母的弟弟。在战国的公子当中，司马迁对信陵君最为赞赏。

信陵君的姐姐是赵国平原君的夫人，秦兵攻打赵国时，赵国向魏国求救，魏王赶紧派将军晋鄙带领十万士兵支援。但这时，秦王派使者威胁魏王说："我已快要攻下赵国的国都，现在谁救赵国就等于与秦国对抗，等秦国吞并赵国后，第一个就会攻打帮助赵国的国家。"魏王听后觉得害怕，于是让晋鄙把军队留在边关，不去施救。魏王这么做实际上是在观望战局。平原君此时不断向魏国派出求救的使者，还派人责怪信陵君说："现在你的姐姐危在旦夕，赵国将要灭亡了，你们在干什么？"信陵君只能用各种办法来劝魏王，但是魏王不答应。

于是，信陵君决定带着一百多个门客和一百多辆战车去跟秦军拼命。出门时信陵君遇到了一个叫侯生（本名侯嬴）的门客，侯生问他去干什么，信陵君回答说："我要去攻打秦军。"侯生听后说："您去吧，我已经老了，不能跟您去了。"信陵君走了几里路后，心想："我对侯老爷子算是很周到了，但我现在就要死了，他竟然没有给我任何建议，只说不送我了。"他很生气，于是回去问侯生为什么说那样的话。侯生笑着说："您的行动就像是用肉喂老虎，您只有一百多人，怎么攻打秦军呢？"说完这番话后，侯生支开旁人，对信陵君说："现在我听说调动晋鄙的另一半兵符在魏王的卧室之内。魏王最喜爱的姬妾是如姬，她可以随时进入卧室，能够拿到兵符。您拿到兵符就可以调兵了。我还听说，如姬因为父亲被人杀害，想要报仇，但三年没找到仇人。她曾求您，您听后便派人把她仇人的头砍下来，献给了她，因此她很感谢您。如果现在您请她偷出兵符，她肯定同意。"

信陵君按照侯生的主意行事，果然拿到了兵符。这便是典故"窃符救赵"的来源。拿到兵符后，信陵君马上派人去晋鄙的大营。侯生还对信陵君说："如果到了魏军大营前，晋鄙将军不听您的命令，您的处境就会非常危险。所以我给您引荐一位大力士，如果晋鄙不服从命令，就立即将他打死，这样您就可以调动兵马了。"

信陵君来到边关后，晋鄙虽然把两半兵符合上了，但还是怀疑——魏王怎么可能让我打秦国呢？因此他不想交出兵权，这时，侯生推荐的大力士出现了，他拿着大铁锤将晋鄙打死了。于是，信陵君接手了晋鄙的军队，并对将士们说："现在如果儿子和父亲都在军队，父亲就回家去；如果兄弟都在军队，长兄就回家去；如果只有一个独生子在军队，就回家赡养父母。”信陵君这番话深得人心，实际上他也是在告诉士兵们，此次出发有去无回。按照这个标准，信陵君选出了八万精兵进攻秦国。最终，秦国在魏国和赵国内外夹攻之下，撤出了邯郸城。战胜秦国后，赵王和平原君亲自到边界来迎接信陵君。

但是魏王很生气，因为信陵君偷了兵符，这是死罪，他还把魏国的边关大将晋鄙杀了。信陵君也非常清楚魏王的态度，击退秦兵后，信陵君便留在赵国，并在赵国居住了十年之久。虽然信陵君的做法对于魏国国君来说是背信弃义，但是对于赵国的安定和当时整个诸侯国势力的均势来说，却发挥了至关重要的作用。

司马迁写《史记》时，对信陵君是满满的赞美之词，说他胆识过人，重情重义，礼贤下士；还说他：“名冠诸侯，不虚耳。”意思是，他的名望超过其他所有诸侯，不是虚夸的。司马迁这样描写他，也让信陵君借着《史记》青史垂名。

知识加油站

1. 信陵君是哪国人？

魏国人。

2. 秦国围困赵国都城邯郸，赵国求救于魏国，魏国因惧怕秦国不敢出兵救赵。情急之下，信陵君魏无忌借魏王宠姬如姬之手，盗得兵符，夺得了魏王的兵权，成功地击败了秦国军队，救援了赵国。这是什么历史典故？

窃符救赵。

春申君列传：一失足成千古恨

战国四公子中的最后一位是来自楚国的春申君，他的名字叫黄歇，他一生的经历非常有趣。楚顷襄王时期，黄歇和楚太子熊完作为人质被扣押在秦国，在秦国生活了很多年。但是楚顷（qǐng）襄王病了，作为王位继承人，太子熊完还被扣押在秦国，没有办法回到楚国。为了防止楚王的其他儿子篡位，黄歇向秦王提出立即放熊完回楚国，但是遭到了秦王的拒绝。如果让熊完回去，秦国就失去了楚国的人质，人质不在，楚国可能会攻打秦国。因此，黄歇考虑与熊完一起逃走，但他知道这么做肯定会受到秦兵的追击，于是对楚太子说："您先走，我帮您逃回楚国，我留下来承担后果。"于是，熊完逃走了，黄歇告诉秦昭王楚太子已经回楚了，请求秦王赐自己死罪。

秦国的法律非常严苛，黄歇把重要的人质放了，秦王知道后很愤怒，想赐他死罪。但秦王被秦相应侯所劝服：黄歇这么做是为了救主人，为了让熊完继承王位，这证明他是一个忠臣，不如赦免他，也好与楚国保持良好关系。最后经过再三考虑，秦王还是把他放了。于是，黄歇回到了楚国。

三个月后，楚顷襄王病故，熊完顺利继承了王位，史称楚考烈王。楚考烈王非常感谢黄歇的救命之恩，便封黄歇为春申君，并把他立为丞相，将今天上海、无锡、湖州一带都交给他管理，上海有一个简称——申，就与他有关。黄歇当丞相的第二十二年，楚考烈王遇到了一个很大的难题，他没有儿子做继承人。于是他找了很多女子，想让她们为自己生子，但原因出在他身上，是他自己不能生育。春申君黄歇有一个侍从叫李园，他的妹妹长得很漂亮，他将妹妹送给春申君做了小妾。不久后，李园的妹妹就有了身孕。一天晚上，李园的妹妹对春申君说："您在楚国做丞相二十多年了，已得到了楚王的信任。现在楚王没有孩子，王位的继承权可能会被楚王的兄弟得到，您做丞相时难免得罪过他们。到那时您不仅官位不保，而且封地和性命也难保。"春申君听后就问她该怎么办。李园的妹妹回答说："我已经怀孕了，但现在还看不出来，您把我送到楚王宫中，等我生了儿子，这儿子自然是楚国王位的继承人，您就是新楚王的父亲，自然能得到保护。"春申君听后恍然大悟，立刻把李园的妹妹送到了楚国王宫。

不久后，李园的妹妹果然生了个儿子，这个男孩顺利成为楚国王位的继承人。史书记载，春申君做丞相的第二十五年，楚考烈王病逝，春申君的儿子成为楚王，就是历史上的楚幽王。楚幽王称王的第一年春，春申君到宫中见他，不料中了埋伏，被李园派人杀害。李园杀害春申君是为了防止春申君泄密，暴露他的阴谋。春申君死后，他的家人也都被杀害。

春申君活着时，做了很多事情，但他人生的结局是一个悲剧。早期他为了救太子，奋不顾身，是个忠臣，但后期竟然为了自己的名利而移花接木。成语移花接木是指把花木的芽或枝条嫁接在别的植物身上，现在用来比喻暗中使用计谋，在事情进展过程中更换人或事物。春申君最后落了一个奸臣的骂名，让自己的儿子获得了王位，结果不仅自己性命不保，还害了家人。

知识加油站

1. 春申君黄歇是战国时期的哪国人？

楚国人。

2. 战国四公子分别是谁？

魏国信陵君魏无忌、赵国平原君赵胜、齐国孟尝君田文、楚国春申君黄歇。

成语收藏夹

原指把花木的芽和枝条嫁接在别的植物上，后用来比喻暗中使用计谋，在事情进行中更换人或事物。这是什么成语？

移花接木。

白起、王翦列传：两位战神谁更强？

一、战国名将白起，从未打过败仗

白起是秦国人，是战国时期名将，也是兵家代表人物。白起出生时，秦国的国力已非常强大。公元前295年，秦国制定了向东攻打三晋（即韩、赵、魏），来谋得天下的战略，这时勇于作战的将领成了秦国最急需的人才。秦昭王是一个雄心勃勃的霸者，他继位后继续贯彻商鞅变法的国策，彻底推行军功爵制，无论是谁，只要他善于作战，秦昭王就会提拔他做官，就算是平民出身也可以。于是，白起顺应时势，出现在了中国历史的舞台上。他熟知兵法，善于用兵，辅佐秦昭王屡（lǚ）立战功。作为中国历史上继孙武、吴起之后又一位杰出的军事人才，白起与廉颇、李牧和王翦并称战国四大名将。

据说，白起一生共参与了七十多场战争，从无败绩。在伊阙之战中，他指挥军队歼灭韩、魏联军二十四万人，彻底扫平了秦国向东进发的道路；白起还大破楚军，迫使楚国迁都，楚国从此一蹶（jué）不振；长平之战时，白起率领士兵歼灭赵国军队共计四十五万人，开创了中国历史上最早、规模最大的包围歼敌的先例，这也奠定了白起被后世尊为一代名将的基础。据梁启超先生考证，战国期间共战死两百万人，其中，白起带领士兵杀的人数就占了一半。

白起领兵作战很有自己的特点。第一个特点是不以攻城、夺城为目标，而是以歼灭敌军的有生力量，即把对方军队中的战士全都杀死为核心战术。白起善于野战进攻，战必求歼，这是他作战最为突出的特点，与他交战的将士都很畏惧他，他也成为战争史上运用围歼战术作战的无人可敌的统帅。第二个特点是为了达到自己歼灭战的目的，对敌人穷追猛打。第三个特点是重视野战的筑垒攻势，即重视防御工事的修建。白起经常引诱敌军脱离自己的阵地，然后在他预设的防御阵地中对敌人进行包围，且为了防止其突围，以筑垒工事作为进攻的辅助手段。这种作战指挥思想在当时前所未有。第四个特点是在作战前进行精确的演练，模拟包括敌我双方的军事、政治、国家等态势，甚至第三方可能会采取的应对手段，白起会全面考虑，来模拟战争时的各种可能。因此，白起在面对敌人时非常自信，胸有成竹。

司马迁在《史记》中写道："料敌合变，出奇无穷，声震天下。"意思是，白起能想到敌人各种变化的招数，经常有奇招让敌人疲于应对，最后他名震天下。

公元731年，唐玄宗为了表彰并祭祀历代名将，设置了武庙。他以周朝开国丞相、军师吕尚（即姜子牙）为主祭，以汉朝留侯张良为配享，还有十位历代名将排在左右，其中就包括白起。

公元760年，唐肃宗将白起等历史上十位武功卓越的名将供奉于武庙内，称为武庙十哲。宋朝时，依照唐代的惯例为古代名将设庙，供奉七十二位名将。白起始终在其中。可以看出，白起从唐朝开始就已为中国人所尊崇。

二、战神王翦，有勇有谋

王翦是战国末年秦国的名将。王翦从年少时起就特别喜欢军事。秦始皇十一年（公元前236年），在铲除吕不韦和嫪毐之后，秦王嬴政正式管理朝政，秦国统一天下的战争也由此开始。这场战争以王翦领兵攻打赵国开始，前后共十五年。

王翦将军队中的大部分人都遣散，只留下了五分之一的精锐。因此，他所带领的这支部队士气很高，很快就攻下了赵国的九座城池，奠定了自己辉煌的战绩。

除了最先消灭韩国的战争外，其余的五国全部被王翦及其儿子王贲（bēn）所带领的军队消灭。秦始皇十八年（公元前229年），王翦攻打赵国时遇上了赵国的名将李牧。二人相持了一年多，最终王翦采用反间计，除掉了李牧。李牧死后，王翦势如破竹。

秦始皇二十年（公元前227年），发生了赫赫有名的荆轲刺秦王事件。荆轲失败后，秦王非常愤怒，趁机派王翦攻打燕国。燕王知道后很害怕，立即派太子丹组织军队进行拦截。最终，在太子丹曾送别荆轲的易水河边，燕军兵败，王翦趁势夺取了燕国都城。

燕国被灭后，秦王嬴政召集群臣商量灭楚大计。王翦认为用六十万兵马才可以灭楚，而另外一位大将李信却说二十万兵马就可以取得胜利。秦王听了李信的话后，便认为王翦年纪大了，已经不堪重负，于是派李信和蒙恬率兵二十万南下伐楚。但不久后，秦军被打得七零八落。秦王得到消息后震怒，亲自乘坐马车到王翦的故乡找到他，向他致歉，并请他带兵六十万攻打楚国。

于是，王翦率领六十万大军启程。他出征的时候，首先向秦王讨要了田地，告诉秦王要将自己的田地留给子孙后代使用，并且连续要了五次。他的部下见状都很担心，觉得他向秦王提出的要求有些过分。这时王翦说："秦王非常多疑，现在他将全国的士兵都交到了我手中，我只有在这时向他提出要求，表明除了金钱、土地之外我别无所求，才能消除他对我的怀疑。"

秦始皇二十三年（公元前224年），王翦领兵伐楚。抵达楚国国境后，王翦领兵潜伏了一年多。他把秦国六十万大军隐藏起来，休养生息，甚至以比赛投掷石块娱乐。楚国的君王看到秦军这幅景象，便慢慢放松了作战的心态。这时，王翦觉察到了楚军的些许松懈，于是把握时机，极力攻打楚国，抓住了楚王，为秦始皇建立大秦王朝立下汗马功劳，同时又南征百越取得胜利，因此被封为武成侯。

王翦是继白起之后，秦国不可多得的大将之才。王翦的主要战绩有攻破赵国都城邯郸，消灭燕国，以秦国绝大部分兵力消灭楚国，他与他的儿子王贲一起，成为秦始皇歼灭六国的最大功臣。

王翦一生征战无数，他很聪明，但是不迷信武力，勇而多谋。这些品质在杀戮（lù）无度的战国时期非常可贵。公元前221年，秦国兼并了所有诸侯国，统一天下，王翦和蒙恬立下的战功最多。王翦还是后朝琅（láng）琊（yá）王氏和太原王氏的始祖。

知识加油站

1. 白起是什么思想流派的代表人物？

兵家。

2. 白起通过哪一战奠定了自己战国名将的地位？

长平之战。

3. 战国四大名将是谁？

白起、廉颇、李牧和王翦。

4. 王翦被封为什么官职？

武成侯。

5. 王翦有哪些功绩？
攻破赵都邯郸、灭燕、伐楚。

6. 王翦的儿子也是有名的武将，他叫什么名字？
王贲。

蒙恬列传：能文能武的旷世奇才

一、忠勇战将——蒙恬

蒙恬的祖籍是齐国蒙山。战国时，他的祖父投靠秦昭王，带领军队打仗，立了很多军功，被封为上卿。他的父亲叫蒙武，也是秦国的大将，与秦将王翦联手灭掉了楚国。蒙恬出身于名将世家，他从小熟读兵书，天资聪颖而且胸怀大志，一直在战场上冲锋陷阵。公元前221年，蒙恬被封为将军，攻打齐国。因破齐有功，被拜为内史，也就是秦朝京城的最高行政长官。

秦国兼并天下后，蒙恬又奉命率领三十万大军北击戎狄，因为戎狄对秦国的安定有很大的威胁。北击戎狄后，他修筑长城，长城利用地形、依靠天险设置要塞，有力地遏制了戎狄的南进。与李斯一样，蒙恬也负责修筑直道。秦始皇非常尊崇和信任他的家族，夸奖蒙恬的才干，并且亲近蒙恬的弟弟蒙毅。还将蒙毅任命为上卿，官职很高。秦始皇出门巡游的时候，蒙毅可以跟他同乘一辆车。

当时蒙恬负责打仗、修长城和直道，蒙毅替秦始皇出谋划策。蒙毅管理纪律严明，从不偏袒权贵，满朝文武都很佩服他，无人敢与其争锋，但是有一个人跟他有过节，那就是赵高。赵高曾经犯下大罪，蒙毅依法判处他死刑，免去了他的官职，后来赵高被秦始皇赦免。由此，蒙氏兄弟成了赵高的心病，赵高视他们为眼中钉、肉中刺，总想除掉他们。秦始皇在沙丘得病去世后，赵高秘不发丧，与胡亥和李斯密谋，假传遗诏，捏造了一个罪名让扶苏和蒙恬自杀。扶苏很忠厚，居然真的就自杀了。但蒙恬觉得很奇怪，他认为秦始皇不可能这样做，请求重新审理，使者只好将蒙恬交给了官吏。

胡亥知道扶苏已死，又觉得蒙氏兄弟很有本事，可以继续任用，打算将他们放了，但是赵高没同意。赵高说："在立太子的事情上，蒙毅曾经在秦始皇面前说过您的坏话。"因此，胡亥将蒙毅杀了。蒙恬也被抓住，使者对他说："你过错太多，你的兄弟有大罪，要牵连到你。"蒙恬说："我们家族世代为秦国建功立业，我统领全国军队，仍坚守着节操道义。肯定有奸臣从中作梗（gěng），希望陛下明察。"使者说："我不管你说什么，我只是把皇帝的命令传达给你，同时我也不能把你的话传给陛下。"蒙恬长叹一声说："我是怎么得罪了上天，竟然没有任何罪名就被处死。"沉默良久，他决定吞药自杀，这就是蒙恬将军悲壮的一生。

二、关于蒙恬的趣事

蒙恬是一员战将，关于他还有很多神奇的传说，有人说他是毛笔的发明者。公元前223年，蒙恬带兵在外作战，他要定期写战报呈给秦始皇。当时人们用竹签写字，非常不方便，没写几下就得再蘸墨。一天，蒙恬打猎时看见一只兔子的尾巴在地上拖出了血迹，顿时来了灵感，于是他剪下了一些兔尾巴毛，插在竹管上，用它来写字。但是兔毛油光光的，不吸墨，蒙恬试了几次还是不行，就随手把那支兔毛笔扔到了门前的石坑里。有一天，他无意中看见那支被自己扔掉的毛笔，湿漉漉的兔毛由黑白相间变成了白色，就捡起来用它蘸了一下墨水。他发现兔毛笔变得非常“听话”，写起字来非常流畅，而且可以蘸很多墨汁，可以写出好多字。这是因为石坑里的水含有石灰质，经过碱（jiǎn）性水的浸泡，兔毛的油脂被去掉了，变得柔顺起来。

传说这就是毛笔的由来，与蒙恬有关。事实上出土文物证明，毛笔远在蒙恬之前就已经出现了。但蒙恬作为毛笔制作工艺的改良者，的确功不可没。人们称他为毛笔的始祖，甚至称他为“笔神”。没想到一员猛将居然与毛笔有一段奇缘。

除了毛笔，还有人认为古筝（zhēng）也是蒙恬发明的。蒙恬被派去驻守秦朝的边关，修建长城。不管是修建长城，还是抵御北方的匈奴，都是非常艰苦的事情。长城修建在高山之上，修建长城的民夫和镇守的士兵大都十几年没回过家乡，他们非常思念家乡，这导致他们工作不用心。为了消除民夫士兵的劳累，缓解他们的思乡之情，蒙恬发明了筝这种乐器。但是也有人反驳这件事，因为蒙恬被调去驻守长城是在他当上将军以后，也就是公元前221年之后的事情，这要比筝流行的时间——公元前237年——晚了十六年之久。

蒙恬最重要的贡献是击败匈奴。他拒敌千里之外后继续带兵镇守边关，依靠险要的地形修建长城，把燕国、赵国、秦国的长城连了起来。在《史记》中司马迁对于蒙恬修筑长城的评价是："修建长城是对劳动人民的徭役，但实际上也对中原地区有非常重要的意义，因为它保证了中原地区的长久安定，避免了更多的战争，也避免更多百姓流离失所。"后来，蒙恬和公子扶苏曾经多次上书秦始皇，请求减免徭役，减轻百姓的负担。从这个角度来讲，蒙恬做事非常人性化。同时，蒙恬还收复了很多小县城，建立了治理边防的行政机构，又将很多罪犯发配到边关，发展当地的经济，加强军事后备力量。这些举措对于边防的巩固起到了非常积极的作用，蒙恬也因此威震匈奴，受到秦始皇的推崇和信任。

蒙恬出身兵将世家，自幼胸怀大志，率领军队攻破齐国，升为内史，深得秦始皇的宠信。秦始皇统一六国以后，蒙恬又率领三十万大军北击戎狄，威震匈奴。有人认为，蒙恬算是中国西北最早的开发者，是古代开发宁夏第一人。另外，蒙恬监修万里长城和直道，克服了国内交通闭塞的困境，大大促进了北方各族人民经济文化的交流与融合。除此之外他还改良毛笔，被誉为"笔神"。这就是蒙恬，能文能武的旷世奇才。

知识加油站

1. 蒙恬祖籍是哪国？

齐国。

2. 据传蒙恬曾改良过毛笔，因此被誉为什么？

笔神。

3. 蒙恬在打败匈奴后，继续带兵坚守边陲。他做了哪些事情？

修了长城和直道。

廉颇、蔺相如列传：完璧归赵，负荆请罪

一、蔺相如完璧归赵

廉颇是赵国的名将，他曾以大将军的身份带领士兵攻打齐国，打败了齐军。攻占了齐国城池后，廉颇晋升为上卿。廉颇勇气出众，名扬于诸侯之间。蔺相如也是赵国人，但他只是一个官员的门客，也就是一个食客，地位非常低。赵惠文王时，赵王得到了非常著名的楚国和氏璧。秦昭王知道后就派人送信给赵王说，要用十五座城换和氏璧。赵王知道后便与大将军廉颇以及其他大臣们讨论说，如果把和氏璧给秦国，可能也得不到这十五座城，但是如果不交出和氏璧，秦王肯定会以此为由攻打赵国。他们想来想去，不知如何是好。

这时有一个官员说："我可以推荐我的门客蔺相如去秦国。"赵王听后问他说："蔺相如有什么本事？"这位官员回答说："我曾经犯过罪，私下想逃到燕国去，但蔺相如阻止了我，并问我为什么要逃到燕国。我回答说：‘当年我跟大王去国境上与燕王会谈时，燕王曾拉着我的手说，愿意跟我交朋友，因此我觉得燕王喜欢我。’蔺相如听后说：‘不对，燕王喜欢您是因为赵国强大，燕国弱小，而赵王宠幸您。如果您叛逃到燕国，燕王害怕赵国，就会把您押送回来。所以您不如现在向君王请罪，也许会得到赦免。’我听了蔺相如的话，向您请罪，您果然赦免了我。我向您推荐他是因为我觉得他很有想法。”

赵王听后就召见了蔺相如，对他说：“秦王要用十五座城换我的和氏璧，能不能给他？”蔺相如说：“秦国强而赵国弱，我们肯定不能不给。”赵王又问：“但是如果他拿了我的和氏璧，又不给我城池，该怎么办？”蔺相如说：“秦国要求用城换璧，如果赵国不答应，那错在我们赵国。但如果赵国交出了和氏璧，而秦国不给赵国城池，那问题就出在秦国那里了。我们衡量这两种情形，宁可答应秦国，让他背负不交土地的罪名，也不能让我们背负罪名。”赵王又问：“谁可以作为使臣去秦国？”蔺相如说：“陛下，如果您没有合适的人选，我可以去。如果我拿到了秦国的十五座城池的版图，那么就将和氏璧留在秦国，如果拿不到，那我可以做到完璧归赵。”赵王同意了。

于是蔺相如带着和氏璧出使秦国，秦王在章台接见了他。蔺相如把和氏璧奉给秦王后，秦王特别高兴地仔细观看，之后又把和氏璧递给旁边的侍者、美人和臣子们观赏，他们看后高呼万岁。这时蔺相如发现秦王根本就没有给赵国城池的意思，就借口说和氏璧上有瑕（xiá）疵（cī），要指给秦王看。秦王就将和氏璧交给了蔺相如，蔺相如抓住璧，立即一步步向后退，靠在一根柱子上怒发冲冠，声色俱厉地对秦王说："大王为了这块璧，派人传信给赵王。我们还特别召开会议讨论此事，大家都说秦王贪婪，仗着自己强大，想用空话骗取和氏璧，秦国所谓的十五座城池，赵国是得不到的，所以都反对给您和氏璧。而我认为一般平民来往尚且互不欺骗，何况是大国之间呢？仅仅为了一块璧惹得秦王不高兴，不合适。所以赵王在斋（zhāi）戒了五天后，派我把和氏璧送到秦国，这是为了尊重大国的威严。但是今天我来到这儿，发现您只是在偏殿接见我，对我还非常傲慢，拿到和氏璧后竟然还给美人欣赏，简直是在戏弄我们。我看您并没有割地的诚意，所以我才拿回和氏璧，您如果把我逼急了，我的头就与和氏璧一起撞碎在柱子上。"秦王害怕他撞碎和氏璧，连忙说："你千万别冲动，我立刻派人将地图拿来给你看。"

虽然秦王这样说，但在蔺相如看来他只是在骗人，他认为秦王根本不可能交出城池。于是，蔺相如说："赵王把和氏璧送来时斋戒了五天，您也应该斋戒五天，然后举行隆重仪式，再来取和氏璧。"因此，秦王进行了五天的斋戒，但在秦王斋戒时，蔺相如已派自己的随从走小道将和氏璧送回到赵国。五天后，蔺相如对秦王说："我们知道秦国强大，赵国弱小。大王您只不过是派了一个使者去赵国，赵王知道后立即就派我将和氏璧献来了。以秦国的强盛，如果真的能先割让十五座城池给赵国，赵国哪敢为了保留一块玉璧而得罪大王您呢？所以希望您好好斟（zhēn）

酌（zhuó），和氏璧我已经送回去了。”

秦王听后非常生气，这时有人提议赶紧杀了蔺相如，秦王却阻止道：“即使我现在把蔺相如杀了，也得不到和氏璧，还会破坏秦国和赵国的关系，不如照旧款待他，放他回赵国。赵王怎么会因为一块玉而欺骗秦国呢？”

蔺相如回到赵国后，赵王认为蔺相如是一位不辱使命的使者，于是将他从门客提为上大夫。秦国最终没有割城给赵国，而赵国也没有把和氏璧送给秦国。从结果来看，蔺相如的确做到了“完璧归赵”，这个成语比喻把物品完好无损地归还给物品主人。

二、廉颇负荆请罪

后来秦国攻打赵国。第一年，秦国攻占了石城，第二年，又发兵杀死了赵国两万多人。之后秦王派使者告诉赵王，希望能够和赵国言和，并邀请赵王在西河之南的渑池会谈。赵王害怕秦王，不想去，廉颇和蔺相如商量后对赵王说：“您如果不去赴约，只会显得赵国弱小，国君胆子小。”赵王听后只好答应前往，蔺相如随行。廉颇将他们送至边关时，拜别赵王说：“陛下，您这一去推算起来行程不会超过三十天，如果满了三十天，您还不回来，请答应立太子为王，以断绝秦国要挟的企图。”赵王答应了。

赵王一行人到了渑池，跟秦王会面后喝了很多酒。秦王喝多了，说："寡人曾听说赵王您擅长音乐，请您弹奏一曲。"赵王在秦王的胁（xié）迫下依言弹了瑟（sè）。秦王命令史官把这件事记载下来：某年某月，秦王和赵王相会，秦王命令赵王弹瑟。看到此情此景，蔺相如便走上前说："赵王曾听说秦王擅长演奏秦声，现在请大王把您击缶（fǒu）的技能展示一下。"秦王听后很生气，不情愿地说："我怎么能击缶呢？"蔺相如往前一步，捧着瓦缶跪下去说："秦王如果不肯敲，在这不到五步的地方，我脖子上的血可以溅到大王身上。"意思是我用头撞您，侍卫想上前保护您都来不及。秦王被逼得没办法，只能击缶。秦王击缶后，蔺相如回头对赵国的史官说："你记下，某年某月某日，秦王为赵王击缶。"宴会上，秦国群臣要求赵国用十五座城池作为对秦王的献礼。蔺相如听后，要求秦国献上国都咸阳来表示秦国对赵王的敬意。双方针锋相对，谁都没占到便宜。这就是著名的"渑池会盟"的故事。秦国本来想攻打赵国，但知道赵国的边关有廉颇镇守，所以他不敢轻举妄动。

渑池会盟结束后，赵王回到了赵国，他知道这次秦赵会面，蔺相如的功劳最大，因此拜蔺相如为上卿。这样，蔺相如的官位就高过了廉颇。廉颇知道后不满意地说："我身为赵国的将军，打了很多仗，保卫了国土，立了大功。而蔺相如只不过是动动嘴巴立了点功，他的位置竟然超过了我。而且蔺相如本来是一个门客，现在他被封为上卿，这实在叫我难堪，我要是见到他，肯定要给他出难题。"蔺相如听了说："那我干脆托病不上朝，避免和廉颇争吵。"

有一次，蔺相如出门，远远地看见了廉颇，便赶紧调转马头，避开他。这件事被蔺相如的门客知道了，门客对他说："我们之所以离开亲人，跟在您左右，是因为仰慕您的高尚节操和道义。但现在您与廉颇同朝为官，廉颇公开抨击您，您竟然吓得躲躲藏藏、不敢露脸，这样做太胆小怕事了。面对这种情况，连寻常人都觉得羞辱，何况您已是上卿了！我们无才，还请允许我们告辞！"蔺相如听后说："各位，你们觉得廉颇将军和秦王谁厉害？"门客们回答说："当然是秦王厉害。"蔺相如又说："以秦王的权威，我都敢在大庭广众之下斥责他，侮辱他的大臣们。难道我会怕廉将军吗？强大的秦国之所以不敢对赵国发动战争，就是因为我与廉将军同朝为官啊！如果我们两个人相斗，那就会让人知道我们内部不和，赵国就会有危险。"

这件事传到廉颇那里后，他立即袒露上身，背着荆条，由朋友陪伴着来到蔺相如家谢罪，并对蔺相如说："我太浅薄了，没想到先生的胸襟（jīn）如此之宽广。"从此两人结为生死之交。这就是史书所记载的"负荆请罪"的故事，后来也成为一个成语，表示向人认错赔（péi）罪。赵国因为廉颇和蔺相如的"将相和"，平安无事了很久。

知识加油站

1. 廉颇是武将，他和文臣蔺相如是哪国人？

赵国。

2. 赵国蔺相如与秦国国君进行了有理有据、针锋相对的斗争，最终和谈成功，双方偃旗息鼓，暂停了战争，这是历史上的什么事件？

渑池会盟。

成语收藏夹

1. 本指蔺相如将和氏璧完好地从秦国带回赵国，后来比喻把物品完好无损地归还给物品主人，是什么成语？

完璧归赵。

2. 背着荆条向对方请罪，表示向人认错赔罪。这是什么成语？

负荆请罪。

屈原列传：浪漫主义诗人的鼻祖

一、寅年寅月寅日出生的屈原

屈原的事情被记载在《屈原贾生列传》中，司马迁为屈原写了传记，可见屈原对中国文化的影响很大。屈原生活在战国末期，当时战国七雄采用各种策略，例如合纵和连横，互相制约。

屈原就生长于这种环境之下，他生活在约公元前340年到公元前278年，这个时期也是楚国末期。屈原出生在楚国贵族家庭，本姓芈。公元前七世纪（春秋时期），楚武王熊通的儿子被封在屈邑，古代的人经常以自己生活地方的名称作为氏，因此熊通儿子的后代以屈为氏。屈原是我国最早的浪漫主义诗人，也是后来很多名人的偶像，李白就把屈原视为自己的偶像。大家都知道李白是伟大的浪漫主义诗人，但是浪漫主义诗人的鼻祖可是屈原，比李白早了一千多年。

屈原出生的年月日很有特点，他于寅年、寅月、寅日出生。与现在采用的阳历纪年不同，古人用阴历纪年。在古人来看，寅日是非常吉祥的日子，在那一天出生的孩子，尤其是男孩子，长大后会有很高的地位。据说屈原出生时，头顶彩虹，屈原自己也觉得他的出生与众不同，这一点在《离骚》中也有所体现。

屈原名平，字原，又自称正则，字灵均。“平”是公正的意思，平正是天的象征；“原”意为又宽又平的地形，是地的象征。“正则”指的是公正的法则，“灵均”指的是美好的平地。因此可以看出他的名字有非常美好的寓意。

孔子曾经编写了《诗经》，《诗经》中的篇目基本都没有留下创作者的姓名，但屈原的出现改变了这一切，他是中国文学史上第一个留下姓名的爱国诗人。他的出现让我国的诗歌由集体合唱进入到个人独唱的时代。因此，屈原的历史地位非常高，他的作品标志着中国一种新的文化现象的出现，浪漫主义诗歌正式登上历史的舞台。

二、改革家屈原

屈原从小就受到了很好的家庭教育，他又有读书的天分，深得楚怀王的信任。屈原的官职非常高，时任左徒，对内参与国事，对外接待诸侯。他的上级是令尹，相当于宰相，也就是说，他的官职仅次于宰相。加上屈原与楚怀王有亲戚关系，因此他的权力非常大，且直接听命于楚王，而不是听命于宰相。身为高官的屈原没有辜负楚怀王的信任，他显示了非凡的政治才华，经常与楚王商量国事，参与法律的制定等，楚国的一系列改革措施都由他来制定。

战国末期，秦国一家独大，剩下的六国也各怀鬼胎。面对这种情形，屈原的想法是，楚国要联合齐国抗击秦国，千万不能和秦国连横，而是要合纵。因为他知道已经实行了商鞅变法的秦国实在是太强大了。魏国也实施了李悝变法，不同国家都希望用变法让自己的国家变强大。楚怀王当然也想通过变法强大起来，于是将变法的任务交给了屈原，让屈原写一个可以在楚国全面推行的法案，名叫宪（xiàn）令。

接到这个重任后，屈原觉得自己承担着非常重要的职责，于是认真思考怎么做才能够把变法做得完美，让楚国变得强大起来。但屈原因为深得楚怀王的信任，得罪了上官大夫，上官大夫也是楚怀王的臣子，他很嫉妒屈原能得到重用。屈原快要写完改革用的宪令时，上官大夫对屈原说要看一看宪令。屈原觉得，给上官大夫看了，如果对方觉得有问题，就会改掉内容，这会违背他的本意。因此屈原拒绝了他。上官大夫本来就嫉妒屈原，此时又被拒绝，于是便对楚怀王说："大王，我知道变法是非常好的一件事情，这是您决定的。但屈原每写一段变法文案，就会到老百姓中炫耀自己的本事，根本不曾提及您。"言外之意是，屈原宣扬变革是他自己的功劳，跟楚怀王没关系。楚怀王听后相信了他的话，很生气，慢慢地疏远了屈原。

之后，楚怀王将屈原左徒的官职撤掉了，任命他为三闾大夫，负责祭祀和教育贵族，这是一个没有实权的职位。战争时期，变革是很重要的，但当时的屈原已经没权力管这些了，这预示着他悲惨命运的开始，也预示着楚国开始走向灭亡。

三、端午节和屈原的关系

端午节是我国一个很重要的传统节日，相传它跟屈原有关，这要从屈原的两次流放说起。屈原做官时促成了齐国和楚国结盟，因此秦国一直担心楚国干预。为了拆散齐楚联盟，秦国用了离间计。秦王派了一个叫张仪的使者去办这件事情。张仪非常聪明，他带着重金来找楚怀王，说：“秦国讨厌的不是楚国，而是齐国，如果大王能与齐国断交，秦国会送上六百里土地。”楚怀王听了就和齐国绝交了。

楚怀王照做后，秦国却没有履行承诺献出土地。楚怀王着急了，他问张仪，张仪说：“我说的是六里，不是六百里。”楚怀王发觉自己上当受骗了，非常愤怒，就派兵攻打秦国，但每次都惨败而归，还失去不少土地。第二年，秦国表示愿意让出汉中地区，同楚国讲和，楚怀王说：“我不要汉中地区，我只要张仪一个人。”张仪来到楚国，故伎（jì）重施，这次他用重金收买了楚怀王身边的几个小人，楚怀王听信这些人的谗言，放走了张仪。此时屈原因被疏远，出使齐国，回来后他问楚怀王：“为什么不杀了张仪呢？“楚怀王也很后悔，但是已经没有机会了。

秦国之后与楚国联姻，屈原坚决反对。这次的反对得罪了楚怀王，屈原因此遭到了流放。屈原做了正确的决定，但昏君当道，这是他第一次被流放。

秦昭王邀请楚怀王会面，商谈合作事宜。这时屈原已被流放五年，但他依旧反对楚怀王去秦国，因为那样做很危险。这时，楚怀王的儿子子兰说：“父王，您必须得去，去了以后才能把事情谈明白。”楚怀王还是去了，但一到秦国就被扣下了，最后楚怀王死在了秦国。

楚怀王死后，楚顷襄王继位。他把他的弟弟，也就是害死楚怀王的子兰立为令尹。楚顷襄王继位后，秦王写信说：“现在我准备跟你一决胜负。”楚顷襄王吓坏了，这时屈原说：“为什么会造成这个局面？是因为子兰这帮人在后面做了很多丑事，导致国家处于危险当中。”这番话又惹怒了这群小人，于是屈原再次被流放。这次流放得更远，屈原此后二十多年再也没有回到都城。

屈原看到楚国危在旦夕，自己已没有办法帮助楚国，认为自己活着没有意义，决定投身汨（mì）罗江，用自杀的方式结束自己的生命。屈原投江那天是五月初五，也就是今天的端午节。

据传楚国老百姓知道屈原投江后非常悲痛，就到汨罗江去凭吊他，划船去找他的尸体。那天正值下雨，湖面上聚集了很多小船，大家拿了药酒倒入江里，他们认为药酒可以药晕江里的龙，让它吃不了屈原的肉体。老百姓还往江里扔了很多粽（zòng）子，希望江里面的鱼虾只吃粽子，不吃屈原的尸体。我们现在过端午节，还会吃粽子、赛龙舟，据说这些习俗都与屈原息息相关。

屈原一生为了楚国尽心竭力，但是非常遗憾，他遭到了小人的诬陷，失去了报效国家的机会。在郁闷之余，他发愤写作，晚年的代表作《离骚》就是他最著名的作品之一。

“离骚”这两个字是什么意思？

司马迁在《史记》中解释说：“离骚者，犹离忧也。“意思就是，“离骚”，就是遭受忧愁的意思。这是一首抒（shū）情长诗，也是中国古代诗歌史上最长的浪漫主义政治抒情诗。这首诗奠定了屈原在中国诗歌史的地位。司马迁对屈原这部最著名的作品做出了极高的评价，他认为《离骚》体现了屈原“与日月争光”的高尚节操。

知识加油站

1. 屈原的名和字分别是什么？他是战国时期哪国人？
屈原，名平，字原。他是楚国人。

2. 屈原是中国最早的什么流派的诗人？
浪漫主义诗人。

3. 屈原用什么方式离开了这个世界？
投汨罗江自尽身亡。

4. 现在的人们为了纪念屈原，端午节都有哪些习俗？
吃粽子、赛龙舟。

5.屈原最著名的作品是什么？
《离骚》。

刺客列传：荡气回肠的刺杀事件

一、专诸刺杀吴王僚

专诸是春秋时期的吴国人，他的才能是被伍子胥发现的。伍子胥在从楚国去吴国的途中，曾见过专诸和别人打架，打得非常有气势，身上仿佛聚集着上万人的怒气。伍子胥非常佩服专诸的能力，与他结交起来。

伍子胥到吴国后，得知公子光想要刺杀吴王僚，便向公子光推荐了专诸。公子光见到专诸后，像对待宾客一样对他礼遇有加。

公元前516年，楚王驾崩，吴王僚想趁机攻打楚国，于是将弟弟盖（gě）余和属庸派了过去，但楚国早有防备，也出动了军队，与吴国的两位公子对峙（zhì）了起来。公子光觉得机会来了，便告诉专诸可以刺杀吴王僚了。

公元前515年，公子光在密室埋伏好武士后，置办酒席请吴王僚来家中做客。吴王僚对公子光并不信任，但他还是带着自己的卫队来了。大家喝酒喝得正开心，公子光假装脚不舒服，回到密室，让专诸把匕首藏到做好的鱼的肚子中，把鱼端上去献给吴王僚。专诸到了吴王僚面前，一瞬间便将鱼掰开，顺势用匕首杀死了他。

专诸杀死吴王僚后，自己也被吴王僚的侍卫杀死，公子光趁乱收拾了残局，然后自立为君，他便是后来的吴王阖闾。吴王阖闾没有忘记专诸的功劳，不仅将专诸厚葬，还将专诸的儿子封为上卿。

二、豫让刺杀赵襄子

豫让是晋国人，他曾经为智伯做事，智伯最后被赵襄子与韩魏联合起来灭掉了，史称“三家分晋”。其中赵襄子最恨智伯，在智伯死后还对他十分不敬。豫让逃到山中后对自己说：“我这样的士人应该为知己牺牲生命，当年智伯那么懂我，我必须得为他复仇。”因此豫让把自己扮成一个受刑的奴隶，来到赵襄子的宫里打扫厕所。他身上一直带着短剑，想借机行刺赵襄子。

有一天，赵襄子来到厕所里，突然间心惊肉跳，于是他立即派人将身边的人给抓了起来，赵襄子仔细一看，这人是豫让，他身内藏着短剑，说要为智伯报仇。赵襄子觉得豫让是一个很有义气的人，智伯死后没有后代，作为他的家臣能想着为他报仇，实属难得，于是就把他放了。

过了没多久，豫让又将自己身上涂满了漆，使皮肤长满毒疮，还吞炭让声音变得嘶哑。这样一来，别人都认不出他是谁了，他走在大街上乞讨时，连他妻子都不认识他。成语“漆身吞炭”就是这么来的，指故意改变外形和声音，使人认不出自己。

有一天，他的友人问他：“你是豫让吗？”他说：“是的。”友人接着说：“你在干什么？你这么做对自己身体的伤害太大了，你完全可以假装投靠赵襄子，成为他身边的红人，以你的本事一定没问题，然后你再刺杀他，不就行了吗？”豫让听后说：“不行，如果我做了他的臣子却还想杀他，这是心怀不忠，虽然我现在这么做对自己伤害很大，而且非常麻烦，但我却为天下做了一个榜样。”

没过多久，赵襄子外出，豫让藏在他要经过的桥下。赵襄子走到桥上，马突然惊跳起来，赵襄子说：“一定是豫让想刺杀我。”于是派人搜查，发现果然是豫让。赵襄子责备豫让说：“你以前不也侍奉过其他人吗？是智伯杀了他们。现在智伯死了，你为什么单要替他报仇？”豫让回答说：“只有智伯用对待国士的方式来对待我，把我当成栋梁，我也要用这样的方式回报他。”赵襄子听完流下了眼泪，说：“你为智伯已经尽忠尽力了，而我对你也已仁至义尽，我不能再放走你了。”豫让说：“从前你宽恕了我，天下人都记住了你的美德。但今天我肯定会死，我只有一个要求，我希望能够得到你的衣服，用剑刺几下，以表示替智伯报仇的意愿。这样即使死了也不觉得遗憾了。”赵襄子为豫让的话所感动，便让人把自己的衣服给豫让，豫让拔出宝剑多次跳起来，将衣服刺穿，然后说："我可以报答地下的智伯了。"说完便拔剑自杀。这也发展出一个典故"斩衣三跃"。很多人知道这件事后，都流下了同情的眼泪。

豫让的确是一名刺客，但他更是一名有勇有谋、忠心耿耿的侠客，司马迁为他立传，是对这种侠义精神的肯定，也让豫让的名字一直流传至今。

三、聂政刺杀侠累

聂政出身于战国时期的韩国，是一位侠客。他在韩国杀了人，为了躲避仇家，与母亲、姐姐一起逃到了齐国，安顿下来。

很久以后，韩国的严仲子因与丞相侠累争权失败而逃到了齐国。严仲子怕侠累追杀自己，便到处寻访可以杀掉侠累的人。这时有个齐国人向他推荐了聂政，极力称赞他的勇敢。

于是，严仲子数次到聂政家拜访，还备了好酒好菜，亲自向聂政的母亲敬酒。酒酣（hān）之际，严仲子拿出很多黄金为聂政的母亲祝寿，聂政不愿收下。严仲子把聂政拉到一旁，对他说："为了寻找能为我报仇的人，我游历各国多年。到了齐国后，我发现你非常讲义气，我只是想跟你交个朋友，并没有别的企图。"聂政听完，虽然有感于严仲子的恩德，但还是拒绝了他："我隐藏在屠夫中，就是希望能奉养老母亲，母亲还在世，我不能用生命来报答别人的恩惠。”

过了几年，聂政的母亲去世了。安葬完母亲，服完丧期后，聂政回想起严仲子身居高位，还来与自己结交，而自己却将他拒之于千里之外，非常不厚道，于是决定去帮严仲子杀侠累。他告知严仲子后，便独自一人前往韩国。

聂政带着宝剑来到韩国，此时侠累正安坐在自己的府中办公，身边尽是手持兵器的侍卫。聂政闯入府中，以迅雷不及掩耳之势，三两步迈上台阶，冲到侠累面前，一剑将他杀死了。侠累的手下这才反应过来，乱哄哄地冲上来。只见聂政大喊一声，又击杀了数十个想要抓他的人。但为了不连累别人，聂政选择自毁容貌，接着自杀身亡。

四、与众不同的荆轲

荆轲本来是卫国人，并不是燕国人，他辗转到了燕国后认识了两个人，一个是杀狗的屠夫，另外一个是善于击筑的高渐离。筑是一种乐器，高渐离是一个非常厉害的乐师。荆轲特别喜欢喝酒，每天都与屠夫、高渐离在燕国的街市上喝酒，喝到半醉后，高渐离击筑，荆轲就在街市上唱歌，他们彼此附和，都感到非常快乐。可是，过了一会儿，他们又旁若无人地哭了起来。他们哭是希望自己能够有所作为，但是时代一直没有给他们机会。

荆轲虽然爱同酒徒们打交道，但他为人沉着含蓄，最大的特点就是爱好读书，他每次游历一个国家，都会与一些非常贤德、有学问的人结交。荆轲到了燕国后，去拜访了一个很厉害的人，名叫田光。田光很客气地接待了荆轲，他也知道荆轲不是一个平凡的人。这时燕国发生了一件大事，在秦国做人质的燕太子丹从秦国逃回了燕国。燕太子丹逃回燕国是因为与他从小一起长大的嬴政当上秦王后，对他不再友好。但那时，人质逃出来就意味着两个国家从此结仇。燕太子丹也知道会有这种结果，他认为秦燕两国既然已经结仇，不如想方设法报复秦王，但是燕国太小，力量不够，所以太子丹没有成功。

后来秦国出兵，开始攻打各个诸侯国，战国七雄中的韩国和赵国都被秦国收服了。眼看秦国即将攻打燕国，燕国的大臣们都特别害怕。燕太子丹也忧心忡忡，于是请教他的老师鞠武该如何是好，鞠武说："秦国的土地已经遍及天下，威胁着很多国家，要从长计议。"这时，秦国有位叫樊於期的将军得罪秦王，逃到了燕国，燕太子丹收留了他，还给他提供了居住的地方。鞠武知道后说："您不可以这样做，秦王一直不满意我们燕国，我们已经够心惊胆战的了。如果他听说樊於期将军被留在了燕国，那就等于把肉放在老虎经过的路上，祸患一定会到来，到那时，就算有管仲、晏子那样的人，也不能替我们想出解决问题的办法。"接着他又对太子丹说："您赶快将他送去匈奴那里，这样秦王就没有理由攻打燕国了。"这时燕太子丹说："绝对不能这么做，樊将军在天下都找不到容身的地方，既然投靠到我这里，我就不能因为秦国的强大和自身安危，牺牲我所同情怜惜的朋友。"

鞠武听后说："做了危险的事却想求平安，制造祸患了反而求幸福，为了一个朋友不顾国家的安危，就相当于把羽毛放在炉火上烧，非常危险。"

接着鞠武又说："燕国有一个叫田光的先生，他为人智虑深远，并且勇敢沉着。既然你非要留樊於期将军在这儿，那就与他商量该怎么办吧。"燕太子丹说："太好了，那我去找他商量这件事。"燕太子丹找到了田光，之后就发生了历史上赫赫有名的"荆轲刺秦"事件。

五、燕太子丹和荆轲的惊天谋划

在鞠武的引荐下，燕太子丹与田光见面，他对田光说："燕国和秦国势不两立，我们该怎么做？"田光回答说："千里马在壮年的时候一天能跑千里，但是它老了后什么马都比它跑得快。您听闻的是那个壮年时的田光，但我现在已经老了，精神不继。我可以给您推荐一个人，他叫荆轲，他可以为您出谋划策。"燕太子丹听后说："好，我希望能够跟荆轲结交。"接着又说："我对您说的都是国家大事，希望您别泄露秘密。"

二人分开后，田光立即找到了荆轲，对他说："我跟您非常要好，这件事燕国人都知道，燕太子丹也听说了，因此我将您推荐给了他。但他对我说和我探讨的是国家大事，希望我不要泄露秘密，这说明他已不再信任我了，为了不让他怀疑，请您告诉他我已经死了。”荆轲离开后，田光就自杀了。荆轲见到燕太子丹后，转达了田光的话，燕太子丹听后立即流着眼泪跪拜下来。

燕太子丹开始和荆轲谋划，他说：“如今燕国非常弱小，秦国非常强大，燕国遭受了好几次战争的祸乱，如今即使把全国的兵力都拿出来也打不过秦国。现在很多诸侯国都已向秦国投降，不敢再联合抗秦了。但以我个人的看法，只要能物色到天下的勇士到秦国去，用重金来诱惑秦王。秦王贪心，在这种情形下，一定可以达到劫持他的目的。如果能够劫持秦王，使他归还诸侯国被侵占的全部土地，那就太好了；如果不能成功劫持秦王，就刺杀他。秦国大将领兵在外，国内发生这样的大事，群臣之间便会互相猜疑，借这个机会诸侯就可以联合起来，这样一定可以把秦国消灭掉。破秦是我最大的愿望，但我不知道委托哪位勇士去才行，请您帮我留意一下。”荆轲听后思考了很久，说：“这是国家大事，我没有那么大的本事，不能去。”

燕太子丹立即上前跪拜在地，说：“请您去吧！”荆轲见状，知道已经没办法再推辞，只好答应。

这是一个有去无回的任务，因此燕太子丹拜荆轲为上卿，让他住上好的客馆，每天都奉上美酒和美食，但是过了很久，荆轲依旧没有出发的意思。燕太子丹觉得很奇怪，就对荆轲说：“秦军很快就要渡过易水了，我想永远好吃好喝地伺候您，但是办不到了。”荆轲听后说：“您不用给我讲这番话，其实我早就已经想拜见您了，要想完成刺杀秦王的目的，我需要几件东西。第一件是樊将军的头颅，因为樊将军得罪了秦王，秦王花重金悬赏他的头颅；第二件是燕国督亢的地图，如果拿着地图，对秦王说把这土地献给他，秦王肯定觉得非常不错。”燕太子丹说：“樊将军在最困难的情况下来投靠我，我不能伤了这位长者的心，您再替我想别的办法吧。”

荆轲知道燕太子丹不忍心，于是就找到樊将军说：“秦国对待将军实在是太狠毒了，您的家人都被他杀了，现在他还花重金要您的头，您准备怎么样？”

樊於期说：“我没有任何办法，仅凭一己之力怎么能对抗强秦呢？”荆轲说：“我有办法，只需要你的头颅，我就可以接近秦王，然后刺杀他。”樊於期听后立即拿刀自刎。

这样荆轲就拥有了第一件可以接近秦王的秘密武器——樊於期的头颅，之后他也拿到了督亢的地图，紧接着又拿到了天下最锋利的短剑——赵国徐夫人的匕首。他让工匠将毒药涂抹在匕首上，试了一下毒性。他发现只要用匕首把皮肤划破，流出一丝血，对方就立刻会死掉。准备就绪后，荆轲即将启程。

六、刺秦失败，荆轲身亡

荆轲出发时带了一个助手，是十三岁的秦舞阳。以现在的眼光来看，十三岁，还是一个孩子，但那时的秦舞阳已经杀过人，别人都不敢正视他。虽然荆轲已经有了一个助手，但他还在等待另外一个朋友，可是等了很久，那个人一直没来。燕太子丹等得着急了，就问荆轲："你是不是改变主意，不想去刺杀秦王了？时间已经很紧迫了，如果你不想去，我就派秦舞阳一个人去。"荆轲说他要去，然后就立即出发了。荆轲出发时，燕太子丹和他的宾客们都穿着白衣、戴着白帽来送行。荆轲临走时唱了一句："风萧萧兮易水寒，壮士一去兮不复还。"意思是风声萧萧，易水凄寒，壮士这一去就不再回来了。

荆轲上车后一直没有回头。等到了秦国后，荆轲用重金贿赂了秦王的宠臣，宠臣在秦王面前为荆轲说了很多好话。他说："荆轲拿着人头和地图来了，您可以召见他。"秦王听后便在大厅里穿上朝服，摆上九宾大礼，在咸阳宫召见了燕国的使者。于是，荆轲捧着装有樊於期头颅（lú）的匣（xiá）子，秦舞阳捧着装地图的匣子，一前一后进了宫。刚到台阶前，秦舞阳就变了脸色，因为这个场面过于宏大，他害怕了。秦国君臣对此感到十分好奇，这时荆轲回头对秦舞阳笑了笑，说："我们都是从北方来的蛮夷，没见过天子，所以这个孩子非常害怕。"秦王于是让秦舞阳把地图给荆轲，荆轲取了地图呈上前去。在秦王打开地图到最后时，匕首出现了，这就是"图穷匕见"这一成语的来源，现在用来比喻事情发展到最后，真相或本意显露了出来。荆轲立即用左手握住秦王的衣袖，右手拿起匕首来刺秦王，但却没有刺到秦王的身上。秦王惊吓过度，立即跳了起来，连衣袖都扯断了。秦王想拔剑，不过剑特别长，剑身插得特别紧，拔不出来。

这时，荆轲追秦王，秦王绕柱跑。群臣们都非常惊讶，因为这个事情发生得太突然了，太出人意料了。而且按照秦国的法律，群臣在殿里不能带任何武器，担任侍卫的郎中们带着兵器站在殿下，没有命令不准上殿。现在正值紧急时刻，没人能传达命令，因此荆轲才能在后面追秦王。秦王没什么武器可以对付荆轲，只能举起手来防范。但双手怎么能抵抗荆轲的匕首呢？这时，秦王的医官拿起他的药囊扔向了荆轲，荆轲躲开时被分散了注意力，秦王的左右群臣便说："大王把剑拿起来。"秦王这才想起拿剑，他拔出剑去杀荆轲。宝剑非常锋利，秦王用它砍断了荆轲的左腿，荆轲就动不了了，只能举起匕首掷向秦王，但没有打中，打到了柱子上。秦王见状再次用剑击杀荆轲，荆轲身上有八处地方受了重伤。此刻，荆轲知道事情已经失败，自己没有武器，还受了重伤动不了，于是倚着柱子笑，蹲坐在那里大声骂道："刺杀你不能成功，只是因为想活捉你，得到你退还诸侯土地的诺言来回报太子。"荆轲刺秦王失败的其中一个原因就是他想活捉秦王，逼秦王签订协议。这时秦王左右的人已经进来，拿着武器杀了荆轲。后来论功行赏时，秦王给了医官最多赏赐，有两百金。

荆轲刺秦失败后，秦王大怒，便派军队攻打燕国，燕王非常害怕，问秦王："你要干什么？"秦王回答说："你儿子要杀我。"燕王居然把儿子燕太子丹杀了，给秦王赔罪。人们都为荆轲感到惋惜，因为他没有成功，但是在惋惜之余，又觉得也许正是因为刺杀没成功，才有了后面大一统的秦朝的出现。

在《刺客列传》中，司马迁用了大量篇幅记载了荆轲刺秦的故事，把荆轲临危不惧、镇定自若、大义凛（lǐn）然、视死如归的形象表现得淋漓尽致。

知识加油站

1. 专诸是谁举荐给吴王阖闾的?

伍子胥。

2. 专诸刺杀吴王僚的时候将匕首藏在了哪里?

鱼腹中。

3. 荆轲是哪国人?

卫国人。

4. 荆轲在燕国有一个擅长音乐的好朋友是谁?

高渐离。

5. 荆轲带了哪三样东西刺杀秦王?

督亢的地图、樊於期的头颅和徐夫人的匕首。

6. 荆轲刺秦时与他同行的人是谁?

秦舞阳。

7. 豫让谋杀赵襄子没有成功，拔剑跳着刺穿他的衣服，以表示为主人复仇，是什么典故?

斩衣三跃。

成语收藏夹

1. 指故意改变自己的容貌、声音，使人不能认出自己，是什么成语?

漆身吞炭。

2. 比喻事情发展到最后，真相或本意显露了出来。这是什么成语?

图穷匕见。

李斯列传：机关算尽却死于非命

一、“老鼠哲学”的实践者

李斯并不是秦国人，而是战国末期楚国人，但他在秦朝做官，是秦国的政治家。李斯年轻时曾经做过掌管文书的小官。战国时期竞争激烈，李斯也想干一番大事业。司马迁曾在《李斯列传》中记载，有一次，李斯看到厕所里的老鼠遇到人或狗到厕所时，就会跑掉，而米仓里又肥又大的老鼠与厕所里又瘦又小的老鼠不一样，即使看到了人也还在优哉游哉地吃粮仓里的粮食，没有因人或狗带来的威胁而惊恐。于是他发出了感慨：“一个人有没有出息，就如同老鼠一样，是由自己所在的环境决定的。”他觉得对一个人来说，环境最重要。意识到这件事后，李斯就辞官了，拜荀子为师。荀子的思想很接近法家的主张，它也是研究治理国家的学问，即帝王之术。李斯学成后，对各国情况进行了分析和比较，他发现秦国是“大粮仓”，就决定去秦国发展。

李斯到了秦国后，很快就得到秦国宰相吕不韦的器重，当上了秦国的小官，从而有了接近秦王的机会。一次，李斯对秦王说：“想干成大事，就得抓住机会。过去秦穆公虽然很强大，但没能完成统一大业，这是因为时机不成熟。自从秦孝公以来，周天子势力衰微，各路诸侯连年征战，而现在秦国力量非常强大。我们想要消灭六国，就如同掸（dǎn）掉灶台上的灰尘一样简单，现在正是统一天下、完成帝业的最好时机，您不能错过。”秦王听取了他的建议，他也因此得到了秦王的赏识。之后李斯劝秦王派人拿着重金去各国收买、贿赂、离间六国的君臣，果然起到了效果。李斯的建议成功后，他被提拔为客卿，官职更高了。

正当秦王下决心统一六国时，韩国害怕被秦国灭掉，于是派曾在韩国管理水利的郑国到秦国鼓动秦国人修水渠。郑国告诉秦国人：“如果修水渠，你们就能有更多良田。”但这并不是让秦国修水渠的真实目的，真实目的在于削弱秦国的兵力。秦国一旦开始修水渠，就会投入大量的人力和物力，这样就会消耗秦国的兵力。后来，郑国修渠的目的暴露了。这时，其他各国的间谍也纷纷到秦国做宾客，秦王手下的大臣对于外来的客卿意见很大，就劝说秦王：“这些人大多是为他们自己国家的利益而来，我们需要把他们赶走。”李斯也不是秦国人，所以也在被驱逐之列。于是李斯给秦王写了一封信，劝秦王不要逐客，这就是著名的《谏逐客书》。

李斯在《谏逐客书》中对秦王说：“我听说群臣都在议论您

逐客的事，这样做是错误的。秦国之所以强大，是因为任用了来自各国的人才，现在让这些人回到各自的国家，就是在削减秦国的力量，秦国以后也不可能强大了。”秦王再一次听取了李斯的建议，取消了逐客令，李斯仍然受到重用，被封为廷尉。

二、秦始皇背后的李斯

在李斯的帮助下，秦始皇终于建立了大秦王朝。但在建立秦朝之前，还发生了很多有意思的事情，比如韩非被杀。韩非和李斯是同学，二人都拜荀子为老师。韩非虽然口吃，但是很有文采。李斯曾经向秦王嬴政建议，先灭韩国，再消灭其他五国。历史上称，李斯害怕秦王重用韩非，所以才跟秦王说韩非的坏话。秦王非常欣赏李斯，听了李斯的话后就将韩非打入了大牢。根据秦国法律规定，囚犯没有向君王上书申辩的权利。韩非最终在监狱中吃了李斯送来的毒药，被毒死了。这是韩非之死的第一种说法，这种解释是对李斯的否定。

关于韩非之死的另外一种说法是，李斯一直想让韩非留在秦国。秦灭掉韩国后，李斯再次被重用，但韩非对帝王之术和统治之术分析得特别透彻，秦王嬴政恐惧他的才华，加上韩非的一些想法并不利于秦国的发展，秦王认为必须将他杀掉。李斯曾经写过一些文字想帮助韩非逃出秦王的魔爪，但最终没有成功，李斯万般无奈，只得听从秦王的命令，给韩非下毒，韩非最后中毒而亡。关于韩非与李斯之间的关系，历史上还有很多争议。

李斯可以说是秦朝的大功臣，是他劝说秦始皇推广郡县制。周朝实行的是分封制，周王把自己的子弟们分封到不同的地方。随着时间的流逝，周王和子弟们的关系都疏远了，将对方视为仇敌，经常发生战争。即使周天子命令他们休战，他们也不理会。秦王引以为鉴，认为天下已统一，不能再像周朝一样分封诸侯国，那样中央的安全没有保障，不利于国家统一。于是他采取了李斯的建议，实行中央集权制，在地方实行郡县制。郡县制铲除了诸侯国分裂割据的根源，对于巩固国家统一、促进社会发展起到了积极作用。这种制度在秦朝以后的封建社会里沿用了两千多年。秦朝郡县制的具体做法是将全国分为三十六郡，郡以下为县。郡县制与分封制相比是一个巨大的进步，它稳固了中央集权，使权力都收拢到了秦始皇一个人的手里，有利于国家统一。

李斯对于秦朝的第二个贡献是统一文字。公元前221年，秦始皇接受李斯“书同文”的建议。因为当时每个国家都有自己的官方文字，文字不统一，导致有的地方官员和百姓看不懂秦始皇颁布的命令。因此，李斯等人遵照秦始皇的命令，将秦朝篆作为统一字体，也就是现在人们所说的小篆。

除此之外，在经济上李斯也做了很多努力。秦朝统一后，度量衡的使用也出现了问题，每个国家的度量单位都不同。为了秦国经济的发展，李斯对度量衡进行了改革，将重量单位和长度单位都进行了统一。李斯还统一了货币，当时不同国家都有自己的货币，有的国家用金，有的国家用银，有的国家用铜钱，完全不一样。面对这种情况，李斯规定铸造货币的权力只能归国家所有，并将秦半两作为全国通用货币。李斯的举动被认为是经济史上的一个创举。他设计的半两钱非常有趣，外圆内方，中间有方孔，可以用绳子穿起来。由于钱币外面是圆的，放到兜里不会把兜磨坏，携带方便。这个设计非常合理，一直使用到清朝末年。

除了统一文字、度量衡和货币，李斯还修建了驰道，做到了“车同轨”。驰道宽五十步，道旁每隔三丈种松树一棵。后来李斯又修建了直道，驰道和直道的修筑相当于修建了一个四通八达的公路网，将全国联系起来，大大节省了运输时间。同时李斯还规定车轨的统一宽度为六尺，这样做是因为秦朝没有马路，路面上会留有车辙的痕迹。每个车的车轮之间距离不一样，导致车行驶的速度不同。如果车的间距相同，所有的车都按照一个车辙走，可以使车的行驶速度更快。

李斯一生的绝大部分时间都在实践法家思想，他受到秦始皇嬴政的重用后，以卓越的政治才能和远见辅佐秦始皇完成统一六国的大业，顺应了历史发展的趋势。

三、李斯机关算尽，却死于非命

公元前210年的冬天，秦始皇出游，李斯陪同前往。秦始皇有二十多个儿子，其中小儿子胡亥最受宠爱，因此胡亥跟随秦始皇一起出行。但走到沙丘宫（今河北广宗）时，秦始皇生病了，此时他并没有确立太子，也没有皇后。由于秦始皇非常讨厌谈论死，因此在他生前没有人敢谈论秦王死后的安排。现在他病得非常严重，才意识到必须得考虑确立接班人。秦始皇命身边掌管玉玺的赵高写诏书给长子扶苏，让扶苏回来处理他的丧事，将他的灵柩送到咸阳安葬。这句话意味着秦始皇要把皇位传给扶苏，但诏书写好后，赵高却将它藏了起来，没有让使者送出。

写完诏书后，秦始皇在沙丘驾崩。李斯考虑到皇帝在都城外去世，怕各位皇子和天下发生变故，决定秘不发丧。对外宣称秦始皇还坐在车里，又摆上一石鲍鱼遮住秦始皇尸体的味道，以此蒙蔽左右，当时知道秦始皇去世的人只有五六个。

胡亥非常信任赵高，赵高又非常怨恨辅佐扶苏的蒙氏兄弟，便劝胡亥说："您应该伪造一份遗诏，杀掉扶苏，自己当皇帝。"胡亥同意了赵高的提议，这时赵高又说："这件事如果没有丞相帮忙，也不能成功。"于是胡亥召见了李斯，李斯听后当然不同意。但赵高说："在才能、谋略、功勋、取信天下和获得扶苏信任这几方面来说，您能比得上蒙恬吗？如果您比不上他，那么当扶苏坐上了皇帝的位置后，您就不能再做宰相了，如果您同意立胡亥为君王，肯定还能继续做宰相。"李斯认为赵高说得非常有道理，就与他一起谋划，对外宣称他们接受了皇帝的遗诏，立胡亥为太子。同时，他们写了一个假的诏书给扶苏，上面说扶苏多年来不能开辟疆土、建功立业，却让大量士兵死亡，皇帝赐他自杀。

扶苏接到诏书后非常伤心，他知道父亲已死，于是打算按假诏书所言自杀。这时扶苏身边的大将军蒙恬说："陛下在外地还没有确立谁是太子，您是边关的监军，有督战的重任。现在仅仅来了一个使者，您就自杀，万一有诈怎么办？我们应该核实一下。"在核实时，使者说："这是皇帝的命令，您赶紧自行了断吧。"扶苏听后对蒙恬说："父亲让儿子死，哪还需要再请示查实呢？"随即自杀。

胡亥登基后，开展了血腥的清洗，他的兄弟姐妹全部成了牺牲品。这种恐怖气氛扩散到了秦帝国的每个角落。公元前209年，以陈胜、吴广为代表的农民起义开始席卷全国，秦朝风雨飘摇，两年后就灭亡了。秦朝灭亡前，李斯发现秦二世天天与宫女寻欢作乐，不管起义之事，想劝谏皇帝，但又有些害怕，最后被赵高抓住机会陷害，被秦二世胡亥投进了监狱。

李斯在狱中多次上书，但都被赵高扣留了，赵高还给他扣了一个谋反的罪名，对他进行刑讯逼供，李斯被屈打成招。最后，李斯与他的二儿子一起上了刑场。临刑前李斯对二儿子说："吾欲与若复牵黄犬，俱出上蔡东门逐狡兔，岂可得乎？"意思是，我想和你再牵着黄狗一同去上蔡东门打猎，追逐狡猾的兔子，但是又怎么可能实现呢？说完二人相拥而泣。最终李斯被杀，还被灭了三族，这就是"黄犬叹"的典故，后用来比喻在官场蒙冤。李斯满腹经纶，但是因为行为不端、心术不正，最终导致了自己整个家族的悲惨结局。

知识加油站

1. 李斯是哪国人？

楚国。

2. 李斯的老师是谁？

荀子。

3. 秦始皇一统天下，李斯提出的文字改革建议是什么？

书同文，全国统一使用小篆。

4. 在经济上，李斯给秦始皇的建议是什么？

统一度量衡、统一货币。

5. 秦国规定车辆上两个轮子的距离一律改为六尺，使车轮的距离相同，方便全国各地的车辆来往，这叫什么？

车同轨。

6. 在沙丘之变中，李斯与赵高拥立谁做了皇帝？

秦二世胡亥。

7. 感慨不能再牵黄犬出猎，后用来比喻在官场蒙冤。这是什么典故？

黄犬叹。

读客®文化

从小读《史记》，长大成大器 ⑤

（全5册）

王金鑫　编著

江苏凤凰文艺出版社
JIANGSU PHOENIX LITERATURE AND ART PUBLISHING

猪肉
韩信
胯下之辱

韩信

韩信背水一战

桃李不言，下自成蹊

扁鹊
您生病了！

齐桓侯
我没病。
扁鹊见齐桓侯

董仲舒

董仲舒目不窥园

西门豹

河伯娶妻

目 录

张耳、陈馀（yú）列传：从同生共死到你死我活

一、张耳和陈馀的刎颈（jǐng）之交

张耳是魏国人，他曾做过信陵君魏无忌的门客。他年轻的时候很穷，但他认识了一个富豪，这个富豪非常欣赏他的才干，于是将自己的女儿嫁给了他。张耳得到岳父财力上的支持后，广交天下有识之士，名气越来越大，据说还当上了县令。古时的县令相当于现在的县长。

陈馀也是魏国人，他爱好儒家学说，爱读书，曾经多次到赵国，也有一个有钱人将自己的女儿嫁给了他，并且资助他四处游学。陈馀的年纪比张耳小，他就像对待自己的父亲一样对待张耳，两人之间的感情特别深。有一个成语叫“刎颈之交”，可以用来形容他们的情谊，指代同生死、共患难的朋友。

张耳做县令时，刘邦曾经多次来到他家里，在那儿一住就是几个月。因此，在很早的时候，张耳就与刘邦建立了很好的关系，这也为后面故事的发展埋下了伏笔。秦国灭掉魏国后，秦王知道张耳和陈馀是魏国的名士，想要抓住二人，于是悬赏千金抓张耳，悬赏五百金抓陈馀。两个人为了躲避追捕，只能改换姓名，在一个村里隐居。村中有一个小吏，因为陈馀犯了小错拿着鞭子来打他，陈馀准备反抗时，张耳用脚踩了他一下，说："现在我们必须学会忍耐，怎么能为了一点小小的屈辱就杀了这个小吏呢？我们不能暴露自己。"陈馀认为张耳说得很对，就忍住脾气，等待时机。

不久后，机会来了。陈胜和吴广在大泽乡发动起义，他们攻打到陈地时，张耳和陈馀跑去求见陈胜。陈胜和他的手下都听说过张耳和陈馀的名声，见二人来，非常高兴，就接纳了他们。从此，二人成了陈胜的智囊团成员。这时，有人建议陈胜说："您现在已有这么多的土地和百姓，可以称王了。"于是陈胜就去请教张耳和陈馀的看法。

张耳和陈馀说："秦国灭亡别人的国家，断绝别人的后代，榨（zhà）干民力，掠（lüè）夺老百姓的钱财。将军您不畏残暴，为天下苍生起兵抗秦，是为天下人谋福祉（zhǐ）。但如果您刚到陈地就要称王，那么天下老百姓就会认为您打仗的动机不纯，觉得您是出于私心，而不是为了正义而反抗强秦。老百姓都这样想，可能会造成一些麻烦，不如我们继续向西挺进，找到并拥立六国的后代，这样我们就可以名正言顺地攻打秦国，而秦国的敌人也会越来越多，力量越来越分散。同时，拥护我们的人也会越来越多，我们的力量会越来越强大。我们不应该仅看眼前的利益，而是要考虑更长远的利益。”但是陈胜已经被胜利冲昏了头脑，听不进张耳和陈馀的话，坚持在陈地称王，又任自己的亲信武臣为主将，命张耳和陈馀辅佐他们，带兵三千向赵地出发。武臣到赵地后，向赵地的豪杰宣布：“暴秦统治的末日到了，现在陈胜已在陈地称王。天下人被秦国害得这么惨，诸位趁机反抗吧！”于是大家纷纷归顺武臣。

张耳和陈馀听说为陈胜攻打城池的很多将领因小人谗言而被陈胜杀掉，同时也怨恨陈胜不采用他们的谋略，不让他们做大将，于是他们对武臣说：“现在局势已经非常混乱了，您不如直接在赵地称王。”武臣听从了张耳和陈馀的建议，自立为赵王，但这一举动惹下了大麻烦。

二、曾经同生共死，如今反目成仇

陈胜知道武臣自立为赵王后非常愤怒，要将武臣一行人赶尽杀绝。这时陈胜的丞相房君对他说：“如果您这么做，就会增加一个和秦国一样强大的对手。武臣想要称王就由他去吧，您应该去祝贺他，同时命令武臣向西出兵攻打秦国。”陈胜觉得他说得很有道理，于是将武臣等人的家眷（juàn）接到宫中软禁了起来，同时将张耳的儿子封为成都君。武臣最后死在了手下李良的手中，因为李良被秦国人策反了，张耳和陈馀因为耳目众多，提前得到了消息，才幸免于难。

正在这时，秦军攻打到了武臣的驻地，陈馀带着几万人马在附近安营扎寨，张耳赶紧找陈馀求救。但陈馀特别害怕秦军，不敢来救。张耳知道后派人去指责陈馀，说："我们曾同甘共苦，你怎么能不救我呢？"陈馀只好派五千多人去攻击秦军，但派去的人最终全军覆没。在生死关头，各国的援军都赶来支援，可谁都不敢前进。这时，大将军项羽挺身而出，用"破釜沉舟"的勇气击败了秦军。

但因为这件事，张耳和陈馀之间有了心结。后来张耳投靠了汉王刘邦，由于刘邦与张耳二人以前关系就很好，刘邦用丰厚的待遇留下了张耳。陈馀没有投靠刘邦，被赵王封为代王，他没有回到自己的封地，而是留下来继续辅佐赵王。后来刘邦进攻项羽，邀请赵国一起发兵。陈馀说自己可以发兵，但有个条件，他要求刘邦把张耳杀掉，否则就不出兵。刘邦不忍心杀害张耳，便找了一个长得跟张耳很像的人，杀掉他之后将他的人头交给了陈馀。陈馀这才同意派兵与刘邦一起攻打楚国。但后来陈馀发现张耳的人头居然是假的，就背叛了刘邦。陈馀最终被张耳和韩信击败后杀死。张耳因为破赵有功，被封为赵王。

张耳和陈馀，从开始的刎颈之交到最后的你死我活，从同心同德到离心离德，从朋友到敌人，中间发生了太多事，能被历史记载的只有寥（liáo）寥数语，但归根结底，是他们二人的心变了。

司马迁在《史记》中感叹道："然耳、馀始居约时，相然信死，岂顾问哉？”意思是说，虽然张耳、陈馀的友谊走向了悲惨的结局，但当初两人贫贱不得志时，彼此信任，誓同生死，可是一点顾虑都没有啊！

知识加油站

1. 张耳、陈馀是战国时期哪个国家的人？

魏国。

2. 张耳最终归顺了谁？被封为什么？

张耳最终归顺了刘邦，被封为赵王。

3. 陈馀最终被谁击败？

张耳和韩信。

成语收藏夹

和张耳、陈馀有关，比喻可以同生死共患难的朋友。这是什么成语？

刎颈之交。

彭越列传：
功绩与韩信比肩的西汉开国大将

一、西汉开国大将——彭越

彭越是战国末期魏国人，是西汉王朝的开国功臣和名将，辅佐过刘邦。最初，彭越与一群渔夫一起做强盗，这时陈胜等人揭竿而起，于是便有人对彭越说：“很多豪杰都争相起义反抗秦朝，你站出来，咱们也效仿他们起义抗秦。”彭越说：“不要着急，现在两条龙刚刚开始搏斗，咱们应该静观其变。”从这句话可以看出，彭越很聪明，有战略眼光和定力。过了一年多，又有一百多人找到彭越，请彭越做他们的首领。彭越谢绝了，说：“我不愿意与你们一起。”但这些人依然坚持要彭越领导，彭越最后只能答应了。实际上，彭越并非不想称王，他只是在考察大家是不是死心塌地地认可自己。

于是，一行人约好，次日太阳升起时集合，迟到的人要被杀头。但第二天太阳出来时，有十几个人迟到，最后一个人中午才来到约定地点。看到这种情况，彭越很抱歉地对大家说："我老了，你们却执意让我当首领，我只能答应。我们约定好了时间，还是有很多人迟到，我不能将迟到的人都杀了，只能杀掉最后来的人，以此来证明我的决心。"投奔彭越的人都笑着说："何至于此？以后别再迟到就行了！"但彭越还是将最后来的人杀了，以此警示所有人要听他的话，他的话就是军法。这些人都非常震惊、害怕，没人敢抬起头看他。此后，彭越带领这些人开始夺取土地，收编逃散的士兵，他们的队伍很快就壮大到了一千多人。

秦末时，天下大乱，局势变得很混乱。公元前205年春，刘邦和各路诸侯开始攻打楚国。此时，彭越已经带着三万人的部队归顺了刘邦。彭越在战场上非常厉害，打得敌人闻风丧胆。因此，刘邦决定任命彭越做魏国的国相，让他独揽兵权，这表示当时刘邦已经非常信任彭越了。与此同时，楚汉之争进入了胶着的状态。公元前204年，彭越经常替汉王刘邦出兵打游击战，扰乱楚军。他不与项羽的部队正面对抗，而是通过切断楚军运粮道路等方式骚扰楚军，以此削弱楚国的力量。在楚汉战争中，正是由于彭越率领部队在楚军后方打游击战，切断楚军的补给，用敌进我退、敌退我追的战术，使得项羽两面作战，疲于应对，让楚军的粮食和装备得不到补给，才给了前线汉军获胜的机会。刘邦最终能夺取天下，离不开彭越军队的支持。

二、位高权重，家族被诛

彭越的确是一个非常聪明的人，他审时度势，在最合适的时间、地点和时机出手。但是再聪明的人也会犯错误，而彭越犯下的错误，让他赔上了自己的性命。

彭越最终的命运非常悲惨。刘邦与项羽之间发生了很多次战争，虽然刘邦取得了最终胜利，但这期间仍有失败。有一次，刘邦失败后，派使者通知彭越与他一起攻打楚军。然而彭越却回答说："魏国刚刚平定，我担心楚军会袭击，我不能离开。"刘邦知道后非常生气地说："他不来帮我打仗，该怎么办？"这时张良说："彭越立下了赫赫战功，但您只让他做了魏国的国相，国相和国君可是不一样的。如果您封彭越为魏国国君，相信他一定会在战争中奋勇杀敌。"刘邦听后便又派使者到彭越的驻地，按照张良的建议将彭越封王。接到消息后，彭越立即带着全部人马在垓下与刘邦的军队会师。最后，在垓下战役中，项羽自刎而死。同年春天，刘邦封彭越为梁王。公元前201年，彭越来到陈地朝见刘邦。

公元前197年秋，陈豨在代地造反。刘邦得到消息后亲自带兵去讨伐。刘邦到达邯郸后，向彭越征兵，但彭越以身体有疾为由拒绝了刘邦的要求，只派了将领带着军队去了邯郸。

这个举动让刘邦很生气，于是派人去责备彭越。彭越非常害怕，打算亲自前去谢罪。但是他的手下却说："大王，您当初不去，现在被责备了才去。如果您现在去，就会被抓，不如就此起兵造反。”但彭越没有采纳手下的建议。就在这时，一个彭越想要杀掉的手下逃到了刘邦面前，告诉刘邦说：“彭越要造反。”刘邦知道后就派使臣出其不意地袭击了彭越，将他囚禁在洛阳。经过官吏的审理，证实彭越的确有谋反的罪证，但刘邦没有杀他，而是赦免了他，将他贬为平民百姓，流放到了荒凉之地。

在流放的路上，彭越遇到了从长安赶往洛阳的吕后，便对吕后说：“我没有犯罪，怎么能将我流放呢？我希望能够回到我的故乡。”吕后答应了他的请求，并与他一起向东去了洛阳。吕后见到刘邦后说：“彭越是豪壮而勇敢的人，如果你把他流放了，会给自己留下话柄。但彭越非常有才能，将他留在哪里都不行，都会形成祸患，不如把他杀掉，因此我把他带回来了。”最后，吕后派彭越的门客诬告他谋反，刘邦便将彭越杀了，还灭了他的家族，废除了他的封国。

有人认为彭越是死在了吕后的手中，但其实彭越的死，根本原因在他自己，加上刘邦一心想为自己的子孙营造没有威胁的政治环境，容不下功高权重的彭越。因此，他的死既是悲哀也是无奈。

知识加油站

1. 彭越是战国末期的哪国人？

魏国。

2. 彭越在楚汉之争的时候归顺于谁？
刘邦。

3. 彭越在楚汉之争中有什么功绩？
带领军队打游击战，侵扰楚军，让项羽疲于应战。

4. 西汉建国以后彭越被封为什么王？
梁王。

黥布列传：一着（zhāo）不慎，满盘皆输

一、汉初名将——黥布

黥布原姓英。秦朝时，他还是一个布衣百姓，但年轻的时候有人替他看相，对他说："你受刑之后就会封王。"黥布到了壮年，果然因为犯法被处以黥刑。黥刑就是用墨在犯人的脸上刺上记号或文字，告诉所有人这个人犯了法，是一种很残忍的刑罚。然而受刑后，黥布却笑着说："人相我当刑而王，几是乎？"这句话的意思是，别人为我看相，说我受刑后便能称王，大概就是这个时候了吧。其他人听到他的话后，都觉得这个人疯了，因而嘲笑他。但是黥布不理会别人的嘲笑，只是觉得自己的机会终于来了。

黥布受黥刑时，正逢陈胜、吴广起兵。黥布受黥刑后，就去投靠了响应起义的鄱（pó）阳县令吴芮，吴芮将自己的女儿嫁给了他，这也从侧面证明黥布能力很强，得人认可。此刻，黥布已手握一支有数千名士兵的军队。秦军将领章邯消灭陈胜的部队后，黥布带这些人一起投靠了项梁。这时，楚军四处告捷，战无不胜，很多诸侯王都选择投奔楚军。

项羽分封诸侯时，将黥布分封为九江王。公元前205年，齐王田荣背叛了项羽，项羽开始征兵讨伐齐王。项羽征兵的对象之一就是黥布，但黥布以自己身体不舒服为由拒绝了项羽的要求，只派了几千人支援项羽。之后，汉王在彭城击败项羽，黥布仍然以生病为托词拒绝出兵支援，项羽非常生气，多次派人当面责备他，并且召他面见自己。项羽的愤怒令黥布更加害怕，不敢前去。二人的关系被刘邦知道后，刘邦觉得这是让黥布为自己所用的好机会，就趁机用计劝说黥布叛楚归汉。在项羽派使者来到黥布的驻地后，刘邦也派出了自己的使者，先一步说服了黥布。项羽的使者到达后问黥布："为什么还不派兵支援楚王？"刘邦的使者替他回答说："九江王已经向汉王投降了，怎么能去救楚王呢？"黥布没想到刘邦的使者直接说出来了，大吃一惊。项羽的使者听完后想要离开，刘邦的使者立刻劝黥布干脆将项羽的使者杀掉，然后起兵反楚。黥布于是杀了项羽的使者，同时起兵攻楚，投靠刘邦。

黥布到达刘邦的驻地后，发现刘邦正坐在床上洗脚，黥布一看，刘邦就这样召见自己，完全不尊重他，感到非常愤怒，便决定自杀。但回到刘邦为他准备的住处时，他又发现自己住的帐篷、使用的器物和吃的食物都与汉王刘邦的一模一样，于是非常高兴，又留了下来。

公元前203年7月，黥布被封为淮南王。刘邦命他和自己一起去攻打项羽。对黥布来说，投靠刘邦是人生的重大转机，这个转机是好，也是坏。

二、一着不慎，满盘皆输

公元前196年，刘邦杀了淮阴侯韩信，黥布知道消息后非常害怕，怕刘邦把自己也杀了。同年夏天，刘邦又杀了梁王彭越，以此震慑诸侯。淮南王黥布非常惊恐，便派手下聚合军队，让所有人保持警惕，做好保护自己的准备。

但这时，黥布与一个臣下发生了矛盾，这个人觉得黥布要杀他，便逃到了都城长安，上书说黥布要谋反。汉王刘邦看到后，便和相国萧何商议，萧何对刘邦说："黥布应该不会如此，我觉得可能是有人污蔑（miè）他，我们可以先将举报他的人抓起来，然后再暗中调查黥布是不是谋反了。"这时，黥布发现与自己发生矛盾的人逃跑了，他认为这个人一定会上书刘邦，他还怀疑自己排兵布阵的事情已经被刘邦知道。与此同时，他发现刘邦派人来调查自己到底有没有谋反，于是决定即刻起兵造反。

这件事传到了王宫，刘邦立即召集手下问："现在黥布造反，我们该怎么办？"很多人回答说应该立刻举兵攻击他。这时原楚国令尹站出来说："我来分析一下这件事，我们连续杀了彭越和韩信，黥布和他们二人都为国家立了很多军功，他们三个人是捆在一根绳上的蚂（mà）蚱（zhà）。您已经杀了其中的二人，黥布肯定害怕，因此他要谋反也是很正常的。如果黥布谋反，他有三种策略可以选择，分别是上等策略、中等策略和下等策略。”刘邦听了这番话后，很好奇这三种策略分别是什么。令尹便解释说：“上等策略就是黥布向东攻取吴国的地界，向西攻取楚国的地界，同时兼并齐地，然后攻下鲁地，再传命给燕、赵两地将士，让他们坚守阵地，这样做山东就会落在黥布手中；中等策略是黥布向东攻取吴地，向西攻楚地，兼并韩国的土地，接着攻取魏国的土地，占领敖仓，再堵塞成皋的关口，这样汉军也很难攻打进去；下等策略是黥布向东攻取吴地，向西攻取蔡地，把军力放在越地，黥布自己则前往长沙。”刘邦听后又问：“那你觉得他会使用哪种计谋呢？”令尹回答说：“他一定会使用下等策略，因为黥布以前是一个在骊山给秦始皇修陵墓的奴隶，他的所作所为都是为了自己的富贵，而不是为百姓谋福利，也不是为子孙后代考虑。像他这样的人想不出上等和中等策略，只能想到下等策略。”

听了令尹的一番话，刘邦决定主动攻打黥布。黥布造反时，对手下将领说：“刘邦年纪大了，已经厌倦作战，他肯定不会亲自统兵前来参战。他能用的各将领中，我只害怕淮阴侯韩信和梁王彭越，现在这两人都死了，我就没什么好怕的了。”

战争开始后，将领们才发现黥布判断失误，刘邦御驾亲征了。刘邦在战场上见到黥布后问他：“你为什么要造反？”黥布回答说：“因为我想当皇帝。”说完二人开战，但由于黥布使用了楚国令尹所说的下等策略，最终战败，被刘邦所杀。

黥布虽然有军功，但经常与他人发生矛盾，最终惨死。这也启示我们，做人要平和，要与人为善。

知识加油站

1. 黥布的名字与什么有关？

黥刑。这是古代的一种刑法，指用墨在犯人脸上刺字。

2. 黥布曾被项羽封为什么王？

九江王。

3. 黥布被刘邦分封为什么王？

淮南王。

淮阴侯列传：一生没有吃过败仗的战神韩信

一、早期落魄的韩信

韩信还是平民时，家中非常贫穷，他没有受人称赞的品行，因此没有资格被推举为地方小官员，他也不会做买卖，所以他有时会在熟人家中吃闲饭，这导致很多人讨厌他。一次，韩信到淮阴郡乡里的小亭长家生活了几个月，亭长待韩信的态度还不错，但是亭长的妻子很厌烦韩信，于是她想出了一个计谋：清早就烧好饭在卧房中吃掉，到了早饭时间，韩信去餐厅吃饭时，亭长一家人早已吃完，亭长夫人也不愿再替他准备，韩信只好饿肚子。韩信明白这是亭长夫人的意思，因此非常生气，便与亭长一家断绝了关系，不再与他们来往。

后来，韩信穷得实在没办法，只能到城北的淮水边上以钓鱼为生。那时候很多富人在淮水边洗衣服，有一位洗衣服的老妈妈看到韩信饿得太可怜，就带食物给他吃。老妈妈在淮水边洗了十几天衣服，也让韩信十几天没有饿肚子。韩信非常感激地对这位老妈妈说："我以后一定要加倍报答您。"老妈妈听后却非常生气地说："我是可怜你这男子汉大丈夫不能养活自己，才给你饭吃，哪指望你有什么报答！"后来韩信功成名就，的确报答了这位老妈妈。

在淮阴，有个年轻的屠户侮辱韩信说："你看你又高又大，还喜欢佩刀，但实际上骨子里却胆小得很。"他还说："韩信，你如果不怕死，就用你的佩剑来刺我，你要是不敢，那就得从我的裤裆（dāng）下钻过去。"韩信瞪着两只眼睛盯了他半晌，之后低着头从他的裤裆底下钻了过去。整条大街上的人都讥（jī）笑韩信是胆小鬼，没骨气。"胯（kuà）下之辱"也由此成为一个成语，指代极大的侮辱。

但韩信可不是胆小鬼。项梁渡过淮水准备起义时，韩信带着被羞辱时佩带的宝剑去投奔了他，但项梁没重用韩信。后来项梁失败了，韩信又投奔了项羽，项羽任命他做了个小官。韩信给项羽提了好几次建议，都没被采纳。汉王刘邦入蜀时，韩信从楚军逃到了汉军，仍然默默无闻，只做了个接待宾客的小官。过了一段时间，韩信因为犯法被判决斩首，同案犯共十三人都被处决了。最后轮到韩信时，韩信抬起头，看到了与刘邦关系很好的夏侯婴，便对夏侯婴说："汉王不打算得天下吗？那他为什么还要杀掉壮士？"韩信说完这番话，夏侯婴觉得非常震惊，他仔细看了看韩信的相貌，觉得他不是等闲之辈，就将他放了，还与他交谈了一会儿。之后夏侯婴非常高兴地报告刘邦说，他发现了一个人才。刘邦听了夏侯婴的话后任命韩信担任管理粮饷的军需官，但刘邦还是没有发现韩信与众不同的地方。在这期间，萧何与韩信交谈了几次，他发现韩信很有才能，觉得必须得重用他，又再次将他引荐给刘邦。

二、萧何月下追韩信

韩信被萧何推荐给刘邦之前，刘邦手下不少人都偷偷跑回家了，因为蜀地太过荒凉，他们不想再跟着刘邦打天下了。这时，韩信也在刘邦军中待了一段时间，他发现在这里没有什么好机会，因此也逃跑了。萧何听说韩信逃跑后，来不及向刘邦报告，就亲自去追了。

有人看到萧何急匆匆地跑出去，就对刘邦说萧相国也逃跑了。刘邦知道后非常生气，像失去了左右手一样。隔了一两天，萧何回来叩见刘邦，刘邦见到萧何，既生气又高兴，问萧何说：“你为什么逃走？”萧何说：“我怎么敢逃走？我是去追逃走的人。”刘邦听后好奇地问：“你追的人是谁？”萧何回答说：“我追的人是韩信。”刘邦听了骂道：“那些逃跑的军官有好几十人，你都没去追，为什么偏偏要去追韩信？”萧何说：“那些军官都很平庸，容易得到，但韩信这样的人，全国上下谁也比不了。如果大王您只想在汉中一带称王，那韩信对您没用。但如果您想夺取天下当皇帝，没有韩信绝对不行。”刘邦说：“我当然想做天下的皇帝，怎么能一直屈居在此呢？”

萧何说：“那您就必须将韩信留下。”刘邦说：“那好吧，看在你的面子上，我让他做一个将军吧。”萧何说：“您只让他做一个小将军，他肯定不会留下的。”刘邦就说：“那就让他做大将吧。”萧何知道刘邦一向随意，就对他说：“大王对人一向随便且不讲礼貌，现在要拜人家做大将军，仿佛使唤个小孩一样，您这样做，韩信是不会真心实意地为您做事的。如果您真的想拜他为大将军，就要选一个良辰吉日，沐（mù）浴斋戒。还要在广场上建一个高台，准备好拜大将的仪式后，才可以拜他为大将军。”刘邦听后觉得有道理，就答应了萧何的提议。

在刘邦准备封大将军的仪式时，很多将领都非常高兴，他们都以为自己会被选中。可仪式开始，他们才发现刘邦要任命的大将军竟然是韩信，所有人都觉得非常意外。韩信接受拜将典礼后，刘邦坐下对他说：“萧相国多次称赞您的才干，请问将军有什么定国安邦的良策可以教导我吗？”韩信谦让了一下后问刘邦：“现在您是想向东发展，夺取天下，那么您的对手不就是项王吗？”刘邦回答：“是这样的。”韩信说：“大王，您自己估量一下，论士兵的勇敢、凶狠程度，装备的精良程度和兵力的强盛，您跟项王相比谁厉害？”刘邦沉默了一会儿，说：“我肯定比不过项羽。”韩信听完朝刘邦拜了两下，说：“不仅大王您自己觉得不如他，就连我也认为您真的不如他。但是我曾经在项王手下做过事，我可以跟您分析一下他的为人。一方面，项王虽然很勇武，只要一声吼，千人都被吓得胆战腿软，但他不信任别人，不会把责任交给有能力的将领。他只相信自己，因此他的勇武不过是普通人一时的血气冲动罢了。另一方面，项王表面上待人非常恭敬慈爱，说起话来柔和温顺。部下生了病，他同情病人的痛苦，甚至会为生病的部下流泪，他还把自己的食物分给他们吃。但部下有功应该被封爵位时，项王却把印好的印信留在手中，等印角都磨圆了，还舍不得给出去。他这样的行为就是不识大体，小气待人，是很难得人心的。”

根据韩信的话，可以看出他对项羽的评价非常不好。韩信还说诸侯都听项羽的话是因为项羽太强大了，而非真心臣服于他。事实上，韩信的话也有道理，在当时，无论是诸侯还是老百姓，对项羽都有不少意见，他已经逐渐失去了民心。

三、韩信功高震主

刘邦听完韩信的话后就问他：“我怎么才能够战胜项羽呢？”韩信提出了一个建议：“您之前先入关中，理应当关中王，但是项王却把关中分给了秦国的三员大将，让他们做关中三王，但三位新的关中王统治关中后，当地老百姓对他们非常有意见。现在您只要发一封文书，不用动一兵一卒，百姓们就会支持您。”

刘邦觉得韩信说得有道理，非常高兴，与他相见恨晚。从这时开始，刘邦与项羽的战斗正式打响，在楚汉相争中，韩信的确立下了很多战功。

刘邦命令韩信领兵攻打赵国时，赵王号称有二十万大军，在太行山一带对韩信带领的军队进行阻击，此时韩信方只有一万两千人，相当于赵王每二十人打韩信一个人。为了打败赵军，韩信将一万人马驻扎在河边，列了背水阵，又派两千轻骑兵潜伏在赵军军营周围。双方交战后，赵营二十万大军向河边驻扎的一万汉军杀来，汉军前临大敌，后临河水，无路可退，只能拼死奋战。这时潜伏的两千汉军士兵趁机攻入赵营，赵王遭到了前后夹击，很快被韩信打败。

这场战役结束后，有人问韩信：“背水列阵是兵家大忌，将军您明明知道，为什么还要用？”韩信笑着说：“置之死地而后生。”这句话被记载在兵书上，意思是把人置于绝望之地而没有退路时，他就可以活下来。从攻赵的战役中，可以看出韩信的确用兵如神。而这个故事，也衍生出了成语“背水一战”，指处于绝境之中，为求出路而决一死战。

韩信受封为楚王后，召见了当年给他食物的洗衣服的老妈妈，赏赐了她千金。这就是成语“一饭千金”的由来，比喻以丰厚的报酬来报答对自己有恩的人。接着韩信又找到了当年供他吃饭居住的小亭长，给了他一百钱，并对小亭长说：“你是小人，做好事有始无终。如果你让我多吃几顿饭，我也会给你千金，甚至万金。”后来他又找到曾经侮辱自己、让他从其胯下爬过的少年。这个恶少吓坏了，担心自己会被报复。但令他大吃一惊的是，韩信居然将他封为中尉（中尉在军队中是一个非常高的官职）。韩信告诉自己手下的将领说："这是一位壮士，当年他侮辱我时，我难道不能把他杀了吗？但杀了他不会令我扬名，因此我忍下了屈辱，所以才有了今天的成就。"由此可见，韩信考虑事情的角度与常人不同，但确实有他的道理。

韩信帮助刘邦打下了天下，但有一个成语叫"功高震主"。项羽兵败后，他手下逃亡的将领中有一个叫钟离眛的，他与韩信关系很好，于是就投奔了韩信。但刘邦特别恨钟离眛，听说他逃到韩信驻地时，就命令韩信将他抓起来。这时，有人对刘邦说韩信想要谋反，刘邦听进去了，决定会见诸侯，让韩信来见他。韩信知道刘邦传召诸侯后害怕了，怕自己面见刘邦后被擒，而且此时他已经有了谋反的想法，他认为自己很有本事，也想要做天子。这时有人向韩信提议："为了让刘邦对您没有猜疑之心，您应该将钟离眛杀了，提着钟离眛的人头去见他，他自然会高兴，这样一来，他就会放过您了。"韩信于是与钟离眛商量这件事。钟离眛说："刘邦之所以不攻打楚国，是因为我在你这里，我们两个人都能征善战。但如果你将我抓起来去讨好刘邦，那么我死后，你也会跟着灭亡。看来你也不是一个品德高尚的人啊！"说完这番话，钟离眛就自杀了。

韩信带着钟离眛的人头去见了刘邦，刘邦见到韩信后，立即命令手下武士把他抓了起来，关押在跟随皇帝座驾的车上。韩信说："果然像人们所说的'飞鸟尽，良弓藏，狡兔死，走狗烹'。"这句话的意思是，兔子没了，就不要需要猎狗了，鸟没了，就不需要弓了。天下已定，韩信知道自己对刘邦来说已经没有利用价值了。刘邦听后说：“有人告你谋反。”但刘邦并非嗜（shì）杀成性，到了洛阳，他就赦免了韩信。他还将韩信封为淮阴侯。至少在这时，刘邦的胸怀还算宽广。

韩信很有本事，这是事实，但有再大的本事，不摆正自己的位置，迎接他的都会是危机四伏的人生。

四、韩信被擒身亡

一天，刘邦召见韩信到宫中闲谈，想试探一下他的想法。刘邦让韩信评论朝中各个将领的才能。韩信按照要求把自己的观点一一讲明。当然朝中这些将领都不在韩信的眼中。刘邦听了笑着问他：“那依你看我能带多少人？”韩信答：“陛下能带军十万。”刘邦又问：“那你呢？”韩信说：“对我来说，当然是越多越好。”刘邦听了说：“你带兵越多越好，那为什么我只能带十万兵，你却还被我抓住了呢？”韩信知道自己说错了话，连忙掩饰说：“陛下虽然带兵不多，但您带领的都是将军。”然而刘邦心里还是很不舒服，觉得自己已经将韩信降为淮阴侯了，他还是这么狂妄。“多多益善”这个成语就是从二人的谈话中来的，用来形容东西或人越多越好。

韩信被贬成淮阴侯后，知道刘邦已畏惧他的才能，因此经常装病不参加朝会，也不与刘邦一同出行。韩信的做法导致他与刘邦之间的关系越来越差。韩信经常在家中闷闷不乐，对于自己被降职为淮阴侯一事感到非常羞耻。后来有一次，刘邦到樊哙家，找他谈心。樊哙见到刘邦后行跪拜礼说："您竟然能够光临我的家，真是我的荣幸。"韩信知道这件事后，出门对别人说："哎呀！我这辈子居然跟樊哙这种人为伍。"

我们在第二册说过，西汉有位大将叫陈豨。有一天韩信和陈豨聊天时，看到四下无人，就拉着陈豨说："您可以听听我的心声吗？有些心里话我想跟您谈一谈。"陈豨说："听您吩咐。"韩信说："您管辖的地区是天下精兵的聚集地，而您是陛下最信任的臣子。如果有人告发说您反叛，陛下一定不会信，但如果再次有人告发，陛下就会怀疑您了。假如有人告发您三次，陛下一定会亲自率兵来围剿您。到那时我会在京城做内应，天下就是我们的了。"陈豨认为韩信有雄才大略，非常信任他，于是对他说："我听您指挥。"

公元前197年，陈豨果然反叛了，刘邦亲自率兵前去围剿。韩信称病没有随行，暗中派人告诉陈豨，让他只管起兵，说自己会在都城协助他。但韩信传给陈豨的消息外泄了。吕后知道后，打算把韩信找来，但又担心他不肯来，便与萧何商量对策。最后，萧何告诉韩信说："刘邦已平叛回来，陈豨被杀，我们都要去祝贺。"韩信信以为真，就去宫中赴宴，刚到宫里，就被吕后派人抓起来了，最终在长乐宫的钟室中被杀。临死前韩信说："我后悔没有采纳蒯（kuǎi）通的计谋，竟然被吕后欺骗，难道这就是天意吗？"后来，韩信的三族都被灭了。史称"钟室之祸"，这个成语后用来指功臣遭到猜忌被杀。

刘邦平叛归来后，见韩信死了，又高兴又怜悯地问："韩信临死前说了什么话吗？"吕后说："他后悔没有采纳蒯通的计谋。"当年韩信选择到底要追随谁时，蒯通曾告诫过他不要与刘邦这些人为谋，要自己谋天下。刘邦听后说："那个人是一个说客，把他给我抓来杀掉。"见到蒯通后，刘邦问他："你为什么唆（suō）使淮阴侯反叛？"蒯通说："我的确是教过他，但他没采纳我的意见。如果他采纳了，就不会有这样的下场。"刘邦听后便要将蒯通杀掉。蒯通说："凭什么呀，我很冤枉。"刘邦好奇地问："你唆使韩信造反，有什么冤枉的呢？"蒯通说："不对，秦朝法度败坏，政权瓦解，各路诸侯纷纷起事。秦朝丢失的帝位，天下英杰都来抢夺。我当时觉得韩信有这样的才能，就鼓动他去干，但我不知道陛下您有更大的本事啊！"刘邦听了蒯通的话，赦免了他。

司马迁在《史记》中这样评价韩信："我到淮阴，淮阴人对我说：'韩信是平民百姓时，他的志向就与众不同。他的母亲去世时，家中贫困，没钱安葬母亲，可他还是到处寻找高而宽敞的坟墓，好让日后坟旁空地上可以安置万户人家。'我看了他母亲的坟后，觉得的确如此。假使韩信学会谦让，不夸耀自己的功劳，不认为自己的才能天下无双，那就好了。那样的话，他对汉朝的功勋，可以与周朝的周公相比，他也可以一直享受香火的祭祀。可惜他最终不安心于此，在天下已经安定时，竟然图谋叛乱，以致被诛灭宗族，这也是他应得的啊！"

五、关于韩信的有趣传说

历史上关于韩信的成语有很多，比如之前讲到的“背水一战”“多多益善”等。除此之外，关于韩信的有趣传说也有不少。例如，因为韩信善于用兵打仗，他被后人称为“兵仙”，被当作仙人来供奉。此外，据说象棋也与韩信有关。象棋是中国传统的棋种，它的来历说法不一，但流传最广泛的说法是，象棋是由韩信发明的。

据传屡（lǚ）建奇功的韩信被吕后诱捕入狱后，知道自己的生命快到尽头，于是想在狱中写一本兵书传给后人。不料，这件事情被吕后知道了，说他身为罪犯，不能擅自写兵书。韩信悲愤难忍，仰天长叹道：“吕后太狠心了，不但想要我的性命，连我的名字也要除掉，可惜了我一身的军事才能，无法流传下去了。”这时，一个狱卒听到了韩信的话，他跪在韩信面前说：“将您的用兵之法传给小人吧。”韩信苦笑着说：“我如果不知用兵之道，也不会落得今天的下场，就是因为我太会用兵了，才招致这样的命运，我怎么能连累你呢？”尽管狱卒再三恳求，韩信还是没有答应。

有一天，这个狱卒给韩信送饭时眼泪直打转，好像有事想要对韩信说，韩信看到狱卒的表情后说：“是不是吕后要对我下毒手了？”狱卒哭了。韩信说：“兔死狗烹，鸟尽弓藏，从古至今都如此，没什么可怕的。”说完，韩信便叫狱卒坐下，自己取了一根筷子，在地上画了个方框，又在框中画了一条界河，河中写了“楚河汉界”四个字，接着又在河两边各画了三十六个小格，画完后说："本王今年刚好三十六岁，一生助汉灭楚，屡立大功，到头来却死在吕后手里。你平时对我百般照料，今生今世我没有机会报答你了，只能将平生所学尽数传给你。"说完他让狱卒取来纸笔，将纸裁成三十二个小块，摆在方块内的界河两方，一面十六块。又在纸上写下帅、士、相等，另一面同是。摆好后，韩信边移动纸片边告诉狱卒："方框里就是千军万马的大战场，两面各代表一方的军力，用兵之道就在于主帅多谋善变，以不变应万变。"这就是象棋的来历。从那天起，韩信每天都与狱卒通过下象棋研究兵法，直到韩信被杀。

韩信被杀后，狱卒也逃走了。后来狱卒专心研究韩信传给他的兵法。他发现纸片容易烂，就将纸片换成了扁圆形的小木头，为了更好地区分两方，又将木块染成了红、黑两色。因为木块是奇（jī）数，"奇"又可以读qí，狱卒就将它变成了象棋的"棋"字。之后狱卒将棋谱传给他的儿子。后人认为棋虽然可以布阵，但不是真正的两军作战，只是一种象征，因此称它为象棋。

另一个跟韩信有关的是故事是风筝的由来。相传在垓下之战时，韩信以"十面埋伏"，将项羽的军队团团围住，为了瓦解楚军的军心，韩信派人用牛皮做风筝，在上面挂上竹笛，夜晚放到高空中，风吹着笛子发出凄凉的声音，汉军随着笛子声唱起楚国的民歌，楚军听到乡音后想念故乡，军心涣散。最后，项羽一败涂地，在乌江边自杀。这也是成语"四面楚歌"的由来。由于有这个传说，也有人认为风筝是韩信发明的，这从侧面证明了老百姓对于韩信的喜爱。

知识加油站

1. 韩信最开始是谁的手下？

项梁。

2. 韩信最终被刘邦封为什么？

淮阴侯。

3. 因为善于用兵打仗，韩信被后人称为什么？

兵仙。

4. 传说韩信发明了中国一种有趣的棋类游戏，是什么？

象棋。

5. 在垓下之战中，传说韩信发明了什么？

风筝。

成语收藏夹

1. 比喻以丰厚的报酬来报答对自己有恩的人，并且与韩信有关的成语是什么？

一饭千金。

2. 原指从别人胯下爬过的耻辱，指代极大的耻辱。这是什么成语？

胯下之辱。

3. 原指打仗的时候背靠河水列阵，后指处于绝境，为求出路而决一死战。这是什么成语？

背水一战。

4. 形容东西或人越多越好，是什么成语？

多多益善。

5. 楚汉相争，韩信屡建奇功，被封为淮阴侯，但他最后被吕后斩于长乐宫的悬钟之室，由此衍生出一个什么成语，比喻功臣遭到猜忌被杀？

钟室之祸。

樊哙、夏侯婴列传：刘邦的保镖和司机

一、舞阳侯樊哙，刘邦的保镖

樊哙是沛县人，他最初以卖狗肉为生，与刘邦关系很好。刘邦那时总去樊哙家吃肉，樊哙跟随刘邦在沛县起兵时攻下了沛邑。樊哙有一身武艺，司马迁在《史记》中介绍樊哙时列举了很多数字，都是樊哙在大大小小的战役中俘获或杀死的人数。

樊哙跟随刘邦赶赴鸿门宴时，张良说项羽要准备杀刘邦了，樊哙听到这句话后立即拿着铁盾冲进营帐。项羽的卫兵拦他，但樊哙奋不顾身，强行闯了进去，站在大帐之下。项羽看到后问他是谁。张良说："这是樊哙，是沛公的保镖，也是给沛公驾驶马车的人。"项羽说："这人是个壮士。"按照古时的规矩，如果有人闯入大王的营帐，应该立即将他拉出去，但项羽觉得樊哙是一位壮士，竟然赐酒给他喝。据说项羽赐给樊哙的酒有四升，相当于今天八瓶五百毫升的矿泉水，项羽还给了他一只生猪腿下酒。樊哙喝了酒后拔出宝剑切肉，将它们全部吃光了。项羽见状便问他还能不能再喝。樊哙说：“我连死都不怕，怎么会推辞喝酒这件小事情呢？”大家本以为樊哙只是一个粗人，但他紧接着说了一番话，让所有人都惊呆了。不过，后人无法得知这番话究竟是他自己的想法，还是出发前汉王的计谋。樊哙说：“沛公首先攻下了咸阳，命令军队露宿于坝上，等待大王您。想不到今天大王来了，却听信小人的挑拨离间，不相信沛公对您的忠诚，我怕天下会就此分崩离析，天下人猜忌并责怪大王您啊！”听完这番话，项羽被震住了。樊哙抓住了项羽的弱点。项羽是人们公认的大英雄，大英雄怎么会使用阴谋诡计呢？这让项羽无话可说。

就在这时，刘邦借口上厕所，顺势把樊哙召出。他们出了营帐后，刘邦怕所有人都骑马，会让项羽察觉，所以只有他一个人骑马，樊哙四人步行护送，从山下抄小路回去，张良则留在楚营向项羽谢罪。项羽根本没把刘邦放在眼里，认为自己杀刘邦就像碾死一只蚂蚁那样简单，随时随地都行，不用现在就杀了他。就这样，樊哙救了刘邦一命。

樊哙的确出身卑微，以屠宰为业，是一个屠户，但他深得刘邦和吕后的信任，参加了沛县起义，骁勇善战，是刘邦手下最英勇善战的猛将之一，立了很多功勋。但就是这样一位忠心耿耿的人，最后也遭到刘邦的猜疑，差点儿被刘邦杀了。

二、伴君如伴虎

樊哙与吕后的妹妹吕媭（xū）结了婚，从此与刘邦有了亲戚关系，樊哙与吕媭的儿子叫樊伉（kàng）。因此，比起其他将领，樊哙与皇室的关系更为亲近。《史记》中记载，黥布反叛时，刘邦病得非常严重，不愿看到别人，只在自己宫里待着，还命令守门的人不准让大臣进去看他。当时，周勃和灌婴等大臣都不敢进去，过了十几天，樊哙推开宫门，直接带着大臣闯了进去，进去后只见刘邦枕着太监在屋里睡觉，樊哙痛哭流涕地说："当初陛下和我们这些人起兵于沛县，平定天下时多么雄伟，如今天下平定了，您却如此疲惫。"樊哙这是在欲抑先扬：想说一个人有问题，不能直接批评他，而是要先表扬他，然后再指出他的问题。紧接着，樊哙话题一转，说："陛下病重，大臣们都很惶恐。您不肯接见臣子讨论国事，只和一个宦官独处，您难道不知道赵高的事情吗？"这句话的潜台词是，您难道要做第二个胡亥吗？刘邦听后笑了笑，就起身了。

樊哙因为自身与皇帝有亲戚关系，所以敢擅闯刘邦的宫殿，但也因为这层亲戚关系，他差点儿被杀。事情是这样的：卢绾谋反时，刘邦派樊哙去平定叛乱。而此时，刘邦已病得很重了，有人就在他面前诋毁樊哙说："樊哙是吕氏的同党，如果您驾崩了，吕后掌权，他们就会将您喜爱的戚夫人和皇子刘如意全部杀掉。"刘邦晚年时杀了很多对自己的政权和宠妃有威胁的大臣，他听了这人的话后，不管是真还是假，都非常震怒，于是派陈平、周勃去取代樊哙的将位，并且命令二人在军中将樊哙就地正法。但陈平很有心计，觉得如果自己将樊哙杀害了，而吕后还活着，一旦回去后刘邦去世，那自己也没有好下场。于是便与周勃将樊哙押回了长安，果然他们回到都城时，汉高祖刘邦已经去世了。吕后释放了樊哙，并恢复了他的爵位和封邑。

公元前189年，樊哙去世，享年五十四岁，他的儿子樊伉在他去世后，继承了他的侯位，而樊伉的母亲吕媭也被封为临光侯。吕后掌权时，吕媭行事专断，大臣都非常害怕她，樊伉继侯位九年后，吕后去世。吕后去世后，与吕后有关系的人全都被大臣抓起来清算罪过，大臣杀死了吕氏宗族和吕媭的亲属，樊哙的儿子樊伉也在这场屠杀中被杀。

太史公司马迁认为，卖狗肉的樊哙，主要是因为依附了刘邦才留名青史。事实上，司马迁对樊哙的评价很可能与他的个人喜好有关，太史公比较偏好悲情的英雄，例如韩信、李广、李陵等，这些人物都与司马迁本人有相像的地方。

通过樊哙一生的经历可以看出，领路人的作用是巨大的，但如果领路人身边都是酒囊饭袋，没有敢出头的手下，那再高明的领路人，也成就不了多大的事业。刘邦是领路人，樊哙就是刘邦手下敢为人先的人。

三、这个司机不一般

夏侯婴与樊哙一样，出身也不高，但是他立下的功劳却了不得，这使得他最终被封为汝阴侯。夏侯婴最初在沛府的马房里管养马驾车，相当于现在的司机。每当他驾车送完使者或客人返回时，都会找刘邦交谈很久，因此二人关系很好。后来夏侯婴担任了试用县吏，与刘邦更加亲密无间。一次，刘邦因为开玩笑误伤了夏侯婴，这件事被别人告发到了官府。当时刘邦身为亭长，伤了人要判重刑。但刘邦申诉说他没有伤害夏侯婴，夏侯婴也替刘邦说话，对官员说自己没事。然而，二人的说辞被官府推翻，官府还认定夏侯婴作伪证。夏侯婴因此受到了牵连，被关了一年多，并且受了好几百下鞭刑。不过，他的做法让刘邦免于刑罚，二人的关系更进一步。

不仅如此，刘邦打天下时，夏侯婴也立下了很多战功。在夏侯婴做的事情中，有两件非常重要。秦朝末年，韩信多次为项羽献计献策，但都不被项羽采纳，韩信也不被重用。因此，韩信逃到了刘邦所在的汉中，但最初也没有被重用，只被刘邦任命为管理仓库的小官，后来更因为犯法差点儿被问斩。韩信快被问斩时，看到了夏侯婴。当时的夏侯婴已是刘邦眼前的红人，韩信便对他说道："汉王不想得到天下了吗？为什么他要杀壮士？"夏侯婴听后觉得这个人说话不同凡响，又看他相貌威武，于是将他放了。这件事也说明当时夏侯婴的权力非常大。

后来，夏侯婴同韩信交谈，非常欣赏他，于是便将他推荐给了萧何。这以后才有了萧何月下追韩信，萧何将韩信推荐给刘邦，刘邦拜韩信为大将等一系列事件，可以说，没有夏侯婴，就没有“汉初三杰”的韩信。

关于夏侯婴还有一件大事。有一次，刘邦与项羽交战，刘邦战败后乘车逃跑，但车上还有后来的汉惠帝和鲁元公主，因此马车走得很慢。这时敌人快要追上了，刘邦很着急，有好几次都将自己的两个孩子踹下马车，但每次夏侯婴都会停车将他们抱回来。夏侯婴先是慢慢地赶车，等到两个孩子抱紧自己后才驾车飞奔，怕吓到孩子。刘邦见状非常生气，一路上有十多次想杀死他，但幸好，最后夏侯婴带着刘邦逃出险境，把汉惠帝和鲁元公主都平安无事地送到了目的地，刘邦也因此十分感谢夏侯婴。虽然当时刘邦想优先保住自己的性命，但毕竟孩子是自己的骨肉，能同时保住是最好的，因此刘邦给了夏侯婴很多封地和奖赏。

刘邦成为皇帝后，封夏侯婴为汝阴候，但夏侯婴始终担任“太仆”一职，也就是司机，刘邦去世后，夏侯婴仍然任汉惠帝的司机，汉惠帝为了感谢当年夏侯婴的救命之恩，还将紧靠皇宫北面的一座上等大宅赐给了他。这样来看，夏侯婴可以说是“千古第一司机”了。

知识加油站

1. 樊哙最终被封为什么？

舞阳侯。

2. 刘邦安排谁去杀樊哙？

陈平、周勃。

3. 最初发掘并举荐韩信的人是谁？

夏侯婴，他将韩信举荐给了萧何。

4. 夏侯婴最后被封为什么？

汝阴侯。

李将军列传：飞将军李广的传奇人生

一、匈奴见了就害怕的"飞将军"

在中国历史上，有这么一位想封侯，但是努力一辈子也没被封成的人，他就是李广，即《李将军列传》中的李将军。四大名著《水浒传》里有一个叫花荣的人，绰号小李广，就是从这个李广来的。李广出身武将名门，先祖是秦时名将李信。李家世世代代都是射箭高手。

公元前166年，匈奴大举进攻汉朝，李广以其高超的箭术和骑术纵横沙场，斩获了很多敌人的首级，被封为中郎将。《史记》中记载了汉文帝对他的评价："惜乎，子不遇时！如令子当高帝时，万户侯岂足道哉！"意思是说，可惜李广生不逢时，如果李广生在高祖刘邦时代，封个万户侯都算不上什么！

汉景帝时，李广被封为陇（lǒng）西都尉，跟随太尉周亚夫平定“吴楚七国之乱”，立下军功。按照惯例应该封侯，但是李广做了一件错事。因为他立了战功，梁孝王刘武把军印给了他。但是梁孝王刘武是汉景帝的弟弟，一直想接他哥的班做皇帝，汉景帝对他弟弟是有成见的。所以在汉景帝看来，李广接梁孝王给的军印，犯了皇家大忌。于是汉景帝没有给他封侯，只将他改调为上谷太守，李广就这么错过了第一次封侯的机会。

汉景帝还曾经派李广训练军队，以抗击匈奴。有一次，李广手下将官带领几十名骑兵纵马向前，路上遇到了三个匈奴兵，就想把他们全抓了。但没想到，这三个匈奴兵都会射箭，反而把将官手下几十个人全给收拾了。将官逃回营地跟李广报告。李广一听，知道这一定是匈奴的神箭手，赶紧带了一百名骑兵快马加鞭去追，很快就追上了。他命令骑兵左右散开，从两边包抄，他来亲自射杀。李广也是神箭手，最终他射死两人，活捉一人。

就在这时，李广发现远处有几千个匈奴骑兵正在赶来，而他们仅有一百来人，他的手下看到这样的阵势都吓坏了，想掉转马头立即撤退。李广说：“我们不能跑，一跑就完了。现在离大军有几十里远，如果直接撤退，匈奴骑兵很快就会追上我们。如果我们不走，他们会认为我们后面还有大军，反而不敢攻击。”他命令大家立即下马，把马鞍（ān）子卸下来，在原地待命。他手下骑兵问道：“我们面对那么多敌人，又靠得这么近，卸下了马鞍，万一有危险怎么逃命呢？”李广回答说：“那些匈奴兵以为我们会退走，现在大家都卸下马鞍表示不走，正好让他们确信我们就是诱敌的骑兵。”那群匈奴人一看这一百来人居然不动了，以为是汉军用来诱敌的陷阱，大吃一惊，立刻在山上摆开阵势。

过了一会儿，有一名骑白马的匈奴将领出阵监兵，李广骑上马，带着十几个骑兵边跑边放箭，射死了这名将领。这时天色已晚，李广重新回到阵地，卸下马鞍，就地休息。匈奴骑兵认为他们很可疑，但也不敢前来。到了后半夜，匈奴骑兵害怕起来，觉得汉军肯定有埋伏，要连夜袭击他们，就撤走了，李广也趁机撤退回营。李广的确厉害，一百来人可以赢上千人。他没有正面打，原地一站，就把匈奴吓跑了，很有“空城计”的感觉。

从此以后，匈奴人见到李广就害怕，还给了他一个美称“飞将军”，因为李广骑马速度快，行动快，而且箭法高超，射得稳、准、狠。

二、运气不太好的战场传奇

李广在战场上非常厉害，当他被敌人抓住时也能想办法逃脱。有一次，李广从雁门出击匈奴，因为面对的匈奴军太多，兵败被抓了。匈奴单于一直知道李广很有能力，就要部下活捉他。李广被抓后被放在两匹马拉着的网上，他躺在网上，被运了十多里后，觉得自己无法逃脱，便决定先装死，让匈奴士兵放松警惕。李广悄悄观察自己身旁的匈奴骑兵，发现他骑着一匹好马，便迅速跳上这匹马，向南跑了数十里后与自己的部下会合。李广逃脱后，数百名匈奴骑兵紧追不舍，李广用夺来的弓箭射杀追兵，最终成功逃脱。但是经过这场战役，李广军队损失惨重，他也因此被贬为平民。几年后，匈奴入侵，皇帝又召见李广，封他为右北平太守。

关于李广的传奇故事还有很多。有一次李广出去打猎，看到草丛里有一块石头，以为是一只老虎蹲在草丛中，于是他张弓射箭。一箭射出后，直接射中了石头。有人上前探查，发现箭头有一大部分插入了石头中。这个典故最后演变成一个成语，叫“没（mò）石饮羽”，意思是射箭功力非常精湛（zhàn），力量非常大，能够将箭射入石头中，后人借此比喻功力精湛。

还有一次，相传李广以郎中令的身份率领四千骑兵出征，博望侯张骞率领一万骑兵与李广兵分两路同行。他们走了大约几百里地后，匈奴左贤王带领四万骑兵包围了李广，李广的士兵都很害怕。于是李广派他儿子李敢快马冲击敌人，李敢领命后独自带领几十名骑兵朝匈奴士兵飞奔而去，直穿匈奴骑兵的包围圈，穿透敌军后又从敌军的左、右两翼返回，并且报告李广说：“匈奴人很容易对付。”听了李敢的话，士兵们的情绪安定了下来。

接着，李广命士兵摆成圆形阵势，面向着外围朝匈奴猛攻，他们主要用弓箭，一时间箭如雨下。但此时，汉军死亡人数已过半，他们的箭也快用完了。看到这种情形，李广命令士兵将弓拉开，但不要放箭，接着李广亲自用大黄弩弓来射击敌人的副将，接连射死了好几个人，匈奴士兵也渐渐慌了起来。

这时天色黑了下来，汉军开始害怕了，无论是将军还是士兵都面无血色，只有李广神色如常，还加倍精神地指挥大家抓紧突围。到了第二天，李广一行人继续奋力抗战，这时张骞的军队赶到，匈奴军队解围而去，汉军疲惫了，也没有追击。

李广带领四千多人抵抗匈奴的四万骑兵，几乎全军覆没。按照汉朝的法律，李广有罪，但同时他也立了军功，军功和罪责相当，因此皇帝没有对他进行赏罚。

有人曾问李广："你有没有后悔的事情？"李广回答说："我没有什么后悔的事情，如果非说有，那就是我任陇西太守时，与叛军交战，用诱骗的方法让他们八百多人投降，他们投降后，我只用了一天就将他们都杀光了。直到今天，我还在后悔。"所以也有人认为李广没封侯是因为他杀了降兵。

三、"桃李不言，下自成蹊（xī）"，李广含恨而终

李广很有能力，四十多年的时间里担任过七个郡的太守。他得到赏赐不是自己留着，而是立即分给部下，就连吃饭也和士兵一起，所以他家没有多余钱财。李广身材非常高大，手臂很长，具有射箭的天赋。他的子孙和其他人跟他学习射箭，但箭术都不及他。他平时话不多，也不经常与别人谈论，闲暇（xiá）时与别人在一起，他不是在地上画作战图就是和人比射箭。但是他对待士兵非常和善，士兵没有全部喝到水时，他不会靠近水，士兵没有全部吃到饭时，他绝不吃一口饭，因此士兵对他非常有感情。

李广虽然很有能力，但命运也确实捉弄人。距离封侯，李广

似乎总是差了那么一点儿。等到汉景帝的儿子汉武帝掌权时，李广年纪已经不小了。公元前119年，汉武帝发动漠北之战，由卫青和霍去病各率领五万骑兵远征匈奴本部。李广几次请求随行，汉武帝都觉得他年事已高，没有答应。后来经不起他的反复请求，只好同意让他出任前将军。

汉军出塞后，卫青抓到匈奴兵拷问得知单于的驻地，自己带领精兵追赶单于，命令李广与右将军带领的队伍合并，从东路出发。东路迂回绕远，而且缺乏水草，势必不能与大部队并列前行。因此，李广请求卫青："皇帝已经任命我为前将军，您却命令我从东路出发，让我做后援部队。我年少时就与匈奴作战，至今才真正得到一次和匈奴对阵的机会，我愿意做先锋，与单于决战。"但是卫青曾受到汉武帝警告，说李广年迈，不能让他对阵单于，如果让他去，恐怕不能达到俘获单于的目的。因此，卫青没有答应李广的请求。

李广很生气，没向卫青告辞就启程了。由于军队没有向导，李广的军队在中途迷了路，落在了卫青后面。卫青遇到单于时，由于没有后援部队，没能抓住他，只好收兵。在回来的路上，卫青遇到李广，立即派人给他送干粮和酒，还问他："你怎么迷路了？"卫青要上书向汉武帝报告军情，李广没说什么，后来卫青又派官员询问李广，李广说："我的手下们没有罪过，是我迷路了。我现在亲自到大将军的幕府接受对簿（bù）。"

李广到大将军的幕府后，对他的部下说："我从少年起到现在，已经和匈奴作战七十多次，如今随大将军出征，与单于军队交战，可是大将军调我的部队走迂回绕远的路，我迷路了，这就是天意。现在我已经六十多岁了，不能再受那些刀笔之吏的侮辱。”刀笔之吏指那些审理案件的官员。说罢李广拔刀自刎。

李广带领的士兵听到这个消息后，都痛哭流涕，百姓听到消息后也为之落泪。李广去世时，他的长子和次子都去世了，仅留下最小的儿子李敢。李敢当时是霍去病的部下，因为立战功被封为关内侯。他听到父亲的死讯后，认为是卫青随意调离李广，才导致李广迷路，因此打伤了卫青。卫青隐瞒了李敢打人一事，可卫青的外甥（shēng）霍去病却不能接受自己的手下打了自己的舅舅，于是在甘泉宫狩（shòu）猎时射杀了李敢。

李广的孙子是李陵，当年司马迁就是因为替李陵说了公道话，而受了酷刑。李陵也非常爱护士兵，并且善于打仗，他经常带领士兵与匈奴对战，赢得了多次胜利。

初唐四杰之一的王勃曾在《滕王阁序》中写道：“冯唐易老，李广难封。”这里的“李广”就是我们今天讲到的李广，他最后悲惨去世，没有被封侯。司马迁和王勃在看待李广时都持有相同的态度，那就是为他感到愤愤不平。

司马迁对李广极为赞赏，有个成语叫“桃李不言，下自成蹊”，就是《史记》中司马迁对李广的评价。意思是桃树和李树不主动招引人，但是人们都来看它们开出的鲜花，采摘它们结出的果实，长此以往，不知不觉就在树下形成了一条小路。李广虽没有被封侯，但他凭借高尚的人格和赫赫战功，赢得了将士和百姓们的崇敬。

知识加油站

1. 李广骑马速度快，行动快，箭术高超，匈奴见到他就害怕，给了他什么美称？

飞将军。

2. 李广的孙子很有名，他的名字是什么？

李陵。

3. 李广的绝活儿是什么？

射箭。

成语收藏夹

1. 李广外出打猎，见草中有石头，以为是老虎，便张弓射箭，箭居然深深地射入石头里，后人借此比喻功力精湛，由此引出什么成语？

没石饮羽。

2. 桃树和李树不主动招引人，但是人们都来欣赏它们开出的鲜花，采摘它们结出的果实，不知不觉地就在树下走成了一条小路，这是什么成语？

桃李不言，下自成蹊。比喻实至名归。

刘敬列传：人不可貌相

一、人不可貌相，刘敬建议定都长安

刘敬的本名是娄敬，他是战国末期齐国人。公元前202年，他出发去戍边时路过洛阳，恰好汉高祖刘邦也在洛阳。娄敬知道后就解了车前牵引的横木，穿上羊皮衣，去拜见虞将军说：“我想见皇上，去跟皇上谈谈有利于国家的事情。”虞将军说：“你穿的羊皮衣太脏了，你得换上华美的衣服才可以见到天子。”娄敬听后说：“如果我身上正穿着华美的衣服，那我就穿着华美的衣服觐见，如果我正穿着粗布衣服，那我就穿粗布衣服觐见，我不愿意再换其他的衣服。”虞将军将他的话禀告给了刘邦，刘邦听后觉得很有意思，便召见了娄敬，赐他和自己一起吃饭。

刘邦见到娄敬后问道：“你找我到底有什么事情？有话直说。”娄敬回答说：“陛下，听说您要将都城定在洛阳。”刘邦说："没错，有问题吗？"娄敬笑了笑说："陛下定都洛阳，是不是想和周朝比比谁更兴盛呢？"刘邦听了，笑着说："没错，我就是想与周朝比一比。"这时，娄敬摇了摇头说："陛下，您这样做不妥当。周朝经营了十几代，积累了很多德政和善行后，周文王和周武王才得以推翻商纣王，建立周朝。这与我们夺得天下的路径不一样。"

刘邦听不懂他的话，就问道："这和我定都洛阳有什么关系吗？"娄敬接着说："陛下您别着急，周朝建立后，直到周成王时期才定都洛阳，但实际上洛阳并不是一个安全的地方。周朝前期的君主很贤明，各路诸侯心悦诚服，主动纳贡缴税。可是后来的周天子大都昏庸，诸侯不服朝廷，才各自为政，最后更是要夺江山。"娄敬说到这里，刘邦更无法理解了，便说："你别兜圈子，有话直说。"娄敬这才直入主题："陛下您靠的是武力夺得天下。从沛县起兵开始，打了大大小小一百二十多场仗，死了多少人呢？周朝靠德行建国，而我们大汉则是建立在无数百姓和士兵生命上的，因此我们不能与周朝相提并论。"

听到这儿，刘邦明白了，便说："你说得有道理，你有什么好的建议吗？"娄敬说："我建议陛下定都秦地，那里背靠华山，右前方有黄河作为天险，四面都有关口，进可攻退可守。而且关中土地肥沃，适合百姓繁衍生息。万一外面发生叛乱，陛下可以从容地调动军队去平叛。两人打架时，必须将对方的咽（yān）喉（hóu）抓住，才能做到绝杀，而秦地就相当于人的咽喉。"

听完娄敬的话，刘邦觉得非常有理，便召集群臣商议，但所有人都反对娄敬的意见，觉得应该把都城定在洛阳，而不是到秦地定都。但是有一个人支持，那个人就是张良，张良说："娄敬说得对。"最后刘邦决定定都秦地，将都城迁往长安。他雷厉风行，当天就率领文武百官西进。作为奖赏，刘邦封娄敬为郎中，并赐姓刘，还将其封为奉春君。

娄敬的故事非常励志，他本来是一个小人物，开国定都的军国大事跟他一点儿关系都没有。但他胸怀天下，看到了朝政的弊端，不因为自己人微言轻而坐视不管，而是选择了勇敢上谏，最终使得皇帝刘邦改变了主意，定都长安。

二、刘敬主张与匈奴和亲

公元前200年，韩王信背叛了刘邦，刘邦亲自讨伐。到达晋阳的时候，他得知韩王信居然跟匈奴勾结，非常愤怒，于是派使臣出使匈奴，想要摸清他们的底牌，看看他们到底有多少人马。但匈奴人很狡猾，他们把强壮能战的士兵和肥壮的马都藏了起来，只展示出老弱的士兵和瘦瘦的战马。汉朝派去的使臣有十几批，回来以后都说匈奴啥都没有，可以对他们展开攻击。

刘邦后来又派娄敬出使匈奴。娄敬从匈奴回来后对刘邦说："两国交兵，按常理应把自己的优势和特长展现出来，但是我到了那里后发现不对，匈奴给我展示的都是那些老弱病残的士兵，还有瘦弱的、跑不动的牛、马、羊，这一定是在故意显露自己的短处，想麻痹（bì）我们，我认为现在不能进攻匈奴。”但这时汉朝的二十万大军已经出征。刘邦听了娄敬的话非常愤怒地说：“你胡言乱语，扰乱军心。”立即将娄敬抓了起来。随后刘邦亲自率领兵马攻打匈奴，但匈奴果然有埋伏。匈奴人在白登山将刘邦包围了七天，之后在陈平的计谋之下才得以脱险。刘邦脱险后做的第一件事就是赦免娄敬，并且对娄敬说：“我当初没听取你的意见，所以遭到了围困。我已经将之前出使匈奴的使臣杀光了。”同时刘邦还赏赐娄敬食邑两千户，并封他为建信侯。

刘邦回去后，匈奴发展得更加强大，军队有三十多万人，多次侵扰北部边境。刘邦为这种情况感到焦虑，便问娄敬如何是好。娄敬说：“现在汉朝刚刚平定，士兵已经疲惫不堪，对待匈奴我们不能仅靠武力，应该用长远的计谋，让他们臣服于我们。最好的办法就是将皇后生的大公主嫁给匈奴首领，再给匈奴送上丰厚的礼物。这样，大公主生下的孩子就一定是未来匈奴的太子，会接替君位，到那时您的外孙就不会攻打您了，这样我们就可以跟匈奴世代友好了。”刘邦听后同意了他的提议，要把自己与吕后生的鲁元公主送到匈奴和亲。吕后得到消息后日夜哭哭啼啼，对刘邦说：“我只有一个儿子和一个女儿，你怎么忍心把女儿嫁到匈奴去？”刘邦没办法，觉得不能派出鲁元公主和亲，最后找了一个宫女，将她以大公主的名义嫁给了匈奴首领，同时还派娄敬前往匈奴，与他们订立了联姻的盟约，盟约规定以后汉朝和匈奴世代友好，再也不打仗了。娄敬对汉朝与匈奴和亲政策的确立起到了非常重要的作用。

尽管娄敬最初官位低微，但是总览他提出的相关建议，无论是定都城还是对待匈奴应该采取什么对策，都远远超过了他的官职应该具备的视野和能力。而同时，正因为他的这些想法被刘邦采纳了，刘邦才能够进一步稳固政权，安抚天下。

有人努力一辈子都没被封侯，但是娄敬只做了几件事就被封侯了。不可否认，娄敬为汉高祖刘邦提供的都是真知灼见，即使从两千多年后的角度来看，他做的事情对汉王朝的安定与兴盛也至关重要。

知识加油站

1. 刘敬的原名是什么？他的姓是谁赐予的？
刘敬的原名是娄敬，刘姓是刘邦赐予的。

2. 娄敬是战国末期的哪国人？
齐国。

3. 娄敬给了刘邦哪两个重要的建议？
第一，把国都定在长安；第二，与匈奴和亲。

4. 娄敬最终被封为什么？
建信侯。

季布列传：得黄金千两，不如得季布一诺

一、汉初名臣季布

季布是汉朝一位非常有名的大臣，也有人认为他是一位侠客。季布是战国末期的楚国人，曾经效力于西楚霸王项羽。他在战场上非常勇猛，曾多次在项羽的安排下与刘邦交战，屡次让刘邦陷入困境。但楚国被灭后，刘邦终于等来反击的机会，悬赏千金来抓季布，并且扬言谁要是敢窝藏季布，就灭他三族。见状，季布躲到了一个姓周的人家中。

周家对季布说："现在皇帝非常急迫地悬赏捉拿你，天天搜查。我给您出一个计策，希望您能采纳我的意见，如果不能，我情愿先自杀。"季布答应了他。于是周家便将季布的头发剃光，然后用铁箍（gū）把他的脖子给圈住，又让他穿上粗布衣服，把他带到了运货的大车里。剃头、圈颈是当时奴隶的样子，周家人将季布打扮成了奴隶，将他和周家的几十个奴仆一同卖给了鲁地的朱家。朱家知道季布在这群奴仆中，于是买下了他们，然后将季布安置在田地里种田，朱家还告诉自己的儿子，在田间耕作时，所有事都要听从季布的吩咐，一定要和他吃同样的饭。

随后，朱家乘坐马车来到洛阳，拜见了汝阴侯夏侯婴。夏侯婴在朱家那里吃了几天酒后，朱家找机会对夏侯婴说："季布犯了什么罪？皇帝这么急着要抓他。"夏侯婴说："季布替项羽征战时多次让陛下遇险，因此陛下非常恨他，一定要把他抓住才罢休。"朱家又说："您觉得季布是一个什么样的人？"

夏侯婴说："他是一个有才能的人，不然怎么会让陛下如此？"朱家说："作为臣下，受自己的主人差遣。季布当时拼命攻打皇上是因为他是项羽的手下，这是他分内的事情。难道项羽的臣子们全都要被杀死吗？现在陛下刚得天下，就要因为自己的怨恨去追捕一个人，岂不是向天下人显示自己气量狭小吗？而且凭借季布的才能，追得这么紧，他如果跑到匈奴那里该怎么办？"夏侯婴很聪明，听完了朱家的话，便明白季布可能就藏在他那里，于是便跟朱家约定替季布求情。

之后夏侯婴便等待时机向刘邦奏明。夏侯婴在刘邦面前很有话语权，刘邦听了他的话后当即赦免了季布。这时他又听到很多有名望的人称赞季布，便召见了他。见到刘邦后，季布说："我愿意伏罪，听从您的安排。"刘邦任命他做了郎中，但郎中只是季布在汉朝为官的开始。

二、季布一诺千金

汉惠帝时期，季布担任中郎将。匈奴单于写了一封信侮辱吕后。吕后当时是有实权的，她的地位相当于君王，她看到匈奴的来信后非常愤怒，于是召集诸将领来商议。当时身为皇亲国戚的上将军樊哙说："我愿意带十万人马横扫匈奴。"其他将领也说要与樊哙一起前往匈奴，但这时季布站出来说："樊哙应该被斩首，当年高祖皇帝曾率领四十万大军进攻匈奴，但还是为匈奴所困。如今单凭一个樊将军，怎么能用十万人马就将匈奴扫平呢？这不是欺君吗？秦王朝正是因为对匈奴用兵，才导致陈胜、吴广等人起义造反。而樊哙居然当面阿谀（yú）奉承，想要天下动荡不安。"季布说完后，很多人都愣住了，不知该如何是好。殿上的将领都感到非常惊恐。吕后立即宣布退朝，命令群臣不要再议论攻打匈奴的事情。人们普遍认为吕后是个心狠手辣的人，但在大是大非面前，她非常有分寸。

季布做的另一件大事是治理河东。汉文帝时，季布做了河东的郡守。后来有人对汉文帝说季布很有才能，汉文帝便将他召进宫来，打算任命他做御史大夫。但这时，又有人对汉文帝说："虽然季布很勇敢，但他爱发酒疯，难以接近。"汉文帝于是又搁置了任命季布的计划，导致季布在京城长安的宾馆住了一个月。之后，汉文帝召见他，对他说："你回去吧，接着当河东郡守。"季布听后就对汉文帝说了一番话，被司马迁记载了下来，他说："我没有什么功劳，却受到了您的恩宠，在河东郡任职。

现在陛下无缘无故召见我，一定是有人欺骗陛下说我很有本事。我在京城待了一个月还没有接受任何职务，您就让我再回去，这一定是又有人在您面前诽谤我。”季布又接着说：“陛下因为一个人的赞美而召见我，又因为另一个人的诽谤而让我回去。我担心天下有见识的人通过这件事看穿您的处世之道，作为君王，您不能让别人猜透您的帝王之心。”

汉文帝听后默不作声，觉得很难为情，过了很久才说：“河东对我来说是一个非常重要的郡，好比我的大腿和臂膀，所以我特地召见你。”季布听后就辞别汉文帝，回到河东郡担任原职。

历史上有一个成语与季布有关，就是“一诺千金”，意思是只许下一个诺言，便有千金的价值，比喻说话算数，非常有信用。季布有一位同乡叫曹丘生，他能言善辩，喜欢结交有权势的官员，季布一向看不起他。后来这个人听说季布做了大官，立即求见季布。季布见到曹丘生后，虎着脸准备数落他几句，让他下不了台。可谁知曹丘生一进厅堂，不管季布脸色多么阴沉，说话多么难听，还是对季布又是鞠躬，又是作揖，他还和季布叙旧，吹捧季布说：“我听到楚地到处流传着一句话：‘得黄金千两，不如得季布一诺。’您怎么会在梁国和楚国两地都有这么好的名声传播呢？这都是因为我在到处宣扬您的好名声。我替您宣扬美名，您为什么还不愿意见到我呢？”季布听到曹丘生的这番话后，心里很高兴，便留他住了几个月，还把他作为贵客招待。曹丘生临走时，季布还赠了他一笔厚礼。曹丘生四处替季布宣扬美名，季布的名声自然越来越大。

太史公司马迁在《史记》中评价季布："因为项羽尊崇有气概的人，所以季布靠着勇敢在楚地扬名，他亲自领兵冲锋陷阵、夺取敌人的战旗，可以算得上是条好汉。然而当季布被当成罪人通缉（jī）时，他宁愿给人做奴仆也不愿意去死，看起来又是多么的卑下。他自知很有才能，因此就算受辱也不以为耻，他是希望在未来能够发挥他还没有施展开的才干，这才最终成为了汉朝的名将。"

知识加油站

1. 季布是战国末期哪国人？
楚国人。

2. 季布在效忠刘邦之前曾经是谁的手下？
项羽。

3. 季布被刘邦赦免并且被重用是因为谁的举荐？
夏侯婴。

4. 汉高祖刘邦和汉文帝分别任命季布为什么官？
郎中和河东郡守。

成语收藏夹

季布与成语“一诺千金”有关，这个成语是什么意思？

指许下的诺言有千金的价值，比喻说话算数，非常有信用。

田叔列传：高风亮节封丞相

田叔是赵国人，他非常喜欢剑术，是一个很严谨的人。田叔喜欢结交公卿和贤能的豪杰。汉初没有科举考试，任命官员主要靠人们推荐。赵国人将他推荐给了赵国宰相赵午，赵午又将他推荐给了赵王张敖，张敖命他做了赵国的郎中。田叔做了几年郎中，表现得非常方正，他刚直不阿，廉洁公平。因此，赵王很欣赏他，但还没来得及提拔他，就发生了一件事情，那就是陈豨造反。

公元前200年，刘邦率兵讨伐陈豨。路过赵国时，赵王张敖亲自捧上酒食侍奉刘邦吃饭，但刘邦对张敖的态度非常高傲。刘邦是一个没怎么读过书的人，他叉开双腿，高坐着骂赵王。赵国的相国赵午等数十人看到这种情形非常愤怒，于是对赵王说：“您对皇上的礼数已经非常周到了，但是皇上对您竟是这副样子，我们要造反！这样的天子我们不侍奉了。”听完大臣们的话，赵王用力咬破手指，说：“我的祖辈们失去了封国，如果没有皇上，我们肯定早就死了，现在你们怎么能说这种话？没有皇上，怎么会有现在的我？你们不要再说了。”于是贯高等人私下议论说：“我们大王是一位忠厚的长者，不会违背皇上的恩德，但是我们不行，我们要替他报仇。”最后几人私下商议要将皇上杀掉。但几人的阴谋被发觉了，刘邦下令捕杀赵王以及谋反的群臣。最终，赵午等人都自杀了，只有贯高投案被囚。这时刘邦下达诏令说：“赵国如果有人敢跟随赵王进京，就灭其三族。”只有孟舒、田叔等十几个人穿上赤色的囚服，剃掉头发，戴上刑具，装作赵王的家奴，跟随赵王到达长安。

贯高谋反的事情查清后，赵王张敖得到了赦免，但被废除了爵位，降为宣平侯。赵王借与刘邦见面的机会称赞田叔等人，刘邦一一召见了他们。与他们谈话后，刘邦发现朝廷中的大臣没有能够超过他们的，于是任命他们为郡守和诸侯国的宰相。汉景帝上位后，田叔成了鲁国的丞相。

在《史记》中，太史公司马迁说：“孔子用称赞的口气说：‘住到一个国家，一定要参与它的政务。’这说的就是田叔吧。他有节义而不忘贤德，使君王的美德发扬光大，又能纠正君王的过失。”田叔被司马迁记载在《史记》当中，并且是单独列传，足以看出司马迁对他为人处事的赞赏。

知识加油站

1. 田叔是春秋时期哪国人？

赵国人。

2. 田叔最后的官职是什么？

鲁国的丞相。

扁鹊列传：中国医祖却死于小人嫉妒

一、神医扁鹊

扁鹊姓秦，名叫越人。他是春秋战国时期一位非常有名的医生。相传，有一位叫长桑君的人曾在扁鹊当掌柜的客栈住宿，扁鹊觉得长桑君是一个很特别的人，所以对他非常有礼貌，长桑君也知道扁鹊是一个很特别的人。十多年来，长桑君经常在这家客栈投宿。有一天，他叫来扁鹊，私下对他说："我已经老了，我有个秘方，想将它传给你，但是你不能泄露秘密。"扁鹊听后说："我一定保守您的秘密。"于是，长桑君将药拿给了扁鹊，并对扁鹊说："吃此药时要用没有落地的露水送服，三十天以后你就会知道它的效果。"说完，他就将秘方送给了扁鹊，然后就忽然消失不见了。扁鹊怀疑他是一位仙人，于是听了他的话，吃了三十天的药。

吃了药的扁鹊可以隔墙透视，从墙的一面清晰看到另一面的情况，因此，扁鹊替人看病时，可以清楚地看出病人五脏的症（zhēng）结所在。但为了保守秘密，他还是假装通过把脉来观察病人的情况。尽管扁鹊可以透视病人内脏的事情只是一个传说，但扁鹊根据脉象判断病情却是事实。

为什么秦越人会被称为扁鹊呢？这里也有一个故事。秦越人将赵国人赵简子的病治愈后，赵简子赠给他田地四万亩。由于田地上有扁鹊洞，还有蓬（péng）鹊山在旁边，因此人们将秦越人称为“扁鹊”。这样来看，扁鹊的名字是由其封地而来。

扁鹊可以说是一名全科医生，因为他什么治疗方法都会用，什么类型的疾病都能医治。他还会根据各地习俗改变自己的医治范围。当他来到邯郸时，听说当地人尊重妇女，就想做治疗妇科病的医生；到了洛阳时，扁鹊听说周人敬爱老人，就主治耳聋、眼花、四肢麻痹等老人常见病症；到了咸阳，他听说秦人喜爱孩子，便治疗各种各样的少儿疾病。

扁鹊很有能力，在各地声名传扬，人们称赞他是神医。但是人一旦有能力，就容易受到别人的嫉妒。秦国的太医李醯（xī）知道自己的医术没有扁鹊的医术高超，出于嫉妒，居然派人刺杀扁鹊。一代神医死于同行的嫉妒，实在可叹！

二、扁鹊见齐桓侯

扁鹊成年后四处行医。在历史上留下了一个非常有名的故事——扁鹊见齐桓侯。故事从扁鹊来到齐国开始，此时，齐国的国君是齐桓侯。

扁鹊来到齐国后，齐桓侯将他作为客人招待。有一天，扁鹊在朝廷见到齐桓侯时说："您生病了，现在病在您的皮肉中，如果不治好它将会深入您体内。"齐桓侯听了后说："我没病。"过了五天，扁鹊又见到了齐桓侯，这时他对齐桓侯说："您的病不在皮肤中了，它已经转移到了您的血脉里。如果这时还不治疗，病就会深入体内。"齐桓侯听了还是说："我没病。"扁鹊离开后，齐桓侯很不高兴。又过了五天，扁鹊再一次见到齐桓侯时，对他说道："您的病已经到了肠胃中，如果还不治疗，它会继续深入体内。"齐桓侯对他的话还是不以为然，扁鹊离开后，齐桓侯非常生气。就这样又过了五天，扁鹊远远地见到了齐桓侯，什么也没说，立即逃离了。对此齐桓侯感到很奇怪，派人去问扁鹊为什么逃跑。扁鹊说："疾病在皮肉时，用汤剂可以医治；在血脉中时，用针灸可以治疗；在肠胃中时，也可以用药治愈，但现在齐桓侯的病已深入骨髓，就是掌管生命的天神也没法治好他，我也没办法了。"

过了五天，齐桓侯果然病发，于是派人去找扁鹊，但是扁鹊已经逃离了齐国，齐桓侯最终病逝。从这个故事可以看出，扁鹊的确是一位神医。同时，这个故事也在告诫世人，特别是为政者，应该勇于正视现实，直面个人灾难和社会危机，及早采取救治措施，这不仅仅是治病，更是治理国家应该具备的智慧。

知识延伸：我们在第四册学过“扁鹊见蔡桓公”的故事，记载在《韩非子》中，跟这个故事的情节基本一样。这两个故事很可能讲得是同一件事，只是主角的名字不同。

扁鹊用一生的时间，认真总结前人和民间的经验，结合自己的医疗实践，在诊断病理上对中国的医学做出了卓越的贡献。

三、神医扁鹊起死回生

根据《史记》记载，扁鹊还有起死回生的本事，这个故事也广为流传。相传，扁鹊到虢国时，听说虢国太子去世不足半天，还没有下葬，在听了太子之前的发病情况后，扁鹊立即赶到宫门，告诉中庶子（太子的侍从）说：“我能够让太子复活。”中庶子认为扁鹊在骗人，就对他说：“太子已死，哪有死而复生的道理？”扁鹊又说：“如果你不相信我的话，可以试着诊视太子，应该能听到他耳鸣，看到他鼻翼扇动，而且大腿还有温热的感觉。”中庶子听后立即进宫将这个消息禀报给了虢国的国君，国君听后大惊失色，亲自出来对扁鹊说：“您能让我儿子活过来吗？”

扁鹊说：“太子得的病是所谓的尸厥（jué），尸厥就是昏厥的意思。人接受天地之间的阴阳二气，阳主上主表，阴主下主里，阴阳和合，身体健康。现在太子阴阳二气失调，内外不通，上下不通，导致自身气脉纷乱，面色全无，失去知觉，行径如死，但其实他并没有死。”扁鹊让弟子用针对太子进行急救，刺他的穴位。果然，太子不久就醒了过来。太子醒来后，扁鹊又给太子吃了很多药，让太子坐了起来。接着扁鹊又用汤剂为太子调理了二十多天，太子的病果真痊（quán）愈了。

这件事传出来后，很多人都觉得扁鹊有起死回生的能力。起死回生的意思是把快要死的人救活，这个成语用来形容医术高明，也比喻把已没有希望的事情挽救回来。

四、关于扁鹊的传说

历史中关于扁鹊的传说有很多，有些是夸大其词，有些的确曾在扁鹊身上发生过，但是经过后人的口口相传，变成了神仙典故。其中一个就是扁鹊换心。

这个传说的主人公是扁鹊、鲁公扈和赵齐婴。传说鲁公扈、赵齐婴得了小病后请扁鹊治病。扁鹊对鲁公扈说：“你志气高，身体却很弱，有计谋却不果断。”又对赵齐婴说道：“你的志气弱，但是身体非常好，没有谋略却过于执着。如果把你们的心脏互换就好了。”因此，扁鹊让两人喝了药酒，二人昏死过去后，扁鹊剖开他们的胸，找到了心脏，将它们互换后又给他们吃了神药。两人吃过神药，过了一会儿便醒过来，身体非常健康。二人向扁鹊告辞后各自回家了。现在医学上已有心脏支架和心脏搭桥手术，但在扁鹊那个时代，换心成功应该只是一个传说，但这个传说足以证明扁鹊在当时的医学界非常有地位。这个传说也用换心作比喻告诉人们：每个人都有自己的长处和短处，一个人只有取人之长处，补自己的短处，才能趋于完美。

还有一个传说和扁鹊之死有关。相传秦武王在举鼎时，折断了自己的腿骨，疼痛难忍。他吃了太医李醯给的药，情况不仅没见好转，还加重了。这时，有人将神医扁鹊来到秦国的事情告诉了秦武王，秦武王知道后立即传扁鹊入宫给他治病。

扁鹊见到秦武王后，先观察了秦武王的神态，又按了他的脉搏，接着用力在他腰间推拿了几下，随后又让秦武王自己活动了几下，秦武王立刻感觉好多了。接着扁鹊又给他吃了一剂汤药，秦武王吃完药后，病状完全消失了。因此，秦武王特别高兴，想封扁鹊为太医令。李醯知道后，担心扁鹊的地位超过自己，便在秦武王面前极力阻挠（náo），他对秦武王说："扁鹊是一个草莽游医，是江湖大夫，是一个骗子。"秦武王听后半信半疑，但还没有打消重用扁鹊的念头。因此，李醯决定除掉扁鹊这个心腹之患，便派两个刺客去刺杀扁鹊，却被扁鹊的弟子发现，扁鹊因此逃过一劫。被逼无奈的扁鹊只能离开秦国。他们一行人沿着骊山北面的小路出发，没想到李醯派去的杀手扮成猎户，在半路上劫杀了扁鹊。按照这个说法，扁鹊死于被小人嫉妒。

扁鹊医术非常高明，他奠定了中国传统医学诊断法的基础。扁鹊最早应用了中医全面的诊断技术，即中医后来总结的四诊法：望诊、闻诊、问诊、切诊，简称“望、闻、问、切”。扁鹊称这些方法为望色和切脉，望色是指远远地观察病人的脸色、声色和肤色，他精通望色，根据望色就可以知道病人病程的变化。

扁鹊还有一点与别的医生不一样，他非常重视疾病的预防工作，认为预防比治疗更重要，这种见解在两千多年前绝对是先见之明。

扁鹊的医学经验在我国医学史上有着承前启后的重要地位，对我国医学发展有着很重要的影响。因此，世人称扁鹊为中国的“医祖”，认为他是古代医学的奠基者。《史记》中，扁鹊被专门写在列传中，足见司马迁对扁鹊的认可。

知识加油站

1. 扁鹊在春秋战国时期的职业是什么？
医生。

2.《史记》中记载扁鹊的真名叫什么？
秦越人。

3. 扁鹊被后人尊为什么？
医祖。

成语收藏夹

把快要死的人救活，形容人医术高明，也比喻把已没有希望的事情挽救回来。这是什么成语？

起死回生。

循吏列传：
五位善良守法的好官员

一、孙叔敖举于海

孟子写过：“舜发于畎（quǎn）亩之中，傅说举于版筑之间，胶鬲（gé）举于鱼盐之中，管夷吾举于士，孙叔敖举于海，百里奚举于市。”其中的孙叔敖就是本章要讲解的人物。从这段话可以看出，孟子非常欣赏孙叔敖，同时，司马迁也将孙叔敖的事迹记载在了《史记》的列传部分。

孙叔敖是楚国人，曾经在春秋时期的楚国做过令尹，令尹相当于丞相，在楚国处于一人之下、万人之上的位置。孙叔敖有一个重大功绩：治理水患，他是历史上的治水名人。在古代，能够治理水患的人都是相当了不得的人物。两千六百多年前的淮河经常发生洪灾，孙叔敖主持治水，倾尽家资，用了三年时间修筑了中国历史上第一座水利工程——芍（què）陂（bēi），借淮河古道泄洪，排出的水还可以灌溉桑田，造福淮河的黎民百姓。后来他又修建了很多其他水利工程，它们至今还在发挥着作用。

孙叔敖受到了楚国国君楚庄王的赏识，开始辅佐他治理国家。楚庄王认为楚国的车子太小，下令将全国的小车改造成高大的车子。孙叔敖知道后劝楚庄王说："如果以命令的形式让百姓改造车，一定会招致百姓反感。不妨将城中街巷两头的门槛做高。这样做，小的车过不去，人们会自觉将小车改造成高大的车。"此外，楚庄王觉得原来通行的货币太小，使用不方便，想将货币做大，并且强令新货币通行，但钱币变得很大，老百姓使用不便，引起了市场的混乱。孙叔敖为了便民，以民为要，劝说楚庄王恢复通行小货币。楚庄王采纳了他的建议，很快市场又恢复了繁荣。

孙叔敖身为令尹，选择了适合楚国的条文，并将其立为军法。对各个军队的行动、任务和纪律都做了明确的规定，运用于训练和实战中。楚军修筑城池时，由于孙叔敖用人得当，计划周密且物资准备充分，三十多天就完成了任务。次年，楚国和晋国交战，孙叔敖协助楚庄王指挥战斗。楚军刚刚出动战车，他就鼓励楚军勇猛冲击，一鼓作气，迅速逼近晋军，使对方措手不及。在孙叔敖的帮助下，楚庄王成为"春秋五霸"之一。但非常遗憾的是，孙叔敖积劳成疾，病死他乡，年仅三十八岁。

孙叔敖是古代为官清正廉洁的典范，在任期间，从来不会凭自己的权力谋求荣华富贵。即使拥有一人之下、万人之上的地位，他依然轻车简从，吃穿简朴。他的妻儿不穿丝织品，连他的马都不吃饲料，只吃草。他多次拒绝楚庄王的赏赐，家中拮（jié）据（jū），临终时连棺椁都没有。孙叔敖过世时，他的孩子依然穷困，靠打柴度日，但他高尚的品格备受后人赞誉，从而青史留名。

二、春秋时期的政治家——子产

子产是春秋时期的政治家，是郑穆公之孙，算是王孙贵族。他先后辅佐过郑简公和郑定公。公元前543年，子产成为郑国的执政大夫。

历史上有很多关于子产的典故，《史记》中记载：子产做了一年宰相后，人民便都受其教化。放荡子弟不再轻浮，不再游手好闲；老年人不再操劳奔波，都安享晚年；孩童也不必在夏天耕种，可以享受童年了。两年后，市场的物价不再波动。三年后，人民夜晚睡觉可以不必关门，在路上遗失物品，也不会有人捡来据为己有。四年后，农民耕种的用具不带回家也不会丢失。五年后，国无外患，士人不必应召入营服役。百姓家中有丧事，不必下令，大家自会按照丧期去办理丧事，回家守孝。

子产治理郑国前后共有二十一年，而后去世。子产去世后，青年人哀号（háo）痛哭，老年人如孩童般伤心啼哭，他们都说：“子产抛弃我们而死，我们这些老百姓以后可以依靠谁呢？”

历史上关于子产的故事有很多，例如保留乡校。乡校类似于今天的乡镇中学，但同时也是当时民间的议政场所，大家在那里学习，畅所欲言。人们在乡校聊天时，经常会说一些对统治者不满的话，这些话传到了国君和大臣的耳中，大臣们认为应该禁止百姓随意谈论国君。这时问题出现了——到底是保留还是毁掉乡校？对此，子产表达了自己的意见，他说："不能毁掉乡校，将百姓吐露怨言的地方毁掉，用强权让百姓服从统治者，是一个愚蠢至极的做法。"子产掌握了正确处理公共关系的核心，事实证明他的建议非常有帮助，让老百姓说出怨言，发表不同的观点，可以让统治者及时对国策进行整改，这种做法使郑国变得非常强大。

子产还做了一件广受赞誉的事情。公元前536年3月，子产铸刑鼎，将郑国的法律条文铸在了具有王权象征的大鼎上，并且将其公之于众，使国民周知。这是中国历史上第一次公布成文法律。此前虽然有类似做法，但都重在形式，并不具备刑律公开化的意义。子产铸刑鼎的举措否定了"刑不可知，则威不可测"的秘密法，使得老百姓对统治者颁布的是非对错有了认知，对自己的行为后果有了预测。铸刑鼎是子产留给后世的宝贵遗产。

三、公仪休拒收鱼

《循吏列传》中的循吏是指善良守法的官吏，除了孙叔敖和子产，还有一位善良、守法且很有本事的官吏，他的名字叫公仪休。公仪休是春秋时期的鲁国人，他官至鲁国宰相，因为清正廉洁、不收礼且遵纪守法，被后世铭记。大家将他的故事传颂至今。

有一个关于公仪休的非常有名的故事，就是他拒不收鱼。当时有一个叫子明的学生来拜访公仪休，但他不在，子明就坐下读书等他。过了一会儿，公仪休回到自己房间，见子明在，就问道："子明，你已经来了好久了吧？"

子明回答说："老师，我刚到不久，您吃过饭了吗？"公仪休说："吃过了，我刚才吃的鲤鱼味道实在是太鲜美了，我已很久没吃鱼了，今天买了一条，一顿就吃光了。"他的学生子明听后点点头说："鱼的确很好吃。"公仪休接着又说："如果天天能吃鱼，我就太满足了。"就在这时，有人高喊说："有管家求见您。"于是公仪休对子明说："子明，你去看一下谁来了。"子明就出门了，过了一会儿，他领着手提两条大鲤鱼的管家回来了。管家满脸堆笑地对公仪休说："大人，我家主人说您为国家、为老百姓日夜操劳太辛苦了，特地命小的送两条活鲤鱼给您补补身子。"公仪休听后立即推辞说："谢谢你家大人的盛情，可是鱼我不能收，你不知道吗？我现在一闻到鱼的腥味儿就恶心想吐，请一定告诉你家大人。"子明听到后一脸不解地望着公仪休。管家也无可奈何，只能摇着脑袋，提着鲤鱼走了。

管家走后，子明好奇地问："老师，刚刚您不是说特别喜欢吃鱼吗？还说要是每天都吃鱼该有多幸福。现在有人来送鱼，您却不接受，这是为什么呢？"公仪休语重心长地说："正是因为我喜欢吃鱼，所以才不能收人家的鱼。如果我收了人家的鱼，那就要照人家的意思去办事。别人送我鱼，一定是有事求我，想要我按他的意思行事，这会违犯国家的法纪。如果我犯了法，成了罪人，还能吃得上鱼吗？想吃鱼就自己去买，鱼不是一直有吗？何必要别人送呢？”子明这时才恍然大悟，对公仪休说：“老师您说得对，今后我一定照着您的样子做事。”

公仪休拒收鱼的故事最后演变成了一个寓言故事，告诉人们，如果受贿，接受别人的东西，就很可能丢掉官职。没有官职后，别人当然不会再贿赂你，但这时你已经失去了俸禄，没有钱，什么都没办法实现了，因此受贿百害而无一利。

千百年来，公仪休拒收鱼被人们传为美谈。这是因为公仪休能够清醒地认识到个人好恶和事业成败的关系，能始终抵御住诱惑，这也体现了公仪休的清廉。

四、正直廉洁的石奢

石奢也被记载在《循吏列传》中，他是楚昭王的令尹，地位仅次于国君，是掌管政治事务、发号施令的最高官员。石奢执掌一国，身处上位，以自己作表率来统领民众，对内主持国事，对外主持战争，总揽军政大权。

石奢正直廉洁，既不阿谀奉承，也不胆小怕事。一次，石奢外出考察，恰逢途中遇到凶手杀人，他立即追捕凶犯。但查来查去，发现凶手竟然是自己的父亲，于是他将凶手，也就是自己的父亲放走了。作为儿子，他不能抓自己的父亲，但又不能放掉凶手。因此，石奢回到都城后便把自己囚禁起来了，并派人告诉楚昭王说：“杀人凶犯是我的父亲，如果惩治父亲来树立我的政绩，那是不孝；如果我不抓我的父亲，那就是纵容犯罪，是对国家不忠，因此我该当死罪。”楚昭王听后说：“你追捕凶犯，即使没有抓获，也不该论罪伏法，你还是去治理国事吧。”石奢说：“我不偏袒自己的父亲，就不是孝子。不遵守王法，就不是忠臣。您赦免我的罪责，是主上的恩惠，服刑而死则是为臣的职责。”石奢没有听从楚昭王的命令，自杀而亡，他用自己的方式捍卫了法律的尊严。

石奢是法家精神典型的代表人物，他的思想代表法家精神的最高境界——依法治国，不徇（xùn）私枉法，不偏袒族人。因此司马迁在《循吏列传》当中把他作为一个正面的、表率性的人物记载下来。

五、李离伏剑

李离是春秋时期晋国掌管刑罚的最高长官，他执法如山，刚直不阿。他认为法律比生命更重要，是我国历史上一位了不起的人物。

据史书记载，李离断案一向细致入微，极其认真，由他经手的案子从不出错。但有一天，李离查阅过去的案卷时，发现了一起错杀的冤案，这让他惊讶不已，他觉得很惭愧，认为自己犯了不可饶恕的罪过，不但不配再做执法的长官，还给国家法律抹黑了。因此，李离命手下人把自己捆绑起来，送到晋文公面前，请求晋文公将自己处死。

晋文公对李离这种严于律己的行为非常赞赏，也被他的诚心实意所感动，不但没有怪罪李离，还亲自为他解开了身上的绳索，并对李离说道："这件案子是你下面的人弄错了，并不是你的罪过，况且每位官员的职务有高有低，对他们的处罚也有轻有重，更何况这件案子不是由你直接办理的，我怎么能怪罪你呢？"晋文公说完，李离依然长跪不起，他坚持说："臣下的官职最高，从没把自己的权力让给下属，平时享受的俸禄也是最多的，也没有把俸禄分给下属。今天我犯了错误，怎么可以把责任推给下面的人呢？我理应承担责任，还请大王处罚我！"晋文公听了，很不高兴地说："你认为你的下属出了问题，责任在你这个上司身上。照你的逻辑去想，那我是不是也有罪？"李离说："我是掌管刑罚的最高长官，国家法律早有规定，判错刑者服刑，杀错人者要被杀。大王信任我，将执行国家刑罚的重任交给我，而我却没能深入查明真伪，导致错杀无辜的冤案出现，按照法律我要受处罚。因此，处死我理所当然。如果我不自觉伏法，那法律的尊严还能得到别人的重视吗？"说罢，李离突然从卫兵手里夺走宝剑，朝自己身上用力挥去，顿时鲜血直流，气绝身亡。晋文公阻拦不及，唏（xī）嘘（xū）不已。

李离用自己的鲜血和生命捍卫了法律的尊严，实现了在法律面前人人平等的思想。太史公司马迁对李离的评价是：“李离过杀而伏剑，晋文公以正国法。”意思是，李离用剑自杀来赎罪，晋文公的国法得以顺畅推行。李离伏剑的典故是中国法制史上的鲜活教材，他捍卫了法律的尊严。错判案件，承担责任，以身殉法的故事成为中国法治进程中的宝贵财富。尽管这件事距离现在已有两千多年，但依然有很重要的现实意义。

知识加油站

1.《循吏列传》中的“循吏”是什么意思？
善良守法的官吏。

2. 孙叔敖是春秋时期的哪国人？
楚国人。

3. 孙叔敖辅佐楚国哪位君王，使其成为“春秋五霸”之一？
楚庄王。

4. 中国历史上第一座水利工程是谁主持修建的？
孙叔敖。

5. 子产是什么时期的政治家？
春秋时期。

6. 子产把乡校作为获取群众议论的场所，并根据公众的意见调整国家的政策。这是什么典故？

子产不毁乡校。

7. 春秋时期的公仪休做了什么官？

鲁国的宰相。

8. 石奢为人正直，在楚昭王时期任什么官职？

令尹。

9. 李离不惜自杀，以捍卫法律的尊严。这是什么历史典故？

李离伏剑。

儒林列传：儒生代表董仲舒

一、提出“罢黜百家，独尊儒术”的董仲舒

在思想界、学术界留下大名的董仲舒提出“罢黜百家，独尊儒术”的学说，影响了中国一代又一代人。董仲舒出生于公元前179年，也就是汉文帝在位时期，去世于公元前104年，即汉武帝在位期间。董仲舒经历了汉文帝、汉景帝和汉武帝三位君王。董仲舒的家族是大地主阶级，拥有大批藏书，他在三十岁时就已经博览群书。他还招收大批学生，尽心传授课业。

董仲舒讲课的方式与别人不同，他会在课堂上挂一幅帷幔（màn），他在帷幔中讲课，学生在外面听课。另外，他还会让自己比较得意的门生来讲课，这也导致很多人跟随他学习了多年，还不知道他的长相。尽管如此，董仲舒还是通过讲学为汉王朝培养了一大批优秀的人才。董仲舒的学生中，有的当了诸侯国的国相，有的成了地方最高行政长官。由于董仲舒广招门生，宣传儒家经典，他的声誉也日益扩大。汉文帝去世后，汉景帝即位，董仲舒当上了博士，掌管经学讲授。汉朝的博士与现在的博士含义不同，汉朝的博士相当于今天的大学老师。董仲舒做博士时，经常走出家门，设坛讲课，讲得非常精彩。他有很多弟子，而他的弟子又收了不少弟子。

董仲舒的行为举止都严格遵循礼节，一门心思教学和研究学问，甚至三年都没进过一次书房旁边漂亮的花园。汉武帝即位后，董仲舒继续在政治和教学上做贡献，他出任江都国的国相，治理江都国时，依然沿用儒家思想。汉武帝让各地推荐贤良的文学之士，董仲舒被推荐参加策问，策问是指治理国家的策略，在策问中可以谈论自己治理国家的见解。

汉武帝连续对董仲舒进行了三次策问，内容都是关于天人关系的。第一次策问时，汉武帝提出的问题是：巩固统治的根本道理是什么？第二次策问，汉武帝提出的问题是：治理国家的政术是什么？第三次策问，汉武帝提出的问题是：天人感应是什么？董仲舒在回答时提出“罢黜百家，独尊儒术”这一核心思想，就是废除其他家的思想，只尊重和推行儒家思想。他认为以后凡是做官的人都要尊重并且懂得儒家的学说，用儒家的思想来解释一切，包括法律。也正是由于董仲舒的提议，儒家思想逐渐成为中国社会的正统思想，影响中国长达两千多年。

二、“大儒”董仲舒

汉武帝发现董仲舒的才能后，将他派到江都易王刘非处担任国相。刘非是汉武帝的哥哥，他非常粗暴蛮横，是一介武夫。但董仲舒声望很高，是举国知名的文士。因此，刘非对董仲舒非常尊重，并且把董仲舒比作辅佐齐桓公称霸的管仲，希望董仲舒像管仲辅佐齐桓公一样辅佐自己，让自己夺得中央政权。但是董仲舒主张的是春秋大一统，对于刘非的期望，他借古喻今进行了规劝，他说：“端正自己，奉行道义，而不谋求眼前的小利，修养自己信奉的理念，而不急于取得成果。孔子的弟子，即便是小孩，也在提到五霸时感到羞愧，因为“春秋五霸”先对周王进行了欺诈，之后再实行仁义，只是在耍手段而已。”他这是在暗示刘非不要称霸。

公元前135年，皇帝祭祖的长陵发生了大火。董仲舒认为这是宣传天人感应的好机会，便起草了一份书稿，说这两次火灾表明上天已对汉武帝发怒。当时有一个人非常忌恨董仲舒，他发现了这份书稿，便偷了书稿悄悄交给了汉武帝。汉武帝看到后非常生气，想要杀了董仲舒，但是他又觉得董仲舒很有才能，最后将他赦免了。之后，董仲舒专心教学，但公孙弘又推举董仲舒去胶西王刘端那里，董仲舒于是又成了胶西王的国相。刘端也是汉武帝的哥哥，比刘非更加凶残、蛮横，很多做过胶西国相的人都被他杀死了。即便如此，刘端对董仲舒也非常尊重，因为董仲舒德行高尚，名声高洁。董仲舒知道刘端非常凶残，所以提心吊胆，小心谨慎，唯恐时间长了遭到不测。四年后，董仲舒以年老有病为由辞职回家，就此结束了自己的仕（shì）途生涯。

董仲舒晚年不问世事，埋头读书写作。虽然他辞去了官职，但是朝中有大事发生时，皇帝还是常常派人到他家去请教，董仲舒每次都会提出很明确的看法。后来，他的一部分学术思想被用到治理国家当中。公元前104年，董仲舒在家中去世，葬于西汉京师长安的西郊。一次，汉武帝路过他的墓地，为了表彰他对汉王朝的贡献，特意下马致意。因此，董仲舒的墓地又被称为下马陵，皇帝来这里都下马了，别人再来这里也必须下马。

董仲舒在当时便已备受世人尊敬，在我们现在来看，仍然称得上是一个真正的“大儒”。

三、董仲舒的思想成就

汉初实行的国策是黄老之学，提倡无为而治，因此经济发展非常迅速，出现了文景之治，但在汉景帝时期出现了“吴楚七国之乱”，统一的多民族国家面临着分裂的危险。董仲舒看到这种情形，认为最重要的是巩固集中统一的政权，防止分裂割据局面的出现。董仲舒从儒学经典中找到了巩固中央集权的理由，是一个叫“大一统”的词语。他认为大一统是宇宙间最普遍的规则，封建王朝属于宇宙，当然要遵循这一规则，这也是他希望遵循的政治核心原则。同时，董仲舒根据大一统的原则提出了一系列思想，认为不仅国家要大一统，国民的思想也需要大一统。他提出，只要是与孔子提倡的儒家思想有不同的，就不能任其发展下去，不应当允许其他思想流派与儒家思想并存。他认为其他思想流派和学说是在迷惑老百姓，只有消灭其他思想流派才能凸显国家法律和制度的地位，老百姓才能知道用什么样的方式教育子孙后代。

只有思想统一，才有法度的统一，老百姓才有行为的准则，这样才能维护和巩固政治的统一，而统一思想应该以孔子为代表的儒家思想为准则。

汉武帝采纳了董仲舒的意见，很快便实行了“罢黜百家，独尊儒术”的政策，将儒学思想立为正统思想。这时，董仲舒又提出了天人感应学说。从社会政治的角度来看，董仲舒认为，人君为政应“法天”，行“德政”，“为政而宜于民”，否则，天就会降下种种灾祸来警告人君。如果这时人君仍不知悔改，天就会使人君失去天下。在古代，皇帝有至高无上的权力，不受任何约束，因此，董仲舒想用天人感应的逻辑来限制皇帝的私欲和权力，他实际上是在告诉皇帝，皇帝也不是什么都可以做的，因为上天会“看着”皇帝，监督皇帝。

董仲舒的第三个思想学说是以德治国。西汉初年，统治者虽然奉行无为而治的思想，但实际上还是沿用了秦朝的法治，以严刑峻法统治人民。董仲舒认为要想实现社会长治久安，不能苛待百姓，让官吏与老百姓争抢利益，此外还要去除奴婢制度，撤除贵族随意杀人的权力，降低赋税，减少徭役，让百姓休养生息，减少民力的消耗。

董仲舒提出的这一系列思想为大汉王朝的长治久安和快速发展奠定了良好的思想基础。

四、董仲舒三年不窥园

关于董仲舒，有一个有趣的故事，是他三年不进花园。众所周知，董仲舒从小就非常聪明，特别爱学习，读起书来常常忘记吃饭和睡觉。他的父亲董太公看在眼里，急在心上。为了让他好好休息，董太公决定在宅后修建一个花园，希望他有机会到花园散散心，劳逸结合。

董太公派人到南方学习如何建造花园，同时自己在家准备砖和木料等。花园动工的第一年，园里阳光明媚，绿草如茵（yīn），鸟语花香，蜂飞蝶舞，景色非常美丽。董仲舒的姐姐多次邀请他到园子里玩，董仲舒手捧竹简，只是摇头回应姐姐，然后继续看竹简，学习孔子所著的《春秋》，背诵先生布置的作业，他觉得自己没时间出去玩耍。次年，小花园中建起了假山，邻居和亲戚家的孩子都爬到假山上去玩。小伙伴们叫董仲舒一起去玩，他动也不动，还是低着头在竹简上刻写诗文。三年后，花园彻底建成，亲戚朋友们都携儿女前来观看，纷纷夸奖董家花园修得非常漂亮。这时董仲舒的父母也让董仲舒来花园玩耍。但对于父母的话，他只是点点头，仍然埋头学习。

中秋节的晚上，董仲舒一家在花园中边吃月饼边赏月，可还是不见董仲舒的影子。原来董仲舒趁家人赏月的时候，又去找先生研究诗文了。

随着年龄的增长，董仲舒的求知欲越来越强烈，他博览群书，最后成了儒学大师。“三年不窥园”后来成为了一个成语，用来形容专心苦学，不受外界干扰。

知识加油站

1. 董仲舒提出了哪三个重要的思想理论？

“罢黜百家，独尊儒术”；天人感应学说；以德治国。

2. “罢黜百家，独尊儒术”的建议为哪个皇帝所采纳？

汉武帝。

3. 为了表达对董仲舒的尊敬，皇帝路过他的墓地特意下马致意，之后所有人到董仲舒的墓地都会下马，所以他的墓地被称为什么？

下马陵。

4. 汉朝初年奉行的国策是什么？

黄老的无为而治。

5. 董仲舒经历了汉朝的哪三个君王？

汉文帝、汉景帝、汉武帝。

成语收藏夹

西汉时期的董仲舒年少时非常刻苦，经常夜以继日地读书，他的书房紧靠着姹（chà）紫嫣红的花园，但他三年没有进去过一次。后人把他三年不曾进花园游玩的故事总结为成语，用来形容专心苦学，不受外界干扰。这是什么成语？

三年不窥园，又称目不窥园。

酷吏列传：严刑峻法的官员们

酷吏是中国古代对严刑峻法的官吏的称呼，这些官员都很严厉，但“酷吏”不完全是个贬义词，酷吏专门与豪强作对，历史上酷吏的政绩大都相当突出，尤其善于维护社会治安，不过，我们也应该看到，过于严苛的执法也确实会带来一些问题。

一、老鼠偷肉，张汤严刑审讯

张汤是西汉时期的酷吏，他是汉武帝身边的一个御史大夫，相当于副丞相，级别非常高。张汤的字和号已无处可寻，史书只记载了他在公元前116年12月去世，何年何月出生也已无从知晓。

张汤是个非常有趣的人，《史记》中记载他是陕西杜县人，他的父亲曾任长安丞。张汤小的时候，一次张父出去办公，留张汤一个人看家，张父回来时发现家里的肉被老鼠偷吃了，于是愤怒地打了张汤。张父对张汤说：“我叫你看东西，你却将东西弄丢了，怎么回事？”张汤说：“这不是我吃的，是老鼠吃的，您为什么要打我呢？”之后，张汤做了一件令人非常惊讶的事情：他挖开老鼠洞，抓到了偷肉的老鼠，老鼠洞中竟然还有剩下的肉。抓到老鼠后，张汤判决老鼠有抢掠的罪行，对老鼠一再审问，严刑拷打，将能想到的惩罚方法全部用到了老鼠身上。张汤还将整个审讯经过用文字记载了下来。最后，张汤根据老鼠和剩下的肉当堂结案，判决老鼠分尸。张汤的父亲看了他写的判决老鼠的文书，非常惊讶，因为张汤的笔风就像办案多年的老狱吏一样，于是张父开始让张汤写治狱的文书。

张汤的父亲死后，张汤做了很长时间的长安地方官。周阳侯田胜刚到京师任职时，曾经被关在长安，张汤尽心尽力为他辩护，田胜封侯时，已与张汤结为至交。武安侯田蚡（fén）做丞相时，张汤任内史，他也非常信任张汤。汉武帝也非常欣赏张汤，遇到事情时经常与张汤商议。张汤每次上朝上报国家大事时，都讲得非常认真，汉武帝听得太入神，甚至会忘记吃饭。有一次张汤生病了，汉武帝还亲自去看望，这都说明张汤在汉武帝心中占据了很重要的地位，张汤深得汉武帝的信任。

二、死后留名的张汤

汉武帝重用张汤时，匈奴来汉朝请求和亲。汉朝君臣听后便一起商量对策，这时一位叫狄山的博士说："和亲最好。"汉武帝便问道："为什么和亲好？"狄山回答道："用兵是一件非常凶险的事情，不能轻易用兵。当年汉高祖刘邦讨伐匈奴，曾被围困；汉惠帝和吕后，因没有战争而天下安乐；汉文帝想去征伐匈奴时，边境经常发生战乱；汉景帝也想打败匈奴，却因此引发了'吴楚七国之乱'。叛乱平定后，又进入了一个和平发展时期。纵观国史，如果我们继续采用和亲政策，对国家更好。"

听完狄山的话后，汉武帝又问张汤的意见。张汤说："狄山说的话是愚忠的儒生的见解，他们只会纸上谈兵，不了解当前的局势。"狄山感到非常愤怒："如果我是愚忠，那你就是个奸臣。"这时皇上非常信任张汤，便对狄山说："既然你支持和亲，那就先完成我想让你做的几件事情。第一件事，你与匈奴人对战，镇守一个郡。"狄山说他做不到。汉武帝又问他能不能镇守住一个县，狄山还是回答不能。最后，汉武帝问道："你能不能守住一个要塞？"这时狄山知道，如果再回答守不住就会被汉武帝治罪，于是只能硬着头皮回答道："可以守住。"但狄山看守要塞一个月，就被匈奴击败了。由此可见，张汤在汉武帝那里确实十分受宠。

但张汤最后惨死也是因为汉武帝的喜爱。张汤做事比较张狂，得罪了很多人，于是有人想陷害他。有一次有人对汉武帝说："有一个商人叫田信，是张汤认识的人，张汤与他私通国家大事。张汤每次要奏请国家大事时，田信总会提前知道，然后囤积货物，再高价拍卖，他们二人每次都能赚很多钱。"汉武帝将信将疑，去问张汤："我不明白为什么每次推出改革的经济策略时，商人们总能提前囤积货物再高价卖出，好像事先知道一样。"汉武帝这么说是想试探张汤，但张汤不仅没谢罪，还惊讶地对汉武帝说："应该是有人把消息传递出去了。"

过了一段时间，又有人说张汤有问题。正可谓"三人成虎"，汉武帝便派赵禹审问张汤。赵禹对张汤说："你为什么还不认罪？现在告发你的人呈上证据，天子要你自杀，你不用再辩解了。"于是张汤上书谢罪说："我对国家没有尺寸之功，本是一个管理文书的小吏，承蒙皇上厚爱，却没有办法报答皇上。但我是被诬陷的，我没有勾结商人。"说完便自杀了。

张汤死后，汉武帝派人清算他的家产，一算发现全部家产所值不过五百金，都是他自己的工资和皇帝的恩赐，除此之外就没有其他产业了。张汤的兄弟觉得他冤枉，想要厚葬他，但他母亲说，张汤身为皇上的臣子，因受人恶言而自杀，不能厚葬。因此，他的兄弟只能用牛车装他的棺木，一般棺木都有两层，但张汤的棺木只有一层。

汉武帝听说这件事后说："这样的母亲不可能培养出贪赃枉法的儿子。"于是重新派人查张汤的案子，最后将几个诬告张汤的官吏全都杀掉。汉武帝又因对张汤处置不当，导致他自杀而深感惋惜，重用了他的儿子张安世。

张汤虽然用法严酷，后人常以他作为酷吏的代表人物。但他死后家里留下的财产足以证明他为官清廉简朴，是一名廉洁的官吏。

三、不寒而栗——义纵

西汉官员中与张汤同被称为酷吏的还有义纵。义纵的姐姐是一位医生，她医好了太后的病，太后是汉武帝的母亲。因此，太后特别宠爱义纵的姐姐，义纵也得到了汉武帝的信任。最初，义纵在上党郡做县令，后来升任为长安县令。在任职期间，义纵依法办事，不讲情面，也不怕得罪权贵。因此，当地的治安有了很大的改善，这也让汉武帝觉得义纵很有才干，于是调任他为河内郡的都尉，后来又将其升为南阳太守。

义纵任南阳太守时，城里住着一位管理关税的都尉，叫宁成。宁成非常残暴，经常利用手中的权力横行霸道，老百姓都很惧怕他，甚至连过关的官员都不敢得罪他。人们都说："让宁成做官，就像将一群羊交给狼保管一样。"宁成听说义纵要来南阳任太守时，感到非常不安。义纵到南阳上任当天，宁成便带着全家老小恭恭敬敬地站在路边迎接他。义纵知道宁成这么做的目的，因此对他不理不睬。义纵刚上任，就派人调查宁成的家族，凡是查到有罪的人全部杀掉，最后宁成也被判有罪。因为义纵严惩宁成一族，当地有劣迹的富豪都吓得立即离开了南阳，当地的治安也因此迅速好转。

此后汉武帝派义纵担任定襄的太守，他的官职更大了。此时的定襄地区治安很混乱。义纵到达定襄后将监狱中两百多个重罪轻判的犯人重新判处死刑，又将两百多个私自来监狱探望犯人的人抓了起来，义纵认为他们想要为犯人开脱罪行，便将这两百多人一并判处死刑。当天，义纵一下子杀了四百多人，住在定襄的人听到这个消息都吓得不行。在《史记》中，司马迁写道："是日皆报杀四百余人。郡中不寒而栗，猾民佐吏为治。"其中，"栗"是发抖的意思。有一个成语叫"不寒而栗"，就是因此而来，它的意思是天气不冷，但是人会不自觉地发抖，形容人感到非常恐惧。从这件事可以看出义纵非常狠心，执法也非常严峻，他的执法也存在肆意杀人的问题。

义纵的结局非常凄惨。汉武帝派大臣主持调查商人违法经商之事，准备打击商人，但义纵认为这样做会扰乱民心。于是他没向汉武帝请示，直接把汉武帝派出的大臣抓起来了。这件事传到了汉武帝那里，汉武帝非常生气，于是把义纵抓起来严查。最终，义纵被判以破坏执行诏令之罪，被处死。

义纵为官多年，在汉武帝的支持下，沉重打击了豪强地主的嚣（xiāo）张气焰，在一定程度上稳定了封建秩序，维护了封建国家的根本利益。因此，司马迁充分肯定他的举动，并且认为他虽然残酷，但是对得起他的职位。由于他过于不近人情，最后招致了悲惨的命运。

四、道不拾遗，夜不闭户——王温舒

司马迁在《酷吏列传》中记载的另一位酷吏是王温舒。王温舒也生活在汉武帝时代，他的名字可能让人感到陌生，但与他有关的一个成语人们都很熟悉，那就是“道不拾遗，夜不闭户”，这个成语被用来形容太平盛世，社会秩序特别安定。从现在来看，这个词语是一个褒义词，人们可能会觉得王温舒是一位好官，但事实上，他是一位十分出名的酷吏。

王温舒是阳陵人，年轻时盗过墓，还做过强盗，后来不知道因为什么原因，被任命为县里的亭长，但由于工作做得不合格，王温舒屡次被免职。之后他通过关系又做了小官，官职相当于捕头，平时的工作就是抓捕犯人。他善于使用严刑逼供，办案效率很高，因此被张汤发掘，被提拔为御史，当然此御史不是中央朝廷的御史，而是县衙中的御史，职责是督捕盗贼。他到任后继续用刑罚逼供的方法破获了很多案件，其中包含很多冤假错案。因他办案累计了不少功劳，加上当时汉武帝要加强对社会的全面统治，王温舒再次得到了重用，升职为广平郡都尉，职权和现在的公安局局长差不多。接着，他网罗了一批亡命之徒做自己的打手。这些人都有犯罪证据在王温舒手里，如果有哪一个人不听他的命令，他就会对他们严加治罪。一时之间，广平郡的治安水平迅速提升，好到了“道不拾遗，夜不闭户”的程度。这是因为一旦犯罪后被王温舒发现，就会遭受非常残忍的刑罚，因此没人敢以身犯法。

很多人疑惑：为什么王温舒如此残酷还能得到重用？这与当时的历史背景有关，汉武帝时期，有部分豪绅（shēn）对抗中央政权，汉武帝为了对付这些人，提拔了很多像王温舒一样的酷吏。

后来，王温舒又升职为河内郡守，这时他依然采用在广平郡时的方法。跟前几次一样，他很快因治理有功被升为京师中尉，负责京师的治安。由于王温舒一直采用严酷的刑罚，在京城树敌更多，后来很多人都举报他，称他犯有各种各样的罪行，其中包括谋反罪和包庇（bì）罪。最后，王温舒被汉武帝诛灭全族，他两个弟弟以及岳父家都遭到了诛杀。

酷吏不仅做事效率高，大多十分清廉，因此大部分酷吏的官运都很好，深得皇帝的喜爱，经常越级升迁，王温舒就是如此。不过实际上，他的升迁并不是因为他有多大的才华，而是一种政治投机的成功。但酷吏投机这条路往往也不十分顺畅，虽然他们在官场上经常平步青云，可以一直升迁，但最终结局往往很悲惨，因为他们树敌太多。从王温舒的故事可以看出，与人为善，或许是一个更好的选择。

五、酷吏杜周

汉武帝手下还有一位很有名的酷吏，叫杜周。杜周处理政务时比较少言，做事却总是做到极致。杜周任廷尉时，非常擅长察言观色。如果看出皇上想要排挤谁，他就陷害谁；如果察觉到皇上想放了谁，他就暂时先将那人关起来不审问，等待皇帝的命令。因此有人责怪杜周说：“你现在是为天下审理案情，必须依照法令法规行事，不能只依照天子的意愿判断对错。”杜周却说：“法令和规章从何而来？君王认为对的就是法令，君王认为可行的就是规章。我不听从皇帝的心意，还要听谁的心意呢？”他的观点让人哑口无言，因为在古代，法律归根结底是为了身为统治者的帝王服务的。

汉武帝后期，官员们使用了更加严厉的刑罚。此时，杜周已开始出任廷尉，他秉承汉武帝的旨意，在审理案件时非常严苛。每年由他经手的案件有一千多起，大的案件所牵连的人甚至可以达到数百人，小的案件所牵连的也有数十人。人们为了躲避惩罚而出逃，逃得近的人跑了几百里，逃得远的人跑了上千里。那时需要处理的案件很多，官吏们无法一一追踪犯人，只得按照被告知的事实，再根据法律条文进行审理。如果有不服的人，官吏们就会严刑拷打，逼迫对方，以此定案。但因为出逃的人太多，有的案件拖了十多年也没有结案。

杜周做廷尉数年间也曾被罢官，但后来又升迁，官位很高，做到了御史大夫。公元前95年，杜周因病去世。杜周是酷吏中少有得以善终的，他是自然死亡，没有被杀。杜周虽然做官效仿张汤，但是他远不如张汤廉洁。张汤为御史大夫十多年，去世时家产不过五百金。杜周做小官时，只有一匹装备不齐的马，连马鞍都没有，但是做廷尉、御史大夫十多年后，家财万贯。除此之外，他的子孙相继为官，而且都做了高官。

知识加油站

1.《酷吏列传》中的“酷吏”是什么意思？

酷吏是中国古代对严刑峻法的官吏的称呼。

2. 汉武帝时期有名的酷吏都有谁？

张汤、义纵、王温舒、杜周。

成语收藏夹

1.“不寒而栗”是什么意思？

表示天气不冷，但是人会发抖，形容人感到非常恐惧。

2.“道不拾遗，夜不闭户”是什么意思？

用来形容太平盛世，社会秩序稳定。但在王温舒时期，这个成语也暗示百姓对他十分惧怕。

游侠列传：行侠仗义的郭解

一、游侠郭解

《游侠列传》中的游侠泛指古代豪爽、好交友、轻生重义、勇于为他人排难解困的人，他们都很厉害。郭解就是被司马迁记载在《游侠列传》中的游侠之一，他是西汉时期的河内郡轵（zhǐ）县（今河南济源）人。郭解个子十分矮小，精明强悍，不喜喝酒，年少时就特别狠毒，心中愤懑（mèn）不快的时候，就会害人，但他同时也不惜牺牲自己的生命替朋友报仇。郭解曾经抢劫、盗墓，做了很多违法的事情，但却总能在形势危急时幸运脱身，或者正逢皇帝大赦天下被赦免。

随着年龄的增长，郭解的行为发生了改变。他洗心革面，开始行侠仗义，用恩惠来报答对自己有恩的人，同时施舍别人，且不求回报。郭解即使救了别人的命，也不自夸功劳，他非常大度。郭解的侄子倚仗郭解的势力，同别人喝酒时要求别人喝光杯中的酒，如果别人无法喝光，他便强行灌酒。一次，被灌酒的人发怒，拔刀将郭解的侄子杀掉，逃跑了。对此，郭解的姐姐非常愤怒，不愿意埋葬儿子的尸体，而是将其丢在路上，以此来让郭解难堪。于是，郭解开始暗中调查凶手的去向，凶手知道后很害怕，便主动回来把情况告诉了郭解，郭解听后说："你杀了他是应该的，我的侄子理屈。"说罢将凶手放走了。郭解将罪责归结于自己的侄子，最后又给侄子收尸，埋葬了他。人们知道后，称赞郭解的道义行为，更加敬重他了，归附他的人也越来越多。

郭解每次外出归来，人们都给他让路以示尊重，只有一个人傲慢地坐在地上看着他，郭解便去打听那人的名字，他的门客中有人要杀那个不尊重他的人，但郭解说："同住在乡里之中，却得不到别人的尊敬，这是我的道德、修养不够，跟他没关系。"同时他还暗中嘱咐地方官员说："那个人是我很关心的，轮到他服役时请予以免除。"此后每次轮到这个人服役时，县衙（yá）中的官吏都没找他。这个人感到很奇怪，一问才知道原来是郭解在帮助自己，于是到郭解面前负荆请罪。

二、人不可貌相的郭解

《游侠列传》中记载了很多关于郭解侠义的故事。有段时间，洛阳城中有人结仇，数十位英雄豪杰从中调解，但是两方都不听劝告。于是便有门客来拜见郭解，说明了情况。郭解听后就去会见了结仇的人家，那家人出于对郭解的尊重，听从了他的劝告。接着郭解对两个结仇的人家说："我听说当地有很多人为你们调解，你们不接受。现在却听了我的劝告，那些人知道了会觉得受到了侮辱。"于是郭解当夜就离去了，因为他不想让人发现他来过。郭解还告诉他们说："你们暂时不要听我的调解，等我离开后，他们再来调解时，你们再握手言和。"从这件事可以看出，郭解是一个心细如发，善于换位思考的人。

郭解一直保持着恭敬待人的态度，他从来不会乘车进县衙的大门。郭解到不同地方办事，都一定要办成，如果办不成，他也会处理到使各方面都满意，之后才去赴别人的约。因此人们都特别尊敬他，城中很多英雄豪杰都半夜上门拜访郭解，他家门口经常停着十几辆车。这体现出郭解在当时有非常高的社会地位。

公元前127年，朝廷要求各郡国的富人迁往茂陵居住。郭解家中没多少钱，不符合当时迁移的标准，但是迁移的名单上却有他。官吏也害怕，不敢不让郭解迁移。大将军卫青知道这个消息后就替郭解向汉武帝求情道："郭解家里穷，不符合迁移的标准。"但是汉武帝说："一个百姓的权势竟能使得将军替他说话，可见他不穷。"于是郭解被迁移到了茂陵。人们听到这个消息后，都为郭解送行，还给他捐了很多钱。

郭解迁移到关中后，关中的英雄豪杰，无论从前是否知道他，都跟他成了好朋友。

郭家从前和杨家结了仇，杨家连死两人，汉武帝得知后，下令抓捕他，于是郭解将母亲和家室安置在夏阳后，逃到了临晋。郭解到达临晋后，附近不少人士都不认识他，他就假用别人的名字，请求籍少公帮他出关。籍少公将他放走后，郭解逃入太原。他每经过一个地方，都会将自己的行迹告诉招待他的人，这样就暴露了自己的行踪。后来，追捕郭解的官吏找到了籍少公，籍少公畏罪自杀。至此，官吏追踪郭解的线索中断。过了很久他们才找到郭解，可是仔细彻查，他们发现郭解犯的罪全在大赦之前。

后来郭解的门客跟一个儒生聊天，儒生说："郭解经常做犯法的事情，不能被称为贤士。"郭解的门客听后非常愤怒，拿刀杀了儒生。后来官吏找到郭解说："杀人的是你门客，把你的门客交出来。"郭解说："我真不知道是谁杀的人。"后来，官吏们没找到杀人犯，郭解就被无罪释放了。但这时御史大夫公孙弘说："郭解是一介平民，然而别人说他不好时，居然有人为他杀人。虽然郭解不知道这件事，但是他的罪比杀人还重。"因此郭解被满门抄斩了。

太史公司马迁这样评价郭解："我看郭解状貌比不上一般人，言语也不动人，但是天下无论贤士还是非贤士，认识或不认识他，都仰慕他的名声。有谚（yàn）语说，能用容貌来评价一个人的名誉吗？当然不能！只可惜他未能善终。"

知识加油站

1.《游侠列传》中的“游侠”是什么意思？

游侠泛指古代豪爽、好交朋友、轻生重义、勇于为他人排难解困的人。

2. 游侠郭解迁移关中前，曾有一员大将为他说话，他是谁？

卫青。

3. 郭解最终因谁的话被杀？

公孙弘。

佞（nìng）幸列传：得君王宠爱却惨死的邓通

一、因梦得宠的邓通

《佞幸列传》中的“佞幸”指的是以谄（chǎn）媚的言行或好看的容貌得到君主宠幸的人，邓通就是其中之一，他与汉文帝的关系非常亲密。邓通的父亲叫邓贤，他生在汉高祖刘邦时期，避开了秦末的战乱，家境非常殷实，还读了几年书。邓贤成亲后，他妻子连生三个女儿才终于生下一个儿子。恰逢当时门口刚修完一条通道，因此邓贤给儿子取名为邓通。

幼年的邓通特别喜欢到水里摸鱼抓虾，虽然读书没有起色，但身体很好，还练就了一副弄水撑船的好本领。西汉初年，读书人的仕途有三条：第一条是做郎官，家中有钱自费到京师便可以做郎官；第二条是在本地做一个小官；第三条是等自己有威望后，被别人举荐做官。当时邓通家里有些钱财，邓通的父亲希望邓通有美好的前景，便挥泪送别邓通，让他前往京师长安，为老邓家寻找一条光宗耀祖、彰显门楣（méi）的道路。

邓通只身前往京城，到达京师后，他就被皇宫征做黄头郎，专管划船。此时的皇帝是汉文帝刘恒，他为人非常仁厚，但他身上也少不了帝王的通病：信鬼神，希望长生，想着可以登天为仙。

一次，汉文帝梦见自己想上天，但怎么也上不去，这时，他后面有个黄头郎将他推了上去。汉文帝回头一看，黄头郎穿了一件横腰单短衫，衣带系在背后。梦醒后，汉文帝便在自己的皇宫里寻找自己梦中的黄头郎，他看见邓通的衣带正是系在身后，与自己梦中见到的黄头郎一样。于是对邓通说："你过来，你叫什么名字？"邓通回答说："我叫邓通。"邓通的发音与登通有些相似，而登通的意思是登上去就通过了，因此汉文帝听了他的名字后特别高兴。这次相遇也改变了邓通的命运，他渐渐得到了汉文帝的宠爱。

邓通个性非常温和谨慎，不喜欢张扬和交际。汉文帝几次告诉他可以休假，他也不去。于是，汉文帝前后赏赐邓通好几十次，累计钱财有亿万之多。

二、邓通钱

汉文帝派人为邓通算命，看相的人看过邓通的面相后说："邓通会因穷困而饿死。"

汉文帝听后很生气，自己这么喜欢邓通，怎么会让他穷困饿死呢？但汉文帝还是将邓通家乡附近的大小铜矿都赏给他，准许他自己制造钱币。这个消息传到他的家乡后，邓通的亲朋好友奔走相告。紧接着邓通一家开始铸造钱币。他们将每一枚钱币都打造得非常精致，不在里面掺（chān）杂任何杂质，所以邓家制作出的钱币非常光亮，分量足且薄厚均匀。因此，无论是皇亲国戚，还是商人百姓，都非常喜欢邓通钱。邓通钱因此流遍全国，邓通也变得富庶无比。

后来汉文帝患了一种病，身上长了毒疮。邓通经常用嘴巴吸汉文帝毒疮里的脓（nóng）。有一天，汉文帝闷闷不乐地问邓通："天下谁最爱我？"邓通说："天下人应该没有比太子更爱您的了。"太子进宫问候汉文帝病情时，汉文帝对太子说："我身上长了毒疮，你能不能为我吸脓呢？"太子吸脓时，面露难色。事后听说邓通经常为皇上吸脓，太子心里感到非常惭愧，同时也更怨恨邓通。几年之后，汉文帝去世，太子即位，他就是大名鼎鼎的汉景帝。汉景帝即位后，立即将邓通革职，并收回了汉文帝赐给邓通的铜山，还没收了邓通的全部家产。最后邓通的命运果然如看相人所说：像乞丐一样身无分文，死在了收留他的人家中。

俗话说，树大招风。邓通的富贵并没有实际才能和功劳支撑，纯粹源自汉文帝的宠幸，而他的谄媚行为，虽然为自己带来了财富，但在无形当中也得罪了下一任帝王，最终导致自己被逼死。

知识加油站

1.《佞幸列传》中的“佞幸”是什么意思?
指的是以谄媚的言行或好看的容貌获得君王宠幸的人。

2. 邓通最初在汉文帝身边的工作是什么?
黄头郎，专管划船。

3. 为了防止邓通穷困饿死，汉文帝允许邓通做什么?
铸钱，大名鼎鼎的邓通钱便由此开始。

4. 邓通为汉文帝做过什么事让汉文帝非常感动?
为他吸毒疮中的脓。

5. 邓通最终的命运是什么?
被汉景帝没收家产，死在收留他的人家中。

滑稽（jī）列传：能言善辩的能臣

《滑稽列传》中的“滑稽”与现在的“滑稽”意思有差异，指的是脑筋灵活、能言善辩的人，我们重点说一说淳于髡（kūn）、东方朔和西门豹的故事。

一、能言善辩的淳于髡

淳于髡出生于约公元前386年，去世于公元前310年，是战国时期齐国的一个上门女婿，曾被齐威王拜为卿大夫。淳于髡出身贫贱，其貌不扬，据《史记》记载，淳于髡身高不满七尺，也就是不到一米七。淳于髡名字中的“髡”是先秦的一种刑罚，该刑罚会剃掉犯人头顶周围的头发，是对人的一种侮辱。以髡为名，证明了他的社会地位很低微。但人不可貌相，淳于髡得到了齐国几代君王的尊崇和器重。

齐威王创办稷下学宫时，淳于髡已经是稷下先生了。稷下学宫相当于战国时期齐国成立的高等大学，而稷下先生相当于大学教授。齐威王刚即位时只顾吃喝玩乐，不理朝政，淳于髡冒着生命危险进谏，才使得齐威王醒悟。因此，淳于髡被齐威王列为上卿，多次代表齐王出使诸侯国，并且顺利完成了各项任务。淳于髡的社会地位由低微转为高贵，最重要的原因在于他超乎寻常的智慧和才干。淳于髡在稷下学宫做稷下先生时，大名鼎鼎的荀子曾向他请教。荀子提出的“隆礼重法”主张就是受到了淳于髡思想的影响。除此之外，淳于髡还曾经担任过齐国太子的老师。

淳于髡在历史上最为人熟知的是他的能言善辩，他尤其喜欢在跟人辩论时运用隐喻，以此劝诫别人，表明自己的立场。有一次，齐威王在酒宴上问淳于髡：“你喝多少酒会醉？”淳于髡回答说：“我喝一斗酒会醉，喝一石酒也会醉。”齐威王很不解，淳于髡解释说：“我在大王面前喝酒，谨慎注意，喝一斗就醉了；如果是接待客人，陪着客人喝酒，两斗就醉了；如果是和很久不见的老朋友喝，彼此都很高兴，五六斗酒才醉；若是乡里聚会，没有约束，大家都很放得开，那我喝上八斗也不会醉。所以说，酒喝多了会出岔（chà）子，万事万物都要有约束、有节度。”淳于髡巧借喝酒来隐喻处事，规劝帝王。齐威王听后极为赞赏，于是停止了彻夜的宴饮，还给淳于髡升了官。

二、才华横溢的淳于髡

齐威王主政初期，不理国政，沉湎（miǎn）于女色和歌舞，导致齐国的内政非常混乱，军律不振，政局岌岌可危。但群臣因不了解这位新任国君的秉性，不敢轻易劝谏，怕万一劝谏不成，反丢性命。在国家内忧外患之际，只有淳于髡不顾个人安危，挺身而出，用自己擅长的言语讽谏齐威王。这段讽谏的话语也被记载在《史记》中。淳于髡问齐威王说：“大王，国中有大鸟栖息在大殿之上，三年不飞也不鸣，您知道这是为什么吗？”其实齐威王胸有大志，只是暂时消沉，并非昏庸无能之辈，而淳于髡的讽谏让他瞬间清醒了。于是他回答说：“此鸟不飞则已，一飞冲天；不鸣则已，一鸣惊人。”这句话也是成语“一鸣惊人”的出处。淳于髡的讽谏起了奇效，促使齐威王下定决心变法图强。

齐威王改革中的重要举措之一是招纳人才，他求贤若渴，号召天下人推荐有才干、有品德的人。淳于髡在一天之内就向齐威王推荐了七位贤士，齐威王非常高兴，但也担心这七位贤士能力不够。于是对淳于髡说：“你一天内给我推荐了七位贤人，如此看来，贤士岂不是遍地可寻了？”淳于髡回答说：“大王，物以类聚，人以群分。同类的鸟总是栖息、聚集在一起，同类的野兽也总是行走、生活在一起。如果我们去低洼潮湿的地方找桔（jié）梗这类植物，几辈子也找不到，但如果上山寻找，那它们多到可以用车装。万物都是同类相聚的，我向来与贤士为伍，我的朋友们个个都是德性高尚、才智非凡的人。您命我寻找有本事的贤士就像在河里取水，火石中取火一样轻而易举，取之不尽。您怎么能觉得我推荐的贤士太多呢？我周围优秀的人很多，除了这七位贤士，以后我还要继续向大王推荐其他人。”听完淳于髡的话，齐威王茅塞顿开，心服口服。成语“物以类聚”也由此而来，指的是同类东西、同类的人聚在一起。淳于髡长期活跃在齐国的政治和学术领域，对齐国的振兴和强盛做出了重要的贡献。

三、另类的东方朔

东方朔是汉武帝身边的宠臣，出生于汉文帝时期，到汉武帝继位时，他正好二十多岁。东方朔在年少时读了很多书，包括诸子百家的著作。汉武帝广招天下人才时，东方朔就去了，别人上书都只写了几百字，东方朔上书却写了三千片竹简。

那时候造纸术还没有被改进，写文章是刻在竹简上的，三千片竹简需要两个人才扛得起来，汉武帝用了两个月时间才把它读完。读完后，汉武帝觉得他气度不凡，就安排他做在公车府待诏，等待传召。

但是东方朔在公车府等了很长时间，汉武帝都没有召见他。他心想这不行，大好年华不能虚度啊。于是他吓唬汉武帝身边几个养马的侏儒，对他们说：“你们既不能种田，又不能打仗，还没有治国的才华，对国家毫无用处，皇上准备把你们杀了，还不去向皇上求情？”侏儒们听了非常惶恐，赶紧跑去向汉武帝求情。汉武帝知道后，召见了东方朔，问他为什么这么做。东方朔回答得也很干脆，他说："我和侏儒拿同样的钱，但我比他们高多了，这点钱根本不够我花，您要么让我吃饱饭，要么放我回家种田吧。"汉武帝听得哈哈大笑，他觉得这个人很有意思，便把他安排到金马门当差。

汉武帝经常去打猎，那时候不像现在有汽车、火车和飞机，出门是没有办法在一天内赶回来的，只能在外面住。汉武帝觉得外面住得不舒服，要大动土木，修建上林苑。其他人没人敢劝说他，但是东方朔却对汉武帝说："我们不能修，秦始皇大兴土木，导致天下大乱，所以您必须节俭。"汉武帝听完这番话觉得很有道理，于是对他大加赏赐。

汉武帝身边很多官员都觉得东方朔是个疯子，不过汉武帝却认为他虽然很荒唐，但是做事很有分寸。东方朔给汉武帝提了很多有价值的建议。比如史书中记载的"农战强国"。东方朔认为一个国家想强大，要做好两件事：第一件事是让农业发达，老百姓能吃饱饭，粮仓有粮。第二件事是让武力强大，国家军队的战斗力要足够强。有粮食、能打仗，国家也就兴盛了。东方朔临终前还认真地劝汉武帝要"远巧佞，退谗言"，也就是远离小人，不要听信他们的谗言。

虽然东方朔平时做事很狂放，其言行时常让人忍俊不禁，在今天看来甚至有点像小丑，但是他的观点和想法却受到了汉武帝的认同，这也说明汉武帝非常明智，正是因为他善于接纳和任用性格各异的贤才，最终才成就了大汉的强盛。

四、西门豹破解“河伯娶妻”

与淳于髡、东方朔齐名的人物还有西门豹，他是战国时期的魏国人。魏文侯时期，西门豹任邺（yè）县县令。他到达邺县上任时，询问当地老百姓有哪些痛苦的事情。老百姓回答说，这些年他们苦于给河神娶妻，因此变得越来越贫穷。西门豹又问具体情况，百姓回答说：“邺县的官员们每年都要向老百姓收取很多赋税，用其中一部分为河伯娶妻，剩下的部分与巫师平分。巫师看哪家的女孩漂亮，就说她适合做河伯的妻子，立即让她独自居住，进行斋戒。十几天后，巫师会让女孩坐到床铺的枕席上，再将床铺的枕席浮到河面上。女孩在河中漂浮几十里便会沉没。官员与巫师们说，这是将女孩送给了河伯。他们还告诉我们，如果不给河伯娶妻，河水就会泛滥成灾，淹死很多人。我们每天都在为这件事情苦恼。”西门豹听完后说：“河伯娶妻时，当地的所有官员、巫师和百姓都务必到场。”大家都答应了他。

到了河伯娶妻的日子。这一天，西门豹将当地的老百姓还有官员和巫师全都聚集到了河边。巫师是一位老太太，已经七十多岁了，她身后跟着十几位女弟子，她们都身穿丝绸的单衣，非常华贵。这时，西门豹对人们说：“将河伯的妻子带过来，我们看一下她漂不漂亮。”人们立即找到了这位新娘，并将她推出帷帐，带到了西门豹面前。西门豹说：“这个女孩子太难看了，麻烦大巫师替我到河里禀报河伯，我们需要重新找一位漂亮的女子，十几天后再将新娘送给他。”说罢便命令手下的差役将巫师扔进了河中。等了一会儿，西门豹说："巫师怎么去了这么久还不回来？让她的弟子催一下吧。"说完，又将巫师的一个弟子扔进了河中。这个弟子被扔进河中不久，西门豹又说："为什么去了这么久？再派一个人催催她们吧。"于是衙役们将第二个弟子扔进了河中。总共扔了三名弟子后，西门豹说："巫师的弟子都是女性，也许表达不清我们的意思，还是请我手下的官吏去与河伯解释吧。"说完就将与巫师合谋为河伯娶妻的官吏扔进了河中。人们在河边等了很久，河中也没有异常。这时西门豹身边的其他官员已经非常害怕了。西门豹又说："巫师和官员们怎么都不回来？是不是应该再派一个人去催催他们？"还在岸边的官员们听到这句话，立即跪在地上磕头，磕得头破血流。西门豹见状说道："好了，我们就暂且再等他们一会儿吧。"

过了一会儿，河中还是没有变化，西门豹就说："看来河伯要留客，你们都散了吧。"从此以后，当地老百姓和官员都不敢再提河伯娶妻的事。西门豹用巧计化解百姓的危机，显示出他管理地方政治的智慧。西门豹在邺县以其人之道还治其人之身，破除迷信，兴修水利，是一个有勇有谋、以民为本、敢作敢为、为民除害的能人。

五、诚信于民、清廉正直的西门豹

关于西门豹，除了《史记》中记载的破解“河伯娶妻”之外，民间还流传着两个小故事，第一个是“西门豹敲鼓”：西门豹破除邺县的封建迷信后，带领当地老百姓挖掘了十二条渠道，让大家过上了好日子，邺城也逐渐兴盛。但这时有人向魏国国君魏文侯告发西门豹，说西门豹将邺县治理得一塌糊涂，使得官仓没有粮食，钱库没有银两，军队也缺少装备。于是，魏文侯到邺县视察时，问了西门豹这几个问题，如果他说不出理由便会被治罪。西门豹说：“王者使人民富裕，霸者使军队强盛，亡国之君使国库充盈。邺县官仓没有粮食，是因为粮食都在老百姓的家中；金库中没有银子，是因为钱都在老百姓兜里；武器库里没有兵器，是因为邺县的每个人都是士兵，武器都在人民手中。如果大王您不信我的话，请允许我上楼敲鼓，您可以亲自看看邺县的钱、粮、兵器情况。”说罢，西门豹走上楼敲鼓，第一阵鼓声之后，邺县老百姓披戴盔甲、手持兵器，迅速集合到了楼下；第二阵鼓声后，另一批百姓用车运着粮草集合到了楼下。

魏文侯看到这个场景后非常高兴，便让西门豹停止演习，但西门豹说：“民可信不可欺，今天既然将百姓们集合起来了，如果随意遣散，老百姓会有受骗的感觉，认为大王在侮辱他们。燕王经常侵占我们的疆土，燕国士兵经常掠夺老百姓的家产，大王不如让我带领他们去攻打燕国。”魏文侯听后说：“去吧。”于是西门豹发兵攻打燕国，收回了很多魏国的失地。

第二个故事是“西门豹罢官”。西门豹治邺时清廉刻苦，不谋私利。但魏文侯身边的小人却认为西门豹太正直了，不是他们的同党。于是，他们联合起来，一起对魏文侯说西门豹的坏话。西门豹任邺县县令一年后，去魏国都城汇报工作时，魏文侯想要收回西门豹的印信，罢免他的官职。西门豹对魏文侯说：“过去我不知道如何治理邺县，但现在我知道了。请大王再给我一次机会，如果再治理不好，我愿受死刑。”魏文侯听到西门豹恳切的言辞，不忍心收回印信，就给了西门豹一年时间。

这次西门豹上任后，加紧搜刮百姓，讨好魏文侯左右的人。一年后，西门豹再去汇报工作时，魏文侯亲自迎接他，并向他致谢。西门豹说：“往年我替君主治邺，君主要收回印信，今年我换了个方法治理，民不聊生，君主却向我致谢。我不能再治理下去了，请允许我辞官。”魏文侯听了西门豹的话后，恍然大悟道：“我过去不了解你，现在我懂了，请你继续替我治理邺县。”就这样，西门豹靠自己的智慧赢得了君王的信任，同时也为自己争取到可以继续给邺县老百姓谋福利的机会。

西门豹到邺县后，借河伯娶妻的机会惩治了地方恶霸，同时颁布法令，禁止巫法，教育了当地的老百姓。接着，西门豹又勘测水源，发动百姓开挖了十二道渠，使大片田地成为旱涝（lào）保收的良田。在发展农业生产方面，西门豹还实行“寓兵于农、藏粮于民”的政策，很快便使邺县民富兵强，成为战国时期魏国的东北重镇。

另一方面，西门豹敲鼓，言出必行，诚信于民，对今天的人们依然有深刻的启迪作用。俗话说，一诺千金。诚实守信是中华民族的优良传统，我们应该向西门豹学习。

知识加油站

1.《滑稽列传》中的“滑稽”是什么意思？
指的是脑筋灵活、能言善辩的人。

2. 才华横溢的淳于髡是什么时期的哪国人？
战国时期齐国人。

3. 淳于髡曾经给哪位大人物讲过学？
荀子。

4. 东方朔得到了哪位皇帝的赏识？
汉武帝刘彻。

5. 东方朔临死前如何劝谏汉武帝？
远巧佞，退谗言。

6. 西门豹是战国时期哪国人？
魏国人。

7. 在发展农业生产方面，西门豹实行了什么政策，使邺城民富兵强，成为战国时期魏国的东北重镇？
寓兵于农、藏粮于民。

成语收藏夹

“物以类聚”是什么意思？

同类的东西、同样的人聚在一起。

日者列传：给贾谊算过命的司马季主

《日者列传》中的“日者”是古代占候卜筮（shì）的人，也就是占卜者。本章我们来看看司马季主的故事。

司马季主是楚国人，曾在长安的东市开设卜馆，卜馆是汉代人们占卜算命的地方。与司马季主有关的两个人，一位是宋忠，时任中大夫；另一位是贾谊，时任博士。

当时宋忠与贾谊边走边聊，探讨学习先王圣人的道理。贾谊说：“我听古人说，古代的圣人如果不在朝廷做官，就一定会在卜馆中。到目前为止，我已见识到了很多官员的风采，因此，我想要去看看算命之人的风采。”二人说着说着便走到了卜馆中。这时，司马季主正在馆里坐着，他的几位弟子正陪他讨论道理。宋忠和贾谊两位大夫很礼貌地求见司马季主，司马季主看到二人后，便知道他们想与自己谈论要事，于是开始跟他们谈话，分析天地的起源和终止，日月星辰的运行轨迹等。

谈到中途，宋忠和贾谊惊叹于司马季主的才华，便说："我们看了先生的样貌，又听了先生讲话，也私下观察过其他世间之人，还没有见过像您一样的高人。但您为什么要在这么低微的行业里做如此污秽（huì）的事呢？"司马季主立即回答说："看两位的样子，应该是有学问的人，怎么会说出如此粗野的话呢？"贾谊和宋忠说："尊贵的官爵和优厚的俸禄都是世人所崇拜的，只有贤士才能在那样的位置上。但您现在却不在。"司马季主说："大凡贤者，都是以率直的言辞来劝谏君主，三次劝谏不被接受，就隐退了。贤者赞美别人，并不希望别人回报，憎恶他人，也不顾忌会招来怨恨，他只想着怎样对国家和人民有利；贤者做官，如果俸禄不能和他的劳力相匹配，他并不会接受；如果看到心术不正的人，即便此人身居高位，贤者也不会尊敬他；如果看到行为有污点的人，即便此人身居高位，贤者也不愿屈居这个人之下。"司马季主接着又说："我们这些占卜的人，必须扫除干净屋子后才能设座，端正冠带后才能谈论事情，这就是有礼。我们的言语会让很多人有敬畏之心，让忠臣能够侍奉他的主人，孝子能够供养他的双亲。这就是有德。"

司马季主讲完这番话后，宋忠和贾谊听得失魂落魄。他们相互叹息道："道德越高越安稳，权势越高越危险。我跟你哪能和司马季主相比呢？"后来，宋忠出使匈奴，但没到达匈奴就返回了，因此被判有罪。贾谊做了梁怀王的太傅，但梁怀王骑马时坠马而亡。贾谊非常内疚，最终含恨而死。最后，这两人都没能善终。

太史公司马迁在《史记》中写道："古时候的占卜者不被记载的原因，是他们的事迹大多不见于文献。司马季主出现时，我便将他的言行记录下来，并且列为专门的篇目。"正因如此，今天的我们才能知道这位在民间占卜的贤者。

知识加油站

1.《日者列传》中的"日者"是什么意思?
指的是古代占候卜筮的人，也就是占卜者。

2. 司马季主是哪国人?
楚国人。

3. 司马季主是做什么的?
他在长安东市开设卜馆，给人们算命占卜。

货殖列传：古代的优秀商人代表

“货殖”指的是古代的商人。虽然在古代中国，长期推行“重农抑商”的政策，商业是“末业”，人们普遍看不起商人，认为他们重利轻义。但司马迁却有着超越时代的眼光，他也为商人作史，并且评价说：“以末致财，用本守之，以武一切，用文持之，变化有概，故足术也。”意思是，以经营所谓的“末业”商业致富，以置办田产从事农业守财，这就好像君王以武力夺取天下，而以文治守住天下一样，千变万化却有节度，值得写下来。我们前面已经学习了其中的两位名人——范蠡和子贡，今天来说一说白圭（guī）的故事。

一、“弃政从商”的白圭

白圭是周人，他善于观察，做事从实际出发，这最初体现在白圭治水上。

据说，白圭一开始跟着鬼谷子学习，后来到了魏国魏文侯手下任职。当时魏国的国都大梁由于靠近黄河，经常发生水患，于是，魏文侯派白圭去治理。白圭检查发现，河堤上有很多蚂蚁窝，便命人将河堤上所有能找到的蚂蚁窝给堵上。在这之后，河堤变得更加牢固，水患也确实减少了。在治水中，白圭充分理解了“千里之堤，溃于蚁穴”的原理。这也是一个成语，意思是千里的堤坝，会因为小小的蚂蚁洞穴而崩溃，比喻小事不慎将酿成大祸。

后来，魏国官场腐败，白圭离开魏国到别的地方谋求发展机会。他途经中山国、齐国时，两国国君都邀请他辅佐治国，但是白圭拒绝了，因为他观察到这些国家积贫积弱已久，他觉得自己也无力回天。后来，白圭又去到秦国，但此时秦国已经重用了商鞅，大名鼎鼎的商鞅变法正在开展，而其中“重农抑商”的政策并不符合白圭的主张，他又离开了秦国。就这样，白圭游历众国，却始终没有合适的机会一展身手。他本就擅长经商之道，所以他最后决定弃政从商。

二、人弃我取，人取我与

白圭善于观察，注重实际，这为他的经商之路打下了良好的基础。在魏国时，他便喜欢观察市场和行情的变化，他根据自己优秀的观察能力，通过准确判断天文和气象，以十二年为一个周期，总结出了一套农产品收成规律。然后在此基础上采用“人弃我取，人取我与”的经商策略。简单来讲，就是在粮食丰收时屯粮，出售别的农副产品；在粮食歉收时出售粮食，买入其他农副产品。这个理论说起来似乎很简单，但实践起来必须要随机应变，并不见得容易。值得注意的是，白圭也并非损人利己的奸商，商品积压时，他从不压价收购；商品匮乏时，他也不高价售出，他有自己的经营原则。

另一方面，白圭虽然非常擅长经商，一有赚钱的时机便像猛禽猛兽一般迅捷地抓住机会大赚一笔，因此积累了很多钱财，但是白圭本人却清心寡欲，饮食简单，衣着朴素，并不铺张纵欲。他甚至经常与佣人奴仆们一起劳作，与他们同甘共苦。

白圭对商业有着独特的见解，在古代中国，从来都是以农业为重，而经商被认为是低贱的，商人的地位也不高。但白圭说：“我经营商业，跟伊尹、吕尚筹谋国家大事，孙子、吴起用兵，商鞅变法是一样的道理。如果一个人的智慧不足以随机应变，勇气不足以做出决断，仁德不足以做出正确取舍，强健不足以有所坚守，那么即便他想学习我的经商之术，我也不会教给他的。”白圭将经商与治国、打仗、变法等国家层面的大事相提并论，认为经商成功需要有智慧和各种优良品质的支撑，以现代人的眼光来看，实在是非常有见地。

太史公司马迁在《货殖列传》中高度评价了白圭，认为“天下言治生祖白圭”，意思是说，天下人论说生财之道时，都是在效仿白圭。我们今天称白圭为“商祖”，尊崇他为商人的祖师爷，而白圭的经商思想，至今也仍有着启示作用，值得经商之人揣（chuǎi）摩研读。

知识加油站

1.《货殖列传》中的“货殖”是什么意思？

指的是古代经商的人。

2.《货殖列传》记载了哪些商人？

范蠡、子贡、白圭等人。

3. 白圭是哪国人？师从于谁？

他是战国时期周人，师从鬼谷子。

4. 白圭经商采取什么样的策略？

“人弃我取，人取我与”，简单来讲，就是在粮食丰收时屯粮，出售别的农副产品；在粮食歉收时出售粮食，买入其他农副产品。

5. 白圭被称为“商祖”，他擅长什么?

他擅长观察，做事从实际出发。

成语收藏夹

成语“千里之堤，溃于蚁穴”是什么意思?

千里的堤坝，会因为小小的蚂蚁洞穴而崩溃，比喻小事不慎将酿成大祸。

历史还魂者——司马迁

司马迁所著的《史记》记载了上至黄帝、下至汉武帝太初四年，共计三千多年的历史。全书共一百三十篇，其中包括十二本纪、十表、八书、三十世家、七十列传，五十二万六千五百余字。其中，本纪主要记载的是帝王；表记载了人物和史事；书用来记录技术、制度发展等；世家分为两部分，第一部分记载地方政权的始末，相当于国别史，例如楚世家，另一部分是王侯及其世系，例如留侯世家；列传是帝王、诸侯以外其他各方面代表人物的生平事迹以及少数民族的传记。《史记》的本名叫《太史公书》。

司马迁遭受酷刑后获得了新生，他的新生就体现在《史记》中。在《史记》中，他的人生观点是，人固有一死，或重于泰山，或轻于鸿毛。司马迁深知每个人都会死，但是他希望自己的死更有价值。这种生死观在《史记》中体现得淋漓尽致。例如在《季布列传》中，司马迁曾说在项羽那样以勇猛著称的名将面前，季布能凭借自己的勇敢显露名声，可以称得上是壮士。但季布为了保全性命，也曾在朱家当奴隶，这是多大的耻辱！为什么季布当时不选择死亡呢？这是因为他认为自己有才华，因而不把受辱当作一种耻辱，而是希望有朝一日能够充分施展自己的才华。尽管《史记》中记载的是季布的故事，但是司马迁对季布的认识和评价正是源于自己的切身体验。为了自身的理想和价值的实现，一时隐忍，才能最终成就大事。

司马迁值得大家注意的第二个观点是他务实的金钱观。司马迁承认人们追求物质利益的正当性，因为司马迁面临宫刑时有一个选择，就是以钱赎罪，但那时没有人肯借钱给他。因此，司马迁在《史记》中提出了一系列非常务实的观点，他还为商人作传。尽管商人在当时的社会地位非常低下，但是司马迁认为，天下人忙忙碌碌，都是为了好好活着，拥有一方土地的王侯还嫌自己不够富有，何况天下的百姓呢？即使在今天，司马迁的金钱观也是不过时的。

司马迁在创作《史记》时还使用了一种全新的写作方法，他将一个人的事迹分散在不同的地方，以其本传为主，或将同一事件分散在不同的地方，而以一个地方的叙述为主。例如在《高祖本纪》中，有一段讲刘邦列举了项羽的十大罪状，这时，司马迁详细地叙述这十条罪状，而同样的情节在《项羽本纪》中只用“汉王数之”四个字一笔带过，因为这一段描写是为了表现刘邦善于玩弄权术，放在以刘邦为主人公的《高祖本纪》中最为合适。叙述有详有略，是司马迁写《史记》的厉害之处。

司马迁不仅是中国杰出的历史学家，也是世界上不可多得的历史学家，他的观点究天人之际、通古今之变、成一家之言。他为了撰写《史记》，曾经广泛地收集原始材料，同时注重考察，所征引的古代典籍，仅标明书目的就有八十多种。此外，他还参阅了大量的宫廷档案，并且考证、结合了民间的野史和传闻。因此，司马迁笔下的历史集政治、经济、军事、文化、艺术、生产、生活、宗教、自然为一体。《史记》虽然是纪传体史书，但却是一部以社会中的人物活动为中心的历史，几乎关注了历史上的社会每一个阶层、每一个角落、每一个方面的动态，同时，还极具批判精神和实践精神。1957年，司马迁被联合国命名为“世界历史之父”，得到了来自世界的认可，这是司马迁的伟大，也是《史记》的伟大。

中国的历史学成为一门独立学问，是从西汉开始的。它的开山祖师是史学家司马迁，他是中国历史学上一座不朽的丰碑。

知识加油站

1.《史记》的本名是什么？

《太史公书》。

2.《史记》记载了多少年的历史？

上至黄帝、下至汉武帝，共计三千多年的历史。

3.《史记》一共一百三十篇，如何分类？

十二本纪、十表、八书、三十世家、七十列传。

4. 司马迁被联合国命名为什么？

世界历史之父。